2019 中财传媒版
年度全国会计专业技术资格考试辅导系列丛书

财务管理
通关题库

财政部中财传媒　全国会计资格考试辅导用书编写组　编

中国财经出版传媒集团
经济科学出版社

图书在版编目（CIP）数据

财务管理通关题库/财政部中财传媒，全国会计资格考试
辅导用书编写组编 . —北京：经济科学出版社，2019.3
（中财传媒版 2019 年度全国会计专业技术资格考试辅导
系列丛书）
ISBN 978 - 7 - 5218 - 0366 - 2

Ⅰ.①财…　Ⅱ.①财…②全…　Ⅲ.①财务管理 -
资格考试 - 习题集　Ⅳ.①F275 - 44

中国版本图书馆 CIP 数据核字（2019）第 047293 号

责任校对：曹育伟
责任印制：刘　军　邱　天

财务管理通关题库

财政部中财传媒　全国会计资格考试辅导用书编写组　编
经济科学出版社出版、发行　新华书店经销
社址：北京市海淀区阜成路甲 28 号　邮编：100142
总编部电话：010 - 88191217　发行部电话：010 - 88191522
网址：http://www.cfeac.com
天猫网店：经济科学出版社旗舰店
网址：http://jjkxcbs.tmall.com
北京密兴印刷有限公司印装
787×1092　16 开　17 印张　510000 字
2019 年 3 月第 1 版　2019 年 3 月第 1 次印刷
ISBN 978 - 7 - 5218 - 0366 - 2　定价：52.00 元
（图书出现印装问题，本社负责调换。电话：010 - 88191510）
（图书内容问题联系电话：010 - 88190955）
（打击盗版举报热线：010 - 88191661，QQ：2242791300）

会计学习领导品牌

中国财经出版传媒集团 China Finance & Economy Media Group | 中财智会®

2019年度
会计专业技术(中级)资格考试
在线课程
Online study

智会名师

关于我们

　　中财智会®是财政部直属中国财经出版传媒集团旗下教育品牌，集团凭借多年出版会计类考试教材的资源优势和教研实力，集结权威师资，在2019年度中级会计职称考试报名之际推出全新在线课程。欢迎广大考生报名学习！

课程体系

　　中财智会®中级会计专业技术资格考试在线课程，主要包括智会前导课、教材精讲课、冲刺串讲课、章节题库、押题密卷以及多种形式的练习、测试和拓展阅读，满足考生不同复习阶段的个性化需求。针对不同考生的需求特别开设两种班型——全程班和冲刺班，考生可根据自身学习情况选择适合的班型。

师资介绍

《中级会计实务》
智会名师：杨菠（博士、注册会计师；三步教学法、模块教学法创始人）
　　杨菠老师善于从学员的角度出发，通过深入浅出幽默风趣的授课方式引导学员自发思考。课堂气氛活跃，课程可听性强，深受学员好评。杨菠老师有多年教培经验，对命题趋势研究透彻，能化繁为简，减轻学员备考负担，助力学员轻松通关。

《经济法》
智会名师：蔡影（硕士、副教授；多年从事法律教学及科研经验丰富）
　　蔡影老师从事会计培训十余载，经验丰富，特别在经济法方面成果颇丰，曾多次参与经济法类教辅图书编写。蔡影老师在教学中擅长将生动案例和会计理论知识相结合，思路清晰、重点突出、寓教于乐，深受行业和学员好评！

《财务管理》
智会名师：赵章文（教授、注册会计师；中、高级会计资格考试"财管、实务"双标制定者）
　　赵老师从事中级会计专业资格考试《财务管理》辅导26年，注册会计师考试《财务成本管理》辅导19年，多次担任阅卷组组长，讲课思路清晰，重点突出，专业度高，规律把握准确，熟谙考试之道，考题预测能力强，受到广大考生的一致好评。

前　言

　　2019年度全国会计专业技术中级资格考试大纲及辅导教材已经出版发行。与上年相比，新大纲与新教材作了较大调整。为了帮助考生准确理解和掌握新大纲和新教材的内容、顺利通过考试，中国财经出版传媒集团本着对广大考生负责的态度，严格按照新大纲和新教材内容，组织编写了中财传媒版2019年度全国会计专业技术资格考试辅导系列丛书。

　　该系列丛书包括"名师点拨""备战演练""考前练兵"3个系列，共4套图书，具有重点把握精准、难点分析到位、题型题量贴切、模拟演练逼真等特点。

　　1. 名师点拨系列——精析重点难点，助力学习记忆

　　本系列图书共2套：名师点拨①包括《中级会计实务精讲精练》《财务管理精讲精练》《经济法精讲精练》，突出对教材变化及知识点的讲解，配以例题点津，并精选典型习题供考生巩固知识；名师点拨②包括《中级会计实务要点随身记》《财务管理要点随身记》《经济法要点随身记》，以携带方便为特点，进一步将教材中重要、易考、难以记忆的知识点进行归纳总结，以图表形式展现，帮助考生随时随地加深记忆。

　　2. 备战演练系列——强化实战训练，侧重大量练习

　　本系列图书包括《中级会计实务通关题库》《财务管理通关题库》《经济法通关题库》，突出对教材知识点的练习，针对教材的重难点内容配以大量的练习题进行演练，帮助考生巩固所学知识。该系列根据教材的内容按章编写，内容包括考情分析、基本内容框架、通关重难点例题、通关演练及参考答案和解析。

　　3. 考前练兵系列——系统模拟测试，全面涵盖考点

　　本系列图书包括《中级会计实务全真模拟试题》《财务管理全真模拟试题》《经济法全真模拟试题》，每本书包括8套试题，其题型、题量及难易程度均依照2018年度全国会计专业技术中级资格考试真题设计，每套试题附有参考答案及解析，帮助考生增强应考冲刺能力。

　　中国财经出版传媒集团旗下"中财会计在线"微信服务号为购买上述

图书的考生提供网上后续服务。考生扫描二维码关注后，可免费享有教辅知识点讲解、教材最新变化及学习方法直播课、核心内容串讲课、学习答疑四大增值服务。考生还可以选择购买考试专家精心设计的考前冲刺线上模拟测试。

全国会计专业技术资格考试是我国评价选拔会计人才、促进会计人员成长的重要渠道，也是落实会计人才强国战略的重要措施。希望广大考生在认真学习教材内容的基础上，结合本丛书准确理解和全面掌握应试知识点内容，顺利通过考试，不断取得更大进步，为我国会计事业的发展作出新的更大贡献！

由于时间所限，书中难免有疏漏，敬请批评指正。

财政部中财传媒　全国会计资格考试辅导用书编写组
2019 年 3 月

目 录

第一章 总 论

【考情分析】 ………………………………………………………………… 1
【基本内容框架】 …………………………………………………………… 1
【通关重难点例题】 ………………………………………………………… 2
【通关演练】 ………………………………………………………………… 8
【通关演练参考答案及解析】 …………………………………………… 12

第二章 财务管理基础

【考情分析】 ………………………………………………………………… 18
【基本内容框架】 …………………………………………………………… 18
【通关重难点例题】 ………………………………………………………… 19
【通关演练】 ………………………………………………………………… 27
【通关演练参考答案及解析】 …………………………………………… 33

第三章 预算管理

【考情分析】 ………………………………………………………………… 41
【基本内容框架】 …………………………………………………………… 41
【通关重难点例题】 ………………………………………………………… 42
【通关演练】 ………………………………………………………………… 52
【通关演练参考答案及解析】 …………………………………………… 60

第四章 筹资管理（上）

【考情分析】 ………………………………………………………………… 70
【基本内容框架】 …………………………………………………………… 70
【通关重难点例题】 ………………………………………………………… 71
【通关演练】 ………………………………………………………………… 80
【通关演练参考答案及解析】 …………………………………………… 86

第五章 筹资管理（下）

【考情分析】 ………………………………………………………………… 95

【基本内容框架】 …………………………………………………………… 95
【通关重难点例题】 ………………………………………………………… 96
【通关演练】 ……………………………………………………………… 103
【通关演练参考答案及解析】 ……………………………………………… 111

第六章 投资管理

【考情分析】 ……………………………………………………………… 121
【基本内容框架】 ………………………………………………………… 121
【通关重难点例题】 ……………………………………………………… 122
【通关演练】 ……………………………………………………………… 130
【通关演练参考答案及解析】 …………………………………………… 140

第七章 营运资金管理

【考情分析】 ……………………………………………………………… 149
【基本内容框架】 ………………………………………………………… 149
【通关重难点例题】 ……………………………………………………… 150
【通关演练】 ……………………………………………………………… 163
【通关演练参考答案及解析】 …………………………………………… 170

第八章 成本管理

【考情分析】 ……………………………………………………………… 179
【基本内容框架】 ………………………………………………………… 179
【通关重难点例题】 ……………………………………………………… 180
【通关演练】 ……………………………………………………………… 192
【通关演练参考答案及解析】 …………………………………………… 200

第九章 收入与分配管理

【考情分析】 ……………………………………………………………… 209
【基本内容框架】 ………………………………………………………… 209
【通关重难点例题】 ……………………………………………………… 210
【通关演练】 ……………………………………………………………… 225
【通关演练参考答案及解析】 …………………………………………… 233

第十章 财务分析与评价

【考情分析】 ……………………………………………………………… 240
【基本内容框架】 ………………………………………………………… 240
【通关重难点例题】 ……………………………………………………… 241
【通关演练】 ……………………………………………………………… 249
【通关演练参考答案及解析】 …………………………………………… 257

第一章 总 论

本章精讲视频

考情分析

本章属于财务管理的基础章节，主要讲述企业与企业财务管理、财务管理目标、财务管理环节、财务管理体制、财务管理环境五个方面的内容。内容比较简单，大部分是客观题。

基本内容框架

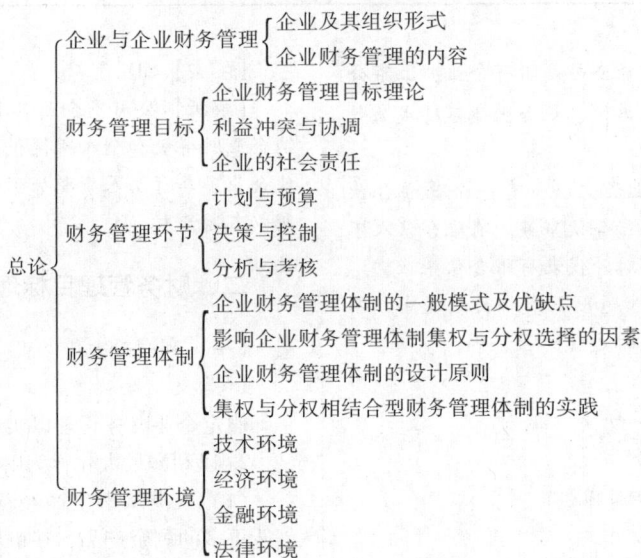

```
        ┌ 企业与企业财务管理 ┬ 企业及其组织形式
        │                 └ 企业财务管理的内容
        │                ┌ 企业财务管理目标理论
        │ 财务管理目标 ┤ 利益冲突与协调
        │                └ 企业的社会责任
        │                ┌ 计划与预算
   总论 ┤ 财务管理环节 ┤ 决策与控制
        │                └ 分析与考核
        │                ┌ 企业财务管理体制的一般模式及优缺点
        │ 财务管理体制 ┤ 影响企业财务管理体制集权与分权选择的因素
        │                │ 企业财务管理体制的设计原则
        │                └ 集权与分权相结合型财务管理体制的实践
        │                ┌ 技术环境
        │ 财务管理环境 ┤ 经济环境
        │                │ 金融环境
        └                └ 法律环境
```

通关重难点例题

一、各种组织形式企业的含义及特点

企业组织形式	定义	特点	
个人独资企业	是由一个自然人投资，全部资产为投资人个人所有，全部债务由投资者个人承担的经营实体	优点：创立容易、经营管理灵活自由、不需要缴纳企业所得税 缺点：（1）需要业主对企业债务承担无限责任；（2）难以从外部获得大量资金用于经营；（3）所有权转移比较困难；（4）企业生命有限	
公司制企业	是指有两个或两个以上投资人（自然人或法人）依法出资组建，有独立法人财产，自主经营、自负盈亏的法人企业	优点：（1）容易转让所有权；（2）有限债务责任；（3）无限存续；（4）容易筹集资金 缺点：（1）双重课税；（2）组建成本高；（3）存在代理问题	
合伙企业	是由各合伙人遵循自愿、平等、公平、诚实、信用原则订立合伙协议，共同出资、共同经营、共享收益、共担风险的营利性组织	分类	
		普通合伙企业	有限合伙企业
		由普通合伙人组成，合伙人对合伙企业债务承担无限连带责任	由普通合伙人和有限合伙人组成，普通合伙人对合伙企业债务承担无限连带责任，有限合伙人以其认缴的出资额为限对合伙企业债务承担责任

【提示】1. 国有独资公司、国有企业、上市公司以及公益性的事业单位、社会团体不得成为普通合伙人。

2. 有限合伙企业至少应当有一个普通合伙人，由普通合伙人执行合伙事务。有限合伙人不执行合伙事务，不得对外代表有限合伙企业。

【例1-1】（单选题）下列相关表述中，不属于公司制企业优点的是（　　）。

A. 容易筹集资金

B. 所有权转移容易

C. 承担有限债务

D. 经营管理灵活自由

【答案】D

【解析】选项D是个人独资企业的优点。其他三项都是公司制企业的优点。

【例1-2】（多选题）在以下企业组织形式中，会导致双重课税的有（　　）。

A. 个人独资企业　　　B. 合伙企业

C. 有限责任公司　　　D. 股份有限公司

【答案】CD

【解析】公司制企业具有法人资格，需要缴纳企业所得税和个人所得税，个人独资企业和合伙企业不具有法人资格，只需缴纳个人所得税。所以本题选C、D。

二、财务管理目标理论

（一）利润最大化

1. 含义

假定企业财务管理以实现利润最大为目标。

2. 以利润最大化作为财务管理目标的原因

（1）人类从事生产经营活动的目的是为了创造更多的剩余产品，在市场经济条件下，剩余产品的多少可以用利润这个价值指标来衡量（符合人类从事生产经营活动的目的）；

（2）在自由竞争的资本市场中，资本的使用权最终属于获利最多的企业（有利于取得资金）；

（3）只有每个企业都最大限度地创造利润，

整个社会的财富才可能实现最大化，从而带来社会的进步和发展（有利于社会财富的增加）。

3. 优点

（1）有利于企业资源的合理配置；

（2）有利于企业整体经济效益的提高。

4. 缺点

（1）没有考虑利润实现时间和资金时间价值；

（2）没有考虑风险；

（3）没有反映创造的利润与投入资本之间的关系；

（4）可能导致短期财务决策倾向。

5. 利润最大化的另一种表现方式

是每股收益最大化，除了反映创造利润与投入资本之间的关系外，每股收益最大化与利润最大化目标的缺陷基本相同。

（二）股东财富最大化

1. 含义

指企业财务管理以实现股东财富最大为目标。在上市公司中，股东财富是由其所拥有的股票数量和股票价格两方面决定的，在股票数量一定时，股票价格达到最高，股东财富也就达到最大。

2. 优点

（1）考虑了风险因素；

（2）在一定程度上能避免企业追求短期行为；

（3）比较容易量化，便于考核和奖惩。

3. 缺点

（1）只适用于上市公司，非上市公司难以应用；

（2）股价受众多因素影响，不能准确反映企业财务管理状况；

（3）更多强调的是股东利益，对其他相关者的利益重视不够。

（三）企业价值最大化

1. 含义

指企业财务管理以实现企业价值最大为目标。企业价值可以理解为所有者权益和债权人权益的市场价值，或企业未来现金流量现值。

2. 优点

（1）考虑了时间价值；

（2）考虑了风险与报酬的关系；

（3）能克服企业在追求利润上的短期行为；

（4）用价值替代价格，可以避免过多受外界因素的干扰，有效规避了企业的短期行为。

3. 缺点

（1）过于理论化，不易操作；

（2）对于非上市公司，只有对企业进行专门评估才能确定其价值，不易做到客观公正。

（四）相关者利益最大化

1. 利益相关者

包括：股东、企业债权人、企业经营者、客户、供应商、员工、政府。

2. 相关者利益最大化目标的具体内容

（1）强调风险与报酬的均衡，将风险限制在企业可接受的范围之内；

（2）强调股东的首要地位；

（3）强调对代理人即企业经营者的监督和控制，建立有效的激励机制；

（4）关心本企业一般职工的利益；

（5）不断加强与债权人的关系；

（6）关心客户的长期利益；

（7）加强与供应商的合作；

（8）保持与政府部门的良好关系。

3. 优点

（1）有利于企业长期稳定发展；

（2）有利于实现企业经济效益和社会效益的统一；

（3）较好地兼顾了各利益主体的利益；

（4）体现了前瞻性和现实性的统一。

（五）各种财务管理目标之间的关系

1. 各种财务管理目标，都以股东财富最大化为基础。原因在于企业的创立和发展都必须以股东的投入为基础，离开了股东的投入，企业就不复存在。

2. 以股东财富最大化为核心和基础，还应该考虑利益相关者的利益。原因在于各国公司法都规定，股东权益是剩余权益，只有满足了其他方面的利益之后才会有股东的利益。

提示 1. 利润最大化、股东财富最大化、企业价值最大化、相关者利益最大化都是以股东财富最大化为基础的。

2. 利润最大化目标：企业价值＝企业利润

股东财富最大化目标：企业价值＝股东权益＝股数×股价

企业价值最大化目标：企业价值＝股权价

值+债务价值

相关者利益最大化目标：企业价值=股权价值+其他相关者权益

【例1-3】（单选题）在财务管理目标中，每股收益最大化，是（　　）的另一种表现方式。

A. 利润最大化

B. 股东财富最大化

C. 企业价值最大化

D. 相关者利益最大化

【答案】A

【解析】利润最大化的另一种表现方式是每股收益最大化。每股收益最大化的观点认为，应当把企业的利润和股东投入的资本联系起来进行考查，用每股收益（或权益资本净利率）来概括企业的财务目标。

三、利益冲突与协调

协调相关者的利益冲突要把握的原则是：尽可能使企业相关者的利益分配在数量上和时间上达到动态的协调平衡。

（一）所有者和经营者的利益冲突与协调

1. 冲突表现

经营者希望在创造财富的同时，能够获得更多的报酬，而所有者和股东则希望以较小的代价实现更多的财富。

2. 协调方式

$$\text{协调} \begin{cases} \begin{cases} \text{解聘} \longrightarrow \text{通过所有者约束经营者} \\ \text{接收} \longrightarrow \text{通过市场约束经营者} \end{cases} \text{约束} \\ \text{激励} \begin{cases} \text{股票期权} \\ \text{绩效股} \end{cases} \longrightarrow \begin{matrix} \text{将经营者的报} \\ \text{酬与绩效挂钩} \end{matrix} \text{激励} \end{cases}$$

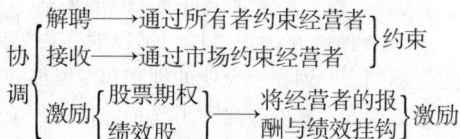

（二）所有者和债权人的利益冲突与协调

矛盾的表现	协调方式
1. 所有者改变举债资金的原定用途，增大偿债的风险，降低了债权人的负债价值； 2. 举借新债，增大偿债的风险，致使原有债权的价值降低	1. 限制性借债：在借款合同中加入限制条款，如规定借款的用途、规定借款的信用条件，要求提供借款担保等。 2. 收回借款或停止借款：当债权人发现公司有侵蚀其债权价值的意图时，采取收回借款和不再给予新的借款的措施，从而保护自身权益

【例1-4】（判断题）接收是通过所有者约束经营者的措施。（　　）

【答案】×

【解析】接收是通过市场约束经营者的措施，解聘是通过所有者约束经营者的措施。

四、企业财务管理体制

（一）企业财务管理体制的一般模式及优缺点

财务管理体制是明确企业各财务层级的财务权限、责任和利益的制度，其核心问题是如何配置财务管理权限。财务管理体制的一般模式包括：

1. 集权型财务管理体制

指企业对各所属单位的所有管理决策都进行集中统一，各所属单位没有财务决策权，企业总部财务部门不但参与决策和执行决策，在特定情况下还直接参与各所属单位的执行过程。

2. 分权型财务管理体制

指将财务决策权和管理权完全下放到所属单位，所属单位只需将决策结果报请企业总部备案即可。

3. 集权与分权相结合型财务管理体制

（1）含义。

其实质就是集权下的分权，即企业对各所属单位在所有重大问题的决策与处理上实行高度集权，各所属单位对日常经营活动具有较大的自主权。

（2）特点。

在制度上，制定统一的内部管理制度，各所属单位应遵照执行，但可以根据自身特点加以补充；在管理上，利用企业的各项优势，对部分权限集中管理；在经营上，充分调动各所属单位的积极性。各所属单位在遵守企业统一制度的前提下，可自主制定生产经营的各项决策。

集权与分权相结合的财务管理体制吸收了集权型和分权型财务管理体制各自的优点，避免了两者的缺点，具有较大的优越性。

【例1-5】（单选题）在重大问题上采取集权方式统一处理，各所属单位执行各项指令，他们只对生产经营活动具有较大的自主权，该种财务管理体制属于（　　）。

A. 集权型

B. 分权型

C. 集权与分权结合型

D. 以上都不是

【答案】C

【解析】在集权与分权结合型下，企业对各所属单位在所有重大问题的决策与处理上高度集权，各所属单位则对日常经营活动具有较大自主权。

【例1-6】（判断题）企业制定统一的内部管理制度，各所属单位应遵照执行的财务管理体制是集权型财务管理体制。（　　）

【答案】×

【解析】集权与分权相结合型财务管理体制也需要企业制定统一的内部管理制度，各所属单位应遵照执行，但各所属单位可以根据自身特点加以补充。

（二）影响企业财务管理体制集权与分权选择的因素

影响企业财务管理体制集权与分权选择的因素主要包括以下六个方面：

考虑的因素	相应的选择
企业生命周期	企业发展会经历初创阶段、快速发展阶段、稳定增长阶段、成熟阶段和衰退阶段。一般在初创阶段，企业经营风险高，财务管理宜偏重集权模式 提示 企业各个阶段特点不同，所对应的财务管理体制选择模式会有区别
企业战略	企业战略发展的四个阶段：数量扩大、地区开拓、纵向或横向联合发展和产品多样化，那些实施纵向一体化战略的企业，要求各所属单位保持密切的业务联系，各所属单位之间业务联系越密切，就越有必要采用相对集中的财务管理体制
企业所处市场环境	如果企业所处的市场环境复杂多变，有较大的不确定性，就要求在财务管理划分权力给中下层财务管理人员较多的随机处理权，以增强企业对市场环境变动的适应能力；如果企业面临的环境是稳定的、对生产经营的影响不太显著，则可以把财务管理权较多的集中
企业规模	企业规模小，财务管理工作量小，为财务管理服务的财务组织制度也相应简单、集中，偏重于集权模式。企业规模大，财务管理管理工作量大，复杂性增加，财务管理各种权限就有必要根据需要重新设置规划

续表

考虑的因素	相应的选择
企业管理层素质	管理层如果素质高、能力强，可以采用集权型财务管理体制。反之，通过分权可以调动所属单位的生产积极性、创造性和应变能力
信息网络系统	集权型的财务管理体制，在企业内部需要有一个能及时、准确传递信息的网络系统，并通过信息传递过程的严格控制以保障信息的质量

【例1-7】（多选题）下列各项适用于集权型财务管理体制的情况有（　　）

A. 企业发展处于初创阶段

B. 企业所处的市场环境复杂多变

C. 企业规模大，财务管理工作量大

D. 企业管理层素质高、能力强

【答案】AD

【解析】初创阶段，企业经营风险高，财务管理宜偏重集权模式，所以选项A正确；如果企业所处的市场环境复杂多变，有较大的不确定性，就要求在财务管理划分权力给中下层财务管理人员较多的随机处理权，以增强企业对市场环境变动的适应能力。所以选项B不正确；一般而言，企业规模小，财务管理工作量小，为财务管理服务的财务组织制度也相应简单、集中，偏重于集权模式。所以选项C错误；管理层如果素质高、能力强，可以采用集权型财务管理体制，所以选项D正确。

【例1-8】（单选题）下列各项中，不属于集权型财务管理体制优点的是（　　）

A. 有利于内部采取避税措施

B. 有利于在整个企业内部优化配置资源

C. 有利于实行内部调拨价格

D. 有利于针对存在的问题及时作出有效决策

【答案】D

【解析】集权型财务管理体制的优点有：（1）有利于在整个企业内部优化配置资源；（2）有利于实行内部调拨价格；（3）有利于内部采取避税措施及防范汇率风险等。有利于针对存在的问题及时作出有效决策是分权型财务管理体制的优点。所以本题的答案为选项D。

（三）集权与分权相结合型财务管理体制的实践

企业总部应做到制度统一、资金集中、信息集成和人员委派。

七项集中：集中制度制定权；集中筹资、融资权；集中投资权；集中用资、担保权；集中固定资产购置权；集中财务机构设置权；集中收益分配权。

四项分散：分散经营自主权；分散人员管理权；分散业务定价权；分散费用开支审批权。

【例1-9】（单选题）甲企业实行集权与分权相结合的财务管理体制，下列说法错误的是（　　）。

A. 其实质就是集权下的分权

B. 各所属单位负责人有权掌握投资、融资权

C. 企业应制定统一的内部管理制度，明确财务权限及收益分配方法，各所属单位应遵照执行，并根据自身的特点加以补充

D. 企业内部应统一收益分配权

【答案】B

【解析】资金筹资投资、筹资、融资权应由企业统一掌握，所以选项B错误。

五、财务管理的经济环境

在影响财务管理的各种外部环境中，经济环境是最为重要的。

（一）经济体制

1. 计划经济体制下，国家统收统支，企业利润统一上缴，亏损全部由国家补贴，企业作为一个独立的核算单位而无独立的理财权利。这时，财务管理活动的内容比较单一，财务管理方法比较简单。

2. 市场经济体制下，企业成为"自主经营、自负盈亏"的经济实体，财务管理活动的内容比较丰富，方法也复杂多样。

（二）经济周期

在不同的经济周期，企业应采用不同的财务管理战略。

复苏	繁荣	衰退	萧条
1. 增加厂房设备	1. 扩充厂房设备	1. 停止扩张	1. 建立投资标准
2. 实行长期租赁	2. 继续建立存货	2. 出售多余设备	2. 保持市场份额
3. 建立存货储备	3. 提高产品价格	3. 停产不利产品	3. 压缩管理费用
4. 开发新产品	4. 开展营销规划	4. 停止长期采购	4. 放弃次要利益
5. 增加劳动力	5. 增加劳动力	5. 削减存货	5. 削减存货
		6. 停止扩招雇员	6. 裁减雇员

（三）经济发展水平

1. 财务管理水平是和经济发展水平密切相关的，经济发展水平越高，财务管理水平也越高。

2. 财务管理应当以经济发展水平为基础，以宏观经济发展目标为导向，从业务工作角度保证企业经营目标和经营战略的实现。

（四）宏观经济政策

不同的宏观经济政策，对企业财务管理的影响不同。

（五）通货膨胀水平

1. 通货膨胀对企业财务活动的影响表现

（1）引起资金占用的大量增加，从而增加

企业的资金需求；

（2）引起企业利润虚增，造成企业资金流失；

（3）引起利率上升，加大企业的筹资成本；

（4）引起有价证券价格下降，增加企业的筹资难度；

（5）引起资金供应紧张，增加企业的筹资难度。

2. 企业应对通货膨胀应当采取的防范措施

（1）在通货膨胀初期，企业可以采取如下措施：

①企业可以进行投资来避免风险，实现资本

保值;

②与客户应签订长期购货合同,以减少物价上涨造成的损失;

③取得长期负债,保持资本成本的稳定。

(2)在通货膨胀持续期,企业可以采取如下措施:

①企业可以采用比较严格的信用条件,减少企业债权;

②调整财务政策,防止和减少企业资本流失。

【例1-10】(单选题)下列应对通货膨胀风险的各种策略中,不正确的是(　　)。

A. 进行长期投资

B. 签订长期购货合同

C. 取得长期借款

D. 签订长期销货合同

【答案】D

【解析】为了减轻通货膨胀对企业造成的不利影响,企业应当采取措施予以防范。在通货膨胀初期,货币面临着贬值的风险,这时企业进行投资可以避免风险,实现资本保值,所以选项A正确;应与客户签订长期购货合同,以减少物价上涨造成的损失,所以选项B正确;取得长期负债,保持资本成本的稳定,所以选项C正确;调整财务政策,防止和减少企业资本流失等,而签订长期销货合同会降低在通货膨胀时期的现金流入,增加了企业资本的流失,所以选项D不正确。

【例1-11】(多选题)在经济衰退时期,企业应采取的财务管理战略包括(　　)。

A. 提高产品价格　　B. 出售多余设备

C. 停产不利产品　　D. 削减存货

【答案】BCD

【解析】在经济衰退时期,企业应采取的财务管理战略包括停止扩张、出售多余设备、停产不利产品、停止长期采购、削减存货、停止扩招雇员。提高产品价格是繁荣时期应采取的财务管理战略,所以A不正确。

六、金融环境

(一)金融机构、金融工具与金融市场

1. 金融机构

主要是银行和非银行金融机构。

2. 金融工具

(1)含义。

指形成一方的金融资产并形成其他方的金融负债或权益工具的合同。借助金融工具,资金从供给方转移到需求方。

(2)分类。

金融工具分为基本金融工具和衍生金融工具两大类。常见的基本金融工具有企业持有的现金、从其他方收取现金或其他金融资产的合同权利、向其他方交付现金或其他金融资产的合同义务等;衍生金融工具又称派生金融工具,是在基本金融工具的基础上通过特定技术设计形成新的融资工具,如各种远期合约、期货合同、互换合同和期权合同等。

(3)特征。

金融工具具有流动性、风险性和收益性的特征。

3. 金融市场

(1)含义。

金融市场是指资金供应者和资金需求者双方通过一定的金融工具进行交易而融通资金的场所。

(2)要素。

金融市场的构成要素包括资金供应者和资金需求者、金融工具、交易价格、组织方式等。

(3)资金转移方式。

①直接转移:需要资金的企业或其他资金不足者直接将股票或债券出售给资金剩余者。

②间接转移:需要资金的企业或其他资金不足者,通过中介机构将股票或债券出售给资金剩余者,或者以他们自身所发行的证券来交换资金供应者手中的资金,再将资金转移到资金需求者手中。

(二)金融市场的分类

1. 以期限为标准,分为货币市场和资本市场。

2. 以功能为标准,分为发行市场和流通市场。

3. 以融资对象为标准,分为资本市场、外汇市场和黄金市场。

4. 以所交易金融工具的属性为标准,分为基础性金融市场和金融衍生品市场。

5. 以地理范围为标准,分为地方性金融市场、全国性金融市场和国际性金融市场。

（三）货币市场

1. 特点

（1）期限短；

（2）交易目的是解决短期资金周转；

（3）所交易的金融工具有较强的"货币性"，具有流动性强、价格平稳、风险较小等特性。

2. 构成

主要有拆借市场、票据市场、大额定期存单市场和短期债券市场等。

（四）资本市场

1. 特点

（1）融资期限长；

（2）融资目的是解决长期投资性资本的需要；

（3）资本借贷量大；

（4）收益较高但风险也较大。

2. 构成

主要包括债券市场、股票市场和融资租赁市场等。

【例1-12】（单选题）按照金融工具的属性将金融市场分为（　　）。

A. 发行市场和流通市场

B. 基础性金融市场和金融衍生品市场

C. 短期金融市场和长期金融市场

D. 一级市场和二级市场

【答案】B

【解析】金融市场按功能分为发行市场和流通市场；按照金融工具的属性将金融市场分为基础性金融市场和金融衍生品市场；按期限分为短期金融市场和长期金融市场，所以本题正确答案是B。

【例1-13】（判断题）可转让大额定期存单属于资本市场工具。（　　）

【答案】×

【解析】金融工具若按期限不同可分为货币市场工具和资本市场工具，前者主要有拆借市场、票据市场、可转让大额定期存单市场、短期债券市场等；后者主要是股票市场、债券市场和租赁市场。

通关演练

一、单项选择题

1. 在经济周期的不同阶段，企业应采取不同的财务管理战略。经济复苏时期，正确的财务管理战略是（　　）。

A. 实行长期租赁　　B. 放弃次要利益

C. 压缩成本费用　　D. 停产不利产品

2. 下列关于短期债券市场的表述中，正确的是（　　）。

A. 大额定期存贷市场属于短期债券市场

B. 主要买卖1年期以内的短期企业债券

C. 主要买卖1年期以内的短期政府债券

D. 短期债券的转让可以通过贴现的方式进行

3. 在协调所有者与经营者矛盾的方法中，通过市场来约束经营者的方法是（　　）。

A. 解聘　　　　　　B. 接收

C. 激励　　　　　　D. 监督

4. 下列各项中，属于公司制企业缺点的是（　　）。

A. 所有权转移比较困难

B. 每个股东对企业债务承担无限连带责任

C. 组建成本比较高

D. 获取资金渠道比较单一

5. 下列关于国有独资公司的说法正确的是（　　）。

A. 国有独资公司单设股东会

B. 国有独资公司是股份有限公司的一种特殊形式

C. 国有独资公司的公司章程由股东大会讨论决定

D. 国有独资公司的合并、分立、解散、增加或减少注册资本必须由国有资产监督管理机构决定

6. 货币市场的主要功能是调节短期资金融通，其主要特点不包括（　　）。

A. 期限短

B. 交易目的是解决短期资金周转

C. 货币市场的金融工具具有较强的货币性

D. 货币市场的金融工具具有流动性强、价格平稳、风险较大的特性。

7. 下列关于通货膨胀对企业财务活动的影响的叙述，不正确的是（　　）。

A. 引起利率下降，加大企业筹资成本

B. 引起资金供应紧张，增加企业筹资难度

C. 引起有价证券价格的下降

D. 引起企业利润虚增

8. 与基本金融工具相比较，衍生金融工具所具有的特点是（　　）。

A. 杠杆性　　　　B. 收益性

C. 风险性　　　　D. 流动性

9. 下列不属于集权型财务管理体制的优点的是（　　）。

A. 优化资源配置

B. 有利于内部采取避税措施

C. 有利于针对企业存在问题及时作出有效决策

D. 有利于实现企业内部一体化管理

10. 下列关于合伙企业的说法中，错误的是（　　）。

A. 合伙企业分为普通合伙企业和有限合伙企业

B. 有限合伙企业由有限合伙人组成

C. 合伙人在执业活动中非因故意或者重大过失造成的合伙企业债务，由全体合伙人承担

D. 以专业知识和专门技能为客户提供有偿服务的专业服务机构，可以设立为特殊的普通合伙企业

11. 财务管理体制是明确企业各财务层级的财务权限、责任和利益的制度，其核心问题是如何确定（　　）。

A. 人事任免权限　　B. 收益分配权限

C. 财务管理权限　　D. 生产经营权限

12. 在市场经济条件下，经济发展与运行常带有一定的波动性。这种波动属于财务管理所面临的（　　）。

A. 金融环境　　　　B. 通货膨胀水平

C. 经济发展水平　　D. 经济周期

13. 集权与分权相结合型财务管理体制下，公

司各所属单位应该拥有的权力一般包括（　　）。

A. 费用开支审批权　B. 收益分配权

C. 固定资产购置权　D. 筹资、融资权

14. 在下列各种观点中，要求企业通过采用最优的财务政策，充分考虑资金的时间价值和风险与报酬的关系，在保证企业长期稳定发展的基础上使企业总价值达到最大的财务管理目标是（　　）。

A. 利润最大化　　　B. 相关者利益最大化

C. 股东财富最大化　D. 企业价值最大化

15. 平衡法是财务管理环节中（　　）的方法。

A. 财务预测　　　　B. 财务计划

C. 财务预算　　　　D. 财务决策

16. 在通货膨胀持续期，为了减轻通货膨胀对企业造成的不利影响，企业应当采取的防范措施是（　　）。

A. 进行投资可以避免风险，实现资本保值

B. 取得长期负债，保持资本成本的稳定

C. 采用比较严格的信用条件，减少企业债权

D. 与客户应签订长期购货合同，以减少物价上涨造成的损失

17. "企业应实行资本权属清晰、财务关系明确、符合法人治理结构要求的财务管理体制。"体现了企业财务管理体制的设计原则是（　　）。

A. 与现代企业制度的要求相适应的原则

B. 明确企业对各所属单位管理中的决策权、执行权与监督权三者分立原则

C. 明确财务综合管理和分层管理思想的原则

D. 与企业组织体制相适应的原则

18. 企业财务管理体制是明确企业各财务层级财务权限、责任和利益的制度，其核心问题是（　　）。

A. 如何确定财务管理目标

B. 如何配置企业的资源

C. 如何确定财务管理体制的集权和分权

D. 如何配置财务管理权限

19. 金融工具所具有的特征不包括（　　）。

A. 期限性　　　　B. 流动性

C. 收益性　　　　D. 风险性

20. 下列关于财务管理金融环境的说法中，错误的是（　　）。

A. 融资租赁市场的融资期限一般与资产租赁期限一致

B. 按所交易金融工具的属性，金融市场可分为基础性金融市场与金融衍生品市场

C. 资本市场是指以期限在 1 年以上的金融工具为媒介，进行长期资金交易活动的市场

D. 资本市场除了能实现长期资本融通的功能外，特殊情况下也可调节短期资金融通

二、多项选择题

1. 财务决策是指按照财务战略目标的总体要求，利用专门方法对各种备选方案进行比较和分析，从而选出最佳方案的过程。财务决策的方法主要包括（　　）。

A. 定性分析法　　　B. 排队法
C. 数学微分法　　　D. 线性规划法

2. 集权型财务管理体制的优点包括（　　）。

A. 有利于企业内部采取避税措施
B. 有利于企业内部防范汇率风险
C. 有利于实行内部调拨价格
D. 有利于企业内部优化配置资源

3. 下列表述中，属于 M 型组织特点的有（　　）。

A. 实质上是企业集团的组织形式
B. 最高决策层的职能是战略规划和关系协调
C. 在业务经营管理下放权限的同时，更强调强化财务部门的职能作用
D. 由三个相互关联的层次组成

4. 在影响企业财务管理体制集权与分权选择的因素中，会是企业倾向于采用集权型财务管理体制的影响因素有（　　）。

A. 企业面临比较稳定的市场环境
B. 企业规模大
C. 企业处于初创阶段
D. 企业所属单位业务联系松散

5. 以融资对象为标准，金融市场可以分为（　　）。

A. 金融衍生品市场　B. 黄金市场
C. 外汇市场　　　　D. 资本市场

6. Λ 公司有甲、乙两个所属单位，拟采用集权与分权相结合的财务管理体制，下列各项中，

A 公司应当给所属单位分权的有（　　）。

A. 所属单位员工的聘用与辞退
B. 所属单位经营中发生的各种费用
C. 所属单位购置固定资产
D. 所属单位业务定价

7. 在经济萧条时期，正确的财务管理战略包括（　　）。

A. 停止扩张　　　B. 出售多余设备
C. 保持市场份额　D. 建立投资标准

8. 为应付持续的物价上涨，甲企业应采取的正确应对措施有（　　）。

A. 将信用条件由"2/20，n/50"调整为"n/10"
B. 将销售合同由 3 年缩短为 1 年
C. 将购货合同由 1 年延长为 3 年
D. 将股利支付率由 70% 下降为 15%

9. 下列各项中，属于体现金融市场功能的有（　　）。

A. 小李从银行按揭贷款购入一套学区房
B. 小张因急需资金将未到期的 10 年期国债变现
C. 小赵看好 W 公司发展前景，决定购入 W 公司股票
D. 小周决定将股票账户从 M 券商转移到 N 券商

10. 下列关于拆借市场的表述中，正确的有（　　）。

A. 是金融机构同业之间短期性资本的借贷活动市场
B. 一般是有形市场
C. 一般是无形市场
D. 期限一般不超过 3 个月

11. 当今社会，企业作为国民经济细胞，发挥着越来越重要的功能。下列关于企业的说法正确的有（　　）。

A. 企业的目标是创造财富（或价值），企业在创造财富（或价值）过程中必须承担相应的社会责任
B. 企业是市场经济活动的主要参与者
C. 企业是社会生产和服务的主要承担者
D. 企业是经济社会发展的重要推动力量

12. 下列关于相关者利益最大化目标的具体内容的说法中，正确的有（　　）。

A. 强调股东的首要地位，并强调企业与股东之间的协调关系

B. 强调风险与报酬的均衡，将风险控制在最低范围之内

C. 关心本企业普通职工的利益，创造优美和谐的工作环境和提供合理恰当的福利待遇，培养职工长期努力为企业工作

D. 关心客户的长期利益，以便保持采购成本的稳定

13. 某公司董事会召开公司战略发展讨论会，拟将企业价值最大化作为财务管理目标，下列理由中，可以成立的有（ ）。

A. 有利于规避企业短期行为

B. 有利于量化考核和评价

C. 有利于持续提升企业获利能力

D. 有利于均衡风险与报酬的关系

14. 下列属于企业需要满足的社会责任的有（ ）。

A. 按时足额发放劳动报酬，提供安全健康的工作环境

B. 主动偿债，不无故拖欠

C. 确保产品质量，保障消费安全

D. 及时支付股利，确保股东的利益

15. 下列各项中，属于衍生金融工具的有（ ）。

A. 互换合同　　　B. 远期合同

C. 期权合同　　　D. 期货合同

16. 下列各项中，能协调所有者与债权人之间利益冲突的方式有（ ）。

A. 解聘

B. 限制性借款

C. 收回借款或停止借款

D. 接收

17. 下列金融市场类型中，能够为企业提供中长期资金来源的有（ ）。

A. 拆借市场　　　B. 股票市场

C. 融资租赁市场　D. 票据贴现市场

18. 下列各项不属于集权型财务管理体制可能导致的问题有（ ）。

A. 利润分配无序

B. 削弱所属单位主动性

C. 资金成本增大

D. 资金管理分散

19. 分权型财务管理体制的优点包括（ ）。

A. 有利于分散经营风险

B. 有利于作出有效决策

C. 有利于实行内部调拨价格

D. 有利于培养企业的整体意识

20. 在进行财务管理体制设计时，应当遵循的原则有（ ）。

A. 明确分层管理思想

B. 与现代企业制度相适应

C. 决策权、执行权与监督权分立

D. 与控制股东所制形式相对应

21. 下列有限合伙人行为中，不视为执行合伙事务的有（ ）。

A. 对企业的经营管理提出建议

B. 依法为本企业提供担保

C. 获取经审计的有限合伙企业财务会计报告

D. 参与决定普通合伙人入伙、退伙

22. 下列关于货币市场的表述中，正确的有（ ）。

A. 货币市场的主要功能是调节短期资金融通

B. 货币市场上的金融工具有较强的"货币性"

C. 短期债券以其信誉好、期限短、利率优惠等优点，成为货币市场中的重要工具之一

D. 货币市场的资本借贷量大

23. 下列属于影响财务管理的经济环境因素有（ ）。

A. 经济发展处于繁荣时期

B. 经济发展速度很快

C. 国家修改了税法

D. 国家进行了投资体制改革

24. 财务决策权的集中与分散没有固定的模式，同时选择的模式也不是一成不变的。因此影响财务管理体制的集权与分权的选择因素中有（ ）。

A. 企业管理者的管理水平

B. 企业所处的市场环境

C. 企业规模的大小

D. 企业信息网络系统

25. 以企业价值最大化作为财务管理目标，存在的问题有（ ）。

A. 企业价值关于理论化、不易操作

B. 不能避免企业的短期行为

C. 价值的确定多受外界市场因素的干扰

D. 对于非上市公司而言，由于受评估标准和评估方式的影响，企业价值很难做到客观和准确

三、判断题

1. 有限合伙人转为普通合伙人的，对其作为普通合伙人期间有限合伙企业债务承担无限连带责任。 （ ）

2. 以股东财富最大化作为财务管理目标也具有短期行为。 （ ）

3. 将企业价值最大化作为财务管理目标，这一目标本身是一个多元化、多层次的目标体系，较好地兼顾了各利益主体的利益。 （ ）

4. 以相关者利益最大化作为财务管理目标时，强调股东的首要地位。 （ ）

5. 大多数社会责任必须通过立法以强制的方式让每个企业平均负担。 （ ）

6. 集权型财务管理体制的核心内容是企业总部应做到制度统一、资金集中、信息集成和人员委派。 （ ）

7. 以股票期权激励经营者时，经营者所获得的激励金额就是股票市价与约定价格的差额。 （ ）

8. 所有者和经营者的利益冲突主要表现为经营者采取各种手段侵害剥夺所有者。 （ ）

9. 按照法律、法规和公司章程的规定，真实、准确、完整、及时地披露公司信息是企业对债权人的社会责任。 （ ）

10. 企业财务管理体制的设计应当与现代企业制度的要求相适应。 （ ）

11. 集权分权相结合型财务管理体制的实质就是集权下的分权。 （ ）

12. 如果企业内部信息传递环节过多，信息传递不畅，就应该采用集权型财务管理体制。 （ ）

13. 企业将用实现的利润用于股利分配或留存对债权人利益没有影响。 （ ）

14. 随着经济的发展，互联网时代很多财务人员开始使用移动通信从事财务管理工作。这属于财务管理所面临的经济环境。 （ ）

15. 通货膨胀会引起企业资金占用大量增加，从而增加企业的资金需求。因此在通货膨胀时期，央行会加速向市场注入资金。 （ ）

通关演练参考答案及解析

一、单项选择题

1.【答案】A

【解析】复苏时期的财务管理战略是：增加厂房设备、实行长期租赁、建立存货储备、开发新产品、增加劳动力；放弃次要利益和压缩成本费用是萧条时期的财务管理战略；停产不利产品是衰退时期的财务管理战略。

2.【答案】D

【解析】大额定期存贷市场不属于短期债券市场。短期债券市场主要买卖1年期以内的短期企业债券和政府债券，短期债券的转让可以通过贴现或买卖的方式进行。

3.【答案】B

【解析】在协调所有者与经营者矛盾的方法中，"接收"是一种通过市场来约束经营者的方法；"解聘"是一种通过所有者来约束经营者的方法。

4.【答案】C

【解析】公司制企业的缺点：（1）组建公司的成本高；（2）存在代理问题；（3）双重课税。

5.【答案】D

【解析】我国国有独资公司不设股东会，由国有资产监督管理机构行使股东会职权。所以选项A错误；国有独资公司是有限责任公司的一种特殊形式。选项B错误；国有独资公司的公司章程由国有资产监督管理机构制定，或者由董事会制定报国有资产监督管理机构批准。所以选项C错误；国有资产监督管理机构可以授权公司董事会行使股东会的部分

职权，决定公司的重大事项，但公司的合并、分立、解散、增加或者减少注册资本和发行公司债券，必须由国有资产监督管理机构决定。所以选项D正确。

6.【答案】D

【解析】货币市场的特点是：期限短；交易目的是解决短期资金周转；货币市场上的金融工具具有较强的"货币性"，具有流动性强、价格平稳，风险较小等特征。选项D错在写成了"风险较大"，所以选项D错误。

7.【答案】A

【解析】通货膨胀对企业财务活动的影响是多方面的。主要表现在：引起资金占用的大量增加，从而增加企业的资金需求；引起利率上升，加大企业筹资成本。所以选项A错误；引起资金供应紧张，增加企业的筹资困难，所以选项B正确；引起有价证券价格下降，增加企业的筹资难度。所以选项C正确；引起企业利润虚增，造成企业资金由于利润分配而流失。所以选项D正确。

8.【答案】A

【解析】衍生金融工具又称派生金融工具，是在基本金融工具的基础上通过特定技术设计形成新的融资工具，如各种远期合约、期货、互换、掉期、资产支持证券等，种类非常复杂、繁多，具有高风险、高杠杆效应的特点。

9.【答案】C

【解析】它的优点在于：企业内部的各项决策均由企业总部制定和部署，企业内部可充分展现其一体化管理的优势。所以选项D正确；采用集权型财务管理体制，有利于在整个企业内部优化配置资源，所以选项A正确；有利于内部采取避税措施及防范汇率风险。所以选项B正确；有利于针对企业存在的问题及时作出有效决策是分权型财务管理体制的优点，所以选项C错误。

10.【答案】B

【解析】有限合伙企业由普通合伙人和有限合伙人组成，所以选项B错误。

11.【答案】C

【解析】财务管理体制是明确企业各财务层级的财务权限、责任和利益的制度，其核心问题是如何配置财务管理权限。

12.【答案】D

【解析】在市场经济条件下，经济发展与运行常带有一定的波动性，大体上经历复苏、繁荣、衰退和萧条几个阶段的循环，这种循环叫作经济周期。

13.【答案】A

【解析】集权与分权相结合型财务管理体制下，集中的权力应包括制度制定权；筹资、融资权；投资权；用资、担保权；固定资产购置权；财务机构设置权；收益分配权。分散的权力应包括经营自主权；人员管理权；业务定价权；费用开支审批权。

14.【答案】D

【解析】企业价值最大化要求企业通过采用最优的财务政策，充分考虑资金的时间价值和风险与报酬的关系，在保证企业长期稳定发展的基础上使企业总价值达到最大。

15.【答案】B

【解析】财务计划是根据企业整体战略目标和规划，结合财务预测的结果，对财务活动进行规划，并以指标形式落实到每一计划期间的过程。财务计划主要通过指标和表格，以货币形式反映在一定的计划期内企业生产经营活动所需要的资金及其来源、财务收入和支出、财务成果及其分配的情况。确定财务计划指标的方法一般有平衡法、因素法、比例法和定额法等。

16.【答案】C

【解析】在通货膨胀持续期，为了减轻通货膨胀对企业造成的不利影响，企业应当采取的防范措施包括：（1）企业可以采用比较严格的信用条件，减少企业债权；（2）调整财务政策，防止和减少企业资本流失。

17.【答案】A

【解析】现代企业制度是一种产权制度，它是以产权为依托，对各种经济主体在产权关系中的权利、责任、义务进行合理有效的组织、调节与制度安排，它具有"产权清晰、责任明确、政企分开、管理科学"的特征。企业应实行资本权属清晰、财务关系明确、符合法人治理结构要求的财务管理体制。企业应当按照国家有关规定建立有效的内部财务管理级次。企业集团公司自行决定集团内部财务管理体制。

18.【答案】D

【解析】企业财务管理体制是明确企业各财务层级财务权限、责任和利益的制度，其核心问题是如何配置财务管理权限，企业财务管理体制决定着企业财务管理的运行机制和实施模式。所以正确答案为选项D。

19.【答案】A

【解析】金融工具具有流动性、风险性和收益性的特征。

20.【答案】D

【解析】货币市场的主要功能是调节短期资金融通，而资本市场的主要功能是实现长期资本融通，所以本题的答案为选项D。

二、多项选择题

1.【答案】BCD

【解析】定性分析法属于财务预测的方法；排队法属于财务决策方法中的经验判断法；数学微分法和线性规划法属于财务决策方法中的定量分析法。

2.【答案】ABCD

【解析】集权型财务管理体制指企业对各所属单位的所有管理决策都进行集中统一，各所属单位没有财务决策权，企业总部财务部门不但参与决策和执行决策，在特定情况下还直接参与各所属单位的执行过程。其优点在于：企业内部可以充分展现一体化优势，努力降低资金成本和风险损失，使决策统一化、制度化得到保障。采用集权型财务管理体制，有利于企业内部采取避税措施和防范汇率风险，有利于实行内部调拨价格，有利于企业内部优化配置资源。其缺点是：集权过度使所属单位缺乏主动性、积极性，丧失活力，也可能因为决策程序复杂而失去适应市场的弹性，丧失市场机会。

3.【答案】BCD

【解析】选项A是H型组织的特点；M型组织的特点包括：是目前国际上大企业的管理体制的主流形式。这种形式在业务经营管理下放权限的同时，更强调强化财务部门的职能作用。M型结构由三个相互关联的层次组成：第一个层次是企业总部，由董事会和经理组成；第二个层次是各个职能、支持和服务部门；第三个层次是独立的各所属单位。M型结构的财务是中央控制的，负责整个企业的资金筹措、运作和税务安排。特点是集权程度较高的集权和分权的结合。最高决策层的职能是战略规划和关系协调。

4.【答案】AC

【解析】企业面临比较稳定的市场环境，对生产经营影响不太显著，可以将财务管理权较多地集中；企业处于初创阶段，经营风险高。财务管理宜偏重集权模式。

5.【答案】BCD

【解析】以融资对象为标准，金融市场可以分为资本市场、外汇市场和黄金市场。以所交易金融工具的属性标准，金融市场可以分为基础性金融市场和金融衍生品市场。

6.【答案】ABD

【解析】集权与分权相结合型财务管理体制的集中内容包括：集中制度制定权；集中筹资、融资权；集中投资权；集中用资、担保权；集中固定资产购置权；集中财务机构设置权；集中收益分配权。分散内容包括：分散经营自主权；分散人员管理权；分散业务定价权；分散费用开支审批权。所属单位购置固定资产属于集中的内容。

7.【答案】CD

【解析】停止扩张和出售多余设备属于衰退时期采取的财务管理战略；保持市场份额和建立投资标准属于萧条时期采取的财务管理战略。

8.【答案】AD

【解析】在通货膨胀持续期，企业可以采取如下应对措施：1. 企业可以采用比较严格的信用条件，减少企业债权，A就属于这种应对措施；2. 调整财务政策，防止和减少企业资本流失，D就属于这种应对措施。

9.【答案】ABC

【解析】A属于将社会各个单位和个人的剩余资金有条件地转让给缺乏资金的单位和个人的功能；B属于帮助实现长短期资金转换的功能；C属于引导资本流动，提高资金转移效率的功能。

10.【答案】AC

【解析】拆借市场是指银行（包括非银行金融机构）同业之间短期性资本的借贷活动市场，这种交易一般没有固定场所，期限按日计算，一般不超过1个月。

11.【答案】ABCD

【解析】企业是依法设立的，以营利为目的，运用各种生产要素（土地、劳动力、资本和技术等），向市场提供商品或服务，实行自主经营、自负盈亏、独立核算的法人或其他社会经济组织。企业的目标是创造财富（或价值）。企业在创造财富（或价值）过程中必须承担相应的社会责任。当今社会，企业作为国民经济细胞，发挥着越来越重要的功能：（1）企业是市场经济活动的主要参与者；（2）企业是社会生产和服务的主要承担者；（3）企业是经济社会发展的重要推动力量。所以选项A、B、C、D均正确。

12.【答案】AC

【解析】相关者利益最大化目标考虑了风险因素，强调风险与报酬的均衡，将风险控制在可以承受的范围之内，因此选项B的说法错误；关心客户的长期利益，以便保持销售收入的长期稳定增长，因此选项D的说法错误；所以本题正确选项为A、C。

13.【答案】ACD

【解析】企业价值最大化的优点是：（1）考虑了取得报酬的时间，并用时间价值的原理进行了计量；（2）考虑了风险与报酬的关系。（3）将企业长期、稳定的发展和持续的获利能力放在首位，能克服企业在追求利润上的短期行为，因为不仅目前利润会影响企业的价值，预期未来的利润对企业价值增加也会产生重大影响。（4）用价值代替价格，避免了过多外界市场因素的干扰，有效地规避了企业的短期行为。缺点在于：企业的价值过于理论化，不利于量化考核和评价。

14.【答案】ABC

【解析】企业的社会责任是指企业在谋求所有者或股东权益最大化之外所负有的维护和增进社会利益的义务。选项A属于企业对员工的责任，选项C属于企业对消费者的责任，选项B属于企业对债权人的责任。

15.【答案】ABCD

【解析】衍生金融工具是在基本金融工具的基础上通过特定技术设计形成新的融资工具，如各种远期合同、互换合同、期货合同、期权合同等。

16.【答案】BC

【解析】为协调所有者与债权人之间的利益冲突，通常采用的方式是：限制性借款、收回借款或停止借款。解聘和接收是所有者与经营者利益冲突的协调方式。

17.【答案】BC

【解析】资本市场又称长期金融市场，是指以期限在1年以上的金融工具为媒介，进行长期资金交易活动的市场，包括股票市场、债券市场和融资租赁市场等。

18.【答案】ACD

【解析】集权型财务管理体制下企业内部的主要管理权限集中于企业总部，各所属单位执行企业总部的各项指令。它的缺点是：集权过度会使各所属单位缺乏主动性、积极性，丧失活力，也可能因为决策程序相对复杂而失去适应市场的弹性，丧失市场机会。因此选项B属于集权型财务管理体制可能导致的问题。

19.【答案】AB

【解析】分权型财务管理体制的优点是：由于各所属单位负责人有权对影响经营成果的因素进行控制，加之身在基层，了解情况，有利于针对本单位存在的问题及时作出有效决策，因地制宜地搞好各项业务，也有利于分散经营风险，促进所属单位管理人员及财务人员的成长。

20.【答案】ABC

【解析】从企业的角度出发，其财务管理体制的设定或变更应当遵循如下四项原则：（1）与现代企业制度的要求相适应的原则；（2）明确企业对各所属单位管理中的决策权、执行权与监督权三者分立原则；（3）明确财务的综合管理和分层管理思想的原则；（4）与企业组织体制相对应的原则。所以本题正确答案为A、B、C。

21.【答案】ABCD

【解析】有限合伙人的下列行为，不视为执

行合伙事务：（1）参与决定普通合伙人入伙、退伙；（2）对企业的经营管理提出建议；（3）参与选择承办有限合伙企业审计业务的会计师事务所；（4）获取经审计的有限合伙企业财务会计报告；（5）对涉及自身利益的情况，查阅有限合伙企业财务会计账簿等财务资料；（6）在有限合伙企业中的利益受到侵害时，向有责任的合伙人主张权利或者提起诉讼；（7）执行事务合伙人怠于行使权利时，督促其行使权利或者为了本企业的利益以自己的名义提起诉讼；（8）依法为本企业提供担保。

22.【答案】ABC
【解析】货币市场的资本借贷量小，资本市场的资本借贷量大。

23.【答案】ABD
【解析】选项A是经济周期，选项B是经济发展水平，选项D是经济政策，选项C是法律环境。

24.【答案】ABCD
【解析】影响财务管理体制的集权与分权的选择因素有企业生命周期、企业战略、企业所处的市场环境、企业规模、企业管理层素质、信息网络系统等。

25.【答案】AD
【解析】以企业价值最大化作为财务管理目标，优点包括：（1）考虑了取得报酬的时间。（2）考虑了风险与报酬的关系。（3）将企业长期、稳定的发展和持续的获利能力放在首位，能克服企业在追求利润上的短期行为。（4）用价值代替价格，避免了过多外界市场因素的干扰，有效地规避了企业的短期行为。

三、判断题

1.【答案】×
【解析】有限合伙人转为普通合伙人的，对其作为有限合伙人期间有限合伙企业债务承担无限连带责任；普通合伙人转为有限合伙人的，对其作为普通合伙人期间有限合伙企业债务承担无限连带责任。

2.【答案】√
【解析】以股东财富最大化作为财务管理目标只能在一定程度上避免企业追求短期行为，但企业为了提高股价可能会采取内幕交易、制造题材炒作以拉抬股价，而不是好好从事生产经营活动，因此也具有短期行为倾向。

3.【答案】×
【解析】将相关者利益最大化作为财务管理的目标，这一目标本身是一个多元化、多层次的目标体系，较好兼顾了各利益主体的利益。

4.【答案】√
【解析】相关者利益最大化目标的主要内容包括：强调风险与报酬的均衡，将风险限制在企业可接受的范围之内；强调股东的首要地位；强调对企业代理人即企业经营者的监督和控制，建立有效的激励机制；关心本企业一般职工的利益；不断加强与债权人的关系；关心客户的长期利益；加强与供应商的合作；保持与政府部门的良好关系。

5.【答案】√
【解析】企业社会责任是指在谋求所有者或股东财富最大化之外所负有的维护和增进社会利益的义务。任何企业都无法长期单独承担因履行社会责任所增加的成本，过分强调履行社会责任，可能会导致整个社会资金运用次优化。事实上，大多数社会责任必须通过立法以强制的方式让每个企业平均负担。

6.【答案】×
【解析】集权与分权相结合型财务管理体制的核心内容是企业总部应做到制度统一、资金集中、信息集成和人员委派。

7.【答案】×
【解析】以股票期权激励经营者时，经营者所获得的激励金额＝（股票市价－约定价格）×行权股数。

8.【答案】×
【解析】所有者和经营者的利益冲突主要表现为经营者希望在创造财富的同时，能够获得更多的报酬；而所有者和股东则希望以较小的代价实现更多的财富。

9.【答案】√
【解析】公司对债权人承担的社会责任主要有：（1）按照法律、法规和公司章程的规定，真实、准确、完整、及时地披露公司信息（2）诚实守信，不滥用公司人格；（3）主动偿债，不无故拖欠；（4）确保交易安全，切实履行合法订立的合同。

10.【答案】√

【解析】现代企业制度是一种产权制度，它以产权为依托，对各种经济主体在产权关系中的权利、责任、义务进行合理有效的组织、调节与制度安排，它具有产权清晰、责任明确、政企分开、管理科学的特征。企业应实行资本权属清晰、财务关系明确、符合法人治理结构的财务管理体制。

11.【答案】√

【解析】集权分权相结合型财务管理体制的实质就是集权下的分权，即企业对各所属单位在所有重大问题的决策与处理上实行高度集权，各所属单位对日常经营活动具有较大的自主权。

12.【答案】×

【解析】集权型财务管理体制，在企业内部需要有一个能及时、准确传递信息的网络系统，并通过对信息传递过程的严格控制保障信息的质量。

13.【答案】×

【解析】企业将用实现的利润用于股利分配或留存，对债权人债权的保护程度不同，前者降低对债权人的保护，后者增加对债权人的保护。

14.【答案】×

【解析】财务管理的技术环境，是指财务管理得以实现的技术手段和技术条件，它决定着财务管理的效率和效果。

15.【答案】×

【解析】为了治理通货膨胀，央行会采取紧缩的货币政策，从市场中收回资金。

第二章　财务管理基础

考情分析

　　本章主要讲述财务管理的价值观念，包括货币时间价值、风险与收益分析、成本性态等内容。本章既可以出客观题，也可以出主观题。主观题的考点主要是货币时间价值系数间的关系、货币时间价值公式运用、资产风险衡量投资组合收益和风险的计算以及资产定价模型。

基本内容框架

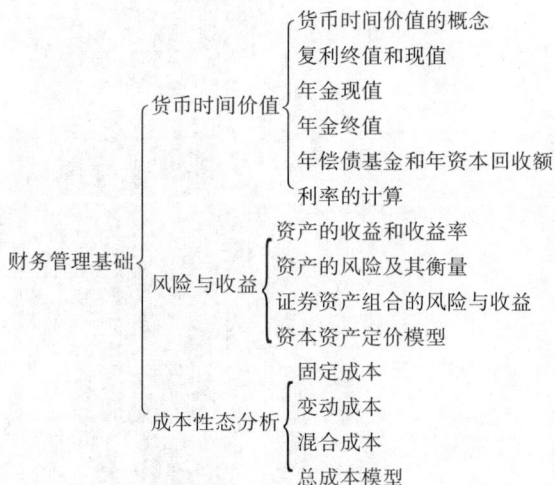

```
                    ┌ 货币时间价值的概念
                    │ 复利终值和现值
                    │ 年金现值
         货币时间价值 ┤ 年金终值
                    │ 年偿债基金和年资本回收额
                    └ 利率的计算

                    ┌ 资产的收益和收益率
财务管理基础          │ 资产的风险及其衡量
         风险与收益   ┤ 证券资产组合的风险与收益
                    └ 资本资产定价模型

                    ┌ 固定成本
                    │ 变动成本
         成本性态分析 ┤ 混合成本
                    └ 总成本模型
```

通关重难点例题

一、货币时间价值

（一）复利终值和现值

复利终值	$F = P \times (1+i)^n = P \times (F/P, i, n)$。公式中的 $(1+i)^n$ 被称为复利终值系数，用符号 $(F/P, i, n)$ 来表示	
复利现值	$P = F \times (1+i)^{-n}$ 公式中的 $(1+i)^{-n}$ 称为复利现值系数，用符号 $(P/F, i, n)$ 来表示	
总结	复利终值与复利现值互为逆运算	复利终值系数×复利现值系数 = 1

【例 2-1】（单选题）小白计划在 3 年后得到 10 000 元，银行年利率为 10%，复利计息，那么请问小白现在应存入（　　）元？[（P/F，10%，3）= 0.751，（F/P，10%，3）= 1.331]

　　A. 13 310　　　　B. 7 510

　　C. 13 315.5　　　D. 7 513.15

【答案】B

【解析】现在存入的金额数即为 10 000 元按复利计算的现值，考查的是复利现值的计算。根据复利现值计算公式：$P = F/(1+i)^n = 10\,000 \times (P/F, 10\%, 3) = 10\,000 \times 0.751 = 7\,510$（元）

【例 2-2】（单选题）小青存入一笔钱，想 5 年后得到 10 万元，若银行存款利率为 5%，要求按照复利计算计息，现在应存入银行（　　）万元？[（P/F，5%，5）= 0.783，（P/F，5%，10）= 0.614]

　　A. 3.92　　　　　B. 12.77

　　C. 7.83　　　　　D. 6.14

【答案】C

【解析】此题是已知 5 年后本利和为 10 万元，求 10 万元的现值，考察复利现值计算公式：$P = F \times (P/F, i, n)$ 即 $P = 10 \times (P/F, 5\%, 5) = 10 \times 0.783 = 7.83$（万元）。

（二）年金现值

项目	公式
普通年金现值	$P = A \times \dfrac{1-(1+i)^{-n}}{i} = A \times (P/A, i, n)$　$\dfrac{1-(1+i)^{-n}}{i}$ 称为"年金现值系数"，记作 $(P/A, i, n)$
预付年金现值	$P = A \times (P/A, i, n) \times (1+i)$。即普通年金现值×(1+i)
递延年金现值	$P = A \times (P/A, i, n) \times (P/F, i, m)$　n 指的是等额收付的次数（即 A 的个数），m 指的是递延期。先计算出第 m 期期末的复利现值之和，再从第 m 期期末复利折现到第一期期初
永续年金现值	$P = \dfrac{A}{i}$。是普通年金的极限形式，当普通年金的收付次数为无穷大时即为永续年金。永续年金的第一次等额收付发生在第一期期末

【例 2-3】（单选题）6 年分期付款购物，每年初付 2 000 元，设银行利率为 10%，该项分期付款相当于一次现金支付（　　）元？[（P/A，10%，6）= 4.355，（P/A，10%，5）= 3.791]

　　A. 8 710　　　　B. 7 582

　　C. 9 581　　　　D. 8 340

【答案】C

【解析】每年初支付固定本金，折算到第一期期初的现值即为预付年金现值的计算。根据公式 $P = A \times (P/A, 10\%, 6) \times (1+10\%) = 2\,000 \times 4.355 \times (1+10\%) = 9\,581$（元）。

【例 2-4】（判断题）吴先生存入 1 000 000 元，奖励每年高考的文理科状元各 10 000 元，奖学金每年发放一次，则银行年存款利率至少为 2% 时才能将奖金设立为永久性奖励奖金。（　　）

【答案】√

【解析】由于每年都要拿出 20 000 元，因此奖学金的性质是永续年金，其现值为 1 000 000

元，因此：i = 20 000/1 000 000 = 2%。

（三）年金终值

项目	公式
普通年金终值	$F = A \times \frac{(1+i)^n - 1}{i} = A \times (F/A, i, n)$。$\frac{(1+i)^n - 1}{i}$ 为"年金现值系数"，记作 $(F/A, i, n)$
预付年金终值	$F = A \times (F/A, i, n) \times (1+i)$
递延年金终值	$F = A \times (F/A, i, n)$，这里的 n 指的是等额收付的次数，与递延期 m 无关

【例2-5】（单选题）A 方案在 3 年中每年初付款 100 元，B 方案在 3 年中每年末付款 100 元，若利率为 10%，则二者在第 3 年末时的终值相差（　　）元。已知（F/A, 10%, 3）= 3.31

A. 33.1　　　　B. 31.3
C. 133.1　　　D. 13.31

【答案】 A

【解析】 题目考查内容为普通年金终值和预付年金终值的差异。二者差值为 100 × (F/A, 10%, 3) × (1 + 10%) - 100 × (F/A, 10%, 3) = 100 × 3.31 × 0.1 = 33.1（元），正确答案为 A。

【例2-6】（单选题）甲企业计划每年 12 月底向银行存入 10 万元慈善基金，年利率为 8%，按复利计算，则第 3 年末年金终值为（　　）万元？(F/A, 8%, 3 = 3.246, P/F, 8%, 3 = 0.794, F/P, 8%, 3 = 1.260)

A. 32.46　　　B. 7.94
C. 12.6　　　 D. 7.94

【答案】 A

【解析】

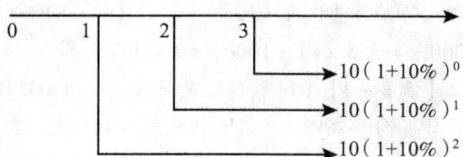

根据普通年金终值的计算公式，F = A × (F/A, 8%, 3) = 10 × 3.246 = 32.46（万元）

【例2-7】（单选题）下列关于年金终值的计算中与普通年金终值计算公式一样的是（　　）。

A. 预付年金　　B. 先付年金
C. 递延年金　　D. 永续年金

【答案】 C

【解析】 递延年金的终值 = A × (F/A, i, n)，其中 n 表示的是年金 A 的个数，与递延期无关，所以递延年金终值计算与普通年金的终值计算公式一样。

【例2-8】张伯伯退休时将 300 万元委托给某金融机构打理，作为自己的补充养老之需，期限 30 年，每年末以年金的形式从该金融机构取出一定金额，该金融机构给出的年利率为 4%。5 年后，张伯伯又取出 50 万元作为小儿子的结婚费用。则 5 年后张伯伯每年可以取出的资金为（　　）万元。已知（F/P, 4%, 5）= 1.2167，（F/P, 4%, 30）= 3.2434，（P/A, 4%, 30）= 17.2920，(P/A, 4%, 25) = 15.6221，（F/A, 4%, 5）= 5.4163，（F/A, 4%, 30）= 56.085。

A. 14.1492　　B. 17.3490
C. 19.2155　　D. 21.3562

【答案】 A

【解析】 前 5 年每年末取出资金 = 300/(P/A, 4%, 30) = 17.3490（万元），后 25 年每年可取出资金的算式为：300 × (F/P, 4%, 5) - 17.3490 × (F/A, 4%, 5) - 50 = A × (P/A, 4%, 25)；解上式，A = 14.1492（万元）

（四）年偿债基金和年资本回收额

项目	公式
年偿债基金	为使年金终值达到既定金额的年金数额（即已知终值 F，求年金 A）。在普通年金终值公式中解出 A，这个 A 就是年偿债基金。 A = F/(F/A, i, n)
年资本回收额	年资本回收额是指在约定年限内等额回收初始投入资本的金额。年资本回收额的计算实际上是已知普通年金现值 P，求年金 A。 A = P/(P/A, i, n)

【例2-9】（单选题）某人以 10% 的利率借得资金 18 000 元，投资于一个合作期限为 5 年的项目，他需要每年至少收回（　　）元才是

有利可图的？已知（P/A，10%，5）=3.791，（F/A，10%，5）=6.105，计算结果保留整数。

　　A. 4 029　B. 2 948　C. 4 748　D. 3 558

　　【答案】C

　　【解析】已知现值求资本回收额，$A = \dfrac{P}{(P/A, i, n)} = 18\,000/3.791 = 4\,748.09$（元）

　　【例2-10】（单选题）某企业有一笔5年后到期的借款，数额为5 000万元，年利率为10%。企业为此设立偿债基金，到期一次还清借款，每年末需存入银行的金额是（　　）万元？已知（F/P，10%，5）=1.611，（F/A，10%，5）=6.105。计算结果保留整数。

　　A. 819　B. 3 103　C. 1 250　D. 918

　　【答案】A

　　【解析】已知终值求偿债基金，$A = \dfrac{F}{(F/A, i, n)} = 5\,000/6.105 = 819$（万元）

　　提示　互为倒数的四组系数关系：

　　（1）单利终值系数与单利现值系数；

　　（2）复利终值系数与复利现值系数；

　　（3）偿债基金系数与年金终值系数；

　　（4）资本回收系数与年金现值系数。

　　（五）利率的计算

　　1. 使用插值法求利率

现值或终值系数已知	$(i_2 - i)/(i_2 - i_1) = (B_2 - B)/(B_2 - B_1)$ 解得：$i = i_2 - (B_2 - B)/(B_2 - B_1) \times (i_2 - i_1)$
现值或终值未知	需要借助系数表，经过多次测试才能确定相邻的利率。测试时注意：现值系数与利率反向变动，终值系数与利率同向变动

　　【例2-11】（单选题）某人目前有资金100万元，打算过8年让资金翻倍，也就是增值为200万元，他得将资金存在利率为（　　）的金融品种上较为合适？

　　A. 9.05%　　　　B. 9.12%

　　C. 9.26%　　　　D. 9.87%

　　【答案】A

　　【解析】（1）求系数：100×（F/P，i，8）=200，（F/P，i，8）=200/100=2；（2）使用插

值法：（i-9%）/（10%-9%）=（2-1.9 926）/（2.143 6-1.9 926），i≈9.05%。

　　【例2-12】陈阿姨打算将资金存放在年利率为10%、半年计息一次的金融品种上，她的资金要经过（　　）年才能增值107.89%。

　　A. 7.0　　B. 7.05　　C. 7.50　　D. 8.0

　　【答案】C

　　【解析】

　　（1）求系数：P×（F/P，5%，n）=P×（1+107.89%），解得（F/P，5%，n）=2.0789；

　　（2）查复利终值系数表，找出：利率为5%，期数为15时，对应的系数2.0789；注意，此时的期数15，是指15个半年，所以需经过7.5年才能达到投资人的期望增值金额。

　　2. 名义利率和实际利率

　　（1）一年内多次计息时的名义利率与实际利率。

　　例如本金为1 000元，名义年利率为15%，每年计算一次利息，一年后本利和为1 000×（1+15%），如果每月计算一次利息，一年后本利和为1 000×（1+15%/12）^{12}=1 160.75（元），相当于按年利率为16.075%计息一次，即实际利率为16.075%。

　　因此实际利率 $i = \dfrac{\text{实际利息}}{\text{本金}} = \dfrac{F - P}{F} = \dfrac{P(1 + r/m)^m - p}{p} = (1 + r/m)^m - 1$（当m=1时，i=r，即每年计息一次，实际利率等于实际利率）式中，i为实际利率，r为名义利率，m为每年复利计息次数。

　　（2）通货膨胀情况下的名义利率与实际利率。

　　名义利率与实际利率之间的关系为：（1+名义利率）=（1+实际利率）×（1+通货膨胀率），所以，实际利率的计算公式为：

$$\text{实际利率} = \dfrac{1 + \text{名义利率}}{1 + \text{通货膨胀率}} - 1$$

　　【例2-13】（单选题）某公司向银行借款1 000万元，年利率为4%，按季度付息，期限为1年，则该借款的实际年利率为（　　）。

　　A. -2.01%　　　　B. 4.00%

　　C. 4.04%　　　　D. 4.06%

　　【答案】D

【解析】实际年利率 $= (1+r/m)^m - 1 = (1 + 4\%/4)^4 - 1 = 4.06\%$。

二、风险与收益

（一）资产收益与收益率

1. 资产收益的含义与计算

表示方法：
- 绝对数：资产的收益额 { 利息、红利或股息收益 / 资本利得 }
- 相对数：资产的收益率或报酬率 { 利（股）息的收益率 / 资本利得的收益率 }

2. 资产收益的类型

类型	含义
实际收益率	已实现或确定可以实现的利息（股息）率与资本利得收益率之和 利息（股息率），衡量资产现金收入，即利息、红利、股息等 资本利得收益率，衡量资本利得，即期末期初资产价值（市场价格）的差值 〔提示〕当存在通货膨胀时，还应当扣除通货膨胀率的影响，剩余的才是真实的收益率
预期收益率	在不确定的条件下，预测的某资产未来可能实现的收益率。预期收益率 $= \sum\limits_{i=1}^{n} P_i \times R_i$。式中，$P_i$ 表示情况 i 可能出现的概率；R_i 表示情况 i 出现时的收益率
必要收益率	必要收益率也称最低报酬率或最低要求的收益率，表示投资者对某资产合理要求的最低收益率。 必要收益率 = 无风险收益率 + 风险收益率 **无风险收益率**：无风险收益率 = 纯粹利率（资金的时间价值） + 通货膨胀补偿率；通常用短期国债利率近似地代替无风险收益率 **风险收益率**：风险收益率是指某资产持有者因承担该资产的风险而要求的超过无风险收益率的额外收益。它的大小取决于以下两个因素：一是风险的大小；二是投资者对风险的偏好

【例 2 - 14】（单选题）某投资项目预计未来收益前景为"很好""一般""较差"的概率分别为 40%、25% 和 35%，相应的投资收益率分别为 30%、12% 和 6%，则该项投资的预期收益率为（　　）。

A. 12%　　　　　B. 16%

C. 17.1%　　　　D. 30%

【答案】C

【解析】该项投资的预期收益率 $= 40\% \times 30\% + 25\% \times 12\% + 35\% \times 6\% = 17.1\%$。所以 C 选项正确。

（二）资产的风险及其衡量

1. 风险的概念

风险是指资产收益的不确定性。由于人们更多考虑损失的可能性，所以，从财务的角度看，风险是指企业在各项财务活动过程中，由于各种难以预料或无法控制的因素作用，使企业实际收益与预计收益发生背离，从而蒙受经济损失的可能性。

2. 风险衡量

资产风险的大小可以用资产收益率的离散程度来衡量。反映随机变量离散程度的指标主要方差、标准差、标准差率等。

（1）期望值：反映收益的平均化，不能直接用来衡量风险。期望值通常用符号 $\overline{E}$ 表示。计算公式：$\overline{E} = \sum\limits_{i=1}^{n} X_i \times P_i$（$X_i$ 表示的是第 i 种情况可能出现的结果，P_i 表示的是第 i 种情况可能出现的概率。）

（2）方差：期望值相同的情况下，方差越大，风险越大。方差的计算公式为：

$$\sigma^2 = \sum_{i=1}^{n} (X_i - \overline{E})^2 \cdot P_i$$

$(X_i - \overline{E})$ 表示的是第 i 种情况可能出现的结果与期望值的离差，P_i 表示的是第 i 种情况可能出现的概率。方差的计算公式可以表述为：离差的平方的加权平均数。

（3）标准差：也叫标准离差，是方差的平方根。期望值相同的情况下，标准差越大，风险越大。在概率已知的情况下，其计算公式为：

$$\sigma = \sqrt{\sum_{i=1}^{n}(X_i - \overline{E})^2 \cdot p_i}$$

提示 无风险资产的标准差等于零。

（4）标准差率：反映每一单位收益承担的风险。公式为：

$$V = \frac{\sigma}{E} \times 100\%$$

标准差率越大，风险越大。

提示 在两个方案投资收益率的期望值不相同的情况下，应该用标准离差率来比较两个方案的风险。

3. 风险矩阵

风险矩阵，是指按照风险发生的可能性和风险发生后果的严重程度，将风险绘制在矩阵图中，展示风险及其重要性等级的风险管理工具方法。风险矩阵适用于表示企业各类风险重要性等级，也适用于各类风险的分析评价和沟通报告。

企业应用风险矩阵工具方法，一般按照绘制风险矩阵坐标图。风险矩阵坐标，是以风险后果严重程度为纵坐标、以风险发生可能性为横坐标的矩阵坐标图。企业可根据风险管理精度的需要，确定定性、半定量或定量指标来描述风险后果严重程度和风险发生可能性。

风险矩阵的主要优点：为企业确定各项风险重要性等级提供了可视化的工具。风险矩阵的主要缺点：一是需要对风险重要性等级标准、风险发生可能性、后果严重程度等作出主观判断，可能影响使用的准确性；二是应用风险矩阵所确定的风险重要性等级是通过相互比较确定的，因而无法将列示的个别风险重要性等级通过数学运算得到总体风险的重要性等级。

4. 风险管理原则

（1）融合性原则。企业风险管理应与企业的战略设定、经营管理与业务流程相结合。

（2）全面性原则。企业风险管理应覆盖企业所有的风险类型、业务流程、操作环节和管理层级与环节。

（3）重要性原则。企业应对风险进行评价，确定需要进行重点管理的风险，并有针对性地实施重点风险监测，及时识别、应对。

（4）平衡性原则。企业应权衡风险与回报、成本与收益之间的关系。

【例2-15】（多选题）下列各项中，属于风险管理原则的有（   ）。

A. 融合性原则   B. 重要性原则

C. 平衡性原则   D. 成本效益原则

【答案】ABC

【解析】企业风险管理原则有以下四点：①融合性原则。企业风险管理应与企业的战略设定、经营管理与业务流程相结合。②全面性原则。企业风险管理应覆盖企业所有的风险类型、业务流程、操作环节和管理层级与环节。③重要性原则。企业应对风险进行评价，确定需要进行重点管理的风险，并有针对性地实施重点风险监测，及时识别、应对。④平衡性原则。企业应权衡风险与回报、成本与收益之间的关系。

5. 风险对策

风险对策	概念	举例
规避风险	当资产风险所造成的损失不能由该资产可能获得的收益予以抵销时，应当放弃该资产，以规避风险	拒绝与不守信用的厂商业务往来；放弃可能明显导致亏损的投资项目；新产品在试制阶段发现诸多问题而果断停止试制
减少风险	（1）控制风险因素，减少风险的发生；（2）控制风险发生的频率和降低风险损害程度	进行准确的预测；对决策进行多方案优选和替代；及时与政府部门沟通获取政策信息；在开发新产品前，充分进行市场调研；采用多领域、多地域、多项目、多品种的经营或投资以分散风险

续表

风险对策	概念	举例
转移风险	对可能给企业带来灾难性损失的资产，企业应以一定代价，采取某种方式转移风险	向保险公司投保；采取合资、联营、联合开发等措施实现风险共担；通过技术转让、特许经营、战略联盟、租赁经营和业务外包等实现风险转移
接受风险	包括风险自担和风险自保两种	风险自担，是指风险损失发生时，直接将损失摊入成本或费用，或冲减利润；风险自保，是指企业预留一笔风险金或随着生产经营的进行，有计划地计提资产减值准备等

【例 2 – 16】（多选题）下列项目中，属于转移风险对策的有（　　）。

A. 进行准确的预测

B. 向保险公司投保

C. 租赁经营

D. 业务外包

【答案】BCD

【解析】除了选项 B、C、D 外，采取合资、联营、联合开发等措施实现风险共担；通过技术转让、特许经营、战略联盟等实现风险转移。

（三）证券资产组合的风险与收益

1. 证券资产组合的预期收益率

组成证券资产组合的各种资产收益率的加权平均数，权数为每一种资产在资产组合中所占的价值比重。

2. 证券资产组合的风险及其衡量

（1）证券资产组合的风险分散功能。

两项证券资产组合的收益率的方差满足以下关系式：

$$\sigma_p^2 = w_1^2 \sigma_1^2 + w_2^2 \sigma_2^2 + 2w_1 w_2 \rho_{1,2} \sigma_1 \sigma_2$$

σ_p 表示证券资产组合的标准差，衡量证券资产组合的风险；σ_1 和 σ_2 分别表示组合中两项资产收益率的标准差；w_1 和 w_2 分别表示组合中两项资产所占的价值比例；$\rho_{1,2}$ 反映两项资产收益率的相关程度，称为相关系数。相关系数一般介于区间 $[-1, 1]$ 内。

相关系数 $\rho_{1,2}$	组合的标准离差 σ_p	风险分散情况
$\rho_{1,2} = +1$（完全正相关）表明两项资产的收益率变化方向和变化幅度完全相同	$\sigma_p = \lvert (w_1 \sigma_1 + w_2 \sigma_2) \rvert$，$\sigma_p$ 达到最大	组合不能抵销任何风险
$\rho_{1,2} = -1$（完全负相关）表明两项资产的收益率变化方向相反，变化幅度完全相同	$\sigma_p = \lvert (w_1 \sigma_1 - w_2 \sigma_2) \rvert$，$\sigma_p$ 达到最小，甚至可能是零，即完全分散	组合可以最大限度地分散风险
$-1 < \rho_{1,2} < 1$	$0 < \sigma_p < (w_1 \sigma_1 + w_2 \sigma_2)$	资产组合可以分散部分风险

【例 2 – 17】（单选题）如果两只股票的相关系数为 -1，那么由其组成的投资组合（　　）。

A. 不能降低任何风险

B. 可以分散部分风险

C. 可以最大限度地抵消所有风险

D. 可以最大限度地抵消非系统风险

【答案】D

【解析】此组合为完全负相关的投资组合，资产组合可以最大限度地降低非系统风险，此时风险分散化效应最强。

（2）非系统性风险（特殊风险/特有风险/可分散风险）。

即发生于个别公司的特有事件造成的风险。这种风险可以通过资产组合来分散。需要注意，在风险分散的过程中，不应当过分夸大资产多样性和资产个数的作用。随着组合中资产个数的增加，证券资产组合的风险会逐渐降低，当资产个数增加到一定程度时，证券资产组合的风险将趋于平稳，这时，组合风险的降低将非常缓慢直到不再降低。

提示 一家公司的工人罢工、新产品开发失败、失去重要的销售合同、诉讼失败，或者宣告发现新矿藏、取得一个重要合同等，均属于非系统性风险。

（3）系统风险（市场风险/不可分散风险）及衡量。

系统风险是影响所有资产的，无法通过资产组合分散掉的风险，是由于影响整个市场的因素引起的风险。

提示 宏观经济形势的变动、国家经济政策的变化、税制改革、企业会计准则改革、世界能源状况、政治因素等属于系统风险。

①单项资产的β系数。

反映了该资产的系统风险相当于市场组合系统风险的倍数。以市场组合的系统风险为基准，市场组合的β系数等于1。

提示 1.绝大多数资产的β系数是大于零的，即收益率变化方向与市场平均收益率的变化方向一样。

2.无风险资产的β系数等于0。

3.个别资产的β系数是负数，表明该资产收益率与市场平均收益率的变化方向相反。

②证券组合的β系数。

证券资产组合的β系数是所有单项资产β系数的加权平均数，权数为各种资产在证券资产组合中所占的价值比例。计算公式为：

$$\beta_p = \sum_{i=1}^{n} W_i \times \beta_i$$

β_p是证券资产组合的β系数；W_i为第i项资产在组合中所占的价值比例；β_i表示第i项资产的β系数。

提示 可以通过替换资产组合中的资产或改变不同资产在组合中的价值比例，改变资产组合的系统风险。

【例2-18】（判断题）股票投资的β风险是无法避免的，不能用投资组合来回避，只能靠更高的报酬率来补偿。（　）

【答案】√

【解析】β风险是系统性风险，不能用投资组合来回避，只能靠更高的报酬率来补偿。

【例2-19】（多选题）下列表述中正确的有（　　）。

A.投资组合的总风险由投资组合收益率的方差和标准差来衡量

B.投资组合的总风险由系统性风险和非系统性风险组成

C.系统性风险影响所有资产，非系统性风险只影响单个资产

D.若两种资产的投资比例不变，单项资产的期望收益率不变，则不论两种资产之间的相关系数如何，其投资组合的总风险就不变

【答案】ABC

【解析】只要其他投资比例不变，各项资产的期望收益率不变，不论投资组合中两项资产之间的相关系数如何，投资组合的期望收益率都不变，而不是投资组合的总风险。

（四）资本资产定价模型

1.资本资产定价模型的基本原理

在资本资产定价模型中，资本资产主要指的是股票资产。

资本资产定价模型的完整表达式为：$R = R_f + \beta \times (R_m - R_f)$

R表示某资产的必要收益率；β表示该资产的系统风险系数；R_f表示无风险收益率；R_m表示市场组合收益率。$(R_m - R_f)$称为市场风险溢酬。

提示 1.市场风险溢酬$(R_m - R_f)$反映市场整体风险的偏好，如果风险厌恶程度高，$(R_m - R_f)$的值就大，β系数的很小变化，就会引起必要收益率R的很大变化。反之则相反。

2.当无风险利率R_f变大时，所有资产的必要报酬率R都会上涨，且增加同样的数量。反之则相反。

3.资本资产定价模型假设市场是均衡的，在市场均衡的状态下，资产的预期收益率与必要报酬率相等，即：预期收益率 = 必要报酬率 = $R = R_f + \beta \times (R_m - R_f)$

2.资本资产定价模型的有效性和局限性

（1）有效性。该模型的最大贡献在于它提供了风险和收益之间的一种实质性表述。

（2）局限性。某些资产或企业的β值难以估计，特别是对一些缺乏历史数据的新兴行业；由于经济的不确定性和不断变化，使得依据历

史数据估算出来的 β 值对未来的指导作用必然要打折扣；资本资产定价模型是建立在一系列假设之上的，其中一些假设与实际情况有较大偏差。

【例 2 - 20】（多选题）按照资本资产定价模型，一项资产组合的必要报酬率（　　）。

A. 与组合中个别品种的 β 系数有关

B. 与短期国债利率有关

C. 与投资者的要求有关

D. 与投资者的投资金额有关

【答案】 AB

【解析】 投资组合的 β 系数与组合中个别品种的 β 系数有关，所以选项 A 对；根据资本资产定价模型，必要收益率是无风险收益率与风险收益率之和，所以选项 B 对。

三、成本性态分析

成本性态又称成本习性，按照成本形态不同，通常可以分为固定成本、变动成本和混合成本三类。

（一）固定成本

1. 固定成本的基本特征

指其总额在一定时期及一定范围内，不随业务量变动而变动的成本；而单位产品分担的固定成本随业务量的增加而减少，随业务量的减少而增加。

提示 固定折旧费用、房屋租金、行政管理人员工资、财产保险费、广告费、职工培训费、科研开发费、广告费等属于固定成本。

2. 固定成本的分类

分类	提示
约束性固定成本（经营能力成本）	管理当局的短期经营决策行动不能改变其具体数额的固定成本 示例：保险费、房屋租金、固定的设备折旧、管理人员的基本工资属于约束性固定成本 提示 降低约束性固定成本的基本途径，只能是合理利用企业现有的生产能力，提高生产效率，以取得更大的经济效益

续表

分类	提示
酌量性固定成本（经营方针成本）	管理当局的短期经营决策行动能改变其数额的固定成本 示例：广告费、职工培训费、新产品研究开发费用（如研发活动中支出的技术图书资料费、资料翻译费、会议费、差旅费、办公费、外事费、研发人员培训费、培养费、专家咨询费、高新科技研发保险费用）等属于酌量性固定成本 提示 要想降低酌量性固定成本，只有厉行节约、精打细算，编制出积极可行的费用预算并严格执行，防止浪费和过度投资等

（二）变动成本

1. 变动成本的基本特征

一定范围内变动总额随业务量的变动而成正比例变动，单位变动成本不变。

2. 变动成本的分类

分类	提示
技术性变动成本（约束性变动成本）	是指由技术或设计关系所决定的变动成本 示例：生产一台汽车所需要耗用的一台引擎、一个底盘和若干轮胎 特点：经理人员不能决定技术性变动成本的发生额
酌量性变动成本	酌量性变动成本是指通过管理当局的决策行动可以改变的变动成本。 示例：按销售收入的一定百分比支付的销售佣金、新产品研制费（如研发活动直接消耗的材料、燃料和动力费用等）、技术转让费等 特点：其单位变动成本的发生额可由企业最高管理层决定

（三）混合成本

1. 基本特征

混合成本是"混合"了固定成本和变动成本两种不同性质的成本。一方面，它们要随业务量的变化而变化；另一方面，它们的变化又不能与业务量的变化保持着纯粹的正比例关系。

2. 分类

（1）半变动成本：有一个初始量，不随业

务量的变化而变化，类似于固定成本，在此初始量之上则随着业务量的变化成正比例变化。

（2）半固定成本：指在一定业务量范围内的发生额是固定的，但当业务量增长到一定限度，其发生额就突然跳跃到一个新的水平，然后在业务量增长的一定限度内，发生额又保持不变，直到另一个新的跳跃。

（3）延期变动成本：在一定的业务量范围内有一个固定不变的基数，当业务量增长超出了这个范围，就与业务量的增长成正比例变动。

（4）曲线变动成本：通常有一个不变的初始量，相当于固定成本，在这个初始量的基础上，随着业务量的增加，成本也逐步变化，但它与业务量的关系是非线性的。

曲线变动成本分为两种类型：

①递增曲线成本：如累进计件工资、违约金等，随着业务量的增加，成本逐步增加，并且增加幅度是递增的。

②递减曲线成本：如有价格折扣或优惠条件下的水、电消费成本、"费用封顶"的通信服务费等，其曲线达到高峰后就会下降或持平。

3. 混合成本的分解方法

（1）高低点法。

单位变动成本＝（最高点业务量成本－最低点业务量成本）/（最高点业务量－最低点业务量）

固定成本总额＝最高点业务量成本－单位变动成本×最高点业务量

或＝最低点业务量成本－单位变动成本×最低点业务量

该方法简单，但它只采用了历史成本资料中的最高点和最低点两者数据，因此代表性比较差。

（2）回归分析法。

根据过去一定期间的业务量和混合成本的历史资料，应用最小二乘法原理，算出最能代表业务量与混合成本关系的回归直线，借以确定混合成本中固定成本和变动成本的方法。该法是一种较为精确的方法。

（3）账户分析法。

又称会计分析法，它是根据有关成本账户及其明细账的内容，结合其与产量的依存关系，判断其比较接近哪一类成本，就视其为哪一类成本。这种方法简便易行，但比较粗糙且带有主观判断。

（4）技术测定法。

又称工业工程法，它是根据生产过程中各种材料和人工成本消耗量的技术测定来划分固定成本和变动成本的方法。该方法通常只适用于投入成本与产出数量之间有规律性联系的成本分解。

（5）合同确认法。

它是根据企业订立的经济合同或协议中关于支付费用的规定，来确认并估算哪些项目属于变动成本，哪些项目属于固定成本的方法。合同确认法要配合账户分析法使用。

【例2-21】（判断题）分解混合成本时，根据过去一定期间的业务量和混合成本的历史资料，应用最小二乘法原理得出的方法叫回归分析法。（　　）

【答案】√

【解析】回归分析法是根据过去一定期间的业务量和混合成本的历史资料，应用最小二乘法原理，算出最能代表业务量与混合成本关系的回归直线，借以确定混合成本中固定成本和变动成本的方法。该法是一种较为精确的方法。

（四）总成本模型

总成本＝固定成本总额＋变动成本总额
＝固定成本总额＋单位变动成本×业务量

通关演练

一、单项选择题

1. 关于资本资产定价模型，下列说法不正确的是（　　）。

A. 该模型反映资产的必要收益率而不是实际收益率

B. 该模型中的资本资产主要指的是债券资产

C. 该模型解释了风险收益率的决定因素和度

量方法

D. 该模型反映了系统性风险对资产必要收益率的影响

2. 某企业借得 1 820 万元的贷款，在 15 年内以年利率 7% 等额偿还贷款，则每年应付的金额为（　　）万元？已知（F/A，7%，15）= 25.13，（P/A，7%，15）= 9.1

   A. 121.3　　　　　　B. 72.4

   C. 16 562　　　　　D. 200

3. 一项 1 000 万元的借款，借款期 3 年，年利率为 5%，若每半年复利一次，年实际利率与名义利率相差（　　）。

   A. 0.16%　　　　　B. 0.25%

   C. 0.06%　　　　　D. 0.05%

4. 某人目前有资金 100 万元，他将资金存放在年利率为 10% 的金融品种上，请问他的资金经过（　　）年能变成 200 万元。

   A. 7.05　　　　　　B. 7.18

   C. 7.26　　　　　　D. 7.47

5. 假设江南公司拟一次性投资开发某农庄，预计该农庄能存续 15 年，但是前 5 年不会产生净收益，从第 6 年开始，每年的年末产生净收益 5 万元。在考虑资金时间价值的因素下，若农庄的投资报酬率为 10%，该农庄给企业带来的累计收益为（　　）元。已知（F/A，10%，9）= 13.579，（F/A，10%，10）= 15.937，（F/A，10%，15）= 31.772。

   A. 678 950　　　　B. 1 588 600

   C. 796 850　　　　D. 875 350

6. 某人年初存入银行一笔现金，从第 4 年起，每年初取出 1 000 元，至第 6 年末全部取完，银行存款利率为 10%，则最初一次存入银行的款项应为（　　）元。

   A. 2 399.52　　　　B. 2 511.15

   C. 2 618.42　　　　D. 2 952.39

7. 某企业于年初存入 10 万元，在年利率 10%、每半年复利计息一次的情况下，到第 10 年末，该企业能得到的本利和是（　　）万元。

   A. 22.35　　　　　B. 26.53

   C. 27.02　　　　　D. 29.88

8. 某公司电梯维修合同规定，当每年上门维修不超过 3 次时，年维修费用为 5 万元，当超过 3 次时，则在此基础上按每次 2 万元付费，

根据成本性态分析，该项维修费用属于（　　）。

   A. 半变动成本　　　B. 半固定成本

   C. 延期变动成本　　D. 曲线变动成本

9. 如果已知甲资产的风险大于乙资产的风险，则可以推出的结论是（　　）。

   A. 甲资产的实际收益率大于乙资产的实际收益率

   B. 甲资产收益率的方差大于乙资产收益率的方差

   C. 甲资产的收益率的标准差大于乙资产收益率的标准差

   D. 甲资产的收益率的标准差率大于乙资产收益率的标准差率

10. 已知（F/A，10%，5）= 6.1051，则 5 年期、利率为 10% 的预付年金终值系数为（　　）。

   A. 5.6410　　　　　B. 7.1051

   C. 6.7156　　　　　D. 无法计算

11. 混合成本分解的合同确认法要配合（　　）使用。

   A. 回归分析法　　　B. 账户分析法

   C. 高低点法　　　　D. 技术测定法

12. 若使本金经过 4 年后增长一倍，且每半年复利一次，则年名义利率为（　　）。已知：（F/P，9%，8）= 1.9926，（F/P，10%，8）= 2.1436

   A. 9%　　　　　　B. 18.8%

   C. 18.1%　　　　　D. 20%

13. 某公司 2016～2019 年度业务量（直接人工/万小时）和维修成本（万元）的历史数据分别为（800，18），（760，19），（1 000，22），（1 100，21），运用高低点法分解混合成本时，应采用的两组数据是（　　）。

   A. （760，19）和（1 000，22）

   B. （760，19）和（1 100，21）

   C. （800，18）和（1 000，22）

   D. （800，18）和（1 100，21）

14. 如果 A、B 两种资产的相关系数为 -1，A 的标准差为 15%，B 的标准差为 7%，在等比例投资的情况下，两项资产组合的标准差等于（　　）。

   A. 8%　　　　　　B. 11%

C. 10%   D. 4%

15. 当股票投资期望收益率等于无风险收益率时，β系数应（   ）。
    A. 大于1   B. 等于1
    C. 小于1   D. 等于0

16. 某公司对营销人员薪金支付采取每月支付固定月工资，此外每推销一件产品提成10元的奖励，这种人工成本属于（   ）。
    A. 半变动成本   B. 半固定成本
    C. 延期变动成本   D. 曲线成本

17. 下列各项中，不能通过投资组合分散掉的风险是（   ）。
    A. 企业发生安全事故
    B. 企业面临通货膨胀压力
    C. 企业未获得重要合同
    D. 企业在竞争中技术落后

18. 下列说法错误的是（   ）。
    A. 资产组合的系统风险是单项资产系统风险的加权平均数
    B. 递延年金终值与递延期无关
    C. 标准差最大的投资方案一定是风险最大的方案
    D. 资产定价模型需要考虑税收对资产选择和交易的影响

19. 甲方案在5年中每年初付款10 000元，乙方案在5年中每年末付款10 000元，若利率相同且不等于0，则二者在第5年末时的终值大小关系是（   ）。
    A. 甲方案的终值等于乙方案的终值
    B. 甲方案的终值大于乙方案的终值
    C. 甲方案的终值小于乙方案的终值
    D. 可能会出现上述三种情况中的任何一种

20. 已知甲、乙两个方案投资收益率的期望值分别为10%和12%，两个方案都存在投资风险，在比较甲、乙两方案风险大小时应使用的指标是（   ）。
    A. 标准差率   B. 标准差
    C. 协方差   D. 方差

21. 企业年初借得50 000元贷款，10年期，年利率为12%，每年末等额偿还。已知年金现值系数（P/A，12%，10）＝5.650 2，则每年应偿还的金额为（   ）元。
    A. 8 849   B. 5 000

C. 6 000   D. 28 251

22. 如果某股票的β系数为2，意味着该股票风险大于整个市场组合的平均风险，则当市场组合的收益率上涨10%时，该股票的收益率上涨（   ）。
    A. 10%   B. 20%
    C. 大于10%   D. 大于20%

23. 小王今年22岁，打算30岁购置一套价值200万元的住房，目前他有现金50万元，若i＝8%，试计算他在今后8年中每年应存（   ）万元。
    A. 10.102   B. 11.283
    C. 12.499   D. 18.803

24. 小赵于2018年7月1日存入银行500万元，准备于2019年12月31日取出购买婚房。银行年利率为12%，按季度计息。则小赵在2019年12月31日可以取出的资金为（   ）万元。
    A. 579.65   B. 584.95
    C. 597.05   D. 599.95

25. 假设实际利率为2%，通货膨胀率为5%，则名义利率为（   ）。
    A. 7.00%   B. 7.05%
    C. 7.10%   D. 7.12%

26. 下列关于β系数的表述中，错误的是（   ）。
    A. 无风险资产的β系数等于0
    B. 证券投资组合的β不会高于组合中风险最高的资产的β系数
    C. 证券投资组合的β不会低于组合中风险最低的资产的β系数
    D. 如果某资产β系数大于0，说明该资产收益率变动幅度大于市场组合收益率变动幅度

二、多项选择题

1. 下列各项中，属于证券资产的非系统风险的是（   ）。
    A. 公司研发风险   B. 破产风险
    C. 再投资风险   D. 违约风险

2. 已知甲公司股票β系数为1.3，期望报酬率为23%；乙公司股票的β系数为0.6，期望报酬率为13%。假设市场对这些证券不存在高估或低估的情况，则下列结果正确的有（   ）。

A. 市场组合的报酬率为18.71%

B. 市场组合的报酬率为15.34%

C. 无风险报酬率为6.86%

D. 无风险报酬率为4.43%

3. 下列关于资产组合的预期收益率的说法，正确的有（　　）。

A. 组合收益率的影响因素为投资比重和个别资产收益率

B. 资产组合的预期收益率就是组成资产组合的各种资产的预期收益率的加权平均数

C. 不论投资组合中两项资产之间的相关系数如何，只要投资比例不变，各项资产的期望收益率不变，则该投资组合的期望收益率就不变

D. 即使投资比例不变，各项资产的期望收益率不变，但如果组合中各项资产之间的相关系数发生改变，投资组合的期望收益率就有可能改变

4. 有一笔存款业务，1～3年每年末存款10 000元，若存款年利率为10%，一年复利两次，则下面关于该系列存款在第3年末的本利和的计算式中正确的有（　　）。

A. 10 000×（F/P，5%，4）+10 000×（F/P，5%，2）+10 000

B. 10 000×（F/A，10%，3）

C. 10 000×（F/A，5%，6）

D. 10 000×（F/A，10.25%，3）

5. 下列各项中，属于变动成本的有（　　）。

A. 新产品的研究活动支出的专家咨询费

B. 按产量法计提的固定资产折旧

C. 按销售收入一定百分比支付的技术转让费

D. 随产品销售的包装物成本

6. 下列关于成本的说法中，不正确的有（　　）。

A. 单位变动成本一直保持不变

B. 酌量性固定成本关系到企业的竞争能力

C. 从较长时间来看没有绝对不变的固定成本

D. 混合成本可分为半变动成本和半固定成本两类

7. 在下列各项中，可以计算出确切结果的有（　　）。

A. 普通年金终值　　B. 预付年金终值

C. 递延年金终值　　D. 永续年金终值

8. 假定甲公司投资某项目有50%的可能性获得

30%的报酬率，另有50%的可能亏损5%。如果甲公司实施该项目，则下列表述中不正确的有（　　）。

A. 甲公司必定获得30%的报酬率

B. 甲公司必定亏损5%

C. 甲公司的期望报酬率为12.5%

D. 甲公司要么获得30%的报酬率，要么亏损5%

9. 下列各种风险应对措施中，不能规避风险的有（　　）。

A. 进行准确的预测

B. 增发新股

C. 有计划地计提资产减值准备

D. 新产品在试制阶段发现诸多问题而果断停止试制

10. 在下列各项中，可以直接或间接利用普通年金终值系数计算出确切结果的项目有（　　）。

A. 偿债基金　　　　B. 预付年金终值

C. 永续年金现值　　D. 永续年金终值

11. 按照资产投资的风险分散理论，以等量资金投资于A、B两项目，下列说法正确的有（　　）。

A. 若A、B项目完全负相关，组合后的非系统风险完全分散

B. 若A、B项目相关系数小于0，组合后的非系统风险可以减少

C. 若A、B项目相关系数大于0，但小于1时，组合后的非系统风险不能减少

D. 若A、B项目完全正相关，组合后的风险无法抵销

12. 维护企业正常生产经营必不可少的固定成本属于（　　）。

A. 酌量性固定成本

B. 约束性固定成本

C. 经营方针成本

D. 经营能力成本

13. 下列风险对策中，属于减少风险的对策有（　　）。

A. 采用合资、联营方式进行新产品开发

B. 采用多领域投资的方法

C. 采用特许权经营的方法

D. 及时与政府部门沟通获取政策信息

14. 下列各项中，不属于风险自保措施的有（　　）。
    A. 在开发新产品之前，进行充分的市场调研
    B. 有计划地对资产计提减值准备
    C. 向保险公司投保
    D. 直接将损失摊入成本费用

15. 下列引起的风险属于不可分散的风险的有（　　）。
    A. 银行调整利率水平
    B. 公司劳资关系紧张
    C. 公司诉讼失败
    D. 市场呈现疲软现象

16. 递延年金具有的特点有（　　）。
    A. 年金的第一次收付发生在若干期以后
    B. 没有终值
    C. 年金的现值与递延期无关
    D. 年金的终值与递延期无关

17. 职工的基本工资，在正常工作时间情况下是不变的；但当工作时间超出正常标准，则需按加班时间的长短成比例地支付加班薪金，从成本性态的角度看，这部分人工成本属于（　　）。
    A. 固定成本　　　　B. 变动成本
    C. 混合成本　　　　D. 延期变动成本

18. 根据货币时间价值理论，下列说法正确的有（　　）。
    A. 普通复利终值系数与普通复利现值系数互为倒数
    B. 偿债基金系数与普通年金现值系数互为倒数
    C. 年资本回收额系数与普通年金现值系数互为倒数
    D. 普通年金终值系数与普通年金现值系数互为倒数

19. 下列有关成本的特点表述正确的有（　　）。
    A. 在相关范围内，固定成本总额随业务量成反比例变动
    B. 在相关范围内，单位固定成本随业务量呈反方向变动
    C. 在相关范围内，固定成本总额不变
    D. 在相关范围内，单位变动成本随业务量成正比例变动

20. 资本资产定价模型的局限性包括（　　）。
    A. 没有解决非系统性风险的定价问题
    B. 某些资产或企业的β值难以估计
    C. 依据历史数据估算出来的β值对未来的指导作用要打折扣
    D. 资本资产定价模型的建立需要一系列假设

21. 有一系列现金流量，在第2年末有现金流入100万元，第3年末有现金流入200万元，第4年末有现金流入200万元。则在0时点该现金流量现值表达式正确的有（　　）。
    A. $100\times(P/F, i, 2)+200\times(P/F, i, 3)+200\times(P/F, i, 4)$
    B. $100\times(F/A, i, 3)\times(P/F, i, 4)+100\times(F/A, i, 2)\times(P/F, i, 2)$
    C. $100\times(P/F, i, 2)+200\times(F/A, i, 2)\times(P/F, i, 4)$
    D. $100\times(P/A, i, 3)\times(P/F, i, 1)+100\times(P/A, i, 2)\times(P/F, i, 2)$

22. 下列关于单项资产投资风险度量的表达中，正确的有（　　）。
    A. 标准离差率度量资产系统性风险和非系统性风险
    B. 标准差度量资产的系统性风险和非系统性风险
    C. 方差度量资产的系统性风险和非系统性风险
    D. β系数度量资产的系统性风险和非系统性风险

23. 资本资产定价模型是建立在一系列假设之上的，这些假设包括（　　）。
    A. 税收不影响资产的选择和交易
    B. 市场不存在摩擦
    C. 不存在交易费用
    D. 市场参与者都是理性的

24. 下列有关固定成本的表述中，正确的有（　　）。
    A. 一定期间固定成本的稳定性是有条件的
    B. 一定期间固定成本的稳定性是相对的
    C. 固定成本按其发生额的多少可以分为约束性固定成本和酌量性固定成本
    D. 酌量性固定成本最能反映固定成本的特性

25. 下列有关变动成本中，属于酌量性变动成本

的是（　　）。

A. 职工培训费

B. 按销售收入一定百分比支付的销售佣金

C. 研发新产品消耗的燃料费

D. 技术转让费

三、判断题

1. 当每年复利次数为一次时，给出的是实际利率；当每年复利次数超过一次时，给出的是名义利率。　　　（　　）

2. 资本资产定价模型已经得到广泛认可，但在实际应用中，仍存在一些明显的局限。　　　　　　　　　　　（　　）

3. 某企业拟建立一项基金，每年初存入 20 000 元，如果银行利率为 5%，(F/A，5%，10) = 12.5779，则 10 年后该项基金的本利和为 251 558 元。　　　　（　　）

4. 在计算递延年金终值时，既要考虑普通年金终值公式，还应考虑递延期的长短。　（　　）

5. 企业投资于某公司证券可能因该公司破产而引发无法收回其本金的风险，这种风险属于非系统风险。　　　　　　　（　　）

6. 风险自保是指风险损失发生时，直接将损失摊入成本或费用，或冲减利润；风险自担是企业有计划地计提资产减值准备等。（　　）

7. 两种正相关的股票组成的证券组合，不能抵销任何风险。　　　　　　　（　　）

8. 递减曲线成本属于混合成本，是指成本随业务量的变化是非线性的，业务量越大，总成本随着业务量的增加逐渐下降，变化率是递减的。　　　　　　　　　　　（　　）

9. 如果证券资产组合收益率的标准差就是组合中各资产收益率标准差的加权平均值，则说明组合中各种资产的收益率的相关系数为正值。　　　　　　　　　　　（　　）

10. 每半年付息一次的债券利息不是年金的形式。　　　　　　　（　　）

11. 两项资产之间的正相关程度越低，其投资组合可分散投资风险的效果就越小；两项资产之间的负相关程度越高，其投资组合可分散投资风险的效果就越大。　　　（　　）

12. 对可能给企业带来灾难性损失的项目，企业应主动采取合资、联营和联合开发等措施，

以规避风险。　　　　　　　（　　）

13. 合同确认法通常只适用于投入成本与产出数量之间有规律性联系的成本分解。（　　）

14. 购买国债虽然违约风险小，也几乎没有破产风险，但仍会面临利率风险和购买力风险。　　　　　　　　　　（　　）

15. 酌量性固定成本是管理当局的短期经营决策行动能改变其数额的固定成本，这些费用发生额的大小取决于管理当局的决策，如果企业资金紧张，这部分固定成本也可以不发生。　　　　　　　　　　（　　）

16. 假设目前的通货膨胀率为 5%，银行存款的实际利率为 3%，则名义利率为 8%。（　　）

17. 在期数一定的情况下，折现率越大，则年金现值越大。　　　　　　　（　　）

18. 在风险分散过程中，不应过分夸大资产多样性和资产个数的作用。　　　（　　）

19. 影响证券投资组合标准差的因素不包括证券投资组合中每种证券的报酬率的相互关系。　　　　　　　　　　　（　　）

20. 某股票 β 系数为 2，说明该股票的风险以及风险收益率是市场的两倍。　　（　　）

21. 为确定固定成本和变动成本的历史平均值或标准值而进行混合成本分解，目的是研究成本性态，挖掘成本下降的潜力。　（　　）

22. 用方程式来表达混合成本与业务量的关系时，要选择对混合成本的实际性态进行真实的数学描述。　　　　　　　（　　）

四、计算分析题

1. 资产组合 M 的期望收益率为 18%，标准差为 27.9%，资产组合 N 的期望收益率为 13%，标准差率为 1.2，投资者张某和赵某决定将其个人资产投资于资产组合 M 和 N 中，张某期望的最低收益率为 16%，赵某投资于资产组合 M 和 N 的资金比例分别为 30% 和 70%。

要求：

(1) 计算资产组合 M 的标准差率；

(2) 判断资产组合 M 和 N 哪个风险更大？

(3) 为实现期望的收益率，张某应在资产组合 M 上投资的最低比例是多少？

(4) 判断投资者张某和赵某谁更厌恶风险，并说明理由。

2. A 公司 2016 年初对甲设备投资 100 000 元，于 2018 年初建成投产，营业期为 3 年，2018 年、2019 年、2020 年末预期现金净流量分别为 30 000 元、50 000 元、60 000 元，银行存款利率为 12%。要求：

（1）按年复利计息，计算投资额在 2018 年初的终值；

（2）按季复利利息，计算投资额在 2018 年初的终值；

（3）按年复利利息，计算投产后各年预期现金净流量在 2018 年初的现值之和；

（4）按季复利利息，计算投产后各年预期现金净流量在 2018 年初的现值之和；

（5）计算投资报酬率。

3. 某公司准备购买一套设备，有两种付款方案：

（1）甲方案：从现在起每年初付款 200 万元，连续支付 10 年，共计 2 000 万元；

（2）乙方案：从第 5 年起，每年初付款 250 万元，连续支付 10 年，共计 2 500 万元。

要求：假设 i = 10%，通过计算说明公司应选择哪种方案。

4. 某公司拟进行股票投资，计划购买 A、B、C 三种股票，并分别设计了甲、乙两种投资组合。已知三种股票的 β 系数分别为 1.5、1.0 和 0.5，它们在甲种投资组合下的投资比重分别为 50%、30% 和 20%；乙种投资组合的风险收益率为 3.4%。同期市场上所有股票的平均收益率为 12%，无风险收益率为 8%。

要求：

（1）根据 A、B、C 股票的 β 系数，比较这三种股票相对于市场投资组合而言的投资风险的大小关系；

（2）按照资本资产定价模型计算 A 股票的必要收益率；

（3）计算甲种投资组合的 β 系数和风险收益率；

（4）计算乙种投资组合的 β 系数和必要收益率；

（5）比较甲、乙两种投资组合系统风险的大小。

5. 某投资者拟购买一处房产，开发商提出了三个付款方案：

方案一：现在起 15 年内每年末支付 10 万元；

方案二：现在起 15 年内每年初支付 9.5 万元；

方案三：前 5 年不支付，第 6 年起到第 15 年每年末支付 18 万元。

假设按银行贷款利率 10% 复利计息。

要求：

（1）计算三个方案在第 15 年末的终值，确定哪一种付款方案对购买者有利？

（2）计算三个方案在第 1 年初的现值，确定哪一种付款方案对购买者有利？

（3）假设每半年复利一次，计算方案一在第 15 年末的终值为多少？

通关演练参考答案及解析

一、单项选择题

1.【答案】B

【解析】资本资产定价模型中，所谓资本资产主要指的是股票资产，选项 B 错误。

2.【答案】D

【解析】根据题干文字内容，出现了贷款的字眼，很容易理解为偿债基金的问题，应注意题目实际要求计算年资本回收额。对于偿债基金的定义不能单纯地理解为偿还债务而分

期付款。按偿债基金的定义，应该理解为给出终值求年金的就是偿债基金。同样，资本回收额，就是指知道现值求年金的问题。本题给出现值 1 820 万元，计算年金，属于资本回收额的计算。即 $A = \dfrac{P}{(P/A, i, n)} = \dfrac{1\,820}{9.1} = 200$（万元）。

3.【答案】C

【解析】已知：m = 2，r = 5%，根据实际利率和名义利率之间关系式，实际利率 =（1 +

$5\% /2)^2 - 1 = 5.06\%$，所以二者相差 0.06%。

4.【答案】C
【解析】（1）求系数：$100 \times (F/P, 10\%, n) = 200$，$(F/P, 10\%, n) = 200/100 = 2$；（2）使用插值法：$(n-7)/(8-7) = (2-1.9487)/(2.1436-1.9487)$，$n = 7.2632$（年）。

5.【答案】C
【解析】求该农庄给企业带来的累计收益，实际上就是求递延年金终值。已知递延期间未产生年金，所以并不以影响终值，从第6年开始至第15年产生年金，则 $F = A \times (F/A, i, n)$（n为支付年金的个数）$= 50\,000 \times (F/A, 10\%, 10) = 50\,000 \times 15.937 = 796\,850$（元）。

6.【答案】C
【解析】最初时一次存入银行的款项 $= 1\,000 \times (P/A, 10\%, 4) \times (P/F, 10\%, 2) = 1\,000 \times 3.170 \times 0.826 = 2\,618.42$（元）。

7.【答案】B
【解析】实际年利率 $i = (1 + 10\%/2)^2 - 1 = 10.25\%$，$F = 10 \times (1 + 10.25\%)^{10} = 26.53$（万元）或 $F = 10 \times (F/P, 5\%, 20) = 26.53$（万元）。

8.【答案】C
【解析】延期变动成本在一定的业务量范围内有一个固定不变的基数，当业务量增长超出了这个范围，他就与业务量的增长成正比例变动，所以本题的答案为C。

9.【答案】D
【解析】衡量资产风险的指标主要有收益率的方差、标准差和标准差率，收益率的方差和标准差只适用于预期收益率相等情况下资产风险的大小比较，而标准差率适用于任何情况。

10.【答案】C
【解析】5年期，利率为10%的预付年金终值系数 $= (F/A, 10\%, 5) \times (1 + 10\%) = 6.1051 \times 1.1 = 6.7156$。所以正确答案为选项C。

11.【答案】B
【解析】合同确认法是根据企业订立的经济合同或协议中关于支付费用的规定，来确认并估算哪些项目属于变动成本，哪些项目属于固定成本的方法。合同确认法要配合账户分析法使用。

12.【答案】C
【解析】设本金为A，年名义利率为i，则：
$A \times (F/P, i/2, 8) = 2A$
即 $(F/P, i/2, 8) = 2$
已知：$(F/P, 9\%, 8) = 1.9926$；$(F/P, 10\%, 8) = 2.1436$
运用插值法得：
$(i/2 - 9\%)/(10\% - 9\%) = (2 - 1.9926)/(2.1436 - 1.9926)$
解得：$i = 18.1\%$

13.【答案】B
【解析】采用高低点法来分解混合成本时，应该采用业务量的最大值和最小值作为最高点和最低点，故应该选择（760，19）和（1\,100，21），选项B正确。

14.【答案】D
【解析】两项资产组合的标准差 $= 50\% \times 15\% - 50\% \times 7\% = 4\%$。

15.【答案】D
【解析】根据资产定价模型 $R = R_f + \beta(R_m - R_f)$，由于 $R = R_f$，$R_m - R_f \neq 0$，所以系统风险 $\beta = 0$。

16.【答案】A
【解析】半变动成本是指在初始技术的基础上随产量正比例变动的成本。

17.【答案】B
【解析】B是系统性风险，无法通过投资组合分散掉。

18.【答案】D
【解析】对于资产组合来说，系统风险不能通过资产组合分散，所以资产组合的β系数是所有单项资产β系数的加权平均数，所以选项A正确；递延年金终值与递延期无关，选项B正确；对于多个投资方案而言，在期望值相同的，标准差越大，风险越大；在期望值不同的，标准差率越大，风险越大。但是，由于标准差率=标准差/期望值，所以，在期望值相同的情况下，标准差越大，标准差率也越大，因此，无论各方案期望值是否相同，标准差率最大的方案一定是风险最大的方案。所以选项C正确；资产定价模型的假设是不考虑税收对资产选择和交易的影响，选项 D 错误。

19.【答案】B

【解析】因为甲方案在第 5 年末的终值是预付年金终值，乙方案在第 5 年末的终值是普通年金终值，而预付年金终值＝（1＋i）×普通年金终值，所以预付年金终值大于普通年金终值。

20.【答案】A

【解析】在两个方案投资收益率的期望值不相同的情况下，应该用标准离差率来比较两个方案的风险。

21.【答案】A

【解析】根据 5 000＝A×（P/A，12%，10），得出 A＝5 000/5.6502＝8 849（元）。

22.【答案】C

【解析】如果某股票的 β 系数为 2，意味着该股票风险是整个市场组合的平均风险的 2 倍，则当市场组合的风险收益率上涨 10% 时，该股票的风险收益率上涨 20%，因为还有无风险收益率的存在，所以只能说该股票的收益率上涨幅度大于 10%。

23.【答案】A

【解析】50×（F/P，8%，8）＋A×（F/A，8%，8）＝200；

A×（F/A，8%，8）＝200－50×1.8509＝200－92.545＝107.455；

A＝107.455/（F/A，8%，8）＝107.455/10.637＝10.102（万元）。

24.【答案】C

【解析】小赵在 2019 年 12 月 31 日可以取出的资金＝500×$\left(F/P,\frac{12\%}{4},6\right)$＝500×1.1941＝597.05（万元）。

25.【答案】C

【解析】实际利率＝$\frac{1+名义利率}{1+通货膨胀率}-1$；名义利率＝（1＋2%）×（1＋5%）－1＝7.10%。

26.【答案】D

【解析】如果某资产 β 系数大于 1，说明该资产收益率变动幅度大于市场组合收益率变动幅度，资产 β 系数大于 0，只说明收益率与市场平均收益率的变化方向一致。

二、多项选择题

1.【答案】ABD

【解析】非系统风险，是指发生于个别公司的特有事件造成的风险。例如，一家公司的工人罢工、新产品开发失败、失去重要的销售合同、诉讼失败，或者宣告发现新矿藏、取得一个重要合同等。这类事件是非预期的、随机发生的，它只影响一个或少数公司，不会对整个市场产生太大影响。这种风险可以通过资产组合来分散，即发生于一家公司的不利事件可以被其他公司的有利事件所抵销。所以选项 A、B、D 属于非系统风险，选项 C 属于系统风险。

2.【答案】AD

【解析】23%＝R_f＋1.3×（R_m－R_f），13%＝R_f＋0.6×（R_m－R_f）解之得：无风险报酬率＝4.43%，市场组合报酬率＝18.71%。

3.【答案】ABC

【解析】不论投资组合中两项资产之间的相关系数如何，只要投资比例不变，各项资产的期望收益率不变，则该投资组合的期望收益率就不变，因此选项 D 不正确。

4.【答案】AD

【解析】该系列存款在第 3 年末的本利和的计算属于普通年金终值的计算，由于年金是每年的年金，而利率 10% 是名义利率，一年复利两次，实际利率＝（1＋5%）²－1＝10.25%，则该系列存款在第 3 年末的本利和＝10 000×（F/P，5%，4）＋10 000×（F/P，5%，2）＋10 000＝10 000×（F/P，10.25%，2）＋10 000×（F/P，10.25%，1）＋10 000＝10 000×（F/A，10.25%，3）。所以选项 A、D 正确。

5.【答案】BCD

【解析】变动成本是指在特定的业务量范围内，其总额会随业务量的变动而成正比例变动的成本。如直接材料、直接人工、按销售量支付的推销员佣金、装运费、包装费，以及按产量计提的固定设备折旧等都是和单位产品的生产直接联系的，其总额会随着产量的增减成正比例的增减。同时变动成本也可以区分为两大类：技术性变动成本和酌量性变动成本。其中酌量性变动成本是指通过管理

当局的决策行动可以改变的变动成本。如按
销售收入的一定百分比支付的销售佣金、技
术转让费等。因此选项 B、D 正确；而新
产品研发过程中的专家咨询费属于酌量性固
定成本，选项 A 不正确。

6. 【答案】AD
【解析】变动成本存在相关范围，只有在一定
范围内，选项 A 的说法才正确；混合成本可
分为半变动成本、半固定成本、延期变动成
本和曲线变动成本四类，所以选项 D 说法不
正确。

7. 【答案】ABC
【解析】永续年金没有终期，所以没有
终值。

8. 【答案】AB
【解析】由于甲公司投资的该项目存在风险，
所以，获利 30% 和亏损 5% 都没有完全的把
握，所以，选项 A、B 都不正确；该项目的期
望报酬率为 12.5%（50% × 30% - 50% ×
5%），所以选项 C 正确；事实上，对于风险
项目，实施后的结果只能是上述两种结果之
一，所以选项 D 正确。

9. 【答案】ABC
【解析】选项 A 属于减少风险的方法；选项 B
属于转移风险的方法；选项 C 属于接受风险
中的风险自保，只有选项 D 属于规避风险的
方法。所以本题答案为 A、B、C。

10. 【答案】AB
【解析】偿债基金 = 年金终值 × 偿债基金系
数 = 年金终值/年金终值系数，所以 A 正确；
预付年金终值 = 普通年金终值 ×（1 + i）= 年
金 × 普通年金终值系数 ×（1 + i），所以选项
B 正确；选项 C 的计算与普通年金终值系数
无关，永续年金不存在终值。

11. 【答案】ABD
【解析】若 A、B 项目相关系数大于 0，但小
于 1 时，属于正相关，组合后的系统风险可
以分散一部分，只不过分散效果不如完全负
相关。所以选项 C 错误。

12. 【答案】BD
【解析】约束性固定成本是管理当局的短期
（经营）决策行动不能改变其具体数额的固
定成本。它是维护企业正常生产经营必不可

少的成本，所以也称为经营能力成本。

13. 【答案】BD
【解析】选项 A、C 是转移风险。

14. 【答案】ACD
【解析】选项 A 属于减少风险，选项 C 属于
转移风险，选项 D 属于风险自担，选项 B 属
于风险自保。

15. 【答案】AD
【解析】可以通过证券组合分散的风险为可
分散风险，它是特定企业或特定行业所持有
的，与政治、经济和其他影响所有资产的市
场因素无关，公司劳资关系紧张、诉讼失败
属于公司特有风险。不可分散风险是影响所
有资产的、不能通过资产组合而消除的风
险，银行调整利率水平和市场呈现疲软现象
属于不可分散风险。

16. 【答案】AD
【解析】递延年金是指第一次收付发生在第
二期或第二期以后的年金，递延年金终值是
指最后一次收付时的本利和，其计算方法与
普通年金终值相同，只不过仅考虑了连续收
支期。

17. 【答案】CD
【解析】延期变动成本在一定的业务量范围
内有一个固定不变的基数，当业务量增长超
出了这个范围，它就与业务量的增长成正比
例变动。题干所述情况符合延期变动成本的
特点，所以选项 D 正确；延期变动成本属于
混合成本，所以选项 C 正确。

18. 【答案】AC
【解析】普通复利终值系数与普通复利现值
系数互为倒数；普通年金现值系数和资本回
收系数互为倒数；偿债基金系数与普通年金
终值系数互为倒数。普通年金现值系数与普
通年金终值系数不是倒数关系。

19. 【答案】BC
【解析】在相关范围内，固定成本总额不变，
单位固定成本随业务量呈反方向变动；变动
成本总额随业务量成正比例变动，单位变动
成本不变。

20. 【答案】BCD
【解析】资本资产定价模型的局限性包括：
（1）某些资产或企业的 β 值难以估计，特别

是对一些缺乏历史数据的新兴行业；（2）由于经济的不确定性和不断变化，使得依据历史数据估算出来的β值对未来的指导作用必然要打折扣；（3）资本资产定价模型是建立在一系列假设之上的，其中一些假设与实际情况有较大偏差。

21.【答案】ACD

【解析】B选项的正确表达式为 $100 \times (F/A, i, 3) \times (P/F, i, 4) + 100 \times (F/A, i, 2) \times (P/F, i, 4)$。

22.【答案】ABC

【解析】标准差、方差和标准离差率度量资产的整体风险（包括系统性风险和非系统性风险），β系数度量资产的系统性风险。

23.【答案】ABCD

【解析】资本资产定价模型是建立在一系列假设之上的，这些假设包括：市场是均衡的，市场不存在摩擦，市场参与者都是理性的，不存在交易费用，税收不影响资产的选择和交易等。

24.【答案】AB

【解析】固定成本按其支出是否可以在一定期间内改变可以分为约束性固定成本和酌量性固定成本；约束性固定成本最能反映固定成本的特性。

25.【答案】BCD

【解析】酌量性变动成本是指通过管理当局的决策行动可以改变的变动成本。比如按销售收入一定百分比支付的销售佣金、新产品研制费（如研发活动直接消耗的材料、燃料和动力费用等）、技术转让费。其特点是其单位变动成本的发生额可由企业最高管理层决定。职工培训费属于酌量性固定成本。

三、判断题

1.【答案】√

【解析】当每年复利次数为一次时，实际利率就等于名义利率，所以给出的也就是实际利率。当每年复利次数超过一次时，给出的是名义利率，小于实际利率，需要根据换算公式来确定实际利率。

2.【答案】√

【解析】资本资产定价模型虽然已经得到广泛认可，但在实际应用中，仍存在一些明显的局限。主要表现在：（1）某些资产或企业的β值难以估计，特别是对一些缺乏历史数据的新兴行业。（2）由于经济环境的不确定性和不断变化，使得依据历史数据估算出来的β值对未来的指导作用必然要打折扣。（3）资本资产定价模型是建立在一系列假设之上的，其中一些假设与实际情况有较大偏差，使得资本资产定价模型的有效性受到质疑。

3.【答案】×

【解析】10年后的本利和 $= 20\,000 \times (F/A, 5\%, 10) \times (1 + 5\%) = 264\,135.9$（元）。

4.【答案】×

【解析】递延年金计算终值与递延期的长短无关，与普通年金终值的计算一样。

5.【答案】√

【解析】非系统性风险是公司特有风险，公司特有风险是以违约风险、变现风险、破产风险等形式表现出来的。破产风险是指在证券资产发行者破产清算时投资者无法收回应得权益的可能性。

6.【答案】×

【解析】风险自担是指风险损失发生时，直接将损失摊入成本或费用，或冲减利润；风险自保是指企业预留一笔风险金或随着生产经营的进行，有计划地计提资产减值准备等。

7.【答案】×

【解析】风险包括两种，系统风险和非系统风险。系统风险是不可分散风险，非系统风险是可分散风险，但非系统风险的分散情况要视股票间相关程度而定；当两只股票相关系数小于1而大于0，此时可以分散一定的风险，只有当两只股票完全正相关时，即相关系数为1，该组合不能抵销任何风险。

8.【答案】×

【解析】递减曲线成本，业务量越大总成本越高，但增长越来越慢，变化率是递减的。

9.【答案】×

【解析】如果证券资产组合收益率的标准差就是组合中各资产收益率标准差的加权平均值，则说明组合中各种资产的收益率的相关系数为完全正相关。

10.【答案】×

【解析】在年金中，系列等额收付的间隔期间只需要满足"相等"的条件即可，间隔期间完全可以不是一年。

11.【答案】×

【解析】两项资产之间的正相关程度越低，其投资组合可分散投资风险的效果就越大。

12.【答案】×

【解析】对可能给企业带来灾难性损失的项目，企业应当放弃。合资、联营和联合开发等属于转移风险的措施。

13.【答案】×

【解析】合同确认法它是根据企业订立的经济合同或协议中关于支付费用的规定，来确认并估算哪些项目属于变动成本，哪些项目属于固定成本的方法。技术测定法是根据生产过程中各种材料和人工成本消耗量的技术测定来划分固定成本和变动成本的方法，该方法通常只适用于投入成本与产出数量之间有规律性联系的成本分解。

14.【答案】√

【解析】利息率风险和购买力风险属于系统风险，对任何证券都有影响。违约风险和破产风险属于非系统风险，由于国债是国家发行的，有国家财政作保障所以违约风险和破产风险很小。

15.【答案】×

【解析】酌量性固定成本是管理当局的短期经营决策行动能改变其数额的固定成本，如广告费、职工培训费、新产品研究开发费用等。这些费用发生额的大小取决于管理当局的决策。酌量性成本并非可有可无，它关系企业的竞争能力。要想降低酌量性固定成本，只有通过精打细算，编制出积极可行的费用预算并严格执行。

16.【答案】×

【解析】1 + 名义利率 = (1 + 实际利率)(1 + 通货膨胀率)，所以名义利率 = (1 + 3%)(1 + 5%) − 1 = 8.15%。

17.【答案】×

【解析】计算现值时，折现率在分母上，所以在期数一定的情况下，折现率越大，则年金现值越小。

18.【答案】√

【解析】在资产组合中资产个数较低时，增加资产的个数分散风险的效应会比较明显，但资产数目增加到一定程度时风险分散效应会减弱。

19.【答案】×

【解析】从证券投资组合的标准差的公式 $\sigma_p = (W_1^2\sigma_1^2 + W_2^2\sigma_2^2 + 2W_1W_2\rho_{1,2}\sigma_1\sigma_2)^{1/2}$ 可知，证券投资组合中每种证券的报酬率的相互关系 $\rho_{1,2}$ 影响证券投资组合标准差。

20.【答案】√

【解析】某股票 β 系数为 2，说明该股票的风险是市场平均风险的两倍，该股票风险收益率也是市场平均风险收益率的两倍。

21.【答案】×

【解析】将混合成本分解为固定成本和变动成本的历史平均值或标准值，目的是建立总成本直线方程，以便在决策和计划中使用。

22.【答案】×

【解析】用方程式来表达混合成本与业务量的关系时，有两种选择：一种是选择对混合成本的实际性态进行真实的数学描述，另一种选择是使用简单的方程式来描述混合成本。前一种选择往往要花费很多时间和精力，有时甚至超过它们可能带来的好处。

四、计算分析题

1.【答案】

(1) 资产组合 M 的标准差率 = 27.9%/18% = 1.55；

(2) 资产组合 N 的标准差率为 1.2 小于资产组合 M 的标准差率，故资产组合 M 的风险更大；

(3) 设张某应在资产组合 M 上投资的最低比例是 X：18% X + 13% × (1 − X) = 16%，解得 X = 60%。为实现期望的收益率，张某应在资产组合 M 上投资的最低比例是 60%；

(4) 张某在资产组合 M（高风险）上投资的最低比例是 60%，而在资产组合 N（低风险）上投资的最高比例是 40%，而赵某投资于资产组合 M 和 N 的资金比例分别为 30% 和 70%；因为资产组合 M 的风险大于资产组合 N 的风险，并且赵某投资于资产组合 M（高风险）的比例低于张某投资于资产组合 M（高风险）的比例，所以赵某更厌恶风险。

2.【答案】

（1）F = 100 000 × (1 + 12%)^2 = 125 440（元）

（2）方法一：F = 100 000 × (1 + 12%/4)$^{2×4}$ = 126 677.01（元）

或者先计算年实际利率：(1 + 12%/4)^4 – 1 = 12.55%

方法二：F = 100 000 × (1 + 12.55%)^2 = 126 675.03（元）

（3）P = 30 000 × (1 + 12%)$^{-1}$ + 50 000 × (1 + 12%)$^{-2}$ + 60 000 × (1 + 12%)$^{-3}$ = 109 352.22（元）

（4）方法一：P = 30 000/(1 + 12.55%) + 50 000/(1 + 12.55%)^2 + 60 000/(1 + 12.55%)^3 = 108 209.68（元）

方法二：P = 30 000 × (1 + 12%/4)$^{-4}$ + 50 000 × (1 + 12%/4)$^{-8}$ + 60 000 × (1 + 12%/4)$^{-12}$ = 108 207.87（元）

（5）100 000 = 30 000 × (P/F, i, 3) + 50 000 × (P/F, i, 4) + 60 000 × (P/F, i, 5)

采用逐次测试法：

当 i = 8% 时，等式右边 = 101 400 > 100 000，

当 i = 9% 时，等式右边 = 97 580 < 100 000，

所以 8% < i < 9%，用插值法计算：(i – 8%)/(9% – 8%) = (100 000 – 101 400)/(97 580 – 101 400)，解得 i = 8.37%。

3.【答案】

（1）甲方案即预付年金现值 = 200 × (P/A, 10%, 10) × (1 + 10%) = 1 351.8（万元）

（2）乙方案即递延年金现值 = 250 × (P/A, 10%, 10) × (P/F, 10%, 3) = 1 154.11（万元）

故应采用乙种付款方案。

4.【答案】

（1）A 股票的 β 系数大于 1，说明该股票的系统性风险大于市场投资组合的风险；

B 股票的 β 系数等于 1，说明该股票的系统性风险等于市场投资组合的风险；

C 股票的 β 系数小于 1，说明该股票的系统性风险小于市场投资组合的风险。

（2）A 股票的必要收益率 = 8% + 1.5 × (12% – 8%) = 14%

（3）甲种投资组合的 β 系数 = 1.5 × 50% + 1.0 × 30% + 0.5 × 20% = 1.15

甲种投资组合的风险收益率 = 1.15 × (12% – 8%) = 4.6%

（4）乙种投资组合的 β 系数 = 3.4%/(12% – 8%) = 0.85

乙种投资组合的必要收益率 = 8% + 0.85 × (12% – 8%) = 11.4%

（5）因为甲种投资组合的 β 系数大于乙种投资组合的 β 系数，所以甲种投资组合的系统性风险较大。

5.【答案】

（1）比较第 15 年末的终值

方案一：终值 = 10 × (F/A, 10%, 15) = 10 × 31.772 = 317.72（万元）

方案二：终值 = 9.5 × (F/A, 10%, 15) × (1 + 10%) = 9.5 × 31.772 × 1.1 = 332.02（万元）

方案三：终值 = 18 × (F/A, 10%, 10) = 18 × 15.937 = 286.87（万元）

结论：第三种付款方案对购买者有利。

（2）比较第 1 年初的现值

方案一：现值 = 10 × (P/A, 10%, 15) = 10 × 7.6061 = 76.06（万元）

方案二：现值 = 9.5 × (P/A, 10%, 15) × (1 + 10%) = 9.5 × 7.6061 × 1.1 = 79.48（万元）

方案三：这是递延年金现值计算问题，由于第一次支付发生在第 6 年末，所以，递延期 m = 6 – 1 = 5。

现值 = 18 × (F/A, 10%, 10) × (P/F, 10%, 15) = 18 × 15.9370 × 0.2394 = 68.68（万元）。

结论：第三种付款方案对购买者有利。

（3）年实际利率 = (1 + 10%/2)^2 – 1 = 10.25%

方案一的终值 = 10 × (F/A, 10.25%, 15) = 10 × [(1 + 10.25%)^{15} – 1]/10.25% = 324.09（万元）

【解析】本题第（1）、（2）问考核的是年金终值及现值的计算。因为是付款，无论比终值还是比现值都应该选择小的方案为较优的方案。

若比终值：方案一是普通年金终值的计算（直接套用普通年金终值计算公式），方案二是预付年金终值的计算，方案三是递延年金终值的计算（与普通年金终值计算一样）。若比现值：方案一是普通年金现值的计算（直接套用普通年金现值计算公式），方案二是预付年金现值的计算，方案三是递延年金现值的计算。本题第（3）问考核的是 i 与 n 不一致时普通年金终值的计算。由于年金是每年的年金，所以利率必须换算成年实际利率，才能套用普通年金终值公式。

第三章　预算管理

考情分析

　　本章主要讲述财务管理的财务预算环节，包括预算管理的特征和作用、预算编制的方法与程序、预算的编制流程、预算的执行与考核等内容。本章既可以出客观题，也可以出主观题。考生应注意的考点有：预算的编制方法的定义及特点对比（是今年改动的部分，需要对比记忆）；业务预算的编制；各种业务预算之间的关系（例如：销售预算是整个预算的编制起点）；现金预算的编制（哪些业务预算为现金预算提供了哪些数据？）；财务报表预算编制的依据；预算工作的组织及各组织的职责。

基本内容框架

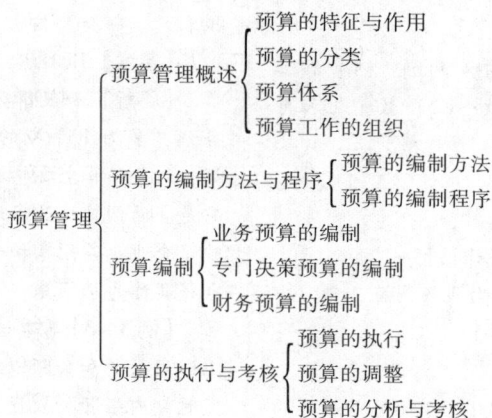

预算管理
- 预算管理概述
  - 预算的特征与作用
  - 预算的分类
  - 预算体系
  - 预算工作的组织
- 预算的编制方法与程序
  - 预算的编制方法
  - 预算的编制程序
- 预算编制
  - 业务预算的编制
  - 专门决策预算的编制
  - 财务预算的编制
- 预算的执行与考核
  - 预算的执行
  - 预算的调整
  - 预算的分析与考核

通关重难点例题

一、预算的特征与作用

（一）概念

预算是企业在预测、决策的基础上，用数量和金额以表格的形式反映企业未来一定时期内经营、投资、筹资等活动的具体计划，是为实现企业目标而对各种资源和企业活动的详细安排。

（二）特征

1. 预算必须与企业的目标保持一致；

2. 数量化和可执行性是预算最主要的特征。

（三）作用

1. 规划、控制和引导经济活动，使企业经营达到预期目标；

2. 实现企业内部各个部门之间的协调；

3. 作为业绩考核的重要依据。

【例 3-1】（多选题）下列关于预算特征的表述中，正确的有（　　）。

A. 预算必须与企业的目标保持一致

B. 数量化和可执行性是预算最主要的特征

C. 预算是未来经营活动的依据

D. 预算是考核与控制的依据

【答案】AB

【解析】预算的特征主要有两个：（1）预算必须与企业的目标保持一致；（2）数量化和可执行性是预算最主要的特征。

二、预算的分类

（一）根据预算的内容不同划分

根据预算内容不同，分为业务预算、专门决策预算和财务预算。

1. 业务预算

指与日常生产经营活动直接相关经营业务的各种预算。

2. 专门决策预算

指企业不经常发生的、一次性的重要决策预算。

3. 财务预算

指企业在计划期内反映有关预计现金收支、财务状况和经营成果的预算。财务预算作为全面预算体系的最后环节，也称为总预算，其他预算相应称为辅助预算或分预算。

（二）根据预算指标覆盖时间的长短不同划分

根据预算指标覆盖的时间长短划分，企业预算分为长期预算（1年以上）和短期预算（1年以内，含1年）。企业的业务预算和财务预算多为1年期的短期预算。

（三）预算体系

$$
预算体系
\begin{cases}
\left.\begin{array}{l}业务预算\\专门决策预算\end{array}\right\}辅助预算（分预算）\\[2ex]
财务预算
\begin{cases}
现金预算\\
预计财务报表
\begin{cases}预计利润表\\预计资产负债表\end{cases}
\end{cases}
\end{cases}总预算
$$

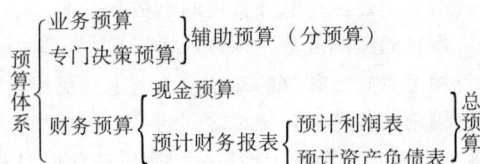

【例 3-2】（多选题）下列关于财务预算的表述中，正确的有（　　）。

A. 财务预算多为长期预算

B. 财务预算又被称作总预算

C. 财务预算是全面预算体系的最后环节

D. 财务预算主要包括现金预算和预计财务报表

【答案】BCD

【解析】一般情况下，企业的业务预算和财务预算多为1年期的短期预算，所以选项A错误；财务预算主要包括现金预算和预计财务报表，它是全面预算的最后环节，从价值方面总括地反映了企业业务预算和专门决策预算的结果，所以也将其称为总预算。所以选项B、C、D正确。

【例 3-3】（单选题）在预测、决策的基础上，用数量和金额以表格的形式反映企业未来一定时期内经营、投资、筹资等活动的具体计划是（　　）。

A. 生产预算　　　　B. 预算

C. 业务预算　　　　D. 财务控制

【答案】B

【解析】预算是企业在预测、决策的基础上，用数量和金额以表格的形式反映企业未来一定时期内经营、投资、筹资等活动的具体计划，是为实现企业目标而对各种资源和企业活动所做的详细安排。

【例3-4】（多选题）下列各项中，属于业务预算的有（　　）。

A. 资本支出预算　　B. 生产预算
C. 管理费用预算　　D. 销售预算

【答案】BCD

【解析】业务预算是指与企业日常经营活动直接相关的经营业务的各种预算，它主要包括销售预算、生产预算、材料采购预算、直接材料消耗预算、直接人工预算、制造费用预算、产品生产成本预算、经营费用和管理费用预算等。

三、预算工作的组织

公司的年度预算方案、决算方案由公司董事会制订，经股东会审议批准后方可执行。预算工作的组织包括决策层、管理层、执行层和考核层。

决策层	董事会（类似机构）	负总责
管理层考核层	预算管理委员会（财务管理部门）	拟订目标、政策、措施；审议、平衡、下达预算；考核，督促完成目标
	财务管理部门	跟踪管理，监督执行情况，分析差异及原因，提出意见与建议
执行层	企业职能部门（基层单位）	本部门（或单位）涉及的预算编制、执行、分析，配合平衡、协调、分析、控制与考核。负责编制、控制分析现金流量、经营成果和各项成本费用预算，接受检查、考核

【例3-5】（判断题）企业预算管理委员会具体负责企业预算的跟踪管理，监督预算的执行情况，分析预算与实际执行的差异及原因，提出改进管理的意见与建议。（　　）

【答案】×

【解析】企业财务管理部门具体负责企业预算的跟踪管理，监督预算的执行情况，分析预算与实际执行的差异及原因，提出改进管理的意见与建议。

四、预算的编制方法

（一）增量预算法与零基预算法（按其出发点的特征不同进行的分类）

1. 增量预算法

（1）含义。

增量预算法，是指以历史期实际经济活动及其预算为基础，结合预算期经济活动及相关影响因素的变动情况，通过调整历史期经济活动项目及金额形成预算的预算编制方法。

（2）假设条件。

①企业现有业务活动是合理的，不需要调整；②企业现有各项业务的开支水平是合理的，在预算期予以保持；③以现有业务活动和开支水平，确定预算期各项活动的预算数。

（3）增量预算编制方法的缺点。

可能导致无效费用开支项目无法得到有效控制，造成预算上的浪费。

2. 零基预算法

（1）含义。

零基预算法，是指企业不以历史期经济活动及其预算为基础，以零为起点，从实际需要出发分析预算期经济活动的合理性，经综合平衡，形成预算的预算编制方法。

（2）编制程序。

①明确预算编制标准。企业应搜集和分析对标单位、行业等外部信息，结合内部管理需要形成企业各预算项目的编制标准，并在预算管理过程中根据实际情况不断分析评价、修订完善预算编制标准。

②制订业务计划。预算编制责任部门应依据企业战略、年度经营目标和内外环境变化等安排预算期经济活动，在分析预算期各项经济活动合理性的基础上制订详细、具体的业务计划，作为预算编制的基础。

③编制预算草案。预算编制责任部门应以相关业务计划为基础，根据预算编制标准编制本部门相关预算项目，并报预算管理责任部门审核。

④审定预算方案。预算管理责任部门应在

审核相关业务计划合理性的基础上，逐项评价各预算项目的目标、作用、标准和金额等，按战略相关性、资源限额和效益性等进行综合分析和平衡，汇总形成企业预算草案，上报企业预算管理委员会等专门机构审议后报董事会等机构审批。

（3）优点。

①以零为起点编制预算，不受历史期经济活动中的不合理因素影响，能够灵活应对内外环境的变化，预算编制更贴近预算期企业经济活动需要；②有助于增加预算编制透明度，有利于进行预算控制。

（4）缺点。

①预算编制工作量较大、成本较高；②预算编制的准确性受企业管理水平和相关数据标准准确性影响较大。

【例3－6】（多选题）与增量预算法相比，零基预算法的主要缺点有（　　）。

A. 预算编制的准确性受企业管理水平的影响较大

B. 容易造成预算上的浪费

C. 容易使不必要的开支合理化

D. 增加了预算编制的工作量，成本较高

【答案】AD

【解析】零基预算法的缺点主要体现在：一是预算编制工作量较大、成本较高；二是预算编制的准确性受企业管理水平和相关数据标准准确性影响较大。

【例3－7】（单选题）下列各项中，不属于零基预算法优点的是（　　）。

A. 编制工作量小

B. 有利于进行预算控制

C. 不受历史活动中的不合理因素影响

D. 灵活应对环境变化

【答案】A

【解析】零基预算法的优点表现在：（1）以零为起点编制预算，不受历史期经济活动中的不合理因素影响，能够灵活应对内外环境的变化，预算编制更贴近预算期企业经济活动需要；（2）有助于增加预算编制透明度，有利于进行预算控制。缺点是：（1）预算编制工作量较大、成本较高；（2）预算编制的准确性受企业管理水平和相关数据标准准确性影响较大。

（二）固定预算法与弹性预算法（按其业务量基础的数量特征不同进行的分类）

1. 固定预算法

（1）含义。

又称静态预算法，是指以预算期内正常的、最可实现的某一业务量（是指企业产量、销售量、作业量等与预算项目相关的弹性变量）水平为固定基础，不考虑可能发生的变动的预算编制方法。

（2）缺点。

适应性差；可比性差。

2. 弹性预算法

（1）弹性预算概述。

①含义：又称动态预算法。是指企业在分析业务量与预算项目之间数量依存关系的基础上，分别确定不同业务量及其相应预算项目所消耗资源的预算编制方法。

②适用：适用于编制全面预算中所有与业务量有关的各种预算。在实务中，主要用于编制成本费用预算和利润预算，尤其是成本费用预算。

③业务量的计量单位：要选用最能代表生产经营活动水平的业务量计量单位。手工操作为主的可用人工工时，单一产品部门可选用实物量，修理部门可选用修理工时。

④业务量的变动范围：一般来说，可定在正常生产能力的70%～110%，或以历史上最高业务量和最低业务量为其上下限。

⑤优点：考虑了预算期可能的不同业务量水平，更贴近企业经营管理实际情况。

⑥缺点：编制工作量大；市场及其变动趋势预测的准确性、预算项目与业务量之间依存关系的判断水平等会对弹性预算的合理性造成较大影响。

⑦编制程序：第一步：确定弹性预算适用项目，识别相关的业务量并预测业务量在预算期内可能存在的不同水平和弹性幅度；第二步：分析预算项目与业务量之间的数量依存关系，确定弹性定额；第三步：构建弹性预算模型，形成预算方案；第四步：审定预算方案并上报企业预算管理委员会等专门机构审议后，报董事会等机构审批。

（2）编制弹性预算的公式法。

①含义及公式：运用总成本性态模型，测算

预算期的成本费用数额，并编制成本费用预算的方法，成本与业务量之间的数量关系可用公式表示为：$Y = a + bx$。

②优点：在一定范围内预算可以随业务量变动而变动，可比性和适应性强，编制预算的工作量相对较小。

③缺点：按公式进行成本分解比较麻烦，对每个费用子项目甚至细目逐一进行成本分解，工作量很大；对于阶梯成本和曲线成本只能先用数学方法修正为直线，才能应用公式法；必要时，还需在"备注"中说明适用不同业务量范围的固定费用和单位变动费用。

（3）编制弹性预算的列表法。

①含义：列表法是指企业通过列表的方式，在业务量范围内依据已划分出的若干个不同等级，分别计算并列示该预算项目与业务量相关的不同可能预算方案的方法。应用列表法编制预算，首先要在确定的业务量范围内，划分出若干个不同水平，然后分别计算各项预算值，汇总列入一个预算表格。

②优点：不管实际业务量多少，不必经过计算即可找到与业务量相近的预算成本；混合成本中的阶梯成本和曲线成本，可按总成本性态模型计算填列，不必用数学方法修正为近似的直线成本。

③缺点：在评价和考核实际成本时，往往需要使用插值法来计算"实际业务量的预算成本"，比较麻烦。

【例3-8】（多选题）相对于固定预算而言，弹性预算的缺点包括（　　）。

A. 编制工作量大

B. 过于呆板

C. 可比性差

D. 预算准确性会受到市场及其趋势预测的准确性的影响

【答案】AD

【解析】弹性预算法的主要缺点：一是编制工作量大；二是市场及其变动趋势预测的准确性、预算项目与业务量之间依存关系的判断水平等会对弹性预算的合理性造成较大影响。

【例3-9】（多选题）实务中，弹性预算主要用于编制（　　）。

A. 利润预算　　　　B. 销售收入预算

C. 成本费用预算　　D. ABC项都正确

【答案】AC

【解析】弹性预算的方法从理论上讲适用于编制全面预算中所有与业务量有关的各种预算。但从实用角度看，主要用于编制成本费用预算和利润预算。

（三）定期预算法与滚动预算法（按预算期的时间特征不同进行的分类）

1. 定期预算法

（1）含义。

是指在编制预算时以不变的会计期间（如日历年度）作为预算期的一种预算编制的方法。

（2）优点。

使预算期间与会计期间相对应，便于对预算执行情况进行分析和考核。

（3）缺点。

会使管理人员只考虑预算期之内的事情，缺乏长远打算，导致短期行为出现。

2. 滚动预算法

（1）含义。

是指在编制预算时，将预算期与会计期间相脱离，随着预算的执行不断延伸补充预算，逐期向后滚动，使预算期永远保持一个固定期间（一般为12个月）的一种预算编制方法。

（2）滚动形式。

逐月滚动；逐季滚动；混合滚动。

逐月滚动	逐月滚动是指在预算编制过程中，以月份为预算的编制和滚动单位，每个月调整一次预算的方法	按照逐月滚动方式编制的预算比较精确，但工作量较大
逐季滚动	逐季滚动是指在预算编制过程中，以季度为预算的编制和滚动单位，每个季度调整一次预算的方法	逐季滚动编制的预算比逐月滚动的工作量小，但精确度较差

续表

混合滚动	混合滚动是指在预算编制过程中，同时以月份和季度作为预算的编制和滚动单位的方法 **提示** 这种预算方法的理论依据是：人们对未来的了解程度具有对近期的预计把握较大，对远期的预计把握较小的特征	能够保持预算的持续性，有利于结合企业近期目标和长期目标，考虑未来业务活动；使预算随时间的推进不断加以调整和修订，使预算与实际情况更加适应，充分发挥预算的指导和控制作用

(3) 优点。

①能使企业各级管理人员对未来始终持续保持整整 12 个月的规划，从而保证企业经营管理工作能够稳定有序进行；②有利于管理人员对预算资料做经常性的分析和研究并根据当时的预算执行情况加以调整。

【例 3 - 10】（判断题）能够保持预算的持续性，有利于结合企业近期目标和长期目标，考虑未来业务活动的预算编制方法是弹性预算。（　　）

【答案】×

【解析】运用滚动预算法编制预算，使预算期间依时间顺序向后滚动，能够保持预算的持续性，有利于结合企业近期目标和长期目标，考虑未来业务活动。所以题干的说法错误。

【例 3 - 11】（判断题）固定预算的唯一优点是能够使预算期间与会计年度相配合。（　　）

【答案】×

【解析】定期预算的唯一优点是能够使预算期间与会计年度相配合。

【例 3 - 12】（判断题）弹性预算的公式法在一定范围内预算可以随业务量的变动而变动，可比性和适应性强，编制预算的工作量相对较小。（　　）

【答案】√

【解析】弹性预算的公式法的优点是在一定范围内预算可以随业务量的变动而变动，可比性和适应性强，编制预算的工作量相对较小；其缺点是按公式进行成本分解比较麻烦，对每个费用子项目甚至细目逐一进行成本分解，工作量很大。

【例 3 - 13】（计算题）丁公司采用逐季滚动预算和零基预算相结合的方法编制制造费用预算，相关资料如下：

资料一：2018 年分季度的制造费用预算如下表所示。

2018 年制造费用预算　　　　　　　　　　　　　　单位：元

项目	第一季度	第二季度	第三季度	第四季度	合计
直接人工预算总工时（小时）	11 400	12 060	12 360	12 600	48 420
变动制造费用	91 200	*	*	*	387 360
其中：间接人工费用	50 160	53 064	54 384	55 440	213 048
固定制造费用	56 000	56 000	56 000	56 000	224 000
其中：设备租金	48 500	48 500	48 500	48 500	194 000
生产准备与车间管理费	*	*	*	*	*

注：表中"*"表示省略的数据。

资料二：2018 年第二季度至 2019 年第一季度滚动预算期间，将发生如下变动：

(1) 直接人工预算总工时为 50 000 小时；

(2) 间接人工费用预算工时分配率将提高 10%；

(3) 2018 年第一季度末重新签订设备租赁合同，新租赁合同中设备年租金将降低 20%。

资料三：2018 年第二季度至 2019 年第一季度，公司管理层决定将固定制造费用总额控制在 185 200 元以内，固定制造费用由设备租金、生产准备费用和车间管理费组成，其中设备租金属于约束性固定成本，生产准备费和车间管理费属于酌量性固定成本，根据历史资料分析，生产准备费的成本效益远高于车间管理费。为满足生产

经营需要，车间管理费总预算额的控制区间为
12 000～15 000 元。

要求：

（1）根据资料一和资料二，计算 2018 年第
二季度至 2019 年第一季度滚动期间的下列指标：

①间接人工费用预算工时分配率；

②间接人工费用总预算额；

③设备租金总预算额。

（2）根据资料二和资料三，在综合平衡的
基础上根据成本效益分析原则，完成 2018 年第
二季度至 2019 年第一季度滚动期间的下列事项：

①确定车间管理费用总预算额；

②计算生产准备费总预算额。

【答案】

（1）①间接人工费用预算工时分配率 =
（213 048/48 420）×（1 + 10%）= 4.84（元/小时）

②间接人工费用总预算额 = 50 000 × 4.84 =
242 000（元）

③设备租金总预算额 = 194 000 ×（1 - 20%）=
155 200（元）

（2）设备租金是约束性固定成本，是必须
支付的。生产准备费和车间管理费属于酌量性固
定成本，发生额的大小取决于管理当局的决策行
动，由于生产准备费的成本效益远高于车间管理
费，根据成本效益分析原则，应该尽量减少车间
管理费。

①确定车间管理费用总预算额 = 12 000（元）

②计算生产准备费总预算额 = 185 200 -
155 200 - 12 000 = 18 000（元）。

五、预算编制

（一）业务预算的编制

1. 销售预算

销售预算是全面预算的起点，企业其他预算
的编制都必须以销售预算为基础。销售预算内容
主要包括销量、单价、销售收入和预计现金收入。

2. 生产预算

生产预算是全面预算中唯一只与实物量有关
的预算，其编制基础是销售预算，主要内容包括
预计销售量、预计期末结存量、预计期初结存
量、本期预计生产量。

3. 直接材料预算

编制基础是生产预算，主要内容包括预计生
产量、材料定额单耗、预计生产需要量、期末结
存量、期初结存量、预计材料采购量、材料计划
单价、预计购料金额和预计现金支出。

4. 直接人工预算

编制基础是生产预算，主要内容包括预计生
产量、单耗工时、直接人工小时数、单位工时工
资率和预计直接人工成本。

5. 制造费用预算

制造费用分为变动制造费用和固定制造费用
两部分。

①变动制造费用的预计：变动制造费用与企
业的产量存在一定的函数关系，如果企业有比较
完备的消耗标准，直接用消耗标准乘以预计产量
即可得出变动制造费用的预算数，如果企业没有
消耗标准，就只能一项一项的预计。

②固定制造费用的预计：固定制造费用与企
业的产量无关，一般是以上年数额为基础，考虑
来年变化安排。

提示 1. 制造费用中的折旧等属于非付现费
用，在预计现金支出时要予以剔除。

2. 为了将制造费用计入产品成本，还需要
计算制造费用的预算分配率，其公式如下：

制造费用预算分配率 = 制造费用预算总额/
业务量预算总数

6. 产品成本预算

单位生产成本预算的编制基础是销售预算、
生产预算、直接材料预算、直接人工预算和制造
费用预算，反映产品的单位成本和总成本。

7. 销售及管理费用预算

①销售费用预算的编制。

销售费用是由两部分组成的，一部分是变动
性的销售费用，这部分销售费用与销售数量有比
较密切的联系，比如销售佣金、运输费用等，随
销售数量的变化而变化；另一部分属于固定性的
销售费用，这部分销售费用与销售数量没有密切
的联系，比如门市部的租金等。

②管理费用预算的编制。

管理费用一般属于固定费用，但也有部分与
企业的业务量有关；

提示 注意该部分预算中的折旧与摊销属于
非付现费用，在预计现金支出时要予以剔除。

（二）专门决策预算的编制

专门决策预算指企业不经常发生的、一次性的重要决策预算。这种预算往往涉及长期建设项目的投资投放与筹措，并经常跨年度。专门决策预算也是编制现金预算和预计资产负债表的依据。

（三）财务预算的编制

1. 现金预算

项目	第一季度	第二季度	第三季度	第四季度	全年
期初现金余额	编制预算时预计的。 提示 1. 下一季度的期初现金余额＝上一季度的期末现金余额 2. 全年期初余额＝年初（第一季度）现金余额				
加：现金收入	主要来源是销货得到的现金收入。数据来源于销售预算表中的"销售预算"				
可供使用现金	可供现金收入＝期初现金余额＋现金收入				
减：现金支出	包括预算期的各项现金支出				
直接材料	数据来源于"直接材料预算"				
直接人工	数据来源于"直接人工预算"				
制造费用	数据来源于"制造费用预算"				
销售及管理费用	数据来源于"销售及管理费用预算"				
所得税费用	在利润规划时估计的				
购买设备	数据来源于自行编制的专门预算				
股利					
现金支出合计	上述减项数字相加				
现金余缺	可供现金使用－现金支出＝现金余缺				
现金筹措与运用	根据现金余缺与期末理想现金余额的比较，结合固定利息支出数额及其他因素，来确定现金运用或筹措的数额				
借入长期借款	数据来源于专门决策预算表				
取得短期借款	计算可得				
归还短期借款					
短期借款利息	（上期末借款余额＋本期新借借款）×利息率				
长期借款利息					
期末现金余额	现金余缺＋现金筹措－现金运用				

2. 利润表预算

编制预计利润表的依据是各业务预算、专门决策决策预算和现金预算。

项目	金额
销售收入	数据来源于"销售预算"
销售成本	数据来源于"产品成本预算"
毛利	

续表

项目	金额
销售及管理费用	数据来源于"销售及管理费用预算"
利息	数据来源于"现金预算"
所得税费用	在利润规划时估计的（已列入现金预算）
净利润	

3. 资产负债表预算

资产负债表预算需以计划期开始日的资产负债表为基础，结合计划期间业务预算、专门决策预算、现金预算和利润表预算进行编制。它是编制全面预算的终点。

资产	年初余额	年末余额	负债与股东权益	年初余额	年末余额
流动资产：			流动负债：		
货币资金	数据来源于"现金预算表"中的期初现金余额、期末现金余额		短期借款	年初余额来源于上年资产负债表，增加额来源于"现金预算表"	
应收账款	年初余额来源于"销售预算"上年应收账款、年末余额同样来源于"销售预算表"		应付账款	年初余额来源于"直接材料预算"	
存货（直接材料+产成品）	数据来源于"直接材料预算"和"产品成本预算"		流动负债合计		
流动资产合计			非流动负债：		
非流动资产			长期借款	年初余额来源于上年资产负债表，年末余额来源于"专门决策预算表"	
固定资产	年初余额来源于上年资产负债表，年末余额＝年初余额－折旧，折旧数据来源于"制造费用预算"和"销售及管理费用预算"		非流动负债合计		
在建工程	年初余额来源于上年资产负债表，增加额数据来源于"专门决策预算表"		负债合计		
非流动负债合计			股东权益		
			股本	*	
			资本公积		
			盈余公积		
			未分配利润		
			股东权益合计		
资产总计			负债和股东权益合计		

【例3-14】（单选题）某公司预计计划年度期初应付账款余额为200万元，1~3月采购金额分别为500万元、600万元和800万元，每月的采购款当月支付70%，次月支付30%。则预计一季度现金支出额为（ ）万元。

A. 2 100　　　　B. 1 900

C. 1 860　　　　D. 1 660

【答案】C

【解析】预计一季度现金支出额＝200＋500＋600＋800×70%＝1 860（万元）。

【例3-15】（判断题）在产品成本预算中，产品成本总预算金额是将直接材料、直接人工、制造费用以及销售与管理费用的预算金额汇总相加而得到的。（ ）。

【答案】×

【解析】产品成本预算是销售预算、生产预

算、直接材料预算、直接人工预算、制造费用预算的汇总。不考虑销售与管理费用的预算。

【例3-16】（单选题）企业按弹性预算法编制费用预算，预算直接人工工时为100 000小时，变动成本为60万元，固定成本为30万元，总成本费用为90万元。如果预算直接人工工时达到120 000小时，则总成本费用为（ ）万元。

A. 96   B. 108

C. 102   D. 90

【答案】 C

【解析】 单位变动成本 = 60/10 = 6（元/小时），固定成本为30万元，则总成本费用 $y = 30 + 6x$，如果直接人工工时为12万小时，则总成本费用 = 30 + 6×12 = 102（万元）。

【例3-17】（判断题）在编制预计资产负债表时，对表中的年初项目和年末项目均需根据各种日常业务预算和专门决策预算的预计数据分析填列。（ ）

【答案】 ×

【解析】 表中的年初项目就是上年的年末数，无须分析填列。

【例3-18】（多选题）下列各项中，能在销售预算中找到的内容有（ ）。

A. 直接材料预算

B. 变动制造费用预算

C. 管理费用预算

D. 直接人工预算

【答案】 ABD

【解析】 直接材料预算、直接人工预算和变动制造费用预算是直接根据生产预算编制的，而管理费用预算多为固定成本，与生产预算没有任何联系。

【例3-19】（计算题）甲公司2019年度设定的每季末预算现金余额的额定范围为50万~60万元，其中，年末余额已预定为60万元。假定当前银行约定的单笔短期借款必须为10万元的倍数，年利息率为6%，借款发生在相关季度的期初，每季末计算并支付借款利息，还款发生在相关季度的期末。2019年该公司无其他融资计划。

甲公司编制的2019年度现金预算的部分数据如下表所示：

2019年度甲公司现金预算

单位：万元

项目	第一季度	第二季度	第三季度	第四季度	全年
①期初现金余额	40				
②经营现金收入	1 010				
③可运用现金合计		1 396.30	1 549		
④经营现金支出	800			1 302	4 353.7
⑤资本性现金支出		300	400		
⑥现金支出合计	1 000	1 365		1 602	
⑦现金余缺			-37.7	132.3	
⑧资金筹措及运用	0				
加：短期借款	0		0	-20	
减：支付短期借款利息	0				
购买有价证券	0	0	-90	52	
⑨期末现金余额				60	

要求：完成2019年度甲公司现金预算的编制。

【答案】

项目	第一季度	第二季度	第三季度	第四季度	全年
期初现金余额	40	50	51	52	40
经营现金收入	1 010	1 346.3	1 498	1 682.3	5 536.6
可供支配的现金合计	1 050	1 396.3	1 549	1 734.3	5 576.6
经营现金支出	800	1 065	1 186.7	1 302	4 353.7
资本性现金支出	200	300	400	300	1 200
现金支出合计	1 000	1 365	1 586.7	1 602	5 553.7
现金余缺	50	31.3	− 37.7	132.3	22.9
现金筹措及运用	0	19.7	89.7	− 72.3	37.1
加：短期借款	0	20	0	− 20	0
减：支付短期借款利息	0	0.3	0.3	0.3	0.9
购买有价证券	0	0	− 90	52	− 38
期末现金余额	50	51	52	60	60

提示 第二季度这一列的现金余缺以下部分的计算填写：因为第二季度现金余缺为31.3万元，小于每季末预算现金余额的限定范围：50万~60万元，判断为现金不足，第二季度最低筹资额 = 50 − 31.3 + 最低筹资额 × 6% × 3/12，因此第二季度最低筹资额 = 18.98（万元），由于借款必须为10万元的整数倍，所以第二季度借款金额为20万元；第二季度支付的短期借款利息 = 20 × 6% × 3/12 = 0.3（万元）。

六、预算的调整

（一）预算调整的条件

企业正式下达执行的财务预算，一般不予调整。预算执行单位在执行中由于市场环境、经营条件、政策法规等发生重大变化，致使预算的编制基础不成立，或者将导致预算执行结果产生重大偏差时，可以调整预算。

（二）预算调整的要求

1. 预算调整事项不能偏离企业发展战略；

2. 预算调整方案应当在经济上能够实现最优化；

3. 预算调整重点应当放在财务预算执行中出现的重要的、非正常的、不符合常规的关键性差异方面。

【例3−20】（多选题）在预算执行中，可能导致预算调整的情形有（　　　）。

A. 原材料价格大幅度上涨

B. 公司进行重大资产重组

C. 主要产品市场需求大幅下降

D. 营改增导致公司税负大幅下降

【答案】ABCD

【解析】企业正式下达执行的预算，一般不予调整。预算执行单位在执行中由于市场环境、经营条件、政策法规等发生重大变化，致使预算的编制基础不成立，或者将导致预算执行结果产生重大偏差的，可以调整预算。

通关演练

一、单项选择题

1. 某企业编制"直接材料预算",预计第4季度期初应付账款为10 000元,年末应付账款为8 160元;第4季度期初直接材料存量为500千克,该季度生产需用量为3 500千克,预计期末存量为400千克,材料单价为8元。则该企业预计第4季度采购现金支出为( )元。
   A. 11 160
   B. 29 040
   C. 9 547.2
   D. 12 547.2

2. 能够同时以实物量指标和价值量指标分别反映企业经营收支和相关现金收支的预算是( )。
   A. 现金预算
   B. 销售预算
   C. 生产预算
   D. 资产负债表预算

3. 下列有关预算的表述中,错误的是( )。
   A. 预算是一种可以据以执行和控制经济活动的、最为具体的计划
   B. 预算按内容不同可分为长期预算和短期预算
   C. 预算是企业实现战略导向预定目标的有力工具
   D. 预算具有实现企业内部各个部门之间的协调的功能

4. 在编制现金预算时,计算某期现金余缺不需考虑的因素是( )。
   A. 期初现金余额
   B. 当期现金收入
   C. 当期现金支出
   D. 现金筹措与运用

5. 某期现金预算中假定出现了正值的现金余缺,且超过理想的期末现金余额时,单纯从财务预算调剂现金余缺的角度看,该期不宜采用的措施是( )。
   A. 偿还部分借款利息
   B. 偿还部分借款本金
   C. 抛售短期有价证券
   D. 购入短期有价证券

6. 某企业预计前两个季度的销量为1 000件和1 200件,期末产成品存货数量一般按下季销量的10%安排,则第一季度的预算产量为( )件。
   A. 1 020
   B. 980
   C. 1 100
   D. 1 000

7. 下列关于零基预算法的说法中,不正确的是( )。
   A. 要适当考虑历史期的费用项目和费用数额是否合理
   B. 灵活应对内外环境的变化
   C. 预算编制工作量大
   D. 零基预算法与增量预算法的差别在于编制预算时出发点的特征不同

8. 在评价和考核实际成本时,往往需要使用插值法来计算"实际业务量的预算成本"的弹性预算方法是( )。
   A. 公式法
   B. 列表法
   C. 因素分析法
   D. 增量分析法

9. 某企业应收账款收款模式为:销售当月收回销售额的50%,销售后的第1个月收回销售额的30%,销售后的第2个月收回销售额的20%。已知2018年1~3月的销售额分别为:20万元、30万元、40万元。根据以上资料估计3月份的现金流入为( )万元。
   A. 50
   B. 60
   C. 70
   D. 33

10. 现金预算由可供使用现金、现金支出、现金余缺、现金筹措与运用四部分构成。下列项目,不能列示在"现金支出"部分的是( )。
    A. 所得税费用
    B. 购买设备支出
    C. 借款利息费用
    D. 股利分配

11. 某企业编制第4季度现金预算,现金余缺部分列示金额为35 000元,第2季度借款85 000元,借款年利率为12%,每年末支付利息,该企业不存在其他借款,企业需要保留的现金余额为5 000元,并要求若现金多余首先购买5 000股A股票,每股市价2.5元,其次按1 000元的整数倍偿还本金,若

季初现金余额为2 000元，则年末现金余额为（　　）元。

A. 7 735　　　　B. 5 990

C. 5 850　　　　D. 7 990

12. 某企业编制第4季度现金预算，现金余缺部分列示金额为－18 500元，现金筹措与运用部分列示归还长期借款利息500元。企业需要保留的现金余额为10 000元，若现金不足需借入短期借款，短期借款年利率为8%，新增借款发生在季度期初，偿还借款本金发生在季度期末，先偿还短期借款；借款利息按季度平均计提，并在季度期末偿还。银行借款的金额要求是1 000元的整数倍，那么企业第4季度的借款额为（　　）元。

A. 30 000　　　B. 29 000

C. 32 000　　　D. 31 000

13. 下列预算的编制，与生产预算不存在直接联系的是（　　）。

A. 直接材料预算　　B. 产品成本预算

C. 直接人工预算　　D. 专门决策预算

14. 某公司在编制成本费用预算时，利用成本性态模型（Y＝a＋bx），测算预算期内各种可能的业务量水平下的成本费用，这种预算编制方法是（　　）。

A. 零基预算法　　B. 固定预算法

C. 弹性预算法　　D. 滚动预算法

15. 一般将由业务预算、专门决策预算和财务预算组成的预算体系，称为（　　）。

A. 全面预算体系　　B. 业务预算体系

C. 财务预算体系　　D. 专门决策预算

16. 下列各项中，对企业预算管理工作负总责的组织是（　　）。

A. 财务部　　　　B. 董事会

C. 监事会　　　　D. 股东会

17. 可能导致无效费用项目无法得到有效控制，造成预算上的浪费的预算编制方法是（　　）。

A. 固定预算法　　B. 定期预算法

C. 增量预算法　　D. 弹性预算法

18. 随着预算的执行不断补充预算，但始终保持一个固定预算期长度的预算编制方法是（　　）。

A. 滚动预算法　　B. 固定预算法

C. 零基预算法　　D. 定期预算法

19. 下列各项预算中，构成全面预算体系最后环节的是（　　）。

A. 特种决策预算　　B. 日常业务预算

C. 财务预算　　　　D. 期末存货预算

20. 某企业2019年第1季度产品生产量预算为1 500件，单位产品材料用量为5千克/件，季初材料库存量1 000千克，第1季度还要根据第2季度生产耗用材料的10%安排季末存量，预计第2季度生产耗用7 800千克材料。材料采购价格预计12元/千克，则该企业第1季度材料采购的金额为（　　）元。

A. 78 000　　　B. 87 360

C. 92 640　　　D. 99 360

21. 某企业2019年度预计生产某产品1 000件，单位产品耗用材料15千克，该材料期初存量为1 000千克，预计期末存量为3 000千克，则全年预计采购量为（　　）千克。

A. 18 000　　　B. 16 000

C. 15 000　　　D. 17 000

22. 下列有关预算执行的表述中，错误的是（　　）。

A. 预算管理委员会应当利用财务报表监控预算的执行情况

B. 应将预算指标层层分解，从横向到纵向落实

C. 应将预算作为协调各项经营活动的基本依据

D. 应当建立预算报告制度

23. 将预算分为增量预算法和零基预算法，是按照（　　）对预算编制方法所做的分类。

A. 业务量基础的数量特征不同

B. 功能特征不同

C. 出发点的特征不同

D. 预算期的时间特征不同

24. 甲公司预算年度第1、2季度销售收入预计分别为50 000元和70 000元。若销售当季度收回货款60%，次季度收款30%，第3季度收款10%，预算年度期初应收账款金额为8 000元，其中包括上年第3季度销售的应收账款5 000元，第4季度销售的应收账款3 000元。则甲公司预算年度第2季度现金收入为（　　）元。

A. 53 000　　　B. 60 000

C. 66 000　　　　　D. 68 000

25. 某企业生产甲产品，每件产品材料定额消耗量 15 千克/件。预计本月产量为 200 件，下月产量 218 件；本月初有材料存量 400 千克，月末材料存量按下月产量用料的 10% 确定。则本月预计材料采购量为（　　）千克。
    A. 2 500　　　　　B. 2 927
    C. 3 000　　　　　D. 3 270

26. 某公司预算年度变动制造费用预算数为 60 万元，预计产品生产量为 300 万件，单位产品工时定额为 0.5 工时。则预算年度变动制造费用预算分配率为（　　）元/工时。
    A. 0.2　　　　　　B. 0.4
    C. 0.6　　　　　　D. 0.8

27. 某公司预计本年第 2 季度甲材料的生产需用量为 1 500 千克，该公司每季度甲材料期末存量安排为下季度生产需用量的 20%。已知本年第 1 季度甲材料的采购量为 1 260 千克。则第 1 季度甲材料生产需用量为（　　）千克。
    A. 900　　　　　　B. 1 000
    C. 1 100　　　　　D. 1 200

28. 某公司预计明年第 3、4 季度的销售收入分别为 2 000 万元和 2 500 万元，每季度销售收入中有 50% 能于当季收现，其余 50% 于下季度收现。该公司第 3 季度末现金余额为 55 万元，应付账款余额为 70 万元，需要在第 4 季度付清，第 4 季度预计采购材料需要支出现金 1 500 万元，支付工资 620 万元，缴纳税款为上季度销售收入的 4% 和本季度销售收入的 3%。则预计第 4 季度现金余缺为（　　）万元。
    A. −15　　　　　　B. −20
    C. −35　　　　　　D. −40

29. 某企业产品成本预算相关信息如下：单位产品成本为 100 元，单位产品材料用量为 5 千克，材料单价为 10 元，变动制造费用和固定制造费用按直接人工工时计算的预算分配率分别为 0.5（元/工时）和 1.5（元/工时），单位工时的直接人工成本为 2 元。则单位产品工时定额为（　　）工时。
    A. 10.5　　　　　　B. 12.5
    C. 15.5　　　　　　D. 18.5

30. 直接材料预算中各期材料期末存量一般是根据（　　）确定的。
    A. 下期生产需用量的一定百分比
    B. 本期期初材料存量
    C. 年初材料存量
    D. 年末材料预计存量

二、多项选择题

1. 下列各项中，能够直接为预计资产负债表中存货项目余额提供来源的有（　　）。
   A. 销售费用预算　　B. 生产预算
   C. 直接材料预算　　D. 产品成本预算

2. 已知某企业销售收现率为：当月收现 60%，下月收现 30%，再下月收现 10%。若该企业 2018 年 12 月的销售收入为 120 万元，年末的应收账款余额为 64 万元。预计 2019 年第一季度各月销售收入分别为：110 万元、130 万元、150 万元，则下列计算中正确的有（　　）。
   A. 2018 年 11 月的销售收入为 160 万元
   B. 2019 年 1 月的销售现金流入为 118 万元
   C. 2019 年 1 月 31 日资产负债表"应收账款"项目金额为 56 万元
   D. 2019 年第一季度的销售现金流入为 381 万元

3. 企业全面预算包括（　　）。
   A. 专门决策预算　　B. 财务预算
   C. 业务预算　　　　D. 资本支出预算

4. 预算的作用包括（　　）。
   A. 作为业绩考核的标准
   B. 引导和控制经济活动，使企业经营达到预期目标
   C. 根据预算目标进行财务决策
   D. 实现企业内部各个部门之间的协调

5. 下列各项中属于财务预算的有（　　）。
   A. 现金预算
   B. 销售及管理费用预算
   C. 预计资产负债表
   D. 预计利润表

6. 预算工作的组织包括（　　）。
   A. 决策层　　　　　B. 管理层
   C. 执行层　　　　　D. 考核层

7. 下列各项中，属于预算管理委员会职责的有

（ ）。

A. 拟订预算的目标、政策

B. 制定预算管理的具体措施和办法

C. 对企业预算的管理工作负总责

D. 分析预算的执行偏差，提出相应的措施或建议

8. 已知某企业购货付款条件为：当月付现60%，下月付现30%，再下月付现10%。若该企业2018年12月的购货金额为200万元，年末应付账款余额为128万元。预计2019年第1季度各月购货金额分别为：220万元、260万元、300万元，则下列计算中正确的有（ ）。

A. 2018年11月份的购货金额为480万元

B. 2019年1月份的购货现金支出为240万元

C. 2019年1月31日资产负债表"应付账款"项目金额为108万元

D. 2019年第1季度的购货现金支出为634万元

9. 下列关于直接材料预算的说法中，正确的有（ ）。

A. 直接材料预算以生产预算为基础编制，不需要考虑原材料存货水平

B. "单位产品材料用量"的数据来自标准成本资料或消耗定额资料

C. 年初和年末的材料存货量，是根据当前情况和长期销售预测估计的

D. 通常不需要预计各期材料采购的现金支出

10. 下列有关预算编制方法中，表述正确的有（ ）。

A. 静态预算法是根据预算期内正常的、可实现的某一业务量（是指企业产量、销售量、作业量等与预算项目相关的弹性变量）水平为固定基础来编制预算的方法

B. 弹性预算的编制方法会使预算期与会计期间相脱节

C. 可以保持预算的持续性，并能克服定期预算缺点的预算方法是滚动预算法

D. 采用滚动预算法编制预算，按照滚动的时间单位不同可分为逐月滚动、逐季滚动、逐年滚动和混合滚动

11. 与生产预算有直接联系的预算有（ ）。

A. 直接材料预算

B. 变动制造费用预算

C. 管理费用预算

D. 直接人工预算

12. 能在现金预算中反映的内容有（ ）。

A. 资金筹措预算

B. 损益预算

C. 现金收入预算

D. 现金支出预算

13. 企业预算最主要的特征有（ ）。

A. 数量化　　　　　　B. 表格化

C. 可伸缩性　　　　　D. 可执行性

14. 运用公式"$y = ax + b$"编制弹性预算，字母x所代表的预计业务量可能有（ ）。

A. 生产量　　　　　　B. 销售量

C. 库存量　　　　　　D. 材料消耗量

15. 下列各项预算中，与编制利润表预算直接相关的有（ ）。

A. 销售预算

B. 生产预算

C. 产品成本预算

D. 销售及管理费用预算

16. 下列各项中，会对预计资产负债表中存货金额产生影响的有（ ）。

A. 生产预算　　　　B. 直接材料预算

C. 销售费用预算　　D. 单位产品成本预算

17. 产品成本预算是生产预算、直接材料预算、直接人工预算、制造费用预算的汇总，该预算可提供的预算数据有（ ）。

A. 产品的单位成本

B. 产品的总成本

C. 期末产成品存货成本

D. 销货成本

18. 下列预算中，既反映经营业务又反映现金收支内容的有（ ）。

A. 制造费用预算

B. 销售预算

C. 生产预算

D. 直接材料消耗及采购预算

19. 某公司某年1~3月预计的销售收入分别为220万元、350万元和380万元，当月销售当月收现70%，下月收现20%，再下月收现10%，则该年3月31日资产负债表"应收账款"项目金额和该年3月的销售现金流入分

别为（ ）万元。

A. 149   B. 358

C. 162   D. 390

20. 增量预算法是指以历史期实际经济活动及其
预算为基础，结合预算期经济活动及其相关
影响因素的变动情况，通过调整历史期经济
活动项目及金额形成预算的预算编制方法，
其假设条件有（ ）。

A. 企业所制定的目标是客观的，不存在与
现实的差异

B. 企业现有业务活动是合理的，不需要调整

C. 企业现有各项业务的开支水平是合理的，
在预算期要予以保持

D. 以现有业务活动和开支水平，确定预算
期各项活动的预算数

21. 下列关于编制弹性预算的公式法的表述中，
正确的有（ ）。

A. 相关弹性定额可能仅适用于一定业务量
范围内

B. 需要按公式进行成本分解

C. 便于在一定范围内计算任何业务量的预
算成本

D. 需要在"备注"中说明适用不同业务量
范围的固定成本和单位变动成本

22. 下列有关滚动预算法的表述中，正确的有
（ ）。

A. 将预算期与会计期间脱离开

B. 预算期始终保持为固定长度

C. 有列表法和公式法两种具体方法

D. 有利于结合企业近期目标和长期目标

23. 编制全面预算过程中，不需要预计现金支出
的预算有（ ）。

A. 生产预算   B. 直接人工预算

C. 制造费用预算   D. 产品成本预算

24. 在预算编制过程中，企业董事会或经理办公
会要根据企业发展战略和预算期经济形势的
初步判断，提出下一年度企业预算目标，包
括（ ）。

A. 销售目标   B. 利润目标

C. 投资目标   D. 成本费用目标

25. 甲公司销售收入中，预计销售当季度收回货
款70%，次季度收款20%，第3季度收款
10%，预算年度期初应收账款金额为11 000

元，其中包括上年第3季度销售的应收账款
5 000元，第4季度销售的应收账款6 000
元。则甲公司上年第3季度和第4季度的销
售收入分别为（ ）元。

A. 50 000   B. 43 000

C. 30 000   D. 20 000

三、判断题

1. 企业财务管理部门应当利用报表监控预算执
行情况，及时提供预算执行进度、执行差异
信息。 （ ）

2. 专门决策预算主要反映项目投资与筹资计划，
是编制现金预算和预计资产负债表的依据
之一。 （ ）

3. 编制弹性预算时，以手工操作为主的车间，
可以选用人工工时作为业务量的计量单位。
（ ）

4. 变动成本总额在特定的业务量范围内随着业
务量的变化而成正比例变化。 （ ）

5. 预计资产负债表中"现金"科目的期末数不
一定等于现金预算中的"期末现金余额"。
（ ）

6. 定期预算法可以保证企业的经营管理工作能
够稳定而有序地进行。 （ ）

7. 业务预算和财务预算一般是以一年为期的长
期预算。 （ ）

8. 客观性和可执行性是预算最主要的特征，预
算是企业实现战略导向预定目标的有力工具。
（ ）

9. 利润表预算是以货币为单位，全面综合地表现
预算期内财务状况的总括性预算。 （ ）

10. 产品生产成本预算通常反映各产品单位生产
成本，有时还要反映年初、年末存货水平。
（ ）

11. 属于编制全面预算的出发点和日常业务预算
基础的是销售预算。 （ ）

12. 在弹性预算法编制过程中，业务量变动范围
的选择应根据企业的具体情况而定，一般来
说，可定在正常生产能力的70%～120%之
间或以历史最高业务量和最低业务量为其上
下限。 （ ）

13. 滚动预算中的逐月滚动编制方法，是滚动编
制的，编制时补充下一月份的预算即可，不

需要对中间月份的预算进行调整。（　　）

14. 在预算工作组织中，企业董事会或经理办公会主要负责拟订预算的目标、政策。（　　）

四、计算分析题

1. 某公司预算2019年度的简略销售情况如下表所示。若销售当季度收回货款60%，次季度收款35%，第3季度收款5%，预算年度期初应收账款金额为22 000元，其中包括上年第3季度销售的应收账款4 000元，第4季度销售的应收账款18 000元。

项目	第1季度	第2季度	第3季度	第4季度	合计
预计销售量（件）	2 500	3 750	4 500	3 000	13 750
销售单价（元）	20	20	20	20	20

要求：根据上述资料编制预算年度销售预算（不考虑流转税）。

单位：元

项目	第1季度	第2季度	第3季度	第4季度	合计
销售量（件）					
单价					
销售收入					
现销收入					
回收上季度应收账款					
回收上上季度应收账款					
现金收入					

2. 甲公司编制销售预算的相关资料如下：

资料一：甲公司预计每季度销售收入中，有70%在本季度收到现金，30%于下一季度收到现金，不存在坏账。20×8年末应收账款余额为6 000万元。假设不考虑增值税及其影响。

资料二：甲公司20×9年的销售预算如下表所示。

甲公司20×9年销售预算

单位：万元

项目	第1季度	第2季度	第3季度	第4季度	全年
预计销售量（万件）	500	600	650	700	2 450
预计单价（元/件）	30	30	30	30	30
预计销售收入	15 000	18 000	19 500	21 000	73 500
预计现金收入					
上年应收账款	*				*
第1季度	*	*			*
第2季度		(B)	*		*
第3季度			*	(D)	*
第4季度				*	*
预计现金收入合计	(A)	17 100	(C)	205 250	*

注：表内的"*"为省略的数值。

要求：

（1）确定表格中字母所代表的数值（不需要列式计算过程）。

（2）计算20×9年末预计应收账款余额。

3. 乙公司是一家制造业上市公司，正在编制2019年第一、第二季度现金预算，该公司年初现金余额为103万元。其他有关资料如下：

（1）预计第一季度销量50万件，单位售价90

元；第二季度销量 60 万件，单位售价 85 元；第三季度销量 70 万件，单位售价 80 元，每季度销售收入 70% 当季收现，30% 下季收现，2019 年初应收账款余额 110 万元，第一季度收回。

（2）2019 年初产成品存货 5 万件，每季末产成品存货为下季销量的 20%。

（3）单位产品材料消耗量 10 千克，单价 5 元/千克，当季所购材料当季全部耗用，季初季末无材料存货，每季度材料采购货款 50% 当季付现，50% 下季付现。2019 年初应付账款余额 800 万元，第一季度偿付。

（4）单位产品人工工时 2 小时，人工成本 8 元/小时；制造费用按人工工时分配，分配率 6 元/小时。销售和管理费用第一季度为 150 万元，第二季度为 20 万元。假设人工成本、制造费用、销售和管理费用全部当季付现。全年所得税费用 120 万元，每季度预缴 30 万元。

（5）公司计划在第一季度安装一条生产线，支付设备购置价款 492.88 万元。

（6）每季末现金余额不能低于 100 万元。低于 100 万元时，向银行借入短期借款，借款金额为 5 万元的整数倍。借款季初取得，每季末支付当季利息，季度利率 2%。高于 100 万元时，高出部分按 10 万元的整数倍偿还借款，季末偿还。

第一、二季度无其他融资和投资计划。

要求：根据上述资料，编制公司 2019 年第一、二季度现金预算。

4. A 公司 20×9 年 1 月 31 日的资产负债表部分数据如下：

单位：元

项目	金额
现金	40 000
应收账款	80 000
减：坏账准备	400
应收账款净额（下月收回）	79 600
存货	160 000
固定资产	320 000
资产总额	599 600

补充资料如下：

（1）20×9 年 2 月份预计销售收入为 120 000 元，3 月份预计销售收入为 140 000 元；

（2）预计销售当月可收回货款 60%，次月收回 39.8%，其余的 0.2% 收不回来；

（3）毛利为销售额的 30%，每月进货为下月计划销售额的 70%，且当月全部支付现金；

（4）每月用现金支付的其他费用为 20 000 元，每月折旧 6 000 元；

要求：根据上述资料回答下列问题：

（1）确定 20×9 年 2 月份预算的现金期末余额。

（2）20×9 年 2 月份预计利润总额是多少？

（3）20×9 年 2 月末应收账款的计划净额是多少？

5. 某企业 2019 年有关预算资料如下：

（1）预计该企业 3～7 月的销售收入分别为 40 000 万元、50 000 万元、60 000 万元、70 000 万元、80 000 万元。每月销售收入中，30% 当月收到现金，70% 下月收到现金。

（2）各月直接材料采购成本按下一个月销售收入的 60% 计算。所购材料款于当月支付现金 50%，下月支付现金 50%。

（3）预计该企业 4～6 月的制造费用分别为 4 000 万元、4 500 万元、4 200 万元，每月制造费用中包括折旧费 1 000 万元。

（4）预计该企业 4 月购置固定资产，需要现金 15 000 万元。

（5）企业在 3 月末有长期借款 20 000 万元，利息率为 15%。

（6）预计该企业在现金有余缺时利用短期借款进行调剂，不足时，向银行申请短期借款（为 100 万元的整数倍）；现金有多余时归还银行短期借款（为 100 万元的整数倍）。借款在期初，还款在期末，借款年利率为 12%。

（7）预计该企业理想的期末现金余额为 6 000 万元，长期借款利息每季度末支付一次，短期借款利息还本时支付，其他资料见现金预算表。

要求：根据以上资料，完成该企业 4～6 月现金预算的编制工作。

2019 年现金预算表

单位：万元

项目	4 月	5 月	6 月
期初现金余额	7 000		
经营性现金收入			
经营性现金支出：			
直接材料采购支出			
直接工资支出	2 000	3 500	2 800
制造费用支出			
其他付现费用	800	900	750
预交所得税			8 000
资本性现金支出			
现金余缺			
支付利息			
取得短期借款			
偿还短期借款			
期末现金余额			

五、综合题

1. 已知：某公司 2018 年第 1~3 月实际销售额分别为 38 000 万元、36 000 万元和 41 000 万元，预计 4 月份销售额为 40 000 万元。每月销售收入中有 70% 能于当月收现，20% 于次月收现，10% 于第 3 个月收现。假定该公司销售的产品在流通环节只需缴纳消费税，税率为 10%，并于当月以现金缴纳。该公司 3 月末现金余额为 80 万元，应付账款余额为 5 000 万元（需在 4 月份付清），不存在其他应收应付项。

4 月份有关项目预计资料如下：材料采购 8 000 万元（当月付款 70%）；工资及其他支出 8 400 万元（用现金支付）；制造费用 8 000 万元（其中折旧费等非付现费用 4 000 万元）；营业费用和管理费用 1 000 万元（用现金支付）；预交所得税 1 900 万元；购买设备 12 000 万元（用现金支付）。现金不足时，通过向银行借款解决。4 月末要求现金余额不低于 100 万元。

要求：根据上述资料，计算该公司 4 月的下列指标：

(1) 经营性现金流入；

(2) 经营性现金流出；

(3) 现金余缺；

(4) 应向银行借款的最低金额；

(5) 4 月末应收账款余额。

2. C 公司是国内的一家塑料玩具企业，产品只消耗一种材料。2018 年第 4 季度按定期预算法编制 2019 年的企业材料预算，部分预算资料如下：

资料一：2019 年初的预计结存量为 12 000 千克，各季度末的预计结存量数据如下表所示：

2019 年各季度末材料预计结存量

项目	第 1 季度	第 2 季度	第 3 季度	第 4 季度
材料（千克）	11 000	12 000	12 000	13 000

资料二：每季度材料的购货款于当季支付 40%，剩余 60% 于下一个季度支付；2019 年初预计应付账款余额为 80 000 元。该公司 2019 年度材料的采购预算如下表所示：

2019 年度材料的采购预算

项目	第 1 季度	第 2 季度	第 3 季度	第 4 季度	合计
预计产量（件）	32 000	32 000	36 000	40 000	140 000
材料定额单耗（千克/件）	5	5	5	5	5
预计生产需要量（千克）	*	160 000	*	*	700 000
加：期末结存量（千克）	*	*	*	*	*
预计需要量合计（千克）	171 000	(A)	192 000	213 000	(B)

续表

项目	第1季度	第2季度	第3季度	第4季度	合计
减：期初结存量（千克）	*	11 000	12 000	*	*
预计材料采购量（千克）	（C）	*	*	201 000	（D）
材料计划单价（元/千克）	10	10	10	10	10
预计采购金额					（E）

要求：

（1）确定C公司材料采购预算表中用字母表示的项目数值；

（2）计算C公司2019年度第1季度预计采购现金支出和第4季度末预计应付账款金额。

3. 某股份有限公司2018年12月31日的资产负债表如下：

单位：万元

资产	金额	负债及所有者权益	金额
现金	50	应付账款	360
应收账款	530	预提费用	212
存货	545	短期借款	400
流动资产	1 125	流动负债	972
固定资产净值	1 836	应付债券	450
		股本	100
		未分配利润	1 439
资产总计	2 961	负债和股东权益合计	2 961

该公司目前获得了大量订单并且预期可以从银行取得借款，所以需要预测2019年1、2、3月的公司现金需求量。

根据以往经验，该公司预计销售收入在销售

当月可收现20%，次月收现70%，再次月收现10%。材料成本占销售额的60%，每月购买原材料的数量等于次月销售额的60%。购买的次月支付货款。预计1月、2月、3月的工资费用分别为150万元、200万元和160万元。1～3月每个月的销售费用、管理费用、税金、其他现金费用预计为100万元。2018年11～12月的实际销售额及2019年1～4月份的预计销售额如下表：

单位：万元

项目	2018年11月	2018年12月	2019年01月	2019年02月	2019年03月	2019年04月
销售额	500	600	600	1 000	650	750

要求：若每月末要保证50万元的现金余额，根据以上信息：

（1）编制2019年1月、2月、3月的现金预算。

（2）确定2019年1月、2月、3月每月末银行借款金额（不考虑银行借款利息）。

（3）若预提费用、应付债券和股本不变，编制2019年3月31日的预计资产负债表（2019年1～3月的折旧费用预计为24万元）。

通关演练参考答案及解析

一、单项选择题

1.【答案】B

【解析】预计第4季度材料采购成本＝(3 500＋400－500)×8＝27 200（元），采购现金支

出＝27 200＋10 000－8 160＝29 040（元）。

2.【答案】B

【解析】销售预算中既有价值量指标又有实物量指标，所反映的销售量属于实物量指标，而销售收入及相关现金收入属于价值量指标。

生产预算是业务预算中唯一仅以实物量指标反映的预算。现金预算和资产负债表预算属于财务预算，仅包含价值量指标。

3.【答案】B

【解析】根据内容不同，企业预算可分为业务预算（经营预算）、专门决策预算和财务预算。所以选项 B 不正确，选项 A、C、D 正确。

4.【答案】D

【解析】因为"某期现金余缺 = 该期可运用现金合计 − 该期现金支出 = 期初现金余额 + 当期现金收入 − 该期现金支出"，所以本题答案为选项 D。

5.【答案】C

【解析】现金预算中如果出现了正值的现金余缺，且超过理想的期末现金余额时，说明企业现金有剩余，应当运用资金，选项 A、B、D 都是运用现金的措施。而选项 C 是补充现金的措施，所以选项 C 不宜采用。

6.【答案】A

【解析】第一季度初产成品存货 = 1 000 × 10% = 100（件），第一季度末产成品存货 = 1 200 × 10% = 120（件），第一季度预算产量 = 1 000 + 120 − 100 = 1 020（件）。

7.【答案】A

【解析】零基预算法，是指企业不以历史期经济活动及其预算为基础，以零为起点，从实际需要出发分析预算期经济活动的合理性，经综合平衡，形成预算的预算编制方法。所以不需要考虑历史期经济活动及预算，选项 A 错误。

8.【答案】B

【解析】运用弹性预算法的列表法编制预算，在评价和考核实际成本时，往往需要使用插值法来计算"实际业务量的预算成本"，比较麻烦。所以本题答案为选项 B。

9.【答案】D

【解析】该企业销售收现模式为：当月收现 50%，下月收现 30%，再下月收现 20%。对于 2018 年 3 月份来说，3 月份收回当月销售额的 50%，收回 2 月份销售额的 30%，收回 1 月份销售额的 20%，所以 2018 年 3 月份的现金流入 = 2018 年 3 月份销售额 × 50% + 2018

年 2 月份销售额 × 30% + 2018 年 1 月份销售额 × 20% = 40 × 50% + 30 × 30% + 20 × 20% = 33（万元）。

10.【答案】C

【解析】"现金支出"部分包括预算期的各项现金支出。包括"直接材料""直接人工""制造费用""销售及管理费用""购买设备"等，还包括所得税费用、股利分配等现金支出，借款利息费用在"现金筹措与运用"部分列示。所以本题答案为选项 C。

11.【答案】C

【解析】此题计算与季初现金余额无关。

购买股票：5 000 × 2.5 = 12 500（元）

归还利息：85 000 × 12% × 3/4 = 7 650（元）

本金最高偿还额 = 35 000 − 5 000 − 12 500 − 7 650 = 9 850（元）

由于按 1 000 元的整数倍偿还本金，所以偿还本金 9 000 元。

年末现金余额 = 35 000 − 12 500 − 7 650 − 9 000 = 5 850（元）

12.【答案】A

【解析】企业第 4 季度最低借款额 = 18 500 + 10 000 + 500 + 借款额 × 8%/4，最低借款额 = 29 591.84（元），由于借款金额是 1 000 元的整数倍，所以借款额为 30 000 元。

13.【答案】D

【解析】直接材料、直接人工、产品成本预算的编制都需要以生产预算为基础，而专门决策预算通常是指与项目投资决策相关的专门预算，与生产预算不存在直接联系，所以本题答案为选项 D。

14.【答案】C

【解析】弹性预算法又称动态预算法，是指企业在分析业务量与预算项目之间数量依存关系的基础上，分别确定不同业务量及其相应预算项目所消耗资源的预算编制方法。而利用总成本性态模型（Y = a + bx）对应的是弹性预算法中的公式法。

15.【答案】A

【解析】一般将由业务预算、专门决策预算和财务预算组成的预算体系，称为全面预算体系。所以本题答案为选项 A。

16.【答案】B

【解析】企业董事会或类似机构应当对企业预算的管理工作负总责。

17.【答案】C

【解析】增量预算法，是指以历史期实际经济活动及其预算为基础，结合预算期经济活动及相关影响因素的变动情况，通过调整历史期经济活动项目及金额形成预算的预算编制方法。缺点是可能导致无效费用项目无法得到有效控制，造成预算上的浪费。

18.【答案】A

【解析】滚动预算法是指在编制预算时，将预算期与会计期间脱离开，随着预算的执行不断补充预算，逐期向后滚动，使预算期始终保持为一个固定长度的一种预算方法，所以本题的正确答案是选项A。

19.【答案】C

【解析】财务预算是其他预算的汇总，构成了全面预算体系的最后环节。

20.【答案】B

【解析】本题考点是直接材料预算。(1 500 × 5 + 7 800 × 10% − 1 000) × 12 = 87 360（元）

21.【答案】D

【解析】生产需用量 = 预计生产量 × 单位产品材料耗用量 = 1 000 × 15 = 15 000（千克），预计采购量 = 生产需用量 + 期末存量 − 期初存量 = 15 000 + 3 000 − 1 000 = 17 000（千克）。

22.【答案】A

【解析】财务管理部门应当利用财务报表监控预算的执行情况，及时向预算执行单位、企业预算委员会以至董事会或经理办公会提供财务预算的执行进度、执行差异及其对企业预算目标的影响等信息，促进企业完成预算目标。

23.【答案】C

【解析】按照出发点的特征不同可以将预算分为增量预算法和零基预算法；按照业务量基础的数量特征不同可以将预算分为固定预算法和弹性预算法；按照预算期的时间特征不同可以将预算分为定期预算法和滚动预算法。

24.【答案】B

【解析】甲公司预算年度第2季度现金收入 =

本年第2季度销售收入 × 60% + 本年第1季度销售收入 × 30% + 上年第4季度销售的应收账款 = 70 000 × 60% + 50 000 × 30% + 3 000 = 60 000（元）。

25.【答案】B

【解析】本月材料耗用量 = 15 × 200 = 3 000（千克），本月预计材料采购量 = 3 000 + 15 × 218 × 10% − 400 = 2 927（千克）

26.【答案】B

【解析】预算年度直接人工总工时 = 300 × 0.5 = 150（万工时），变动制造费用预算分配率 = 60/150 = 0.4（元/工时）

27.【答案】D

【解析】设本年第1季度生产需用量为B，则第1季度末甲材料存量 = 1 500 × 20% = 300（千克）；第1季度初甲材料存量 = B × 20%，则：1 260 = B + 300 − B × 20%，B = 1 200（千克）。

28.【答案】D

【解析】第4季度现金收入 = 2 000 × 50% + 2 500 × 50% = 2 250（万元）；第4季度现金支出 = 70 + 1 500 + 620 + 2 000 × 4% + 2 500 × 3% = 2 345（万元）；第4季度现金余缺 = 55 + 2 250 − 2 345 = −40（万元）。

29.【答案】B

【解析】设单位产品工时定额为X，则：5 × 10 + (0.5 + 1.5 + 2) × X = 100，X = 12.5（工时）。

30.【答案】A

【解析】直接材料预算中各期材料期末存量一般是根据下期生产需用量的一定百分比确定的。

二、多项选择题

1.【答案】CD

【解析】"存货"包括直接材料和产成品，影响这两项的预算是直接材料预算和产品成本预算，所以选项C、D正确。

2.【答案】ABCD

【解析】2018年末的应收账款余额64 = 120 × 40% + 2018年11月份的销售收入 × 10% 2018年11月份的销售收入 = (64 − 120 × 40%)/10% = 160（万元）

2019 年 1 月份预计的销售现金流入 = 110 ×
60% + 120 × 30% + 160 × 10% = 118（万元）
2019 年 1 月 31 日资产负债表"应收账款"项
目金额 = 110 × 40% + 120 × 10% = 56（万元）
2019 年第 1 季度的销售现金流入 = 64 + 110 +
130 × 90% + 150 × 60% = 381（万元）。

3.【答案】ABC

【解析】根据预算内容不同，预算可以分为业
务预算（即经营预算）、专门决策预算和财务
预算。其中，专门决策预算是指企业不经常
发生的、一次性的重要决策预算，如资本支
出预算。因此，选项 D 只能作为专门决策预
算的一个具体项目。

4.【答案】ABD

【解析】预算的作用包括：（1）引导和控制
经济活动，使企业经营达到预期目标；
（2）实现企业内部各个部门之间的协调；
（3）作为业绩考核的标准。

5.【答案】ACD

【解析】财务预算包括现金预算和预计财务报
表预算，预计财务报表预算又分为预计利润
表预算和预计资产负债表预算，所以选项 B
不正确。

6.【答案】ABCD

【解析】预算工作的组织包括决策层、管理
层、执行层和考核层。

7.【答案】AB

【解析】预算管理委员会或财务管理部门主要
拟订预算的目标、政策，制定预算管理的具
体措施和办法，审议、平衡预算方案，组织
下达预算，协调解决预算编制和执行中的问
题，组织审计、考核预算的执行情况，督促
企业完成预算目标。所以选项 A、B 是正确答
案。企业董事会或类似机构应当对企业预算
的管理工作负总责，所以选项 C 错误。针对
预算的执行偏差，企业财务管理部门及各预
算执行单位应当充分、客观地分析产生的原
因，提出相应的解决措施或建议，提交董事
会或经理办公会研究决定。所以选项 D 错误。

8.【答案】ABC

【解析】2018 年 11 月份的购货金额 = （128 −
200 × 40%）/10% = 480（万元）
2019 年 1 月份预计的购货现金支出 = 480 ×

60% + 200 × 30% + 220 × 10% = 240（万元）
2019 年 1 月 31 日资产负债表"应付账款"项目
金额 = 220 × 40% + 200 × 10% = 108（万元）
2019 年第 1 季度的购货现金支出 = 128 + 220 +
260 × 90% + 300 × 60% = 762（万元）。

9.【答案】BC

【解析】直接材料预算以生产预算为基础编
制，同时要考虑原材料存货水平，选项 A 错
误；为了便于以后编制现金预算，通常要预
计各期材料采购的现金支出，所以选项 D 说
法错误。

10.【答案】AC

【解析】固定预算法又称静态预算法，是指
以预算期内正常的、最可实现的某一业务量
（是指企业产量、销售量、作业量等与预算
项目相关的弹性变量）水平为固定基础，不
考虑可能发生的变动的预算编制方法，选项
A 正确；滚动预算编制方法会使预算期与会
计期相脱节，选项 B 错误；与传统的定期预
算法相比，按滚动预算法编制的预算具有持
续性好的优点，选项 C 正确；滚动预算按照
滚动的时间单位不同可分为逐月滚动、逐季
滚动和混合滚动。选项 D 错误。

11.【答案】ABD

【解析】直接材料预算、直接人工预算和变
动制造费用预算是直接根据生产预算编制
的，而管理费用预算多为固定成本，与生产
预算没有直接联系。

12.【答案】ACD

【解析】现金预算由四部分组成：现金收入、
现金支出、现金多余或不足、资金的筹集和
运用。

13.【答案】AD

【解析】预算具有两个特征：首先，预算与
企业的目标保持一致，因为预算是为实现企
业目标而对各种资源和企业活动所做的详细
安排；其次，预算是数量化的并具有可执行
性，因为预算作为一种数量化的详细计划，
它是对未来活动的细致、周密安排，是未来
经营活动的依据，因此，数量化和可执行性
是预算最主要的特征。

14.【答案】ABD

【解析】弹性预算编制的公式法是假设成本

与业务量之间存在线性关系,其中,x 是业务量,包括生产量、销售量、材料消耗量。

15.【答案】ACD

【解析】利润表中"销售收入"项目的数据来自销售收入预算;"销售成本"项目的数据来自产品成本预算;"销售及管理费用"项目的数据来自销售及管理费用预算,所以选项 A、C、D 正确。生产预算只涉及实物量指标,不涉及价值量指标,所以生产预算与利润表预算的编制不直接相关。

16.【答案】ABD

【解析】销售费用及管理费用预算只是影响利润表中的数额,对存货项目没有影响。

17.【答案】ABCD

【解析】产品成本预算是销售预算、生产预算、直接材料预算、直接人工预算、制造费用预算的汇总。从产品成本预算表中可以得出,可提供的预算数据有产品的单位成本、总成本、期末产成品存货成本、销货成本。所以本题答案为 A、B、C、D。

18.【答案】ABD

【解析】选项 C 只能反映经营业务,因其只有数量指标,而选项 A、B、D 既能够反映经营业务又能够反映现金收支内容,以便为编制现金收支预算提供信息。

19.【答案】AB

【解析】该年 3 月 31 日资产负债表应收账款项目金额 = 350 × 10% + 380 × 30% = 149(万元);该年 3 月的销售现金流入 = 220 × 10% + 350 × 20% + 380 × 70% = 358(万元)。

20.【答案】BCD

【解析】增量预算法的假设条件包括:(1)企业现有业务活动是合理的,不需要调整;(2)企业现有各项业务的开支水平是合理的,在预算期予以保持;(3)以现有业务活动和开支水平,确定预算期各项活动的预算数。

21.【答案】ABCD

【解析】编制弹性预算的公式法的优点是:便于在一定范围内计算任何业务量的预算成本,可比性和适应性强,编制预算的工作量相对较小。缺点是:按公式进行成本分解比

较麻烦,对每个费用子项目甚至细目逐一进行成本分解,工作量很大;对于阶梯成本和曲线成本只能先用数学方法修正为直线,才能应用公式法;必要时,还需在"备注"中说明适用不同业务量范围的固定费用和单位变动费用。此外,应用公式法编制预算时,相关弹性定额可能仅适用于一定业务量范围内。当业务量变动超出该适用范围时,应及时修正、更新弹性定额,或改为列表法编制。

22.【答案】ABD

【解析】弹性预算有列表法和公式法两种具体方法;滚动预算有逐月滚动、逐季滚动和混合滚动,选项 D 是混合滚动的优点。

23.【答案】ABD

【解析】生产预算和产品成本预算不涉及现金收支;直接人工预算可以直接参加现金预算的汇总,无须预计现金支出;制造费用预算中包含折旧等非付现费用,需要预计现金支出。

24.【答案】ABD

【解析】在预算编制过程中,企业董事会或经理办公会要根据企业发展战略和预算期经济形势的初步判断,提出下一年度企业预算目标,包括销售目标(营业目标)、成本费用目标、利润目标和现金流量目标。

25.【答案】AD

【解析】上年第 3 季度销售在上年末只有 10% 未收现,因此上年第 3 季度销售收入 = 5 000/10% = 50 000(元);上年第 4 季度销售在上年末有 30% 未收现,因此上年第 4 季度销售收入 = 6 000/30% = 20 000(元)。

三、判断题

1.【答案】√

【解析】企业财务管理部门应当利用财务报表监控预算的执行情况,及时向预算执行单位、企业预算管理委员会以及董事会或经理办公会提供财务预算的执行进度、执行差异及其对企业预算目标的影响等财务信息,促进企业完成预算目标。

2.【答案】√

【解析】专门决策预算反映项目资金投资支出与筹资计划,它同时也是编制现金预算和预

计资产负债表的依据。

3. 【答案】√

【解析】编制弹性预算，要选用一个最能代表生产经营活动水平的业务量计量单位。例如，以手工操作为主的车间，就应选用人工工时；制造单一产品或零件的部门，可以选用实物数量；修理部门可以选用直接修理工时等。

4. 【答案】√

【解析】变动成本是指在特定的业务量范围内，其总额会随业务量的变动而成正比例变动的成本。

5. 【答案】×

【解析】预计资产负债表中"现金"科目的期末数一定等于现金预算中的"期末现金余额"，这是预计资产负债表与现金预算之间的重要勾稽关系。

6. 【答案】√

【解析】滚动预算法能够使企业各级管理人员对未来始终保持整整 12 个月时间的考虑和规划，从而保证企业的经营管理工作能够稳定而有序地进行。

7. 【答案】×

【解析】长期预算的预算期是一年以上，不含一年；短期预算的预算期是一年以内，含一年。所以企业的业务预算和财务预算多为一年期的短期预算。

8. 【答案】×

【解析】数量化和可执行性是预算最主要的特征，预算是将企业活动导向预定目标的有力工具。

9. 【答案】×

【解析】预计利润表是以货币为单位、全面综合地表现预算期内经营成果的利润计划。

10. 【答案】√

【解析】产品生产成本预算是反映预算期内各种产品生产成本水平的一种业务预算。这种预算是在生产预算、直接材料消耗及采购预算、直接人工预算和制造费用预算的基础上编制的，通常反映各产品单位生产成本，有时还要反映年初、年末存货水平。

11. 【答案】√

【解析】年度预算要以销定产，然后根据生产的数量确定直接材料、直接人工及各种费用的消耗，因此销售预算是全面预算的出发点，也是其他业务预算编制的基础。

12. 【答案】×

【解析】一般来说，弹性预算法所采用的业务量，可定在正常生产能力的 70%～110% 或以历史最高业务量和最低业务量为其上下限。

13. 【答案】×

【解析】逐月滚动编制预算时，需要根据当月的执行情况修订中间月份的预算，同时补充下一月份的预算。

14. 【答案】×

【解析】在预算工作组织中，预算管理委员会或财务管理部门主要拟订预算的目标、政策、制定预算管理的具体措施和办法。

四、计算分析题

1. 【答案】

销售预算（2019 年）

单位：元

项目	第 1 季度	第 2 季度	第 3 季度	第 4 季度	合计
销售量（件）	2 500	3 750	4 500	3 000	13 750
单价	20	20	20	20	20
销售收入	50 000	75 000	90 000	60 000	275 000
现销收入	30 000	45 000	54 000	36 000	165 000
回收上季度应收账款	15 750	17 500	26 250	31 500	91 000
回收上上季度应收账款	4 000	2 250	2 500	3 750	12 500
现金收入	49 750	64 750	82 750	71 250	268 500

说明：第1季度回收前期应收账款分析如下：期初应收账款中有上年第3季度销售的应收账款4 000元，应在本年第1季度收回；上年第4季度销售额为45 000（18 000/40%）元，其中35%应在本年第1季度收回，即15 750元。第2季度回收前期应收账款分析如下：上年第4季度销售额45 000元中有5%于本季度收回，即2 250元。

2.【答案】

（1）A = 16 500；B = 12 600；C = 19 050；D = 5 850。

（2）20×9年末预计应收账款余额 = 21 000 × 30% = 6 300（万元）。

【解析】

（1）A = 15 000 × 70% + 6 000 = 16 500（万元）；B = 18 000 × 70% = 12 600（万元）；C = 19 500 × 70% + 18 000 × 30% = 19 050（万元）；D = 19 500 × 30% = 5 850（万元）；

（2）2019年末预计应收账款余额 = 21 000 × 30% = 6 300（万元）。

3.【答案】

现金预算　　　　　　　　　　　单位：万元

项目	第一季度	第二季度
期初现金余额	103	103.92
加：销货现金收入	4 500 × 70% + 110 = 3 260	4 500 × 30% + 5 100 × 70% = 4 920
可供使用的现金合计	3 363	5 023.92
减：各项支出		
材料采购	2 850 × 50% + 800 = 2 225	3 100 × 50% + 2 850 × 50% = 2 975
人工成本	57 × 2 × 8 = 912	62 × 2 × 8 = 992
制造费用	57 × 6 × 2 = 684	62 × 6 × 2 = 744
销售和管理费用	150	20
所得税费用	30	30
购买设备	492.88	0
现金支出合计	4 493.88	4 761
现金多余或不足	− 1 130.88	262.92
加：短期借款	1 260	0
减：归还短期借款	0	130
减：支付短期借款利息	1 260 × 2% = 25.2	25.2
期末现金余额	103.92	107.72

（1）第一季度销售收入 = 50 × 90 = 4 500（万元）

第二季度销售收入 = 60 × 85 = 5 100（万元）

第一季度产品产量 = 50 + 60 × 20% − 5 = 57（万件）

第一季度材料采购金额 = 57 × 10 × 5 = 2 850（万元）

第二季度产品产量 = 60 + 70 × 20% − 60 × 20% = 62（万件）

第二季度材料采购金额 = 62 × 10 × 5 = 3 100（万元）

（2）设第一季度短期借款X：

− 1 130.88 + X − X × 2% ≥ 100，解得：X ≥ 1 256，借款金额为5万元的整数倍，所以借款1 260万元。

设第二季度归还短期借款Y：262.92 − Y − 25.2 ≥ 100，解得：Y ≤ 137.72，高出部分按10万元的整数倍偿还借款，所以归还短期借款130万元。

4.【答案】

（1）20×9 年 2 月末现金余额

＝期初现金余额＋本月销售现金收入＋收回上月销售货款－购货支出－其他现金支出

＝40 000＋（120 000×60%）＋79 600－（140 000×70%）－20 000＝73 600（元）

（2）20×9 年 2 月份预计利润总额

＝销售收入－销售成本－其他付现费用－每月折旧

＝120 000－120 000×（1－30%）－20 000－6 000＝10 000（元）

（3）20×9 年 2 月末的应收账款净额＝120 000×39.8%＝47 760（元）。

5.【答案】

2019 年现金预算表　　　　　　　　　　　　　单位：万元

项目	4 月	5 月	6 月
期初现金余额	7 000	6 000	6 082
经营性现金收入	50 000×30%＋40 000×70%＝43 000	60 000×30%＋50 000×70%＝53 000	70 000×30%＋60 000×70%＝63 000
经营性现金支出：			
直接材料采购支出	36 000×50%＋30 000×50%＝33 000	42 000×50%＋36 000×50%＝39 000	48 000×50%＋42 000×50%＝45 000
直接工资支出	2 000	3 500	2 800
制造费用支出	4 000－1 000＝3 000	4 500－1 000＝3 500	4 200－1 000＝3 200
其他付现费用	800	900	750
预交所得税			8 000
资本性现金支出	15 000		
现金余缺	7 000＋43 000－33 000－2 000－3 000－800－15 000＝－3 800	6 000＋53 000－39 000－3 500－3 500－900＝12 100	6 082＋63 000－45 000－2 800－3 200－750－8 000＝9 332
支付利息		5 900×12%×2/12＝118	20 000×15%×3/12＋2 500×12%×3/12＝825
取得短期借款	9 800		
偿还短期借款		5 900	2 500
期末现金余额	6 000	6 082	6 007

【解析】

其中采购成本：

3 月：50 000×60%＝30 000（万元）

4 月：60 000×60%＝36 000（万元）

5 月：70 000×60%＝42 000（万元）

6 月：80 000×60%＝48 000（万元）

借款额：

4 月：－3 800＋借款额≥6 000，借款额≥9 800，则借款额＝9 800 万元。

还款额：

5 月：12 100－还款额×12%×2/12－还款额

≥6 000 万元

还款额≤5 980.39，取整还款额＝5 900 万元

6 月：9 332－20 000×15%×3/12－还款额×12%×3/12－还款额≥6 000 万元

还款额≤2 506.8，取整还款额＝2 500 万元。

五、综合题

1.【答案】

（1）经营性现金流入＝2 月销售收现＋3 月销售收现＋4 月销售收现

＝36 000×10%＋41 000×20%＋40 000×

70% = 39 800（万元）

（2）经营性现金流出

= 应付账款付现 + 当月采购付现 + 工资费用 + 制造费用付现 + 营业费用 + 支付消费税 + 预缴所得税 = 5 000 + 8 000 × 70% + 8 400 + （8 000 − 4 000）+ 1 000 + 40 000 × 10% + 1 900 = 29 900（万元）

（3）现金余缺 = 4月初余额（3月末余额）+ 本月经营性现金收入 − 本月经营性现金支出 − 本月资本性现金支出

= 80 + 39 800 − 29 900 − 12 000 = −2 020（万元）

（4）应向银行借款的最低金额 = 现金短缺 + 月末要求的最低现金余额

= 2 020 + 100 = 2 120（万元）

（5）4月末应收账款余额 = 3月销售额的未收现部分 + 4月销售额的未收现部分

= 41 000 × 10% + 40 000 × 30% = 16 100（万元）。

2.【答案】

（1）A = 160 000 + 12 000 = 172 000

B = 700 000 + 13 000 = 713 000

C = 171 000 − 12 000 = 159 000

D = 713 000 − 12 000 = 701 000

E = 701 000 × 10 = 7 010 000

（2）第1季度采购支出 = 159 000 × 10 × 40% + 80 000 = 716 000（元）

第4季度末应付账款 = 201 000 × 10 × 60% = 1 206 000（元）

【注意】全年期末结存量 = 第4季度期末结存量，不等于四个季度期末结存量之和，填表时要注意。

3.【答案】

（1）

2019年现金预算表 单位：万元

项目	11月	12月	1月	2月	3月	4月
销售收入	500	600	600	1 000	650	750
现金收入：						
期初现金余额			50	50	50	
当月销售收入的20%			120	200	130	
上月销售收入的70%			420	420	700	
上上月销售收入的10%			50	60	60	
现金收入合计			590	680	890	
可供使用的现金			640	730	940	
采购（次月销售额的60%）		360	600	390	450	
向供应商支付现金和经营费用：						
采购支付现金（上月采购的100%）			360	600	390	
工资费用			150	200	160	
支付的其他费用			100	100	100	
现金支出合计			610	900	650	
现金收支差额			30	−170	290	
向银行借款（为+）和归还银行借款（为−）			+20	+220	−240	
期末现金余额			50	50	50	

（2）

单位：万元

项目	12 月	1 月	2 月	3 月
期初银行借款		400	420	640
借款增加数		20	220	-240
期末银行借款	400	420	640	400

（3）2019 年 3 月 31 日的预计资产负债表。

单位：万元

现金	50	应付账款	450
应收账款	620	预提费用	212

续表

存货	635	短期借款	400
流动资产	1 305	流动负债	1 062
固定资产净值	1 812	应付债券	450
		股本	100
		未分配利润	1 505
资产合计	3 117	负债和股东权益合计	3 117

说明：

①现金 = 2019 年 3 月现金预算期末余额。

②应收账款 = $650 \times 80\% + 1\,000 \times 10\% = 620$（万元）。

③存货有关计算如下表所示：

单位：万元

时间	期末存货余额	期初存货余额	本期购货	本期耗用存货
2018 年 12 月	545			
2019 年 1 月	785	545	$1\,000 \times 60\% = 600$	$600 \times 60\% = 360$
2019 年 2 月	575	785	$650 \times 60\% = 390$	$1\,000 \times 60\% = 600$
2019 年 3 月	635	575	$750 \times 60\% = 450$	$650 \times 60\% = 390$

④流动资产 = 50 + 620 + 635 = 1 305（万元）。

⑤固定资产净值 = 1 836 - 24 = 1 812（万元）。

⑥应付账款 = 2019 年 3 月份采购金额 = $750 \times 60\% = 450$（万元）。

⑦未分配利润：

2019 年 1～3 月的利润 = 销售收入（2 250）-

材料成本（$2\,250 \times 60\%$）- 工资费用（150 + 200 + 160）- 销售费用、管理费用、税金及其他现金费用（100×3）- 折旧（24）= 66（万元）

2019 年 3 月末的未分配利润 = 1 439 + 66 = 1 505（万元）

第四章 筹资管理（上）

本章精讲视频

考情分析

本章主要讲述企业筹资的理论问题以及筹资方式，包括企业筹资的动机、筹资的分类、筹资管理的原则、银行借款筹资、发行债券筹资、融资租赁筹资、吸收直接投资、发行股票、留存收益、可转换债券、认股权证、优先股等内容。从历年试题分布来看，本章主要是出客观题题型，但也可以出主观题。历年考题分数在 6 分左右。

基本内容框架

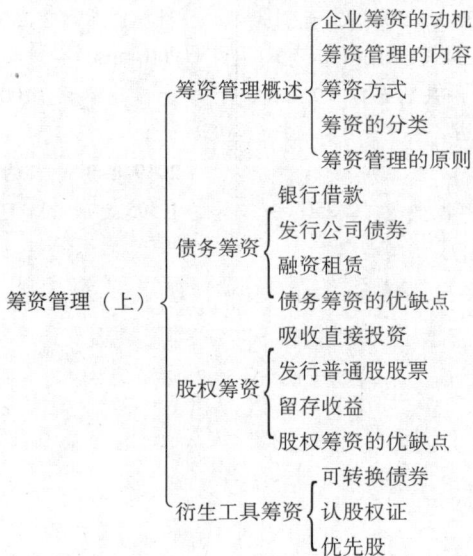

```
                        ┌ 企业筹资的动机
                        │ 筹资管理的内容
                  筹资管理概述 ┤ 筹资方式
                        │ 筹资的分类
                        └ 筹资管理的原则

                        ┌ 银行借款
                        │ 发行公司债券
                  债务筹资 ┤ 融资租赁
                        └ 债务筹资的优缺点
  筹资管理（上） ┤
                        ┌ 吸收直接投资
                        │ 发行普通股股票
                  股权筹资 ┤ 留存收益
                        └ 股权筹资的优缺点

                        ┌ 可转换债券
                  衍生工具筹资 ┤ 认股权证
                        └ 优先股
```

通关重难点例题

一、筹资管理的主要内容

（一）企业筹资的动机

1. 创立性筹资动机

创立性筹资动机指企业设立时，为取得资本金并形成开展经营活动的基本条件而产生的筹资动机。

2. 支付性筹资动机

支付性筹资动机指为满足经营业务活动的正常波动所形成的因支付需要而产生的筹资动机。

3. 扩张性筹资动机

扩张性筹资动机指企业因扩大经营规模或对外投资而产生的筹资动机。

4. 调整性筹资动机

调整性筹资动机指企业因调整资本结构而产生的筹资动机。

5. 混合性筹资动机

在实务中，企业筹资的目的可能不是单纯的和唯一的。通过追加筹资，可能既满足了经营活动、投资活动的资金需要，又达到了调整资本结构的目的，这种情况可以称之为混合性筹资动机。

（二）筹资的分类

1. 按所取得资金的权益特性不同分类

（1）股权筹资。

①主要包括吸收直接投资、发行股票、利用留存收益；

②股权资本财务风险小，但资本成本较高。

（2）债务筹资。

①主要有银行借款、发行债券、融资租赁、利用商业信用；

②债务资本具有较大的财务风险，但资本成本较低。

（3）衍生工具筹资。主要有发行可转换债券、发行认股权证。

2. 按是否以金融机构为媒介分类

（1）直接筹资。

①主要有吸收直接投资、发行股票、发行债券等；

②直接筹资既可以筹集股权资金，也可以筹集债务资金。

（2）间接筹资。

①间接筹资有银行借款和融资租赁；

②间接筹资形成的主要是债务资金。

3. 按资金的来源范围不同分类

（1）内部筹资。

①内部筹资的数额取决于企业可分配利润的多少和利润分配政策；

②企业使用内部留存收益无须花费筹资费用，可以降低资本成本；

③企业筹资时应首先使用内部筹资，然后再考虑外部筹资。

（2）外部筹资。留存收益以外的筹资方式都属于外部筹资。

4. 按所筹集资金使用期限的不同分类

（1）长期筹资。

①目的是形成和更新企业的生产和经营能力，扩大企业的生产经营规模，或为对外投资筹集资金；

②通常采用吸收直接投资、发行股票、发行债券、长期借款、融资租赁等方式取得。

（2）短期筹资。

①目的主要是用于企业的流动资产和资金的日常周转；

②经常利用商业信用、短期借款、保理业务等方式筹集。

【例4-1】（单选题）企业为了控制订购大批原材料而筹集资金，这种筹资的动机是（   ）。

A. 创立性筹资动机

B. 支付性筹资动机

C. 扩张性筹资动机

D. 调整性筹资动机

【答案】B

【解析】支付性筹资动机是指企业为了满足经营业务活动的正常波动所形成的支付需要而产生的筹资动机。

【例4-2】（单选题）下列筹资方式中，既可以筹集长期资金，也可以融通短期资金的是（ ）。

A. 发行股票 B. 利用商业信用

C. 吸收直接投资 D. 向金融机构借款

【答案】D

【解析】银行借款包括偿还期限超过 1 年的长期借款和不足 1 年的短期借款。

【例 4-3】（判断题）直接筹资是企业直接从社会取得资金的一种筹资方式，一般只能用来筹资股权资金。（ ）

【答案】×

【解析】直接筹资，是企业直接与资金供应者协商融通资本的一种筹资活动。直接筹资不需要通过金融机构来筹措资金，是企业直接从社会取得资金的方式。直接筹资方式主要有发行股票、发行债券、吸收直接投资等。

【例 4-4】（判断题）调整性筹资动机是指企业因调整公司业务而产生的筹资动机。（ ）

【答案】×

【解析】调整性筹资动机是指企业因调整资本结构而产生的筹资动机。

二、银行借款

（一）银行借款的种类

1. 按提供贷款的机构分类

分为政策性银行贷款、商业银行贷款和其他金融机构贷款。

2. 按机构对贷款有无担保要求分类

分为信用贷款和担保贷款。

其中担保贷款又分为：

（1）保证贷款。

保证贷款是指以第三人作为保证人，承诺在借款人不能偿还借款时，按约定承担一定保证责任或连带责任的贷款。

（2）抵押贷款。

抵押贷款是指以借款人或第三人的财产作为抵押物而取得的贷款。

（3）质押贷款。

质押贷款是指以借款人或第三人的动产或财产权利作为质押物而取得的贷款。

3. 按取得贷款的用途分类

分为基本建设贷款、专项贷款和流动资金贷款。

（二）长期借款的保护性条款

1. 例行性保护条款

这类条款作为例行常规，在大多数借款合同中都会出现。

2. 一般性保护条款

这类条款是对企业资产的流动性及偿债能力等方面的要求条款，这类条款应用于大多数借款合同。

3. 特殊性保护条款

这类条款是针对某些特殊情况而出现在部分借款合同中的条款，只有在特殊情况下才能生效。

（三）银行借款的特点

1. 优点

（1）筹资速度快；

（2）资本成本较低；

（3）筹资弹性较大。

2. 缺点

（1）限制条款多；

（2）筹资数额有限。

【例 4-5】（多选题）银行借款筹资的特点有（ ）。

A. 筹资弹性较大 B. 资本成本较低

C. 限制条款少 D. 筹资速度快

【答案】ABD

【解析】银行借款筹资的特点有筹资速度快、资本成本较低、筹资弹性较大、限制条款多、筹资数额有限。所以 C 不正确。

三、发行公司债券

（一）发行债券的资格与条件

1. 发行资格

在我国，根据《公司法》的规定，股份有限公司和有限责任公司，具有发行债券的资格。

2. 发行条件

（1）股份有限公司的净资产不低于人民币 3 000 万元，有限责任公司的净资产不低于人民币 6 000 万元；

（2）累计债券余额不超过公司净资产的 40%；

（3）最近 3 年平均可供分配的利润足以支付债券 1 年的利息；

（4）筹集资金的投向符合国家的产业政策；

（5）债券利率不得超过国务院限定的利率水平；

（6）国务院规定的其他条件。

公开发行公司债券筹集的资金，必须用于核准的用途，不得用于弥补亏损和非生产性支出。

（二）债券的分类

（1）按是否记名，分为记名债券和无记名债券。

（2）按能否转换成公司股权，分为可转换债券和不可转换债券。

（3）按有无特定财产担保，分为担保债券和信用债券。担保债券主要是指抵押债券，抵押债券按照抵押品的不同，又分为不动产抵押债券、动产抵押债券和证券信托抵押债券。

（三）债券的偿还

1. 提前偿还

提前偿还指债券尚未到期之前就予以偿还。只有在企业发行债券的契约中明确了有关允许提前偿还的条款，企业才可以进行此项操作。提前偿还所支付的价格通常高于债券的面值，并随到期日的临近而逐渐下降。具有提前偿还条款的债券可以使企业融资有较大的弹性，当企业资金有结余时，可提前赎回债券；当预测利率下降时，也可以提前赎回债券，而后以较低的利率来发行新债券。

2. 到期分批偿还

如果一个公司在发行同一种债券时，就为不同编号或不同发行对象的债券规定了不同的到期日，这种债券就是分批偿还债券。

3. 到期一次偿还

到期一次偿还的债券是最为常见的。

（四）债券筹资的特点

1. 优点

（1）一次筹资数额大；

（2）募集资金的使用限制条件少；

（3）提高公司的社会声誉。

2. 缺点

资本成本较高。

四、融资租赁

（一）租赁的特征与分类

1. 租赁的基本特征

（1）所有权与使用权相分离；

（2）融资与融物相结合；

（3）租金的分期支付。

2. 租赁的分类

（1）经营租赁。

①出租的设备由租赁公司根据市场需要选定，然后再寻找承租企业；

②租赁期较短，短于资产的有效使用期限，承租企业可以中途解除租约；

③租赁设备的维修、保养由租赁公司负责；

④租赁期满出租资产由租赁公司收回；

⑤比较适用于技术过时较快的生产设备。

（2）融资租赁。

①出租的设备由承租企业提出要求购买，或者由承租企业直接从制造商或销售商处选定；

②租赁期较长、接近资产的有效使用期限，在租赁期内双方无权取消合同；

③由承租人负责设备的维修、保养；

④租赁期满，按事先约定的方法处理设备，包括退还、续租或留购。一般采用留购的方法，即以很少的名义价格（相当于设备残值）买下设备。

【例4－6】（单选题）与银行借款相比，下列各项中不属于融资租赁筹资特点的是（　　）。

A. 资本成本低　　　　B. 融资风险小

C. 融资期限长　　　　D. 融资限制少

【答案】A

【解析】融资租赁的筹资特点如下：

（1）在资金缺乏的情况下，能迅速获得所需资产；

（2）财务风险小，财务优势明显；

（3）限制条件较少；

（4）能延长资金融通的期限；

（5）免遭设备陈旧过时的风险；

（6）资本成本高。

（二）融资租赁的基本形式

1. 直接租赁

直接租赁是融资租赁的主要形式，承租方提出租赁申请时，出租方按照承租方的要求选购，然后再出租给承租方。

2. 售后回租

售后回租指承租方由于急需资金等各种原因，将自己的资产售给出租方，然后以租赁的形式从出租方原封不动地租回资产的使用权。在这种租赁合同中，除资产所有者的名义改变之外，其余情况均无变化。

3. 杠杆租赁

杠杆租赁指涉及承租人、出租人和资金出借人三方的融资租赁业务。

杠杆租赁和直接租赁对承租人而言没有差别，因为承租人与资金出借人不发生任何联系。

（三）融资租赁租金的计算

1. 决定租金的因素

（1）设备原价及预计残值，包括设备买价、运输费、安装调试费、保险费等，以及指设备租赁期满后，出售可得的收入。

（2）利息，指租赁公司为承租企业购置设备垫付资金所应支付的利息。

（3）租赁手续费，指租赁公司承办租赁设备所发生的业务费用和必要的利润。

2. 租金的支付方式

（1）按支付间隔期长短，分为年付、半年付、季付和月付等方式；

（2）按在期初和期末支付，分为先付和后付；

（3）按每次支付额，分为等额支付和不等额支付。

3. 租金的计算

融资租赁的租金大多采用按年等额后付的方式，就相当于已知普通年金现值倒求年金。

（四）融资租赁的筹资特点

1. 优点

（1）无须大量资金就能迅速获得资产；

（2）财务风险小，财务优势明显；

（3）筹资的限制条件较少；

（4）租赁能延长资金融通的期限。

2. 缺点

资本成本高。

【例4-7】（判断题）融资租赁筹资与发行股票筹资相比，财务风险较小。（ ）

【答案】×

【解析】由于融资租赁属于负债筹资，需要定期支付租金，所以财务风险大于发行股票筹资，因此错误。

【例4-8】（计算题）某企业采用融资租赁方式于2018年1月1日从一租赁公司租入一台设备，设备价款为50 000元，租期为6年，双方商定的折现率为16%。

要求：

回答以下互不相关的问题：

（1）若采用等额后付租金的方式，期满设备归企业所有，每期应支付多少租金？

（2）若采用等额后付租金的方式，期满设备有残值5 000元，归出租人所有，每期应支付多少租金？

（3）若采用等额后付租金的方式，期满设备有残值5 000元，归承租人所有，每期应支付多少租金？

（4）若采用等额先付租金的方式，期满设备归企业所有，每期应支付多少租金？

（5）若采用等额先付租金的方式，期满设备有残值5 000元，归出租人所有，每期应支付多少租金？

【答案】

（1）$50\,000 = A \times (P/A, 16\%, 6)$

$A = 50\,000/3.6847 = 13\,569.68$（元）

（2）$50\,000 - 5\,000 \times (P/F, 16\%, 6) = A \times (P/A, 16\%, 6)$

$A = (50\,000 - 2\,052)/3.6847 = 13\,012.73$（元）

（3）因为设备的残值归承租人所有，那么残值的多少与出租人无关，需要通过租金予以补偿的仍然是50 000元，所以每年支付的租金与第一问相同，仍然是13 569.68元。

（4）$50\,000 = A \times (P/A, 16\%, 6) \times (1 + 16\%)$

$A = 50\,000/4.2743 = 11\,697.82$（元）

（5）$50\,000 - 5\,000 \times (P/F, 16\%, 6) = A \times (P/A, 16\%, 6) \times (1 + 16\%)$

$A = (50\,000 - 2\,052)/4.2743 = 11\,217.87$（元）

五、债务筹资的特点

（一）优点

（1）筹资速度较快；

（2）筹资弹性大；

（3）资本成本负担较轻；

（4）可以利用财务杠杆；

（5）稳定公司的控制权。

（二）缺点

（1）不能形成企业稳定的资本基础；

（2）财务风险较大；

（3）筹资数额有限。

【例4-9】（单选题）与股票筹资相比，下列各项中，不属于债务筹资特点的是（　　）。

A. 财务风险较大　　B. 可以利用财务杠杆

C. 稀释股东控制权　D. 筹资弹性大

【答案】C

【解析】债权人无权参加企业的经营管理，利用债务筹资不会改变和分散股东对公司的控制权。

六、吸收直接投资

吸收直接投资是指企业按照"共同投资、共同经营、共担风险、共享收益"的原则，直接吸收国家、法人、个人和外商投入资金的一种筹资方式。

（一）吸收直接投资种类

1. 吸收国家投资

特点：产权归国家；资金的运用和处置受国家约束较大；在国有公司中采用比较广泛。

2. 吸收法人投资

特点：发生在法人单位之间；以参与公司利润分配或控制为目的；出资方式灵活多样。

3. 合资经营

合资经营指采用中外合资经营或合作经营的方式吸收外商直接投资。

4. 吸收社会公众投资

特点：参加投资人员较多；每人投资数额较少；以参与利润分配为基本目的。

（二）吸收直接投资的出资方式

1. 货币资产出资

属于最重要的出资方式。我国《公司法》规定，公司全体股东或者发起人的货币出资额不得低于公司注册资本的30%。

2. 实物资产出资

实物投资应满足以下条件：

（1）适合企业生产、经营、研发等活动需要；

（2）技术性能良好；

（3）作价公平合理。

3. 土地使用权出资

土地使用权投资应满足以下条件：

（1）适合企业生产、经营、研发等活动需要；

（2）地理、交通条件适宜；

（3）作价公平合理。

4. 工业产权出资

工业产权出资应满足以下条件：

（1）有助于研究、开发和生产出新的高科技产品；

（2）有助于提高生产效率、改进产品质量；

（3）有利于降低生产、能源等各种消耗；

（4）作价公平合理。

5. 特定债权出资

特定债权指企业依法发行的可转换债券和可以按照国家有关规定专做股权的债权。

【说明】（1）上述五种出资方式中，工业产权出资风险比较大。

（2）对无形资产出资方式的限制，《公司法》规定，股东或者发起人不得以劳务、信用、自然人姓名、商誉、特许经营权或者设定担保的财产等作价出资。

（3）对于非货币资产出资，需要满足三个条件：可以用货币估价、可以依法转让、法律不禁止。

（三）吸收直接投资的特点

1. 优点

（1）能够尽快形成生产能力；

（2）容易进行信息沟通；

（3）手续相对比较简单，筹资费用较低。

2. 缺点

（1）资本成本较高；

（2）公司控制权集中，不利于公司治理；

（3）不利于产权交易。

【例4-10】（单选题）下列各项中，与利用留存收益筹资相比，属于吸收直接投资的特点是（　　）。

A. 资本成本较低

B. 维持公司的控制权分布

C. 筹资数额有限

D. 形成生产能力较快

【答案】D

【解析】吸收直接投资的筹资特点包括：（1）能够尽快形成生产能力；（2）容易进行信息沟通；（3）资本成本较高；（4）公司控制权集中，不利于公司治理；（5）不易进行产权交易。利用留存收益的筹资特点包括：（1）不用发生筹资费用；（2）维持公司控制权分布；（3）筹资数额有限。所以选项D正确。

七、发行普通股股票

（一）股票的特征与分类

1. 股票的特点

股票的特点包括永久性、流通性、风险性、参与性。

2. 股东的权利

公司管理权、收益分享权、股份转让权、优先认股权、剩余财产要求权。

3. 股票的种类

（1）按股东的权利和义务，可以分为普通股和优先股；

（2）按股票票面是否记名，可以分为记名股票和无记名股票。

我国《公司法》规定，公司向发起人、国家授权投资机构、法人发行的股票，为记名股票；向社会公众发行的股票，可以为记名股票，也可以为无记名股票。

（3）按发行对象和上市地点，可以分为 A 股、B 股、H 股、N 股、S 股等。

（二）股份有限公司的设立、股票的发行与上市

1. 股份有限公司的设立

（1）发起设立，指由发起人认购公司应发行的全部股份而设立公司。

（2）募集设立，指由发起人认购公司应发行股份的一部分，其余股份向社会公开募集或者向特定对象募集而设立公司。

（3）发起人责任。

①公司不能成立时，对设立行为所产生的债务和费用负连带责任；

②公司不能成立时，对认股人已缴纳的股款，负返还股款并加算银行同期存款利息的连带责任；

③在公司设立过程中，由于发起人的过失致使公司利益受到损害的，应当对公司承担赔偿责任。

2. 股票的发行方式

（1）公开间接发行，指通过中介机构，公开向社会公众发行。

①优点：发行范围广，对象多，易足额筹集资本；股票变现性强，流通性好；提高发行公司的知名度和扩大影响力。

②缺点：手续复杂严格；发行成本高。

（2）不公开直接发行，指非公开，只向少数特定的对象直接发行。

①优点：弹性较大；发行成本低。

②缺点：发行范围小；股票变现性差。

3. 股票上市的目的

（1）优点。

①便于筹措新资金；

②促进股权流通和转让；

③便于确定公司价值。

（2）缺点。

①上市成本较高，手续复杂严格；

②公司将负担较高的信息披露成本；

③暴露公司商业秘密；

④股价有时会歪曲公司实际情况，影响公司声誉；

⑤可能会分散公司的控制权，造成管理上的困难。

4. 股票上市条件

股份有限公司申请上市，应当满足下列条件：

（1）股票经证监会核准已公开发行；

（2）公司股本总额不少于人民币 3 000 万元；

（3）公开发行的股达公司股份总数的 25% 以上；公司股本总额超过人民币 4 亿元的，公开发行股份的比例为 10% 以上；

（4）公司最近三年无重大违法行为，财务会计报告无虚假记载。

5. 股票上市的暂停与终止

当上市公司出现经营状况恶化，存在重大违法违规行为或其他原因导致不符合上市条件时，就可能被暂停或终止上市。

（1）暂停上市的情形。

①公司股本总额、股权分布发生变化，不再具备上市条件；

②公司不按规定公开其财务状况，或对财务会计报告作虚假记载；

③公司有重大违法行为；

④公司最近三年连续亏损。

（2）终止上市的情形。

①未能在法定期限内披露其暂停上市后第一个半年度报告的；

②在法定期限内披露了恢复上市后的第一个年度报告，但仍然出现亏损；

③未能在法定期限内披露恢复上市后的第一个年度报告的；

④恢复上市申请未被受理或申请未被批准的。

6. 股票上市的特别处理

当上市公司出现财务状况或其他状况异常时，其股票交易将被特别处理（ST）。

（1）财务状况异常包括：

①最近2年的审计结果显示的净利润为负值；

②最近1年的审计结果显示其股东权益低于注册资本；

③最近1年经审计的股东权益扣除注册会计师、有关部门不予确认的部分，低于注册资本；

④注册会计师对最近1年的财产报告出具无法表示意见或否定意见的审计报告；

⑤最近1年经审计的财务报告对上年度利润进行调整，导致连续2年亏损的；

⑥经证监会或交易所认定为财务状况异常的。

（2）其他状况异常包括：

①自然灾害、重大事故等导致生产经营活动基本中止的；

②公司涉及可能赔偿金额超过公司净资产的诉讼等情况。

（3）股票被ST期间的交易遵循规则：

①日涨跌幅限制为5%；

②股票名称前加ST；

③半年报须经审计。

（三）上市公司的股票发行

1. 首次上市公开发行股票（IPO）

首次上市公开发行股票（IPO）指股份有限公司对社会公开发行股票并上市流通和交易。

2. 上市公开发行股票

上市公开发行股票指股份有限公司已经上市后，通过证券交易所在证券市场上对社会公开发行股票。上市公司公开发行股票，包括上市公司向社会公众发售股票（增发）、向原股东配售股票（配股）两种方式。增发和配股，都是上市公司再融资手段。

3. 非公开发行股票

非公开发行股票指上市公司采用非公开方式向特定对象发行股票的行为，又叫定向募集增发。上市公司定向增发的优点包括：

（1）有利于引入战略投资者和机构投资者；

（2）有利于利用上市公司的市场化估值溢价，将母公司资产通过资本市场放大，从而提升母公司的资产价值；

（3）定向增发是一种主要的并购手段，特别是资产并购型定向增发，有利于集团企业整体上市，并同时减轻并购的现金流压力。

（四）引入战略投资者

1. 概念

按证监会解释，战略投资者是指与发行人具有合作关系或合作意向和潜力，与发行公司业务联系紧密且欲长期持有发行公司股票的法人。

2. 对战略投资者的要求

（1）要与公司经营业务联系紧密；

（2）要出于长期投资目的而较长时期持有股票；

（3）要具有相当的资金实力，且持股数量较多。

3. 作用

（1）提升公司形象，提高资本市场认同度；

（2）优化股权结构，健全公司法人治理；

（3）提高公司资源整合能力，增强公司的核心竞争力；

（4）达到阶段性的融资目标，加快实现公司上市融资的进程。

【例4-11】（多选题）上市公司引入战略投资者的主要作用有（　　）。

A. 优化股权结构

B. 提升公司形象

C. 提高资本市场认同度

D. 提高公司资源整合能力

【答案】ABCD

【解析】本题考查引入战略投资者的作用。引入战略投资者的作用包括提升公司形象，提高资本市场认同度；优化股权结构，健全公司法人治理；提高公司资源整合力，增强公司的核心竞争力；达到阶段性的融资目标，加快实现公司上市融资的进程。

（五）发行普通股的筹资特点

1. 优点

（1）两权分离，有利于公司自主经营管理；

（2）能增强公司的声誉，促进股权流通和转让。

2. 缺点

（1）筹资费用较高，手续复杂；

（2）资本成本较高；

（3）不易尽快形成生产能力；

（4）公司控制权分散，容易被经理人控制；

（5）股票流通性强，容易在资本市场上被恶意收购。

【例4-12】（多选题）当注册会计师对公司最近一个会计年度的财产报告出具下列何种意见时，其股票交易将被交易所"特别处理"（　　）。

A. 注册会计师对最近一个会计年度的财产报告出具无保留意见的审计报告

B. 注册会计师对最近一个会计年度的财产报告出具保留意见的审计报告

C. 注册会计师对最近一个会计年度的财产报告出具无法表示意见的审计报告

D. 注册会计师对最近一个会计年度的财产报告出具否定意见的审计报告

【答案】 CD

【解析】 注册会计师对最近一个会计年度的财产报告出具无法表示意见或否定意见的审计报告时，其股票交易将被交易所"特别处理"。

八、留存收益

（一）留存收益的性质

留存收益从性质上看属于所有者权益。

（二）留存收益的筹资途径

（1）提取盈余公积；

（2）未分配利润。

（三）留存收益筹资特点

（1）无筹资费用；

（2）维持公司控制权分布；

（3）筹资数额有限。

【例4-13】（单选题）下列关于留存收益筹资的表述中，错误的是（　　）。

A. 留存收益筹资可以维持公司的控制权结构

B. 留存收益筹资不会发生筹资费用，因此没有资本成本

C. 留存收益来源于提取的盈余公积金和留存于企业的利润

D. 留存收益筹资有企业的主动选择，也有法律的强制要求

【答案】 B

【解析】 留存收益筹资属于内部筹资，是利用企业内部积累的资金，不会发生筹资费用。留

存收益也有资本成本，表现为股东追加投资要求的报酬率，选项B错误。

九、股权筹资的优缺点

（一）优点

（1）是企业稳定的资本基础；

（2）是企业良好的信誉基础；

（3）财务风险小。

（二）缺点

（1）资本成本负担较重；

（2）容易分散公司的控制权；

（3）信息沟通与披露成本较大。

十、可转换债券

（一）可转换债券的种类

1. 不可分离的可转换债券

不可分离的可转换债券其股权与债券不可分离，持有者直接按照债券面额和约定的转换价格，在约定的期限内自愿将其调换成股票。

2. 可分离交易的可转换债券

这类债券在发行时附有认股权证，是认股权证和公司债券的组合。发行上市后各自流通、交易。认股权证的持有者在认购股票时，要按照认购价出资认购股票。

（二）可转换债券的基本性质

1. 证券期权性

可转换债券持有人具有在未来按一定的价格购买股票的权利，因此可转换债券实质上是一种未来的买入期权。

2. 资本转换性

可转换债券在正常持有期，属于债权性质；转换成股票后，属于股权性质。

3. 赎回与回售

可转换债券一般都附有赎回条款和回售条款。

（三）可转换债券的基本要素

1. 标的股票

标的股票一般是发行公司自己的普通股票，不过也可以是其他公司的股票，如该公司的上市子公司的股票。

2. 票面利率

可转换债券的票面利率一般会低于普通债券的票面利率，有时甚至还低于同期银行存款利率。

3. 转换价格

转换价格是指可转换债券在转换期间内据以转换为普通股的折算价格，即将可转换债券转换为普通股的每股普通股的价格。

4. 转换比率

转换比率是指每一份可转换债券在既定的转换价格下能转换为普通股股票的数量。

转换比率 = 债券面值/转换价格

5. 转换期

转换期间的设定通常有四种情形：债券发行日至到期日、发行日至到期前、发行后某日至到期日、发行后某日至到期前。

6. 赎回条款

赎回条款指发债公司按事先约定的价格买回未转股债券的条件规定，赎回一般发生在公司股票价格在一段时期内连续高于转股价格达到某一幅度时。设置赎回条款最主要的功能是强制债券持有者积极行使转股权，因此又被称为加速条款。另外，也可以避免市场利率下降后继续向债券持有人支付较高的利息所蒙受的损失。

7. 回售条款

回售条款指债券持有人有权按照事先约定的价格将债券卖回给发债公司的条件规定。回售一般发生在公司股票价格在一段时期内连续低于转股价格达到某一幅度时。回售对于投资者而言实际上是一种卖权，有利于降低投资者的持券风险。

8. 强制性转换条款

强制性转换条款指在某些条件具备之后，债券持有人必须将可转换债券转换为股票，无权要求偿还债权本金的条件规定。

（四）可转换债券筹资的特点

1. 优点

（1）筹资灵活性；

（2）资本成本较低；

（3）筹资效率高。

2. 缺点

（1）存在不转换的财务压力；

（2）存在回售的财务压力。

【例4-14】（多选题）下列可转换债券的要素中，有利于可转换债券顺利转换成股票的要素有（　　）。

A. 转换价格

B. 赎回条款

C. 回售条款

D. 强制性转换调整条款

【答案】BD

【解析】设置赎回条款最主要的功能是强制债券持有者积极行使转股权，因此又被称为加速条款。强制性转换调整条款可以保证可转换债券顺利转换成股票，预防投资者到期集中挤兑引发公司破产的悲剧。

【例4-15】（判断题）可转换债券的赎回条款，是指当发行可转换债券的公司的股票价格持续低于转换价格达到某一幅度时，为了保护债券持有人的利益，债券持有人可以按事先约定的价格要求发行公司赎回可转换债券。（　　）

【答案】×

【解析】可转换债券的赎回条款，是指发行公司有权在某一预定的期限内按事先约定的价格买回尚未转股的可转换债券。

十一、认股权证

（一）含义

认股权证是一种由上市公司发行的证明文件，持有人有权在一定时间内以约定价格认购该公司发行的一定数量的股票。广义的权证，是一种持有人有权于某一特定期间或到期日，按约定的价格，认购或沽出一定数量的标的资产的期权。按买或卖的不同权利，可分为认购权证和认沽权证，又称为看涨权证和看跌权证。

（二）基本性质

1. 证券期权性

认股权证本质上是一种股票期权，具有实现融资和股票期权激励的双重功能，它没有普通股的红利收入，也没有普通股相应的投票权。

2. 是一种投资工具

投资者可以通过购买认股权证获得市场价与认购价之间的差价收益，因此它是一种具有内在价值的投资工具。

（三）筹资特点

（1）是一种融资促进工具；

（2）有助于改善上市公司的治理结构；

（3）作为激励机制的认股权证有利于推进上市公司的股权激励机制。

【例4-16】（多选题）认股权证的筹资特点包括（　　）。

A. 存在股价大幅度上扬危险

B. 是一种融资促进工具

C. 有助于改善上市公司的治理结构

D. 有利于推进上市公司的股权激励机制

【答案】BCD

【解析】认股权证的筹资特点包括：（1）是一种融资促进工具；（2）有助于改善上市公司的治理结构；（3）作为激励机制的认股权证有利于推进上市公司的股权激励机制。存在股价大幅度上扬危险是可转换债券筹资的特点，所以选项 A 不正确。

十二、优先股

（一）优先股的基本性质

1. 约定股息

优先股股息是事先约定的，相对固定，不会根据公司经营情况而变化，也不再参与公司普通股的利润分红。但优先股的固定股息率各年可以不同，优先股也可以采用浮动股息率分配利润。

2. 权利优先

优先股在利润分配和剩余财产分配方面，具有比普通股股东优先的权利。

3. 权利范围小

优先股股东一般没有选举权和被选举权，对股份公司重大事项无表决权。

（二）优先股的种类

（1）固定股息率优先股和浮动股息率优先股；

（2）强制分红优先股和非强制分红优先股；

（3）累积优先股和非累积优先股；

（4）参与优先股和非参与优先股；

（5）可转换优先股和不可转换优先股；

（6）可回购优先股和不可回购优先股。

（三）优先股的特点

（1）有利于丰富资本市场的投资结构；

（2）有利于股份公司股权资本结构的调整；

（3）有利于保障普通股收益和控制权；

（4）有利于降低公司财务风险；

（5）可能给股份公司带来一定的财务压力。

【例 4－17】（多选题）下列关于优先股的表述中，正确的有（　　）。

A. 优先股有固定股利

B. 优先股股东没有表决权

C. 优先股有利于股份公司调整资本结构

D. 优先股对公司收益的求偿权排在普通股之前

【答案】CD

【解析】有些优先股的股利是浮动的，所以 A 不正确；当公司决策涉及优先股股东利益时，优先股股东具有表决权，所以选项 B 不正确。

通关演练

一、单项选择题

1. 企业从银行借款以便给股东发放股利。这种筹资动机属于（　　）。

A. 扩张性筹资动机　B. 支付性筹资动机

C. 调整性筹资动机　D. 混合性筹资动机

2. 某公司打算通过发行债券筹集资金，以便对外进行产权投资。这种筹资动机属于（　　）。

A. 创立性筹资动机　B. 支付性筹资动机

C. 混合性筹资动机　D. 调整性筹资动机

3. 相对于股票筹资而言，银行借款的缺点是（　　）。

A. 筹资速度慢　　B. 筹资成本高

C. 借款弹性差　　D. 财务风险大

4. 相对于普通股股东而言，优先股股东所拥有的优先权是（　　）。

A. 优先表决权　　B. 优先购股权

C. 优先查账权　　D. 优先分配股利权

5. 下列属于长期借款的例行性保护条款的是（　　）。

A. 保持企业资产流动性

B. 限制企业非经营性支出

C. 限制公司的长期投资

D. 不准以资产作其他承诺的担保或抵押

6. 与银行借款、融资租赁相比，企业选择发行债券筹资的主要原因是（　　）。

A. 一次筹资数额大

B. 筹集资金使用限制条件少

C. 提高公司的社会声誉

D. 筹资速度快

7. 相对于银行借款筹资而言，融资租赁筹资的主要缺点是（　　）。

A. 筹资速度较慢　　B. 资本成本较高

C. 到期还本负担重　D. 设备淘汰风险大

8. 一般而言，与融资租赁筹资相比，发行债券的优点是（　　）。

A. 财务风险较小　　B. 限制条件较少

C. 资本成本较低　　D. 融资速度较快

9. 当一些债务即将到期时，企业虽然有足够的偿债能力，但为了保持现有的资本结构，仍然举新债还旧债。这种筹资的动机是（　　）。

A. 扩张性筹资动机　B. 支付性筹资动机

C. 调整性筹资动机　D. 创立性筹资动机

10. 下列债务筹资方式中，资金成本最高的是（　　）。

A. 短期借款　　　　B. 长期借款

C. 发行债券　　　　D. 融资租赁

11. 下列有关经营租赁与融资租赁相同点的表述中，正确的是（　　）。

A. 都具有融资特征

B. 租金都包括设备价款

C. 都可能是通用设备

D. 租赁合同都属于不可撤销合同

12. 在下列各项中，可能引起企业自有资金增加的筹资方式是（　　）。

A. 发行可转换债券

B. 发行公司债券

C. 利用商业信用

D. 留存收益转增资本

13. 相对于负债融资方式而言，采用吸收直接投资方式筹措资金的优点是（　　）。

A. 有利于降低资金成本

B. 能够尽快形成生产能力

C. 有利于集中企业控制权

D. 有利于发挥财务杠杆作用

14. 下列筹资方式中，常用来筹措短期资金的是（　　）。

A. 商业信用　　　　B. 发行股票

C. 发行债券　　　　D. 融资租赁

15. 在下列各项中，不属于短期筹资方式的是（　　）。

A. 商业信用　　　　B. 短期借款

C. 保理业务　　　　D. 融资租赁

16. 下列有关发行公司债券的表述中，错误的是（　　）。

A. 所有公司制法人均可发行公司债券

B. 发行公司债券应约定还本付息期限

C. 发行公司债券应标明债权债务关系

D. 发行公司债券适用于向法人单位和自然人两种渠道筹资

17. 一般而言，资本成本最低的筹资方式是（　　）。

A. 公司债券　　　　B. 银行借款

C. 融资租赁　　　　D. 留存收益

18. 筹资决策需要考虑的首要问题是（　　）。

A. 财务风险　　　　B. 资金期限

C. 偿还方式　　　　D. 资金成本

19. 与发行公司债券相比，吸收直接投资的优点是（　　）。

A. 资本成本较低

B. 产权流动性较强

C. 能够提升企业市场形象

D. 易于尽快形成生产能力

20. 在下列各项中，能够增加企业自有资金的筹资方式是（　　）。

A. 吸收直接投资

B. 发行公司债券

C. 利用商业信用

D. 留存收益转增资本

21. 永续债与普通债券的主要区别不包括（　　）。

A. 不设定债券的到期日

B. 票面利率较高

C. 大多数永续债的附加条款中包括赎回条款以及利率调整条款

D. 是一种债权性的融资工具

22. 采用吸收直接投资的方式筹集资金，可以尽快形成生产能力。其主要原因在于（　　）。

A. 吸收直接投资手续简便

B. 吸收直接投资容易进行信息沟通

C. 吸收直接投资出资方式多种多样

D. 吸收直接投资控制权集中

23. 下列关于认股权证的说法错误的是（　　）。

    A. 认股权证本质上是一种股票期权

    B. 认股权证是一种投资工具

    C. 认股权证是一种融资促进工具

    D. 认股权证具有与普通股相应的投票权

24. 出租人既出租某项资产，又以该项资产为担保借入资金的租赁方式是（　　）。

    A. 直接租赁　　　　B. 售后回租

    C. 杠杆租赁　　　　D. 经营租赁

25. 可转换债券对投资者的吸引力在于：当企业经营好转时，可转换债券可以转换为（　　）。

    A. 优先股

    B. 普通股

    C. 其他债券

    D. 企业发行的任何一种证券

26. 以募集设立方式设立股份有限公司的，发起人认购的股份不得少于公司股份总数的（　　），法律、行政法规另有规定的，从其规定。

    A. 25%　　　　　　B. 30%

    C. 35%　　　　　　D. 40%

27. 首次上市公开发行股票（IPO），是指股份有限公司对社会公开发行股票并上市流通和交易。实施IPO的公司，自股份有限公司成立后，持续经营时间一般应当在（　　）年以上。

    A. 2　　　　　　　B. 3

    C. 4　　　　　　　D. 5

28. 公司在创立时首先选择的筹资方式是（　　）。

    A. 融资租赁　　　　B. 向银行借款

    C. 吸收直接投资　　D. 发行企业债券

29. 企业可以将某些资产作为质押品向商业银行申请质押贷款。下列各项中，不能作为质押品的是（　　）。

    A. 厂房　　　　　　B. 股票

    C. 汇票　　　　　　D. 专利权

30. 债务人或第三人将其动产或财产权利移交债权人占有，将该动产或财产权利作为债权的担保的贷款是（　　）。

    A. 信用贷款　　　　B. 保证贷款

    C. 抵押贷款　　　　D. 质押贷款

31. 与银行借款相比，使用企业内部留存收益的

特点是（　　）。

    A. 维持公司的控制权分布

    B. 筹资数额有限

    C. 资本成本低

    D. 降低风险

32. 甲公司从某租赁公司租入一套设备，价值60万元，租期6年，租赁期满时预计残值5万元，归租赁公司。年利率8%，租赁手续费率每年2%，租金每年初支付一次。则第2年初支付的租金中应计租费为（　　）元。

    A. 14 983.7　　　　B. 48 065.2

    C. 40 937.5　　　　D. 33 096.6

33. 下列关于公司债券发行条件的表述中，不正确的是（　　）。

    A. 股份有限公司的净资产不低于人民币3 000万元，有限责任公司的净资产不低于人民币6 000万元

    B. 累计债券余额不超过公司净资产的40%

    C. 最近3年平均实现的净利润足以支付债券1年的利息

    D. 债券利率不得超过国务院限定的利率水平

34. 在不考虑筹款限制的前提下，下列筹资方式中个别资金成本最高的通常是（　　）。

    A. 发行普通股　　　B. 留存收益筹资

    C. 长期借款筹资　　D. 发行公司债券

35. 相对于发行股票而言，发行公司债券筹资的优点为（　　）。

    A. 筹资风险小　　　B. 限制条款少

    C. 筹资额度大　　　D. 资金成本低

36. 可转换债券在发行时规定的转股价格（　　）转股标的公司的股票市场价格。

    A. 低于　　　　　　B. 等于

    C. 高于　　　　　　D. 不一定

二、多项选择题

1. 下列属于筹资管理内容的有（　　）。

    A. 核定企业维持正常营业活动的资金需要量

    B. 解决资金以何种方式取得

    C. 选择筹资时考虑资本成本的高低

    D. 筹资时合理安排负债与权益的比例关系

2. 不以股票为载体的权益筹资方式包括（　　）。

    A. 使用留存收益　　B. 吸收直接投资

    C. 发行可转换债券　D. 利用商业信用

3. 相对通过留存收益筹资的方式而言，长期借款筹资的缺点主要有（　　）。
   A. 限制条款多　　　　B. 筹资成本较高
   C. 筹资数额有限　　　D. 筹资速度较慢

4. 下列各项中，属于"吸收直接投资"与"发行普通股"筹资方式所共有的缺点有（　　）。
   A. 限制条件　　　　　B. 财务风险
   C. 控制权分散　　　　D. 资本成本高

5. 下列筹资方式中，可能改变公司控制权分布的有（　　）。
   A. 公开增发　　　　　B. 发行可转换债券
   C. 发行认股权证　　　D. 发行认沽权证

6. 抵押债券按照抵押品的不同，可以分为（　　）。
   A. 证券信托抵押债券
   B. 保险抵押债券
   C. 不动产抵押债券
   D. 动产抵押债券

7. 吸收直接投资的优点包括（　　）。
   A. 有利于降低企业资金成本
   B. 有利于加强对企业的控制
   C. 能够尽快形成生产能力
   D. 容易进行信息沟通

8. 下列各项中，属于经营租赁特点的有（　　）。
   A. 租赁期较短
   B. 租赁合同较为稳定
   C. 出租人提供租赁资产的保养和维修等服务
   D. 租赁期满后，资产常常无偿转让或出售给承租人

9. 利用优先股筹资的优点有（　　）。
   A. 筹资限制少
   B. 筹资成本低
   C. 有利于保障普通股收益和控制权
   D. 有利于降低公司财务风险

10. 相对于直接筹资而言，间接筹资的特点包括（　　）。
    A. 手续简便
    B. 筹资效率高
    C. 筹资费用高
    D. 容易受金融政策的制约和影响

11. 上市公司出现下列情形之一的，将被终止其股票上市（　　）。
    A. 最近 1 年的审计结果显示其股东权益低

于注册资本
    B. 未能在法定期限内披露恢复上市后的第一个年度报告的
    C. 未能在法定期限内披露其暂停上市后第一个半年度报告的
    D. 在法定期限内披露了恢复上市后的第一个年度报告，但仍然出现亏损

12. 下列业务中属于支付性筹资动机的有（　　）。
    A. 原材料购买的大额支付
    B. 员工工资的集中发放
    C. 银行借款的提前偿还
    D. 股东股利的发放

13. 企业筹资的渠道主要有（　　）。
    A. 国家财政投资和财政补贴
    B. 银行与非银行金融机构信贷
    C. 其他法人单位与自然人投入
    D. 企业自身积累

14. 下列各项中，属于资金筹集费用的有（　　）。
    A. 借款手续费
    B. 律师费
    C. 利息支出
    D. 融资租赁的资金利息

15. 相对于债务筹资而言，股权筹资的资本成本较高的原因有（　　）。
    A. 对于投资人而言风险较高
    B. 股利的支付不能抵税
    C. 筹资费用高
    D. 筹资限制多

16. 与融资租赁相比，普通股筹资的特点包括（　　）。
    A. 筹资限制条件较少
    B. 公司控制权分散，公司容易被经理人控制
    C. 公司容易在资本市场上被恶意收购
    D. 不易及时形成生产能力

17. 下列各项中，属于筹资决策必须考虑的因素有（　　）。
    A. 取得资金的渠道
    B. 取得资金的方式
    C. 取得资金的总规模
    D. 取得资金的成本与风险

18. 优先股的优先权主要表现在（　　）。
    A. 优先认股

B. 优先取得股息

C. 优先行使投票权

D. 优先分配剩余财产

19. 与间接筹资相比，直接筹资的特点有（　　）。

  A. 筹资手续比较复杂

  B. 筹资费用较低

  C. 筹资领域广阔

  D. 有利于提高企业的知名度和资信度

20. 在计算个别资金成本时，需要考虑所得税抵减作用的筹资方法有（　　）。

  A. 银行借款　　B. 长期债券

  C. 留存收益　　D. 普通股

21. 在下列各项中，属于企业筹资动机的有（　　）。

  A. 创立企业　　B. 企业扩张

  C. 调整业务范围　　D. 调整资本结构

22. 在计算下列各项资金的筹资成本时，需要考虑筹资费用的有（　　）。

  A. 普通股　　B. 债券

  C. 长期借款　　D. 留存收益

23. 公司债券要上市交易，应当符合的条件包括（　　）。

  A. 公司债券的期限为1年以上

  B. 公司债券实际发行额不少于人民币5 000万元

  C. 公司申请债券上市时仍符合法定的公司债券发行条件

  D. 应为股份有限公司

24. 与到期一次偿还债券相比，到期分批偿还债券的特点有（　　）。

  A. 票面利率较高　　B. 发行费用较高

  C. 便于发行　　D. 发行价格较高

25. 永续债与普通债券的主要区别有（　　）。

  A. 含财务期权

  B. 不设定债券的到期日

  C. 票面利率较高

  D. 票面利率较低

26. 上市公司出现以下情形之一的，由交易所可以暂停上市公司上市的情形有（　　）。

  A. 公司股本总额、股权分布等发生变化不再具备上市条件

  B. 公司不按规定公开其财务状况，或者对财务会计报告作虚假记载

C. 公司有重大违法行为

D. 公司最近2年连续亏损

27. 债权人通常还在借款合同中附加各种保护性条款，以确保企业按要求使用借款和按时足额偿还借款，下列项目中属于例行性保护条款的有（　　）。

  A. 及时清偿债务

  B. 不准以资产作其他承诺的担保或抵押

  C. 借款的用途不得改变

  D. 限制公司再举债规模

28. 下列有关租赁基本特征的表述中，正确的有（　　）。

  A. 是以商品形态与货币形态相结合提供的信用活动

  B. 具有借物还钱的特征

  C. 具有信用和贸易双重性质

  D. 使银行信贷和财产信贷融合在一起

29. 融资租赁租金的构成中包含（　　）。

  A. 租赁设备的保险费

  B. 租赁公司为承租企业购置设备垫付资金所应支付的利息

  C. 租赁公司承办租赁设备所发生的业务费用

  D. 租赁公司承办租赁设备应取得的必要的利润

30. 企业筹集资金时，属于直接筹资方式的有（　　）。

  A. 吸收社会公众投资

  B. 发行股票

  C. 发行债券

  D. 银行借款

31. 下列属于混合筹资方式的有（　　）。

  A. 融资租赁　　B. 发行可转换债券

  C. 发行认股权证　　D. 优先股筹资

32. 相对于股权融资而言，银行借款筹资的优点有（　　）。

  A. 筹资风险小　　B. 筹资速度快

  C. 资本成本低　　D. 筹资数额大

33. 下列基本要素中，有利于提高可转换债券价值的有（　　）。

  A. 设置赎回条款　　B. 设置回售条款

  C. 延长转换期　　D. 提高转换比率

34. 赋予了持券人在某一特定期间或到期日，按约定价格购买一定数量标的资产的权证有

（　　）。

  A. 认购权证   B. 看涨权证

  C. 认沽权证   D. 看跌权证

35. 可转换债券的赎回条款通常包括（　　）。

  A. 赎回方式

  B. 赎回条件

  C. 赎回价格

  D. 不可赎回期间与赎回期间

36. 借款抵押的抵押品通常可以有（　　）。

  A. 借款企业的应付账款

  B. 存货

  C. 房屋

  D. 股票

三、判断题

1. 甲公司准备通过发行股票的方式筹集资金以便提前偿还银行借款，这种筹资的动机属于混合性筹资动机。（　　）

2. 企业采用何种筹资方式时主要考虑企业自身因素。（　　）

3. 基于调整性筹资动机的筹资往往会增加企业的资本总额。（　　）

4. 混合性筹资动机通常兼具支付性筹资动机和调整性筹资动机的特性。（　　）

5. 永续债是一种债权性的融资工具。（　　）

6. 我国上市公司最常见的混合融资方式是可转换债券，最常见的其他衍生工具融资方式是优先股融资。（　　）

7. 直接筹资，是企业直接通过银行等金融机构取得资金。（　　）

8. 企业在筹资管理中，要尽量采用资本成本较低的资金种类，努力降低企业的资本成本率。（　　）

9. 直接筹资方式只能筹集股权资金，间接筹资方式主要筹集债务资金。（　　）

10. 企业向银行借款时银行要求企业不得改变借款用途，这属于特殊性保护条款。（　　）

11. 出租方只投入部分资金的租赁方式是杠杆租赁。（　　）

12. 质押，是指债务人或第三方并不转移对财产的占有，只将该财产作为对债权人的担保。（　　）

13. 作为贷款担保的抵押品必须是能够变现的

资产。（　　）

14. 公开发行公司债券筹集的资金，必须用于核准的用途，不得用于弥补亏损和非生产性支出。（　　）

15. 融资租赁的基本程序是先签订租赁合同，后签订购货协议。（　　）

16. B 股是由我国境外公司发行，境内上市交易，以人民币标明面值，以外币认购和交易的股票。（　　）

17. 信用债券是指以抵押方式担保发行人按期还本付息的债券，按其抵押品的不同，又分为不动产抵押债券、动产抵押债券和证券信托抵押债券。（　　）

18. 只有在公司发行债券的契约中明确规定了有关允许提前偿还的条款，公司才可以提前偿还。（　　）

19. 优先股是一种具有双重性质的证券，它虽属自有资金，但却兼有债务性质。（　　）

20. 非公开发行股票指上市公司采用非公开方式向特定对象发行股票的行为，又叫定向募集增发。定向募集增发的对象只能是新股东，对于老股东只能采用配股的方式。（　　）

21. 可转换债券转股时对于公司而言有新增资金注入。（　　）

22. 发行优先股筹资，既能为企业带来杠杆利益，又具有抵税效应，所以企业在筹资时应优先考虑发行优先股。（　　）

23. 筹资渠道解决的是资金来源问题，筹资方式解决的是通过何种方式取得资金的问题，它们之间不存在对应关系。（　　）

24. 可转换债券是公司普通债券与证券期权的组合体。（　　）

25. 可分离交易的可转换债券在发行时附有认股权证，是认股权证和公司债券的组合。发行上市后各自流通、交易。认股权证的持有者在认购股票时，要按照认购价出资认购股票。（　　）

26. 融资租赁筹资的优点之一是"财务风险小，财务优势明显"，其原因在于，融资租赁无须大量资金就能迅速获得所需资产。（　　）

27. 可转换债券的标的股票只能是发行公司自己的普通股票。（　　）

28. 对公司而言，发行债券的风险高，对投资者

而言，购买股票的风险高。　　　（　）

29. 根据风险与收益均衡的原则，信用贷款利率通常比抵押贷款利率低。　　（　）

30. 拟发行优先股的上市公司可以发行可转换优先股或不可转换优先股。　（　）

31. 采用募集设立方式成立的股份有限公司，向社会公开发行股票时，必须将股票直接销售给认购人。　　（　）

32. 在杠杆租赁的情况下，如果出租人不能按期偿还借款，那么资产的所有权就要转归资金出借者。　　　　　（　）

33. 融资租赁的租金大多采用取得租赁资产前一次付清或租赁合同到期时一次付清的方式。　　　　　　（　）

34. 上市公司定向增发不利于企业的收购兼并。　　　　　　（　）

35. 可回购优先股是指允许优先股持有者将其持有的优先股要求发行公司买回去的优先股。　　　　　　（　）

36. 我国《公司法》规定，公司向发起人、国家授权投资机构、法人发行的股票，为记名股票；向社会公众发行的股票，为无记名股票。　　（　）

四、计算分析题

1. 某企业为扩大经营规模融资租入一台机床，该机床的市价为398万元，租期10年，租赁公司的融资成本为20万元，租赁手续费为15万元。租赁公司要求的报酬率为15%。

要求：

(1) 确定租金总额。

(2) 如果采用等额年金法，每年初支付，则每期租金为多少？

(3) 如果采用等额年金法，每年末支付，则每期租金为多少？

已知（P/A，15%，9）= 4.7716，（P/A，15%，10）= 5.0188，（P/A，15%，11）= 6.2337，（F/A，15%，9）= 16.786，（F/A，15%，10）= 20.304，（F/A，15%，11）= 24.3493。

2. 某企业于2018年1月1日从租赁公司租入一套设备，价值60万元，租期6年，租赁期满时预计残值5万元，归租赁公司所有。年利率为7%，租赁手续费率为每年3%。租金每年初支付一次。

要求： 计算每年租金并编制租金摊销计算表。

通关演练参考答案及解析

一、单项选择题

1. 【答案】B
【解析】企业为满足购买原材料、支付工资、提前偿还银行借款、股东股利的发放等需要而筹集资金都属于支付性筹资动机。

2. 【答案】C
【解析】发行债券筹集资金以便对外进行产权投资，既调整了企业资本结构，又扩张了企业规模，属于混合性筹资动机。

3. 【答案】D
【解析】银行借款的优点包括：筹资速度快、筹资成本低、借款弹性好；缺点包括：财务风险大、限制条款多、筹资数额有限。

4. 【答案】D

【解析】优先股的权利包括优先分配股利、优先分配剩余财产、部分管理权。

5. 【答案】D
【解析】例行性保护条款作为例行常规，在大多数借款合同中都会出现。主要包括：(1) 定期向提供贷款的金融机构提交公司财务报表；(2) 保持存货储备量；(3) 及时清偿债务；(4) 不准以资产作其他承诺的担保或抵押；(5) 不准贴现应收票据或出售应收账款。

6. 【答案】A
【解析】与银行借款、融资租赁相比，企业选择发行债券筹资的主要原因是能够筹集大额的资金，大额筹资能适应大型公司经营规模的需要。

7. 【答案】B

【解析】融资租赁的筹资特点：（1）无须大量资金就能迅速获得资产；（2）财务风险小，财务优势明显；（3）融资租赁筹资的限制条件较少；（4）租赁能延长资金融通的期限；（5）资本成本高。所以本题正确答案为B。

8.【答案】C
【解析】本题考核的是融资租赁和债券优缺点的比较。融资租赁的租金通常比银行借款或发行债券所负担的利息高得多，租金总额通常要比设备价值高出30%。所以，与融资租赁相比，发行债券的资本成本低。

9.【答案】C
【解析】调整性筹资动机，是指企业因调整资本结构而产生的筹资动机。当一些债务即将到期，企业虽然有足够的偿债能力，但为了保持现有的资本结构，仍然举借新债以偿还旧债，这是为了调整资本结构，所以本题的正确答案是选项C。

10.【答案】D
【解析】短期借款属于短期债务筹资，资金成本较长期借款、发行债券和融资租赁都低。在长期债务筹资中，融资租赁的成本是最高的。

11.【答案】C
【解析】融资租赁的标的一般为专用设备，也可以为通用设备。经营租赁的标的以通用设备居多。可见，经营租赁与融资租赁的标的都可能是通用设备。

12.【答案】A
【解析】选项A可以转换成普通股，会增加企业自有资金；选项B属于长期负债筹资；选项C属于短期负债筹资；选项D属于权益各项目之间的转换，不会增加权益总额。

13.【答案】B
【解析】吸收直接投资的出资方式包括：现金投资；实物投资；工业产权投资；土地使用权投资。吸收直接投资的优点包括：能够尽快形成生产能力；容易进行信息沟通。缺点包括：资本成本较高；公司控制权集中，不利于公司治理，不易进行产权交易。

14.【答案】A
【解析】企业的筹资方式包括：吸收直接投资、发行股票、利用留存收益、银行借款、

发行公司债券、融资租赁、商业信用，其中，商业信用是由于业务供销活动而形成的，它是企业短期资金的一种重要的和经常性的来源。

15.【答案】D
【解析】短期筹资，是指企业筹集使用期限在1年以内的资金。短期资金主要用于企业的流动资产和资金日常周转，一般在短期内需要偿还。短期筹资经常利用商业信用、短期借款、保理业务等方式来筹集。

16.【答案】A
【解析】按照中国证券监督管理委员会颁布的《公司债券发行与交易管理办法》，除了地方政府融资平台公司以外，所有公司制法人均可发行公司债券。

17.【答案】B
【解析】利用银行借款筹资，一般比发行债券和融资租赁的利息都低，并且无须支付证券发行费用、租赁手续费用；留存收益属于权益筹资，其成本一般高于债务筹资。

18.【答案】D
【解析】资金成本是筹资决策需要考虑的首要问题，企业筹资时还要考虑财务风险、资金期限、偿还方式、限制条件等。

19.【答案】D
【解析】吸收直接投资的筹资优点：（1）能够尽快形成生产能力；（2）容易进行信息沟通。所以正确的是选项D。

20.【答案】A
【解析】企业通过发行股票、吸收直接投资、内部积累等方式筹集的资金都属于企业的所有者权益或称为自有资金，留存收益转增资本金只是自由资金项目间的转化，不会增加自有资金的数额。

21.【答案】D
【解析】永续债与普通债券的主要区别在于：不设定债券的到期日、票面利率较高、大多数永续债的附加条款中包括赎回条款以及利率调整条款。永续债实质是一种介于债权和股权之间的融资工具。

22.【答案】C
【解析】吸收直接投资不仅可以取得一部分货币资金，而且能够直接获得所需的先进设

备和技术，尽快形成生产经营能力。

23.【答案】D

【解析】认股权证本身是一种认购普通股的期权，它没有普通股的红利收入，也没有普通股相应的投票权。

24.【答案】C

【解析】杠杆租赁的出租人既是资产的出借人，同时又是贷款人，通过租赁既要收取租金，又要支付借贷本金与利息。由于租赁收益大于借款利息，出租人因此而获得财务杠杆好处。

25.【答案】B

【解析】当企业经营步入正常时，将可转换性债券转换成为普通股，在一定程度上拥有对企业的所有权，有更多机会取得更大的收获。

26.【答案】C

【解析】以募集设立方式设立股份有限公司的，发起人认购的股份不得少于公司股份总数的35%，法律、行政法规另有规定的，从其规定。

27.【答案】B

【解析】实施IPO的公司，自股份有限公司成立后，持续经营时间应当在3年以上，经国务院特别批准的除外。

28.【答案】C

【解析】一般来说，在企业初创阶段，产品市场占有率低，产销业务量小，经营杠杆系数大，此时企业筹资主要依靠权益资本，在较低程度上使用财务杠杆。所以本题正确答案为C。

29.【答案】A

【解析】作为贷款担保的质押品，可以是汇票、支票、债券、存款单、提单等信用凭证，可以是依法可以转让的股份、股票等有价证券，也可以是依法可以转让的商标专用权、专利权、著作权中的财产权等。

30.【答案】D

【解析】信用贷款是没有担保要求的贷款；保证贷款是以第三人作为保证人承诺在借款人不能偿还借款时，按约定承担一定保证责任或连带责任而取得的贷款；抵押是指债务人或第三人不转移财产的占有，将该财产作

为债权的担保；质押是指债务人或第三人将其动产或财产权利移交债权人占有，将该动产或财产权利作为债权的担保。

31.【答案】D

【解析】银行借款和内部留存收益都不会导致公司股本及持股比例的变化，都可以维持公司的控制权分布；银行借款和内部留存收益的筹资数额都有限；内部留存收益的资本成本高于银行借款；内部留存收益属于股东权益，会降低公司的财务风险。

32.【答案】B

【解析】每年初支付的租金 = [600 000 − 50 000 × (P/F, 10%, 6)]/(P/A, 10%, 6) × (1 + 10%) = 119 348（元）；第1年末本金余额 = 600 000 − 119 348 = 480 652（元）；第2年初支付的租金中应计租费 = 480 652 × 10% = 48 065.2（元）。

33.【答案】C

【解析】公司债券的发行条件是：（1）股份有限公司的净资产不低于人民币3 000万元，有限责任公司的净资产不低于人民币6 000万元；（2）累计债券余额不超过公司净资产的40%；（3）最近3年平均可供分配的利润足以支付债券1年的利息；（4）筹集资金的投向符合国家的产业政策；（5）债券利率不得超过国务院限定的利率水平；（6）国务院规定的其他条件。

34.【答案】A

【解析】整体来说，权益资金的资金成本大于负债资金的资金成本，对于权益资金来说，由于普通股筹资方式在计算资金成本时还需要考虑筹资费用，所以其资金成本高于留存收益的资金成本，即发行普通股的资金成本应是最高的。

35.【答案】D

【解析】债券筹资的优点包括资金成本较低、保证控制权、可以发挥财务杠杆作用；债券筹资的缺点包括：筹资风险高、限制条件多、筹资额有限。

36.【答案】C

【解析】由于可转换债券在未来可以行权转换成股票，所以在债券发行时，所规定的转股价格一般比发售日股票市场价格高出一定

百分比。

二、多项选择题

1.【答案】ABCD

【解析】筹资管理的内容包括：科学计算资金需要量；合理安排筹资渠道、选择筹资方式；降低资本成本、控制财务风险。

2.【答案】AB

【解析】权益筹资方式主要有吸收直接投资、发行股票、利用留存收益。不以股票为载体的权益筹资方式只有吸收直接投资和利用留存收益。

3.【答案】AC

【解析】银行借款是指企业根据借款合同从有关银行或非银行金融机构借入的需要还本付息的款项。银行借款的优点包括：筹资速度快、资本成本较低、筹资弹性较大；缺点包括：限制条款多、筹资数额有限。

4.【答案】CD

【解析】股权筹资的缺点包括：资本成本负担较重；容易分散公司的控制权；信息沟通与披露成本较大。具体来说，吸收直接投资的优点包括：能够尽快形成生产能力；容易进行信息沟通。缺点包括：资本成本较高；公司控制权集中，不利于公司治理，不易进行产权交易。发行普通股票的优点包括：两权分离，有利于公司自主经营管理、能增强公司的社会声誉，促进股权流通和转让；缺点包括：资本成本较高、不易及时形成生产能力。

5.【答案】ABCD

【解析】公开增发会引入投资者，有可能改变公司控制权分布；可转换债券持有者转股后成为公司股东，可能改变公司控制权分布；认股权证持有者行权后成为公司股东，可能改变公司控制权分布；认沽权证持有者不再是公司股东，可能改变公司控制权分布。

6.【答案】ACD

【解析】债券按有无特定财产担保，可以分为担保债券和信用债券。担保债券主要是指抵押债券，抵押债券按照抵押品的不同，又分为不动产抵押债券、动产抵押债券和证券信托抵押债券。

7.【答案】CD

【解析】吸收直接投资的出资方式包括：现金投资；实物投资；工业产权投资；土地使用权投资。吸收直接投资的优点包括：能够尽快形成生产能力；容易进行信息沟通。缺点包括：资本成本较高；公司控制权集中，不利于公司治理，不易进行产权交易。

8.【答案】AC

【解析】经营租赁是由租赁公司向承租单位在短期内提供设备，并提供维修、保养、人员培训等的一种服务性业务，又称服务性租赁。经营租赁的特点主要包括：（1）出租的设备一般由租赁公司根据市场需要选定，然后再寻找承租企业；（2）租赁期较短，短于资产的有效使用期，在合理的限制条件内承租企业可以中途解约；（3）租赁设备的维修、保养由租赁公司负责；（4）租赁期满或合同中止以后，出租资产由租赁公司收回。经营租赁比较适用于租用技术过时较快的生产设备。

9.【答案】CD

【解析】利用优先股筹资的优点是：有利于丰富资本市场的投资结构；有利于股份公司股权资本结构的调整；有利于保障普通股收益和控制权；有利于降低公司财务风险。缺点是：可能给股份公司带来一定的财务压力。

10.【答案】ABD

【解析】间接筹资形成的是债务资金，主要用于企业资金周转的需要，间接筹资手续相对比较简便，筹资效率高，筹资费用较低，但容易受金融政策的制约和影响。

11.【答案】BCD

【解析】上市公司出现下列情形之一的，将被终止其股票上市：（1）未能在法定期限内披露其暂停上市后第一个半年度报告的；（2）在法定期限内披露了恢复上市后的第一个年度报告，但仍然出现亏损；（3）未能在法定期限内披露恢复上市后的第一个年度报告的；（4）恢复上市申请未被受理或申请未被批准的。

12.【答案】ABCD

【解析】支付性筹资动机，是指为了满足经营业务活动的正常波动所形成的支付需要而产生的筹资动机。企业在开展经营活动过程中，经常会出现超出维持正常经营活动资金需求的季节性、临时性的交易支付需要，如原材料购买的大额支付、员工工资的集中发放、银行借款的提前偿还、股东股利的发放等。

13.【答案】ABCD

【解析】企业的筹资渠道主要有：国家财政投资和财政补贴、银行与非银行金融机构信贷、资本市场筹集、其他法人单位与自然人投入、企业自身积累等。

14.【答案】AB

【解析】资本成本是企业筹集和使用资金所付出的代价，包括资金筹集费用和使用费用。资金筹集费用包括股票发行费、借款手续费、证券印刷费、公证费、律师费等，资金使用费用包括利息支出、股利支出、融资租赁的资金利息等费用。

15.【答案】ABC

【解析】一般而言，股权筹资的资本成本要高于债务筹资。这主要是由于对于投资人而言风险较高，因而投资人要求的报酬率较高。从企业成本开支的角度看，红利从税后利润中支付，不能抵税。此外，普通股的发行、上市等方面的费用也十分庞大。

16.【答案】BCD

【解析】融资租赁筹资和普通股筹资的限制条件都比较少。

17.【答案】ABCD

【解析】筹资活动是企业资金流转运动的起点，筹资管理要求解决企业为什么要筹资、需要筹集多少资金、从什么渠道以什么方式筹集，以及如何协调财务风险和资本成本，合理安排资本结构等问题，具体而言，筹资渠道是指筹措资金来源的方向与通道，体现资金的来源与供应量；筹资方式是指可供企业在筹资时选用的具体方式；在不同的企业发展阶段，需要考虑不同的资金需求规模；企业在筹资管理中，还要权衡债务清偿的财务风险，合理利用资本成本较低的资金种类，努力降低企业的资本成本率。

18.【答案】BD

【解析】优先股是公司发行的相对于普通股具有一定优先权的股票。其优先权利主要表现在股利分配优先权和分配剩余财产优先权上。优先股股东在股东大会上无表决权，在参与公司经营管理上受到一定限制，仅对涉及优先股权利的问题有表决权。

19.【答案】ACD

【解析】相对来说，直接筹资的筹资手续比较复杂，筹资费用较高；但筹资领域广阔，能够直接利用社会资金，有利于提高企业的知名度和资信度。

20.【答案】AB

【解析】负债筹资方式具有所得税的抵减作用。

21.【答案】ABD

【解析】企业筹资动机可分为四类：创立性筹资动机、支付性筹资动机、扩张性筹资动机和调整性筹资动机。调整性筹资动机，是指企业因调整资本结构而产生的筹资动机。

22.【答案】ABC

【解析】留存收益的资本成本是不需要考虑筹资费用的。

23.【答案】ABC

【解析】根据《证券法》规定，公司债券要上市交易，应当符合下列条件：（1）公司债券的期限为1年以上；（2）公司债券实际发行额不少于人民币5 000万元；（3）申请债券上市时仍符合法定的公司债券发行条件。

24.【答案】BC

【解析】对于到期分批偿还债券而言，因为各批债券的到期日不同，它们各自的发行价格和票面利率也可能不相同，从而导致发行费用较高。但由于这种债券便于投资人挑选最合适的日期，因而便于发行。

25.【答案】ABC

【解析】永续债与普通债券的主要区别在于：第一，不设定债券的到期日。第二，票面利率较高，据统计，永续债的利率主要分布在5%～9%之间，远远高于同期国债收益率。第三，含财务期权。

26.【答案】ABC

【解析】上市公司出现以下情形之一的，由交易所暂停其上市：（1）公司股本总额、股权分布等发生变化不再具备上市条件；

（2）公司不按规定公开其财务状况，或者对财务会计报告作虚假记载；（3）公司有重大违法行为；（4）公司最近3年连续亏损。

27.【答案】AB
【解析】选项C为特殊性保护条款，选项D为一般性保护条款。

28.【答案】ABCD
【解析】租赁是以商品形态与货币形态相结合提供的信用活动，出租人在向企业出租资产的同时，解决了企业的资金需求，具有信用和贸易双重性质。它不同于一般的借钱还钱、借物还物，属于借物还钱，并以分期支付租金的方式来体现。租赁的这一特点使银行信贷和财产信贷融合在一起，成为企业融资的一种特定形式。

29.【答案】ABCD
【解析】融资租赁每期租金的多少，取决于以下因素：（1）设备原价及预计残值，包括设备买价、运输费、安装调试费、保险费等，以及设备租赁期满后，出售可得的收入。（2）利息，指租赁公司为承租企业购置设备垫付资金所应支付的利息。（3）租赁手续费，指租赁公司承办租赁设备所发生的业务费用和必要的利润。

30.【答案】ABC
【解析】直接筹资方式主要有吸收直接投资（包括吸收社会公众投资）、发行股票、发行债券等；间接筹资方式有银行借款和融资租赁。

31.【答案】BCD
【解析】融资租赁属于债务筹资，混合筹资主要有发行可转换债券、发行认股权证和优先股筹资。

32.【答案】BC
【解析】相对于股权筹资来说，银行借款筹资的优点有：筹资速度快、筹资成本低、筹资弹性大。

33.【答案】BCD
【解析】回售条款对于投资者而言实际上是一种卖权，有利于降低投资者的持券风险；延长转换期给持有者可供选择的时间越长，更可以等待公司股票价格的上升；提高转换比率可以转换更多的股数。而赎回条款是保

护发行公司利益的。

34.【答案】AB
【解析】广义的权证，是一种持有人有权于某一特定期间或到期日，按约定的价格，认购或沽出一定数量的标的资产的期权。按买或卖的不同权利，可分为认购权证和认沽权证，又称为看涨权证和看跌权证。

35.【答案】BCD
【解析】可转换债券的赎回条款指发债公司按事先约定的价格买回未转股债券的条件规定。可转换债券的赎回条款通常包括：不可赎回期间与赎回期间；赎回价格（一般高于可转换债券的面值）；赎回条件（分为无条件赎回与有条件赎回）等。

36.【答案】BCD
【解析】借款抵押的抵押品通常可以是借款企业的应收账款、存货、股票、债券以及房屋等。

三、判断题

1.【答案】×
【解析】发行股票方式筹集资金来偿还银行借款，虽然调整了资本结构，但筹资的动机是为了提前偿还银行借款，所以属于支付性的筹资动机。

2.【答案】√
【解析】筹资方式是企业筹集资金的具体形式，它受到国家法律环境、经济体制、融资市场等筹资环境的制约，特别是受到国家对金融市场和融资行为等方面的法律法规制约。

3.【答案】×
【解析】调整性筹资的目的，是为了调整资本结构，而不是为企业经营活动追加资金，这类筹资通常不会增加企业的资本总额。

4.【答案】×
【解析】混合性筹资动机一般是基于企业规模扩张和调整资本结构两种目的，兼具扩张性筹资动机和调整性筹资动机的特性，同时增加了企业的资产总额和资本总额，也导致企业的资产结构和资本结构同时变化。

5.【答案】×
【解析】永续债实质是一种介于债权和股权之间的融资工具。永续债是分类为权益工具还

是金融负债，应把"是否能无条件避免交付现金或其他金融资产的合同义务"来作为判断永续债分类的关键，结合永续债募集说明书条款，按照经济实质重于法律形式原则判断。

6.【答案】×

【解析】我国上市公司最常见的混合融资方式是可转换债券，最常见的其他衍生工具融资方式是认股权证融资。

7.【答案】×

【解析】直接筹资，是企业与投资者协议或通过发行股票、债券等方式直接从社会取得资金；间接筹资，是企业通过银行等金融机构以信贷关系间接从社会取得资金。

8.【答案】×

【解析】尽管债务资金的资本成本较低，但由于无力清偿债权人的债务，可能会导致企业的破产，因此，企业筹集资金在降低资本成本的同时，还要充分考虑财务风险，防范企业破产的财务危机。

9.【答案】×

【解析】直接筹资方式主要有发行股票、发行债券、吸收直接投资等。直接筹资方式既可以筹集股权资金，也可以筹集债务资金。间接筹资的基本方式是银行借款，此外还有融资租赁等方式。间接筹资，形成的主要是债务资金。

10.【答案】√

【解析】特殊性保护条款是针对某些特殊情况而出现在部分借款合同中的条款。主要包括：要求公司主要领导人购买人身保险；借款用途不得改变；违约惩罚条款等。

11.【答案】√

【解析】杠杆租赁指涉及承租人、出租人和资金出借人三方的融资租赁业务。当租赁涉及的资产价格昂贵时，出租方只投入部分资金，其余资金则通过将该资产抵押担保的方式，向第三方申请贷款解决。

12.【答案】×

【解析】抵押，是指债务人或第三方并不转移对财产的占有，只将该财产作为对债权人的担保。

13.【答案】×

【解析】作为贷款担保的抵押品，可以是不动产、机器设备、交通运输工具等实物资产，可以是依法有权处分的土地使用权，也可以是股票、债券等有价证券等，它们必须是能够变现的资产。

14.【答案】√

【解析】根据《证券法》的规定，该说法正确。

15.【答案】×

【解析】融资租赁的基本程序是选择租赁公司；签订购货协议；签订租赁合同；交货验收；定期交付租金；合同期满设备处理。

16.【答案】×

【解析】B股即人民币特种股票，是由我国境内公司发行，境内上市交易，以人民币标明面值，以外币认购和交易的股票。

17.【答案】×

【解析】担保债券是指以抵押方式担保发行人按期还本付息的债券，主要是指抵押债券。抵押债券按其抵押品的不同，又分为不动产抵押债券、动产抵押债券和证券信托抵押债券。信用债券是无担保债券，是仅凭公司自身的信用发行的、没有抵押品作抵押担保的债券。

18.【答案】√

【解析】债券偿还时间按其实际发生与规定的到期日之间的关系，分为提前偿还与到期偿还两类只有在企业发行债券的契约中明确了有关允许提前偿还的条款，企业才可以进行此项操作。

19.【答案】√

【解析】优先股既像公司债券，又像公司股票，因此优先股筹资属于混合筹资，其筹资特点兼有债务筹资和股权筹资性质。

20.【答案】×

【解析】非公开发行股票指上市公司采用非公开方式向特定对象发行股票的行为，又叫定向募集增发。定向募集增发的对象可以是老股东，也可以是新股东，但发行对象不超过10名。

21.【答案】×

【解析】可转换债券转股时对于公司而言只是将债务资本转化为权益资本，并没有新增资金注入。

22.【答案】×

【解析】优先股股利在税后支付，只有杠杆效应，没有抵税作用。

23.【答案】×

【解析】筹资渠道解决的是资金来源问题，筹资方式解决的是通过何种方式取得资金的问题，它们之间存在一定的对应关系。

24.【答案】√

【解析】可转换债券是一种混合型证券，是公司普通债券与证券期权的组合体。

25.【答案】√

【解析】可转换债券分为两种：一种是不可分离交易的可转换债券，其转股权与债权附着在一起，不可分离；另一种可分离交易的可转换债券在发行时附有认股权证，是认股权证和公司债券的组合。发行上市后各自流通、交易。认股权证的持有者在认购股票时，要按照认购价出资认购股票。

26.【答案】×

【解析】融资租赁筹资之所以具有"财务风险小，财务优势明显"的优点，原因在于：融资租赁能够避免一次性支付的负担，而且租金支出是未来的、分期的。还款时，租金可以通过项目本身产生的收益来支付。

27.【答案】×

【解析】可转换债券转换期权的标的物是可转换成的公司股票。标的股票一般是发行公司自己的普通股票，不过也可以是其他公司的股票，如该公司的上市子公司的股票。

28.【答案】√

【解析】发行债券要按期还本付息，所以对公司而言风险高，购买股票收益不确定，价格波动幅度大，所以对投资者而言风险高。

29.【答案】×

【解析】信用贷款是指以借款人的信誉或保证人的信用为依据而获得的贷款。企业取得这种贷款无须以财产作抵押，对于这种贷款，由于风险较高，银行通常要收取较高的利息，往往还附加一定的限制条件。抵押贷款有利于降低银行贷款的风险，提高贷款的安全性。从风险与收益均衡的原则来看，应该是信用贷款利率比抵押贷款利率高，所以

本题的说法不正确。

30.【答案】×

【解析】根据我国2014年实行的《优先股试点管理办法》：上市公司不得发行可转换为普通股的优先股。

31.【答案】×

【解析】采用募集设立方式成立的股份有限公司，向社会公开发行股票时，必须由有资格的证券经营中介机构承销。

32.【答案】√

【解析】在杠杆租赁的情况下，出租人也是借款人，拥有资产的所有权，他既收取租金又要偿付债务，如果出租人不按期偿还借款，那么资产所有权就要转归资金出借者。

33.【答案】×

【解析】融资租赁的租金大多采用按年等额后付的方式，就相当于已知普通年金现值倒求年金。

34.【答案】×

【解析】上市公司定向增发是一种主要的并购手段，特别是资产并购型定向增发，有利于集团企业整体上市，并同时减轻并购的现金流压力。

35.【答案】×

【解析】可回购优先股是指允许发行公司按照发行价加上一定的补偿收益回购的优先股。

36.【答案】×

【解析】我国《公司法》规定，公司向发起人、国家授权投资机构、法人发行的股票，为记名股票；向社会公众发行的股票，可以为记名股票，也可以为无记名股票。

四、计算分析题

1.【答案】

（1）租金总额 = 398 + 20 + 15 = 433（万元）

（2）如果采用等额年金法，每年初支付，则每期租金为：A = 433 ÷ [（P/A，15%，9）+ 1] = 433 ÷（4.7716 + 1）= 75.02（万元）。

（3）如果采用等额年金法，每年末支付，则每期租金为：A = 433 ÷（P/A，15%，10）= 233 ÷ 5.0188 = 86.26（万元）。

2.【答案】

600 000 − 50 000 ×（P/F，10%，6）= 每年租

金×（P/A，10%，6）×（1＋10%）。

每年租金＝[600 000－50 000×（P/F，10%，6）]/（P/A，10%，6）×（1＋10%）＝119 348（元）。

编制租金摊销计划表如下表所示：

租金摊销计划表   单位：元

年份 （年初）	期初本金 ①	支付租金 ②	应计租费 ③＝①×10%	本金偿还额 ④＝②－③	本金余额 ⑤＝①－④
2018	600 000	119 348	—	119 348	480 652
2019	480 652	119 348	48 065	71 283	409 369
2020	409 369	119 348	40 937	78 411	330 958
2021	330 958	119 348	33 096	86 252	244 706
2022	244 706	119 348	24 471	94 877	149 829
2023	149 829	119 348	14 983	104 365	45 464
合计		716 088	161 552	554 536	

注：45 464 元为 2023 年初所欠金额，其年末终值＝45 464×（1＋10%）＝50 010.4（元），10.4 为计算误差。

第五章 筹资管理（下）

本章精讲视频

考情分析

　　本章主要讲述资金需要量预测的因素分析法、销售百分比法、资金习性预测法、个别资本成本、平均资本成本、边际资本成本、杠杆效应和资本结构等内容。从历年试题分布来看，本章既可以出客观题，也可以出主观题。历年考题分数在 13 分左右。

基本内容框架

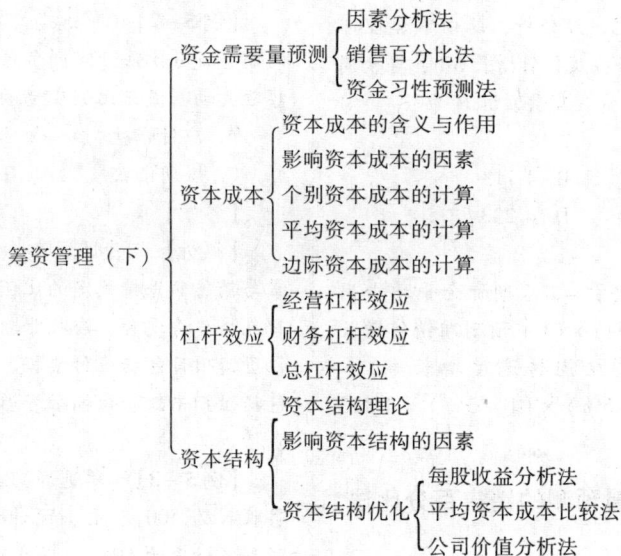

```
                                  ┌ 因素分析法
                    资金需要量预测 ┤ 销售百分比法
                                  └ 资金习性预测法
                                  ┌ 资本成本的含义与作用
                                  │ 影响资本成本的因素
                    资本成本       ┤ 个别资本成本的计算
                                  │ 平均资本成本的计算
                                  └ 边际资本成本的计算
筹资管理（下）      ┤              ┌ 经营杠杆效应
                    杠杆效应       ┤ 财务杠杆效应
                                  └ 总杠杆效应
                                  ┌ 资本结构理论
                                  │ 影响资本结构的因素
                    资本结构       ┤              ┌ 每股收益分析法
                                  └ 资本结构优化   ┤ 平均资本成本比较法
                                                 └ 公司价值分析法
```

通关重难点例题

一、资金需要量预测的因素分析法

（一）含义

因素分析法是以有关项目基期年度的平均资金需要量为基础，根据预测年度的生产经营任务和资金周转加速的要求，进行分析调整，来预测资金需要量的一种方法。

（二）优缺点

优点是计算简便，容易掌握；缺点是预测结果不太精确。

（三）适用

通常用于品种繁多、规格复杂、资金用量较小的项目。

（四）计算公式

资金需要量 =（基期资金平均占用额 - 不合理资金占用额）×（1 + 预测期销售增长率）×（1 - 预测期资金周转速度增长率）

【例 5 - 1】（单选题）甲企业本年度资金平均占用额为 4 500 万元，经分析，其中不合理部分为 500 万元。预计下年度销售增长 6%，资金周转加速 3%，则下年度资金需要量预计为（   ）万元。

A. 4 000　　　　　B. 4 113

C. 4 240　　　　　D. 4 233

【答案】 B

【解析】 资金需要量 =（基期资金平均占用额 - 不合理资金占用额）×（1 + 预测期销售增长率）×（1 - 预测期资金周转速度增长率）=（4 500 - 500）×（1 + 6%）×（1 - 3%）= 4 113（万元）。

二、资金需要量预测的销售百分比法

（一）含义

销售百分比法是根据销售增长与资产增长之间的关系，预测未来资金需要量的方法。

（二）前提条件

某些资产和负债与销售收入之间存在稳定百分比关系。

（三）基本步骤

（1）确定随销售额变动而变动的资产和负债项目；

（2）确定变化资产与变化负债有关项目的销售百分比；

（3）确定需要增加的筹资数量；

（4）确定内部留存收益；

（5）确定外部融资需求。

（四）计算公式

$$外部融资需求量 = \frac{A}{S_1} \times \Delta S - \frac{B}{S_1} \times \Delta S - P \times E \times S_2$$

（五）优点

能为筹资管理提供短期预计的财务报表，以适应外部筹资的需要，且易于使用。

（六）缺点

有关因素发生变动的情况下，必须相应调整原有的销售百分比。

【例 5 - 2】（单选题）根据资金需要量预测的销售百分比法，下列负债项目中，通常会随销售额变动而成正比例变动的是（   ）。

A. 应付账款　　　　B. 长期负债

C. 短期借款　　　　D. 短期融资券

【答案】 A

【解析】 经营性资产与经营性负债的差额通常与销售额保持稳定的比例关系。经营性资产项目包括库存现金、应收账款、存货等项目；经营性负债项目包括应付票据、应付账款等项目，不包括短期借款、短期融资券、长期负债等筹资性负债。

【例 5 - 3】（单选题）某公司 2019 年预计销售收入为 500 万元。预计销售净利率为 10%，股利支付率为 60%。据此可以测算该公司 2019 年内部资金来源的金额为（   ）万元。

A. 20　　　　　B. 30

C. 60　　　　　D. 70

【答案】 A

【解析】 2019 年内部资金来源的金额 = 预测

期销售收入×预测期销售净利率×（1 - 预测期股利支付率）＝500×10%×（1 - 60%）＝20（万元）。因此，选项 A 正确。

【例 5 - 4】（计算题）A 公司 2018 年 12 月 31 日的简要资产负债表如表 5 - 1 所示。

表 5 - 1　　　　　　　　　资产负债表（简要）
2018 年 12 月 31 日

资产	金额（万元）	与销售关系（%）	负债与权益	金额（万元）	与销售关系（%）
现金	500	5	短期借款	2 500	N
应收账款	1 500	15	应付账款	1 000	15
存货	3 000	20	预提费用	500	5
固定资产	3 000	N	公司债券	1 000	N
			实收资本	2 000	N
			留存收益	1 000	N
合计	8 000	40	合计	8 000	20

假定 A 公司 2018 年销售额 20 000 万元，销售净利率为 10%，利润留存率 30%。2019 年销售额预计增长 20%，公司有足够的生产能力，无须追加固定资产投资。

要求：

（1）计算 2019 年需要增加的资金量；

（2）计算 2019 年外部融资需求量。

【答案】

（1）资金需求增加量 ＝ 20 000 × 20% ×（40% - 20%）＝ 4 000 × 20% ＝ 800（万元）

（2）外部融资需求量为：

2019 年的留存利润增加 ＝ [20 000 ×（1 + 20%）] × 10% × 30% ＝ 720（万元）

外部融资需求量 ＝ 800 - 720 ＝ 80（万元）

三、资金需要量预测的资金习性预测法

（一）含义

资金习性预测法是指根据资金习性预测未来资金需要量的一种方法。所谓资金习性，是指资金的变动同产销量变动之间的依存关系。

（二）资金的分类

1. 不变资金

不变资金指在一定的产销量范围内，不受产销量变动的影响、保持固定不变的那部分资金。

2. 变动资金

变动资金指随产销量的变动而同比例变动的那部分资金。

3. 半变动资金

半变动资金指虽然受产销量变化的影响，但不呈同比例变动的资金。半变动资金可采用一定的方法划分为不变资金和变动资金两部分。

（三）总资金直线方程

设产销量为自变量 X，资金占用为因变量 Y，它们之间的关系可用下式表示：

$$Y = a + bX$$

式中：a 为不变资金；b 为单位产销量所需变动资金。

（四）估计参数 a 和 b 的方法

1. 回归直线分析法

可联立下面二元一次方程组求出 a 和 b：

$$\sum y = na + b\sum x$$
$$\sum xy = a\sum x + b\sum x^2$$

解上述二元一次方程组，可得：

$$a = \frac{\sum X^2 \cdot \sum Y - \sum X \cdot \sum XY}{n\sum X^2 - (\sum X)^2}$$

$$b = \frac{n\sum XY - \sum X \cdot \sum Y}{n\sum X^2 - (\sum X)^2}$$

运用线性回归法必须注意以下问题：

（1）资金需要量与营业业务量之间线性关系的假定应符合实际情况；

（2）确定 a、b 数值，应利用连续若干年的历史资料，一般要有 3 年以上的资料；

（3）应考虑价格等因素的变动情况。

2. 高低点法

b＝（最高收入期资金占用量－最低收入期资金占用量)/(最高销售收入－最低销售收入)

a＝最高收入期资金占用量－b×最高销售收入

或 ＝最低收入期资金占用量－b×最低销售收入

（五）资金习性预测法的具体方法

1. 根据资金占用总额与产销量的关系预测

根据历史上企业资金占用总额与产销量之间的关系，把资金分为不变和变动两部分，然后结合预计的销售量来预测资金需要量。

2. 采用逐项分析法预测

这种方式是根据各资金占用项目（如现金、存货、应收账款、固定资产）同产销量之间的关系，把各项目的资金都分成变动和不变两部分，然后汇总在一起，求出企业变动资金总额和不变资金总额，进而来预测资金需求量。

【例 5－5】（判断题）采用资金习性预测法中的逐项分析法预测资金需要量，就是根据历史上企业资金占用总额与产销量之间的关系，把资金分为不变和变动两部分，然后结合预计的销售量来预测资金需要量。（　　）

【答案】×

【解析】采用资金习性预测法中的逐项分析法预测资金需要量，就是根据各资金占用项目（如现金、存货、应收账款、固定资产）同产销量之间的关系，把各项目的资金都分成变动和不变两部分，然后汇总在一起，求出企业变动资金总额和不变资金总额，进而来预测资金需求量。

四、资本成本

（一）资本成本的含义

资本成本是指企业为筹集和使用资本而付出的代价，包括筹资费用和占用费用。

（二）资本成本的作用

（1）是比较筹资方式、选择筹资方案的依据；

（2）是衡量资本结构是否合理的依据；

（3）是评价投资项目可行性的主要标准；

（4）是评价企业整体业绩的重要依据。

（三）资本成本的影响因素

1. 总体经济环境

如果国民经济保持健康、稳定、持续增长，整个社会经济的资金供给和需求相对均衡且通货膨胀水平低，资本成本相应就比较低；反之，则资本成本高。

2. 资本市场条件

如果资本市场缺乏效率，证券的市场流动性低，投资者投资风险大，资本成本就比较高。

3. 企业经营和融资状况

如果企业经营风险高，财务风险大，则企业总体风险水平高，投资者要求的预期报酬率大，企业筹资的资本成本相应就大。

4. 企业对筹资规模和时限的需求

企业一次性需要筹集的资金规模大、占用资金时限长，资本成本就高。

（四）个别资本成本

1. 资本成本计算的基本模式

（1）一般模式。

$$资本成本率 = \frac{年资金占用费}{筹资总额 - 筹资费用}$$
$$= \frac{年资金占用费}{筹资总额 \times (1 - 筹资费用率)}$$

（2）折现模式。对于金额大、时间超过一年的长期资本，更为准确的资本成本计算方式是采用折现模式。

由：筹资净额现值－未来资本清偿额现金流量现值＝0

得：资本成本率＝所采用的折现率

2. 银行借款资本成本率

$$K_b = \frac{借款总额 \times 借款年利率 \times (1 - 所得税税率)}{借款总额 \times (1 - 筹资费率)}$$
$$= \frac{借款年利率 \times (1 - 所得税税率)}{1 - 筹资费率}$$

3. 公司债券资本成本率

$$K_b = \frac{面值总额 \times 票面年利率 \times (1 - 所得税税率)}{筹资总额 \times (1 - 筹资费率)}$$

【说明】

（1）债券面值总额和筹资总额不一定能相等；

（2）可以将债券面值和债券发行价直接代入债券面值总额和筹资总额。

4. 融资租赁资本成本率

融资租赁各期的租金中，包含有本金每期的偿还和各期手续费用（即租赁公司的各期利润），其资本成本率只能按贴现模式计算。

5. 普通股资本成本率

（1）股利增长模型法。

假定资本市场有效，股票市场价格与价值相等。假定某股票本期支付的股利为 D_0，未来各期股利按 g 速度增长。目前股票市场价格为 P_0，则普通股资本成本率为：

$$K_s = \frac{D_0(1+g)}{P_0(1-f)} + g = \frac{D_1}{P_0(1-f)} + g$$

（2）资本资产定价模型法。

假定资本市场有效，股票市场价格与价值相等。假定无风险报酬率为 R_f，市场平均报酬率为 R_m，某股票贝塔系数为 β，则普通股资本成本率为：

$$K_s = R_s = R_f + \beta(R_m - R_f)$$

6. 留存收益资本成本率

留存收益资本成本率，表现为股东追加投资要求的报酬率，其计算与普通股成本相同，也分为股利增长模型法和资本资产定价模型法，不同点在于不考虑筹资费用。

（五）平均资本成本

1. 含义和公式

（1）含义。

平均资本成本指分别以各种资本成本为基础，以各种资本占全部资本的比重为权重计算出来的综合资本成本。

（2）公式。

平均资本成本 $= \sum$（某种资本占总资本的比重 × 该种资本的成本）

2. 权数的选取

（1）账面价值权数。

①优点：资料容易取得，且计算结果比较稳定。

②缺点：不能反映目前从资本市场上筹集资本的现时机会成本，不适合评价现时的资本结构。

（2）市场价值权数。

①优点：能够反映现时的资本成本水平。

②缺点：现行市价处于经常变动之中，不容易取得，而且现行市价反映的只是现时的资本结构，不适用未来的筹资决策。

（3）目标价值权数。

①优点：能体现期望的资本结构，据此计算的加权平均资本成本更适用于企业筹措新资金。

②缺点：很难客观合理地确定目标价值。

（六）边际资本成本

边际资本成本是企业追加筹资的成本。计算边际资本成本的权数采用目标价值权数。

【例5-6】（单选题）某公司向银行借款2 000万元，年利率为8%，筹资费率为0.5%，该公司适用的所得税率为25%，则该笔借款的资本成本是（　　）。

A. 6.00%　　　　B. 6.03%

C. 8.00%　　　　D. 8.04%

【答案】B

【解析】$K_b = \frac{年利率 \times (1-所得税税率)}{(1-手续费率)} = \frac{8\% \times (1-25\%)}{(1-0.5\%)} = 6.03\%$

【例5-7】（判断题）因为公司债务必须付息，而普通股不一定支付股利，所以普通股资本成本小于债务资本成本。（　　）

【答案】×

【解析】投资者投资于股票的风险较高，所以要求相应较高的报酬率，从企业成本开支的角度来看，由于支付债务的利息还可以抵税，所以普通股股票资本成本会高于债务的资本成本。

【例5-8】（判断题）如果资本市场缺乏效率，证券的市场流动性低，资本成本也较低。（　　）

【答案】×

【解析】如果资本市场缺乏效率，证券的市场流动性低，投资者投资风险大，资本成本就比较高。

【例5-9】（计算题）甲公司2018年末长期资本为5 000万元，其中长期银行借款为1 000万元，年利率为6%，所有者权益（包括普通股股本和留存收益）为4 000万元。公司计划在2019年追加筹集资金5 000万元，其中按面值发行债券2 000万元，票面年利率为6.86%，期限5年，每年付息一次，到期一次还本，筹资费用率为2%。发行优先股筹资3 000万元，固定股息率为7.76%，筹集费用率为3%。公司普通股β系数为2，一年期国债利率为4%，市场平均报酬率为9%。公司适用的所得税税率为25%。假设不考虑筹资费用对资本结构的影响，发行债券和优先股不影响借款利率和普通股股价。

要求：

（1）计算甲公司长期银行借款的资本成本；

（2）假设不考虑货币时间价值，计算甲公司发行债券的资本成本；

（3）计算甲公司发行优先股的资本成本；

（4）利用资本资产定价模型计算甲公司留存收益的资本成本；

（5）计算甲公司 2019 年完成筹资计算后的平均资本成本。

【答案】

（1）长期银行借款资本成本 $= 6\% \times (1 - 25\%) = 4.5\%$

（2）债券的资本成本 $= 2\,000 \times 6.86\% \times (1 - 25\%)/[2\,000 \times (1 - 2\%)] = 5.25\%$

（3）优先股资本成本 $= 3\,000 \times 7.76\%/[3\,000 \times (1 - 3\%)] = 8\%$

（4）留存收益资本成本 $= 4\% + 2 \times (9\% - 4\%) = 14\%$

（5）平均资本成本 $= 1\,000/10\,000 \times 4.5\% + 2\,000/10\,000 \times 5.25\% + 3\,000/10\,000 \times 8\% + 4\,000/10\,000 \times 14\% = 9.5\%$

五、杠杆效应

（一）经营杠杆效应

1. 经营杠杆含义

经营杠杆指由于固定成本的存在而导致的息税前利润变化率大于产销业务量变化率的杠杆效应。

2. 经营杠杆系数

经营杠杆系数（DOL），是息税前利润变动率相当于产销业务量变动率的倍数。

3. 与经营杠杆相关的概念

$M = S - V = PQ - V_c Q = (P - V_c)Q = mQ$

$EBIT = S - V - F = (P - V_c)Q - F = M - F$

式中：EBIT 为息税前利润；S 为销售额；V 为变动性经营成本；F 为固定性经营成本；Q 为产销业务量；P 为销售单价；V_c 为单位变动成本；m 为单位边际贡献；M 为边际贡献。

4. 经营杠杆系数计算公式

$$DOL = \frac{\Delta EBIT/EBIT_0}{\Delta Q/Q_0}$$

上式经整理，经营杠杆系数的计算也可以简化为：

$$DOL = \frac{(P - V_c)Q_0}{(P - V_c)Q_0 - F_0} = \frac{M_0}{EBIT_0} = \frac{M_0}{M_0 - F_0}$$

$$= \frac{EBIT_0 + F_0}{EBIT_0} = 1 + \frac{F_0}{EBIT_0}$$

5. 经营杠杆与经营风险的关系

（1）在企业不发生经营性亏损、息税前利润为正的前提下，经营杠杆系数最低为1，不会为负数；只要有固定性经营成本存在，经营杠杆系数总是大于1。

（2）如果不存在固定经营成本，所有成本都是变动性经营成本，边际贡献等于息税前利润，此时息税前利润变动率与产销业务量的变动率完全一致。也就是说，此时没有经营杠杆效应，但并不说明不存在经营风险。

（3）引起企业经营风险的主要原因是市场需求和生产成本等因素的不确定性，经营杠杆本身并不是资产报酬不确定的根源。经营杠杆只是放大了市场和生产等因素变化对利润波动的影响。经营杠杆系数越高，表明资产报酬等利润波动程度越大，经营风险也就越大。

（4）在其他因素不变的情况下，若单价上升、产销业务量上升，经营杠杆系数变小，经营风险变小；若单位变动成本上升、固定成本上升，经营杠杆系数变大，经营风险变大。

（二）财务杠杆效应

1. 财务杠杆含义

财务杠杆指由于固定性资本成本的存在，而使普通股收益（或每股收益）变动率大于息税前利润变动率的杠杆效应。

2. 财务杠杆系数

财务杠杆系数（DFL），是普通股每股收益变动率相当于息税前利润变动率的倍数。

3. 与财务杠杆相关的概念

$TE = (EBIT - I)(I - T) - D$

$EPS = [(EBIT - I)(I - T) - D]/N$

式中：TE 为普通股盈余；EPS 为每股盈余；I 为债务资本利息；T 为所得税税率；N 为普通股股数。

4. 财务杠杆系数计算公式

$$DFL = \frac{\Delta EPS/EPS_0}{\Delta EBIT/EBIT_0}$$

在不存在优先股息的情况下，上式经整理，财务杠杆系数的计算也可以简化为：

$$DFL = \frac{EBIT_0}{EBIT_0 - I_0}$$

在存在优先股息的情况下，上式经整理，财务杠杆系数的计算也可以简化为：

$$DFL = \frac{EBIT_0}{EBIT_0 - I_0 - \dfrac{D_P}{1-T}}$$

5. 财务杠杆与财务风险的关系

（1）若企业没有固定性资本成本的存在，DFL 为 1，此时企业只面临经营风险，不面临财务风险。

（2）在全部资金的收益率超过负债资金的利息率时，加大负债的比重，会使 DFL 变大，财务风险变大，但期望的 EPS 也变大。

（3）在全部资金的收益率低于负债资金的利息率时，加大负债的比重，会使 DFL 变大，财务风险变大，但期望的 EPS 变小。

（4）在其他条件不变的情况下，如果提高负债的利息率，会使 DFL 变大，财务风险变大，但期望的 EPS 变小。

（三）总杠杆效应

1. 总杠杆的含义

总杠杆指由于固定经营成本和固定资本成本的存在，导致普通股每股收益变动率大于产销业务量的变动率的现象。

2. 总杠杆系数

总杠杆系数是指普通股每股收益变动率相当于产销业务量变动率的倍数。

3. 总杠杆系数计算公式

$$DTL = \frac{\Delta EPS / EPS}{\Delta Q / Q} = DOL \times DFL$$

$$= \frac{M_0}{M_0 - F_0 - I_0 - \dfrac{D_P}{1-T}}$$

4. 总杠杆与公司风险

（1）总杠杆效应的意义。

①能够说明产销业务量变动对普通股收益的影响，据以预测未来的每股收益水平；

②揭示了财务管理的风险管理策略，即要保持一定的风险状况水平，需要维持一定的总杠杆系数，经营杠杆和财务杠杆可以有不同的组合。

（2）固定资产比重较大的资本密集型企业，经营杠杆系数高，经营风险大，企业筹资主要依

靠权益资本，以保持较小的总杠杆系数和财务风险；变动成本比重较大的劳动密集型企业，经营杠杆系数低，经营风险小，企业筹资主要依靠债务资本，保持较大的总杠杆系数和财务风险。

（3）一般来说，在企业初创阶段，产品市场占有率低，产销业务量小，经营杠杆系数大，此时企业筹资主要依靠权益资本，在较低程度上使用财务杠杆；在企业扩张成熟期，产品市场占有率高，产销业务量大，经营杠杆系数小，此时，企业资本结构中可扩大债务资本比重，在较高程度上使用财务杠杆。

【例 5 - 10】（单选题）某公司资金总额为 1 000 万元，负债比率为 40%，负债利息率为 10%。该年公司实现息税前利润为 150 万元，所得税税率为 25%，则该公司的财务杠杆系数为（　　）。

A. 3.26　　　　　B. 2.56

C. 1.36　　　　　D. 0.56

【答案】C

【解析】负债利息 = 1 000 × 40% × 10% = 40（万元）。

财务杠杆系数 = 150/(150 - 40) = 1.36。

【例 5 - 11】（多选题）在其他条件不变时，会使经营杠杆系数变小的有（　　）。

A. 提高产品售价

B. 提高单位产品变动成本

C. 降低产品销量

D. 降低固定成本

【答案】AD

【解析】经营杠杆系数 =（销售收入 - 变动成本）/（销售收入 - 变动成本 - 固定成本）。从公式可知，A、D 会使经营杠杆系数变小，B、C 会使经营杠杆系数变大。

六、资本结构

（一）资本结构概述

1. 资本结构的含义

资本结构是指长期负债与股东权益的构成比例。资本结构问题实际上也就是债务资本的比例问题，即债务资金在企业全部资本中所占的比重。

所谓最佳资本结构，是指在一定条件下使企业平均资本成本率最低、企业价值最大的资本结

构。资本结构优化的目标，是降低平均资本成本率或提高普通股每股收益。

2. 资本结构理论

资本结构理论是现代企业财务领域的核心部分，美国学者莫迪格莱尼（Franco Modigliani）与米勒（Mertor Miller），提出了著名的 MM 理论，标志着现代资本结构理论的建立。

（1）MM 理论。该理论认为，在不考虑企业所得税时，有无负债不改变企业的价值。因此企业价值不受资本结构的影响。而且，有负债企业的股权成本随着负债程度的增大而增大。

修正的 MM 理论认为，在考虑企业所得税时企业可利用财务杠杆增加企业价值，因负债利息避税利益，企业价值会随着资产负债率的增加而增加。

（2）权衡理论。权衡理论认为，有负债企业的价值等于无负债企业价值加上税赋节约现值，再减去财务困境成本的现值。

（3）代理理论。代理理论认为，均衡的企业所有权结构是由股权代理成本和债权代理成本之间的平衡关系来决定的。

（4）优序融资理论。优序融资理论以非对称信息条件以及交易成本的存在为前提，认为企业外部融资要多支付各种成本，使得投资者从企业资本结构的选择来判断企业市场价值。从成熟的证券市场来看，企业的筹资优序模式首先是内部筹资，其次是借款、发行债券、可转换债券，最后是发行新股筹资。

（二）影响资本结构的因素

1. 企业经营状况的稳定性和成长率

（1）如果产销业务稳定，企业可较多地负担固定的财务费用，反之则相反；

（2）如果产销业务量能够以较高的水平增长，企业可以采用高负债的资本结构，以提升权益资本的报酬，反之则相反。

2. 企业财务状况和信用等级

企业财务状况良好，则容易获得债务资本，反之则相反。

3. 企业资产结构

（1）拥有大量固定资产的企业主要通过发行股票融通资金；

（2）拥有较多流动资产的企业更多依赖流动负债融通资金；

（3）资产适用于抵押贷款的企业负债较多；

（4）以技术研发为主的企业负债较少。

4. 企业投资人和管理当局的态度

（1）如果所有者害怕风险，可采用股权筹资；如果害怕分散控制权，可采用债务筹资；

（2）经营者对未来乐观，敢于冒险，则多负债，反之则相反。

5. 行业特征和企业发展周期

（1）产品市场稳定的成熟行业经营风险低，可多负债；高新技术企业经营风险高，可尽量少负债；

（2）企业初创阶段经营风险高，可少用负债；企业发展成熟阶段经营风险低，可增加债务比重；企业收缩阶段上，产品市场占有率下降，经营风险逐步加大，应降低债务资本比重，保证经营现金流量能够偿付到期债务。

6. 经济环境的税务政策和货币政策

（1）当所得税税率较高时，债务资本的抵税作用大，企业应充分利用这种作用以提高企业价值；

（2）当国家执行了紧缩的货币政策时，市场利率较高，企业债务资本成本增大。

（三）资本结构优化

1. 每股收益分析法

（1）方法原理。

该种方法是利用每股收益的无差别点进行的。所谓每股收益无差别点，是指每股收益不受融资方式影响的息税前利润水平或业务量水平。根据每股收益无差别点，可以分析判断在什么样的息税前利润水平下适于采用何种资本结构。

（2）每股收益无差别点计算公式。

$$\frac{(\overline{EBIT} - I_1)(1 - T) - DP_1}{N_1}$$
$$= \frac{(\overline{EBIT} - I_2)(1 - T) - DP_2}{N_2}$$

（3）缺点。

该种方法只考虑了资本结构对每股收益的影响，并假定每股收益越大股票价格也越高，把资本结构对风险的影响置于视野之外，是不全面的。

2. 平均资本成本比较法

平均资本成本比较法，是通过计算和比较各种可能的筹资组合方案的平均资本成本，选择平均资本成本率最低的方案。能够降低平均资本成本的资本结构，则是合理的资本结构。这种方法侧重于从资本投入的角度对筹资方案和资本结构进行优化分析。

3. 公司价值分析法

该种方法是在考虑市场风险基础上，以公司市场价值为标准，进行资本结构优化，即能够提升公司价值的资本结构，则是合理的资本结构。这种方法主要用于对现有资本结构进行调整，适用于资本规模较大的上市公司资本结构优化分析。同时，在公司价值最大的资本结构下，公司的平均资本成本率也是最低的。

设：V 表示公司价值，B 表示债务资本价值，S 表示权益资本价值。公司价值应该等于资本的市场价值，即：

$$V = S + B \qquad ①$$

为简化分析，假设公司各期的 EBIT 保持不变，债务资本的市场价值等于其面值，权益资本的市场价值，则可通过下式计算：

$$S = \frac{(EBIT - I) \cdot (1 - T)}{K_s} \qquad ②$$

且：$K_s = R_s = R_f + \beta(R_m - R_f) \qquad ③$

此时：$K_w = K_b \times \dfrac{B}{V} + K_s \times \dfrac{S}{V} \qquad ④$

【例5-12】（单选题）下列方法中，能够用于资本结构优化分析并考虑了市场风险的是（　　）。

A. 杠杆分析法

B. 公司价值分析法

C. 每股收益分析法

D. 利润敏感性分析法

【答案】B

【解析】公司价值分析法，是在考虑市场风险的基础上，以公司市场价值为标准，进行资本结构优化。

【例5-13】（单选题）出于优化资本结构和控制风险的考虑，比较而言，下列企业中最不适宜采用高负债资本结构的是（　　）。

A. 电力企业　　　B. 高新技术企业

C. 汽车制造企业　D. 餐饮服务企业

【答案】B

【解析】不同行业资本结构差异很大。高新技术企业产品、技术、市场尚不成熟，经营风险高，因此可降低债务资本比重，控制财务杠杆风险。所以本题选择B。

通关演练

一、单项选择题

1. 如果其他因素不变且不存在优先股，企业所得税税率的下降会导致财务杠杆系数（　　）。
A. 不变　　　　　B. 变大
C. 变小　　　　　D. 不确定

2. 一般而言，不会随销售变化成正比例变化的资产项目是（　　）。
A. 货币资金　　　B. 固定资产
C. 应收账款　　　D. 存货

3. 公司增发的普通股的市价为 12 元/股，筹资费用率为市价的6%，最近刚发放的股利为每股 0.6 元，已知该股票的资本成本率为11%，则该股票的股利年增长率为（　　）。
A. 5%　　　　　B. 5.39%
C. 5.68%　　　　D. 10.34%

4. 一般而言，企业资金成本最高的筹资方式是（　　）。
A. 发行债券　　　B. 长期借款
C. 发行普通股　　D. 发行优先股

5. 下列筹资活动不会加大财务杠杆作用的是（　　）。
A. 增发普通股　　B. 增发优先股
C. 增发公司债券　D. 增加银行借款

6. 一般而言，下列不属于变动资金的是（　　）。
A. 直接构成产品实体的原材料占用的资金
B. 直接构成产品实体的外购件占用的资金
C. 辅助材料占用的资金
D. 最低保险储备以外的现金占用的资金

7. 甲公司今年的经营杠杆系数为3，财务杠杆系数为 2，固定的财务费用为 20 万元，无优先股。则甲公司的固定生产经营成本为（　　）万元。

A. 40   B. 60

C. 80   D. 100

8. 某公司的经营杠杆系数为 2，财务杠杆系数为 3，预计销售将增长 10%，在其他条件不变的情况下，每股收益将增长（　　）。

A. 50%   B. 10%

C. 30%   D. 60%

9. 采用销售百分比法预测资金需求量时，下列各项中，属于非变动性项目的是（　　）。

A. 现金   B. 存货

C. 长期借款   D. 应付账款

10. 在计算长期资金的个别成本时，如果证券发行成本忽略不计，那么留存收益成本等于（　　）。

A. 普通股成本

B. 优先股成本

C. 公司的加权平均资本成本

D. 无成本

11. 产生经营杠杆效应的前提条件是存在（　　）。

A. 企业所得税

B. 变动成本

C. 固定生产经营成本

D. 固定财务费用

12. 甲公司上年度资金平均占用额为 1 200 万元，经分析，其中不合理部分 70 万元，预计本年度销售增长 6%，考虑到公司信用政策的变化，预计资金周转加速度为 −8%。则预测年度资金需要量是（　　）万元。

A. 1 157.58   B. 1 185.66

C. 1 239.57   D. 1 293.62

13. 已知甲公司按平均市场价值计量的目标债务权益比为 0.8，公司资本成本为 10.5%，公司所得税税率为 35%。如果该公司的权益资本成本为 15%，则该公司税前债务资本成本为（　　）。

A. 6%   B. 7.5%

C. 10%   D. 12%

14. 某企业预计的资本结构中，产权比率为 2/3，债务税前资本成本为 14%。目前市场上的无

风险报酬率为 8%，市场上所有股票的平均收益率为 16%，公司股票的 β 系数为 1.2，所得税税率为 30%，则加权平均资本成本为（　　）。

A. 14.48%   B. 16%

C. 18%   D. 12%

15. 甲公司产品的单位变动成本为 20 元，单位销售价格为 50 元，销售量为 10 万件，固定成本为 30 万元，利息费用为 40 万元，优先股股利为 75 万元，所得税税率为 25%。根据这些资料计算出的下列指标中不正确的是（　　）。

A. 边际贡献为 300 万元

B. 息税前利润为 270 万元

C. 经营杠杆系数为 1.11

D. 财务杠杆系数为 1.17

16. 假设其他因素不变，某企业存在经营杠杆效应和财务杠杆效应，当固定生产经营成本提高时，财务杠杆系数会（　　）。

A. 提高   B. 不变

C. 下降   D. 不确定

17. 假设其他因素不变，某企业存在经营杠杆效应和财务杠杆效应，当固定性资本成本下降时，经营杠杆系数会（　　）。

A. 提高   B. 不变

C. 下降   D. 不确定

18. 认为投资者可以从企业资本结构的选择中判断企业市场价值的资本结构理论是（　　）。

A. MM 理论   B. 权衡理论

C. 代理理论   D. 优序融资理论

19. 一般来说，下列各项中，比率最大的是（　　）。

A. 边际贡献与息税前利润之比

B. 净利润与息税前利润之比

C. 每股收益变化率与息税前利润变化率之比

D. 每股收益变化率与销售额变化率之比

20. 下列各项中，将会导致经营杠杆效应最大的情况是（　　）。

A. 实际销售额等于目标销售额

B. 实际销售额大于目标销售额

C. 实际销售额等于盈亏临界点销售额

D. 实际销售额大于盈亏临界点销售额

21. 下列各项中，通常不会导致企业资本成本增

加的是（　　）。

A. 通货膨胀加剧

B. 投资风险上升

C. 经济持续过热

D. 证券市场流动性增强

22. 在通常情况下，适宜采用较高负债比例的企业发展阶段是（　　）。

A. 初创阶段　　　　B. 破产清算阶段

C. 收缩阶段　　　　D. 发展成熟阶段

23. 按照权衡理论，如果无负债企业价值＝2 000万元，永续的债务利息抵税收益＝300万元，永续的财务困境成本＝80万元，适当的折现率＝10%。则有负债企业价值应为（　　）万元。

A. 2 300　　　　　B. 2 200

C. 2 220　　　　　D. 4 200

24. 在各种资本结构理论中，认为资本结构对企业价值没有影响的理论是（　　）。

A. 无企业所得税的MM理论

B. 有企业所得税的MM理论

C. 权衡理论

D. 优序融资理论

25. 进行筹资方案组合时，边际资本成本计算采用的价值权数是（　　）。

A. 账面价值权数

B. 市场价值权数

C. 评估价值权数

D. 目标价值权数

26. 企业筹资管理的核心问题是（　　）。

A. 资本成本

B. 资本结构及其管理

C. 资金数量

D. 资金使用时间

27. 在下列各项中，不能用于平均资本成本计算的是（　　）。

A. 市场价值权数　　B. 目标价值权数

C. 账面价值权数　　D. 边际价值权数

28. 资本结构的权衡理论是对（　　）所做出的的修正。

A. 无企业所得税的MM理论

B. 有企业所得税的MM理论

C. 代理理论

D. 优序融资理论

29. 按照优序融资理论，企业筹资先后的优序模

式是（　　）。

A. 内部筹资、借款、发行债券、发行可转换债券、发行新股

B. 内部筹资、发行新股、借款、发行债券、发行可转换债券

C. 借款、发行债券、发行可转换债券、内部筹资、发行新股

D. 发行债券、发行可转换债券、借款、发行新股、内部筹资

30. 假定某企业的权益资金与负债资金的比例为60:40，据此可断定该企业（　　）。

A. 只存在经营风险

B. 经营风险大于财务风险

C. 经营风险小于财务风险

D. 同时存在经营风险和财务风险

31. 下列各项中，运用普通股每股收益无差别点确定最佳资金结构时，需计算的指标是（　　）。

A. 息税前利润　　　B. 营业利润

C. 净利润　　　　　D. 利润总额

32. 在外部融资需求为正值的情况下，若其他条件不变，下列关于外部融资需求的销售额百分比法的表述中，不正确的是（　　）。

A. 销售额增加，必然引起外部融资需求增加

B. 销售净利率提高，必然引起外部融资需求减少

C. 股利支付率提高，必然引起外部融资需求增加

D. 在股利支付率为100%时，销售净利率与外部融资额呈反方向变化

33. 在各种资本结构理论中，认为负债水平越高，企业价值越大的理论是（　　）。

A. 无企业所得税的MM理论

B. 有企业所得税的MM理论

C. 权衡理论

D. 代理理论

34. 某企业债务的账面价值为3 000万元，权益资本成本为10%，永续的税前利润为700万元，适用的所得税税率为25%。按照公司价值分析法，该企业的价值为（　　）万元。

A. 5 250　　　　　B. 6 250

C. 7 250　　　　　D. 8 250

35. 在财务管理中，将资金划分为变动资金与不

变资金两部分，并据以预测企业未来资金需要量的方法称为（　　）。

A. 定性预测法　　　B. 比率预测法

C. 资金习性预测法　D. 成本习性预测法

36. 如果企业的资金来源全部为自有资金，且没有优先股存在，则企业财务杠杆系数（　　）。

A. 等于0　　　　　B. 等于1

C. 大于1　　　　　D. 小于1

二、多项选择题

1. 使用销售百分比法预测资金需要量时，经营性负债项目一般不包括（　　）。

A. 应付账款　　　　B. 短期借款

C. 短期融资券　　　D. 长期借款

2. 既可以采用一般模式也可以采用贴现模式计算资本成本的筹资方式有（　　）。

A. 银行借款　　　　B. 发行债券

C. 普通股　　　　　D. 留存收益

3. 下列各项中，可用于确定企业最优资金结构的方法有（　　）。

A. 高低点法　　　　B. 公司价值分析法

C. 平均资本成本法　D. 每股收益分析法

4. 下列关于资本结构理论的说法正确的有（　　）。

A. 最佳资本结构是指在一定条件下使企业平均资本成本率最低的资本结构

B. 修正的MM理论有负债企业的价值等于无负债企业的价值加上税赋节约现值，再减去财务困境成本的现值

C. 代理理论认为，均衡的企业所有权结构是由股权代理成本和债权代理成本之间的平衡关系来决定的

D. 优序融资理论认为企业投资者会从企业资本结构的选择来判断企业市场价值

5. 对于（　　）的长期资本更为准确一些的资本成本计算方式是采用贴现模式。

A. 筹资费用高　　　B. 金额大

C. 时间超过一年　　D. 用途特定

6. 以目标价值权数计算平均资本成本时，目标价值权重的确定，可以选择（　　）。

A. 目前的市场价值　B. 目前的账面价值

C. 未来的市场价值　D. 未来的账面价值

7. 以下事项中，会导致公司加权平均资本成本

提高的有（　　）。

A. 因总体经济环境变化，导致无风险报酬率提高

B. 市场风险溢价提高

C. 公司股票上市交易，改善了股票的市场流动性

D. 市场利率降低

8. 下列表述中正确的有（　　）。

A. 基于每股收益无差别点分析选择的融资方案是能给股东带来最大净收益的方案

B. 每股收益无差别点分析不能用于确定最优资本结构

C. 经营杠杆并不是经营风险的来源，而只是放大了经营风险

D. 经营风险指企业未使用债务时经营的内在风险，它是企业投资决策的结果，表现在资产息税前利润率的变动上

9. 下列会对企业资本成本产生影响的因素包括（　　）。

A. 通货膨胀水平的高低

B. 证券市场的活跃程度

C. 企业所处的行业

D. 企业所处的发展阶段

10. 在狭义的资本结构中，需要考虑的筹资方式有（　　）。

A. 商业信用　　　　B. 可转换债券

C. 优先股　　　　　D. 留存收益

11. 下列关于债券发行的说法中，正确的有（　　）。

A. 债券发行价格的形成受诸多因素的影响，其中主要是票面利率与市场利率的一致程度

B. 如果债券溢价发行，则投资者购买债券的报酬率会低于市场利率

C. 如果债券折价发行，则投资者购买债券的报酬率会高于市场利率

D. 如果债券平价发行，则投资者购买债券的报酬率会等于市场利率

12. 如果甲企业经营杠杆系数为1.5，总杠杆系数为3，则下列说法中正确的有（　　）。

A. 如果销售量增加12%，息税前利润将增加18%

B. 如果息税前利润增加20%，每股收益将增加40%

C. 如果销售量增加10%，每股收益将增加30%

D. 如果每股收益增加30%，销售量需要增加5%

13. 在不存在优先股的前提下，如果利息保障倍数=6，利息费用=20万元，每年固定生产经营成本=100万元。则经营杠杆系数和财务杠杆系数分别为（　　）。

A. 1.833　　　　　B. 1.563

C. 1.50　　　　　D. 1.20

14. 经营杠杆是指企业的资产报酬变动率大于业务量变动率的现象。这里的"资产报酬"不是指（　　）。

A. 边际贡献　　　　B. 息税前利润

C. 税前利润　　　　D. 税后利润

15. 下列关于资本成本的表述中，正确的有（　　）。

A. 筹资费用是一次性费用，占用费用是多次性费用

B. 资本成本是比较筹资方式、选择筹资方案的依据

C. 资本成本是评价投资项目可行性的主要标准

D. 对于负债筹资而言，其占用费用就是每期支付的利息费用

16. 如果企业经营风险发生变化，下列可能会随之变化的杠杆系数有（　　）。

A. 经营杠杆系数　　B. 财务杠杆系数

C. 总杠杆系数　　　D. 固定杠杆系数

17. 下列关于财务杠杆的表述中，正确的有（　　）。

A. 负债为零时财务杠杆系数为1

B. 在其他条件相同的情况下，负债越高，财务杠杆系数越大

C. 财务杠杆系数越大，财务风险越高

D. 财务杠杆系数越大，财务风险越低

18. 针对目前股票价格偏低的情况，甲公司打算在不改变总资本的前提下，向银行借款回购一定数量的股票。这项措施可能产生的后果不包括（　　）。

A. 降低经营风险　　B. 降低财务风险

C. 提高经营风险　　D. 提高财务风险

19. 评价资本结构处于最佳状态的合理标准应当

有（　　）。

A. 每股收益最高　　B. 资本成本最低

C. 权益市值最高　　D. 企业价值最高

20. 某公司本年的销售量为100万件，售价为20元/件，单位变动成本12元，总固定成本为50万元，优先股股息为75万元，利息费用为20万元，所得税税率为25%，则据此计算得出的（　　）。

A. 经营杠杆系数为1.07

B. 财务杠杆系数为1.03

C. 总杠杆系数为1.27

D. 盈亏平衡点为6.25万件

21. 当企业息税前利润为零时，下列表述中正确的有（　　）。

A. 此时企业的销售收入与生产经营成本相等

B. 此时经营杠杆系数趋于无穷小

C. 此时边际贡献等于固定成本

D. 此时企业的销售收入与变动成本和固定成本之和相等

22. 下列关于经营杠杆的表述中，正确的有（　　）。

A. 如果不存在固定成本，就没有经营杠杆效应，经营杠杆系数一定是1

B. 经营杠杆系数并非产生经营风险的主要原因

C. 经营杠杆系数反映的是息税前利润变化率相当于产销业务量变化率的倍数

D. 在其他条件不变的情况下，经营杠杆系数越大，净利润变化幅度越大

23. 认为存在最佳资本结构的资本结构理论有（　　）。

A. 无企业所得税的MM理论

B. 有企业所得税的MM理论

C. 权衡理论

D. 代理理论

24. 企业发行票面利率为k的债券时，市场利率为k，下列说法中正确的有（　　）。

A. 若$i<k$，债券溢价发行

B. 若$i>k$，债券折价发行

C. 若$i>k$，债券溢价发行

D. 若$i<k$，债券折价发行

25. 根据现有资本结构理论，下列各项中，属于影响资本结构决策因素的有（　　）。

A. 企业资产结构

B. 企业财务状况

C. 企业产品销售状况

D. 企业技术人员学历结构

26. 在下列各种情况下，会给企业带来经营风险的有（   ）。

A. 企业举债过度

B. 原材料价格发生变动

C. 企业产品更新换代周期过长

D. 企业产品的生产质量不稳定

27. 下列有关资本结构的代理理论表述中，正确的有（   ）。

A. 资本结构会影响经理人员的工作水平

B. 债务筹资具有激励作用

C. 债务筹资会导致代理成本

D. 均衡的所有权结构是由债务代理成本之间的平衡关系决定的

28. 按照考虑企业所得税的 MM 理论，会影响有负债企业的股权成本的因素有（   ）。

A. 无负债企业的股权成本

B. 以市值计算的债务与股权的比例

C. 企业所得税税率

D. 企业价值的高低

29. 在计算个别资金成本时，需要考虑所得税抵减作用的筹资方式有（   ）。

A. 银行借款   B. 长期债券

C. 优先股   D. 普通股

30. 下列各项因素中，不影响经营杠杆系数计算结果的有（   ）。

A. 销售单价   B. 销售数量

C. 资本成本   D. 所得税税率

31. 下列各种财务决策方法中，可以用于确定最优资本结构的有（   ）。

A. 现值指数法   B. 每股收益分析法

C. 回收期法   D. 公司价值分析法

32. 在资本结构理论中，优序融资理论的研究以（   ）为前提条件。

A. 信息对称   B. 信息不对称

C. 存在交易成本   D. 不存在交易成本

33. 下列有关企业影响资本结构的因素表述中，正确的有（   ）。

A. 高成长企业可以采用高负债的资本结构

B. 稳健的管理当局偏好低负债比例的资本

结构

C. 高新技术企业应当采用高负债的资本结构

D. 经营风险低的企业可以采用高负债的资本结构

34. 下列各项因素中，能够影响公司资本成本水平的有（   ）。

A. 通货膨胀   B. 筹资规模

C. 经营风险   D. 资本市场效率

35. 资本结构中负债的意义有（   ）。

A. 一定程度的负债有利于降低企业的资本成本

B. 负债筹资具有财务杠杆作用

C. 负债资本会降低企业经营风险

D. 负债资本会降低企业财务风险

三、判断题

1. 使用销售百分比法预测资金需要量的前提条件是资产与负债与销售收入之间存在稳定的比例关系。（   ）

2. 采用逐项分析法预测资金需要量时，资金习性预测模型中的不变资金是扣除了自发性负债所带来的不变资金后的金额。（   ）

3. 企业按照销售百分率法预测出来的资金需要量，是企业在未来一定时期资金需要量的增量。（   ）

4. 经济危机时期，由于企业经营环境恶化、销售下降，企业应当逐步降低债务水平，以减少破产风险。（   ）

5. 如果采用浮动股息率发行优先股，优先股的资本成本率就只能按照一般模式计算。（   ）

6. 只有在资本市场有效的假设前提下，才能使用股利增长模型和资本资产定价模型计算普通股的资本成本。（   ）

7. 资本成本是指筹资费用，即为资金筹集所付出的代价。（   ）

8. 利用债券筹资可以发挥财务杠杆，且降低筹资风险。（   ）

9. 如果销售具有较强的周期性，则企业在筹集资金时不宜过多采用负债筹资。（   ）

10. 只要存在固定生产经营成本，就存在经营杠杆效应。但以不同产销业务量为基础，其经营杠杆效应的大小程度是不一致的。（   ）

11. 由于固定性财务费用的存在，会使得普通股收益（或每股收益）变动率大于息税前利润变动率，这种杠杆效应叫作财务杠杆。
（　　）

12. 财务杠杆，是指由于固定费用的存在而导致普通股每股利润变动率大于业务量变动率的杠杆效应，只要是在企业的筹资方式中有固定财务费用的债务，就会存在财务杠杆效应，财务杠杆会加大财务风险，企业负债比重越大，财务杠杆效应越强，财务风险越大。
（　　）

13. 资本结构，是指企业各种资本构成及其比例关系。资本结构问题总的来说是负债资本的比例问题，即负债在企业全部资本中的比重。
（　　）

14. 在其他因素不变的情况下，如果企业所得税税率提高，经营杠杆系数下降。
（　　）

15. 在其他因素不变的情况下，如果企业所得税税率提高，财务杠杆系数下降。
（　　）

16. 最优资本结构是使企业筹资能力最强、财务风险最小的资本结构。
（　　）

17. 权衡理论认为企业外部融资要多支付各种成本，使得投资者以企业资本结构的选择来判断企业市场价值。
（　　）

18. 企业融资规模、时限与企业资本成本成正比例变化的关系。
（　　）

19. 每股收益分析法和平均资本成本比较法都是侧重于从资本投入的角度对筹资方案和资本结构进行优化分析。
（　　）

20. 当息税前利润大于零，单位边际贡献不变时，除非固定成本为零和业务量无穷大，否则息税前利润的变动率大于销售量的变动率。
（　　）

21. 经营杠杆能够扩大市场和生产等不确定性因素对利润变动的影响。
（　　）

22. 资本成本率是企业用以确定项目要求达到的投资报酬率的最低标准。
（　　）

23. 权衡理论认为，有负债企业价值等于无负债企业价值加上税赋节约价值。
（　　）

24. 不考虑所得税的 MM 理论认为，有负债企业的股权成本随着负债程度的增大而增大。
（　　）

25. 增加负债比重，虽然会影响信用评级机构对企业的评价，但却可以降低资本成本。
（　　）

26. 在各种资金来源中，凡是需要支付固定性资金成本的资金都能产生财务杠杆作用。
（　　）

27. 在经营杠杆、财务杠杆与总杠杆中，作用最大的是总杠杆。
（　　）

28. 绝大多数企业资本结构的变动很可能是被动发生而不是主动调整的。
（　　）

29. 按照每股收益分析法，当企业预计息税前利润大于每股收益无差别点息税前利润时，应当采用普通股筹资。反之，应当采用负债筹资。
（　　）

30. 以账面价值为权数计算的加权平均资本成本能反映企业目前的实际情况。
（　　）

31. 在个别资本成本一定的情况下，平均资本成本取决于资本总额。
（　　）

32. 一般来说，拥有大量固定资产的企业主要通过发行股票和长期负债筹集资金。
（　　）

33. 经营杠杆给企业带来的风险是指成本上升的风险。
（　　）

34. 由于内部筹集一般不产生筹资费用，所以内部筹资的资本成本最低。
（　　）

四、计算分析题

1. 某企业 20×1 年至 20×6 年历年产销量和资金变化情况如下表所示，20×7 年预计销售量为 1 500 万件，请预计 20×7 年的资金需要量。

产销量与资金变化情况表

年度	产销量 X（万件）	资金占用 Y（万元）
20×1	1 200	1 000
20×2	1 100	950
20×3	1 000	900
20×4	1 200	1 000
20×5	1 300	1 050
20×6	1 400	1 100

2. 某企业历年现金占用与销售额之间的关系如下表所示：

现金与销售额变化情况表

单位：元

年度	销售收入 X	现金占用 Y
20×1	2 000 000	110 000
20×2	2 400 000	130 000
20×3	2 600 000	140 000
20×4	2 800 000	150 000
20×5	3 000 000	160 000

资金需要量预测表

项目	年度不变资金（a）（元）	每元销售收入所需要变动资金（b）
流动资产		
现金		
应收账款	60 000	0.14
存货	100 000	0.22
流动负债		
应付账款及应付费用	80 000	0.11
固定资产		
厂房、设备	510 000	0

请根据两者的关系计算现金占用项目中不变资金和变动资金的数额。假设 20×6 年的预计销售额为 3 500 000 元，请预测 20×6 年的资金需要量。

3. 某公司目前发行在外普通股 100 万股（每股 1 元），已发行 10% 利率的债券 400 万元。该公司打算为一个新的投资项目融资 500 万元，新项目投产后公司每年息税前利润增加到 200 万元。公司适用所得税税率为 40%。现有两个方案可供选择：

方案 1：按 12% 的利率发行债券；

方案 2：按每股 20 元发行新股。

要求：

（1）计算两个方案的每股收益；

（2）计算两个方案的每股收益无差异点息税前利润；

（3）计算两个方案的财务杠杆系数；

（4）判断哪个方案更好。

4. B 公司为一上市公司，适用的企业所得税税率为 25%，相关资料如下：

资料一：2018 年 12 月 31 日发行在外的普通股为 10 000 万股（每股面值 1 元），公司债券为 24 000 万元（该债券发行于 2017 年初，期限 5 年，每年末付息一次，利息率为 5%），该年息税前利润为 5 000 万元。假定全年没有发生其他应付息债务。

资料二：B 公司打算在 2019 年为一个新投资项目筹资 10 000 万元，该项目当年建成并投产。预计该项目投产后公司每年息税前利润会增加 1 000 万元。现有甲乙两个方案可供选择，其中：甲方案为增发利息率为 6% 的公司债券；乙方案为增发 2 000 万股普通股。假定各方案的筹资费用均为零，且均在 2019 年 1 月 1 日发行完毕。部分预测数据如下表所示：

项目	甲方案	乙方案
增资后息税前利润（万元）	6 000	6 000
增资前利息（万元）	*	1 200
新增利息（万元）	600	*
增资后利息（万元）	（A）	*
增资后税前利润（万元）	*	4 800
增资后税后利润（万元）	*	3 600
增资后普通股股数（万股）	*	*
增资后每股收益（元）	0.315	（B）

说明：上表中"*"表示省略的数据。

要求：

（1）根据资料一计算 B 公司 2019 年的财务杠杆系数。

（2）确定表中用字母表示的数值（不需要列示计算过程）。

（3）计算甲乙两个方案的每股收益无差别点息税前利润，并判断应采取哪个方案。

5. 已知：某公司 2018 年 12 月 31 日的长期负债及所有者权益总额为 18 000 万元，其中，发行在外的普通股 8 000 万股（每股面值 1 元），公司债券 2 000 万元（按面值发行，票面年利率为 8%，每年末付息，三年后到期）。资本公积 4 000 万元，其余均为留存收益。2019 年 1 月 1 日，该公司拟投资一个新的建设项目需追加筹资 2 000 万元。现在有 A、B 两个筹资方案：A. 发行普通股，预计每股发行价格为 5 元；B. 按面值发行票面年利率为 8% 的公司债券（每年末付息）。假定该建设项目投产后，2018 年度公司可实现息税前利润 4 000 万元。公司适用的所得税税率为 25%。

要求：

（1）计算 A 方案的下列指标。①增发普通股的股份数。②2019 年公司的全年债券利息。

（2）计算 B 方案下 2019 年公司的全年债券利息。

（3）①计算 A、B 两方案的每股收益无差别点。②为该公司作出筹资决策。

6. 已知：某公司 2018 年销售收入为 20 000 万元，销售净利润率为 12%，净利润的 60% 分配给投资者。2018 年 12 月 31 日的资产负债表（简表）如下：

资产负债表（简表）

2018 年 12 月 31 日　单位：万元

资产	期末余额	负债及所有者权益	期末余额
货币资金	1 000		
应收账款净额	3 000		
存货	6 000		

续表

资产	期末余额	负债及所有者权益	期末余额
固定资产净值	7 000		
无形资产	1 000		
		应付账款	1 000
		应付票据	2 000
		长期借款	9 000
		实收资本	4 000
		留存收益	2 000
资产总计	18 000	负债与所有者权益总计	18 000

该公司 2019 年计划销售收入比上年增长 30%，为实现这一目标，公司需新增设备一台，价值 148 万元。根据历年财务数据分析，公司流动资产与流动负债随销售额同比率增减。公司如需对外筹资，可按面值发行票面年利率为 10%、期限为 10 年、每年末付息的公司债券解决。假定该公司 2019 年的销售净利率和利润分配政策与上年保持一致，公司债券的发行费用可忽略不计，适用的企业所得税税率为 25%。

要求：

（1）计算 2019 年公司需增加的营运资金。

（2）预测 2019 年需要对外筹集的资金量。

（3）计算发行债券的资金成本。

通关演练参考答案及解析

一、单项选择题

1.【答案】A

【解析】经营杠杆研究的是息税前利润变动与产销业务量变动之间的相互关系，与企业所得税税率的变化无关。财务杠杆系数的定义公式为 $DFL = \dfrac{\Delta EPS/EPS_0}{\Delta EBIE/EBIT_0}$，企业所得税税率的变化会影响 ΔEPS 和 EPS_0，但对 $\Delta EPS/$

EPS_0 没有影响，不会导致财务杠杆系数的变化。更直观地，在不存在优先股息的情况下，财务杠杆系数的计算也可以简化为：$DFL = \dfrac{EBIT_0}{EBIT_0 - I_0}$，可知，企业所得税税率的变化不会导致财务杠杆系数的变化。

2.【答案】B

【解析】经营性资产与经营性负债的差额通常与销售额保持稳定的比例关系。经营性资产项目包括库存现金、应收账款、存货等项目；经营性负债项目包括应付票据、应付账款等项目，不包括短期借款、短期融资券、长期负债等筹资性负债。

在企业生产能力的范围内，固定资产不会随着销售的变化成正比例变化。

3.【答案】B

【解析】股票资本成本的计算公式为：股票的资金成本 $= [D_1/P(1-f)] + g$，$11\% = [0.6 \times (1+g)/12 \times (1-6\%)] + g$，$g = 5.39\%$。

4.【答案】C

【解析】在企业各种筹资方式中，负债的资本成本低于所有者权益的资本成本，因此，债券和长期借款的资本成本低于普通股票和优先股票；由于普通股票的风险大于优先股，投资者要求的普通股报酬率高于优先股，因此普通股的资本成本要高于优先股票。

5.【答案】A

【解析】由于固定性资本成本的存在导致普通股股东权益的变动大于息税前利润变动的杠杆效应称作财务杠杆。财务杠杆系数是普通股每股收益的变动相当于息税前利润变动率的倍数，财务杠杆系数的计算公式：$DFL = \dfrac{\Delta EPS/EPS}{\Delta EBIT/EBIT} = \dfrac{EBIT_0}{EBIT_0 - I_0 - \dfrac{D_0}{1-T}}$ 可以看出，增发普通股与财务杠杆系数无关。

6.【答案】C

【解析】变动资金指随产销量的变动而同比例变动的那部分资金，某些辅助材料占用的资金属于半变动资金。

7.【答案】C

【解析】财务杠杆系数公式为：$2 =$ 息税前利润/(息税前利润 -20)，息税前利润 $= 40$ 万元；经营杠杆系数公式为：$3 = (40 + $ 固定生产经营成本$)/40$，固定生产经营成本 $= 80$ 万元。

8.【答案】D

【解析】$DTL = DOL \cdot DFL = 6$。所以，每股收益增长率 $= 6 \times 10\% = 60\%$。

9.【答案】C

【解析】变动性负债是指随销售收入变动而变动的经营性短期债务，长期借款属于筹资性的长期债务，不包括在内，所以本题选择选项C。

10.【答案】A

【解析】留存收益的成本，等于不考虑发行费用的普通股的资本成本。

11.【答案】C

【解析】如果不存在固定生产经营成本，所有成本都是变动性经营成本，边际贡献就等于息税前利润，此时息税前利润变动率与产销业务量变动率就完全一致，也就不存在经营杠杆效应。

12.【答案】D

【解析】预测年度资金需要量 $= (1\,200 - 70) \times (1+6\%) \times (1+8\%) = 1\,293.62$（万元）。

13.【答案】B

【解析】设债务税前资本成本为 K，则有：$WACC = 1/1.8 \times 15\% + 0.8/1.8 \times (1-35\%) \times K = 10.5\%$

解得：$K = 7.5\%$。

14.【答案】A

【解析】产权比率 $=$ 负债/所有者权益 $= 2/3$，所以，负债占全部资产的比重为：$2/(2+3) = 0.4$，所有者权益占全部资产的比重为：$1 - 0.4 = 0.6$。

债务税后资本成本 $= 14\% \times (1-30\%) = 9.8\%$，权益资本成本 $= 8\% + 1.2 \times (16\% - 8\%) = 17.6\%$，加权平均资本成本 $= 0.4 \times 9.8\% + 0.6 \times 17.6\% = 14.48\%$。

15.【答案】D

【解析】边际贡献 $= 10 \times (50 - 20) = 300$（万元），息税前利润 $= 300 - 30 = 270$（万元），经营杠杆系数 $= 300/270 = 1.11$，财务杠杆系数 $= 270/[270 - 40 - 75/(1-25\%)] = 2.08$。

16.【答案】A

【解析】其他因素不变的情况下，当固定生产经营成本提高时，息税前利润会变小，财务杠杆系数会提高。

17.【答案】B

【解析】其他因素不变的情况下，当固定性资本成本下降时，边际贡献和息税前利润不会发生变化，所以经营杠杆系数也不变。

18.【答案】D

【解析】优序融资理论认为，企业外部融资

需要多支付各种成本，使得投资者可以从企业资本结构的选择中判断企业市场价值。

19.【答案】D

【解析】每股收益变化率与销售额变化率之比是总杠杆系数；边际贡献与息税前利润之比是经营杠杆系数；每股收益变化率与息税前利润变化率之比是财务杠杆系数；净利润与息税前利润之比肯定不会大于1，一般来说，经营杠杆系数和财务杠杆系数均会大于1，所以D最大。

20.【答案】C

【解析】经营杠杆系数的计算公式为 DOL = (EBIT + F)/EBIT，当实际销售额等于盈亏临界点销售额时，企业的息税前利润为0，公式中分母为0，经营杠杆系数趋近于无穷大，这种情况下经营杠杆效应最大。所以本题的正确答案为C。

21.【答案】D

【解析】如果国民经济不景气或者经济过热，通货膨胀持续居高不下，投资者投资风险大，预期报酬率高，筹资的资本成本就高，而选项A、B、C均会导致企业资本成本增加，所以本题选D。

22.【答案】D

【解析】一般来说，在企业初创阶段，产品市场占有率低，产销业务量小，经营杠杆系数大，此时企业筹资主要依靠权益资本，在较低程度上使用财务杠杆，在企业扩张成熟期，产品市场占有率高，产销业务量大，经营杠杆系数小，此时，企业资本结构中可扩大债务资本，在较高程度上使用财务杠杆。故选项A不对。同样，企业在破产清算阶段和收缩阶段都不宜采用较高负债比例，故选项B和C不对。所以本题选D。

23.【答案】D

【解析】负债企业价值 = 2 000 + (300/10%) – (80/10%) = 4 200 (万元)

24.【答案】A

【解析】MM理论认为，在不考虑企业所得税的前提下，有无负债不影响企业的价值。

25.【答案】D

【解析】筹资方案组合时，边际资本成本的权数采用的是目标价值权数。

26.【答案】B

【解析】资本结构是指企业各种资金的构成及其比例关系，资本结构及其管理是企业筹资管理的核心问题。

27.【答案】D

【解析】在确定各种资本在总资本中所占的比重时，各种资金价值的确定基础包括三种：账面价值、市场价值和目标价值。

28.【答案】B

【解析】权衡理论是考虑在平衡债务利息的抵税收益与财务困境成本的基础上，资本结构如何影响企业市场价值，是对有企业所得税的MM理论的修正。

29.【答案】A

【解析】按照优序融资理论，企业筹资的优序模式首先是内部筹资，其次是借款、发行债券、发行可转换债券，最后是发行新股。

30.【答案】D

【解析】根据权益资金和负债资金的比例可以看出企业存在负债，所以存在财务风险；只要企业经营，就存在经营风险。但是无法根据权益资金和负债资金的比例判断出财务风险和经营风险谁大谁小。

31.【答案】A

【解析】每股收益无差别点法就是利用预计的息税前利润与每股收益无差别点的息税前利润的关系进行资本结构决策的。

32.【答案】D

【解析】从销售额百分比法的计算公式：外部融资需要量 = (A/S1) × ΔS – (B/S1) × ΔS – P × E × S2，可知选项A、B、C是正确的；在股利支付率为100%时，实现的利润再多也被全部分掉，销售净利率与外部融资额无关，所以D不正确。

33.【答案】B

【解析】有企业所得税的MM理论认为，企业可以通过财务杠杆增加企业价值，因为负债利息可以带来避税利益，企业价值会随资产负债率的增加而增加。

34.【答案】D

【解析】净利润 = 700 × (1 – 25%) = 525 (万元)，权益市值 = 525/10% = 5 250 (万元)，企业价值 = 5 250 + 3 000 = 8 250 (万元)。

35.【答案】C

【解析】资金习性预测法是将资金划分为变动资金与不变资金两部分，并据以预测企业未来资金需要量的方法。

36.【答案】B

【解析】只要在企业的筹资方式中有固定支出的债务或优先股，就存在财务杠杆的作用。所以，如果企业的资金来源全部为自有资金，且没有优先股存在，则企业财务杠杆系数就等于1。

二、多项选择题

1.【答案】BCD

【解析】经营性负债项目一般包括应付票据、应付账款等项目，不包括短期借款、短期融资券、长期负债等筹资性负债。

2.【答案】AB

【解析】银行借款和发行债券既可以采用一般模式也可以采用贴现模式计算；普通股的资本成本只能采用贴现模式计算；留存收益的资本成本与普通股相同，因此也只能采用贴现模式计算。

3.【答案】BCD

【解析】资本结构是指企业各种资金的构成及其比例关系。确定最优资本结构的方法主要有：每股收益分析法、平均资本成本法和公司价值分析法。

4.【答案】CD

【解析】所谓最佳资本结构，是指在一定条件下使企业平均资本成本率最低、企业价值最大的资本结构。资本结构优化的目标，是降低平均资本成本率或提高普通股每股收益。所以A选项错误。修正的MM理论认为企业可利用财务杠杆增加企业价值，因负债利息避税利益，企业价值会随着资产负债率的增加而增加，而权衡理论考虑了财务困境，认为有负债企业的价值等于无负债企业的价值加上税赋节约现值，再减去财务困境成本的现值。因此B错误。因此C选项和D选项正确。

5.【答案】BC

【解析】对于金额大、时间超过一年的长期资本更为准确的资本成本计算方式是采用贴现模式。

6.【答案】CD

【解析】以目标价值权数计算平均资本成本，能体现决策的相关性。目标价值权重的确定，可以选择未来的市场价值，也可以选择未来的账面价值。

7.【答案】AB

【解析】改善股票的市场流动性，投资者想买进或卖出证券相对容易，变现风险减小，要求的收益率会降低，所以会降低企业的资本成本，所以，选项C不正确；市场利率降低，公司的资本成本也会下降，会刺激公司投资，所以，选项D不正确。

8.【答案】ABCD

【解析】以上说法均正确，其中每股收益无差别点分析不考虑风险，所以不能用于确定最优资本结构。

9.【答案】ABCD

【解析】通货膨胀水平的高低属于总体经济环境，影响资本成本；证券市场的活跃程度属于资本市场条件，影响资本成本；企业所处的行业和企业所处的发展阶段影响企业的风险状况和融资状况，也影响企业资本成本。

10.【答案】BCD

【解析】资本结构有广义与狭义之分，广义的资本结构是指全部债务与股东权益的构成比例。狭义的资本结构是指长期负债与股东权益的构成比例。在狭义的资本结构下，不包括短期资本。

11.【答案】AD

【解析】债券发行价格的形成受诸多因素的影响，其中主要是票面利率与市场利率的一致程度。当两者完全一致时，平价发行。当两者不一致时，为了协调债券购销双方在债券利息上的利益，就要调整发行价格，即折价发行或溢价发行。无论最终是折价还是溢价，投资者购买债券的报酬率均等于市场利率。

12.【答案】ABC

【解析】因为经营杠杆系数为1.5，所以销售量增加10%，息税前利润将增加18%（12%×1.5），所以应选A；由于财务杠杆系数为2（3/1.5），所以息税前利润增加20%，每股利润将增加40%（20%×2），所以应选 B；由于总杠杆系数为 3，所以如果销售量增加 10%，每股收益将增加 30%（10%×3）。所以应选 C；由于总杠杆系数为 3，所以每股收益增加 30%，销售量增加 10%（30%/3），因此选项 D 不正确。

13. 【答案】AD

【解析】利息保障倍数＝息税前利润/20＝6，息税前利润＝120 万元，经营杠杆系数＝（120＋100）/120＝1.833；财务杠杆系数＝120/（120－20）＝1.2。

14. 【答案】ACD

【解析】经营杠杆是指由于固定经营成本的存在，而使得企业的资产报酬变动率大于业务量变动率的现象。这里的"资产报酬"是指息税前利润。

15. 【答案】ABC

【解析】若资金来源为负债，还存在税前资本成本和税后资本成本的区别。计算税后资本成本需要从年资金占用费中减去资金占用费税前扣除导致的所得税节约额，因此 D 选项不正确。

16. 【答案】ABC

【解析】企业经营风险发生变化，经营杠杆系数会发生变化，此时，因为 EBIT 发生了变化，所以财务杠杆系数也会变化，从而总杠杆系数也会变化。

17. 【答案】BC

【解析】若没有负债但有优先股，财务杠杆系数并不为 1，所以 A 不正确；财务杠杆系数越大，财务风险越高，所以 D 不正确。

18. 【答案】ABC

【解析】这项措施只是资本结构的变化，不会改变经营风险。但由于负债比重提高，会加大公司的财务风险。

19. 【答案】BD

【解析】按照定义，最佳资本结构是指在一定条件下使企业平均资本成本率最低、企业价值最大的资本结构。

20. 【答案】ACD

【解析】边际贡献＝100×（20－12）＝800（万元），息税前利润＝800－50＝750（万元），税前优先股股息＝75/（1－25%）＝100（万元），据此计算得出的经营杠杆系数＝

800/750＝1.07，财务杠杆系数＝750/（750－20－100）＝1.19，总杠杆系数＝800/（750－20－100）＝1.27，盈亏平衡点＝50/（20－12）＝6.25（万件）。

21. 【答案】ACD

【解析】若企业的生产经营处于不盈不亏状态（即企业息税前利润为零）时，经营杠杆系数趋于无穷大。

22. 【答案】ABC

【解析】经营杠杆系数反映息税前利润变化率相当于产销业务量变化率的倍数，与净利润变化率无关。

23. 【答案】BCD

【解析】无企业所得税的 MM 理论认为，无论负债的比例如何变化，平均资本成本和企业价值不变，也就意味着该理论不承认存在最佳资本结构。

24. 【答案】CD

【解析】当债券的票面利率小于市场利率的时候，债券折价发行；反之，则溢价发行。

25. 【答案】ABC

【解析】资本结构，是一个产权结构问题，是社会资本在企业经济组织形式中的资源配置结果。资本结构的变化，将直接影响社会资本所有者的利益。影响资本结构的因素主要有：企业经营状况的稳定性和成长率、企业的财务状况和信用等级、企业的资产结构、企业投资人和管理当局的态度、行业特征和企业发展周期，以及经济环境的税务政策和货币政策。企业技术人员学历结构不属于影响资本结构决策的因素。

26. 【答案】BCD

【解析】经营风险是指因生产经营方面的原因给企业盈利带来的不确定性。比如，由于原材料供应地的政治经济情况变动，运输路线改变，原材料价格变动，新材料、新设备的出现等因素带来的供应方面的风险；由于产品生产方向不对头，产品更新时期掌握不好，生产质量不合格，新产品、新技术开发试验不成功，生产组织不合理等因素带来的生产方面的风险；由于出现新的竞争对手，消费者爱好发生变化，销售决策失误，产品广告推销不力以及货款回收不及时等因素带来的销售方面的风险。财务风险又称筹资风险，是指由于举债而给企业财务成果带来的不确定性。企业举债过度会给企业带来财务风险，而不是带来经营风险。

27.【答案】ABC
【解析】代理理论认为，均衡的所有权结构是由股权代理成本和债务代理成本之间的平衡关系决定的。

28.【答案】ABC
【解析】按照考虑企业所得税的 MM 理论，有负债企业的股权成本等于风险等级相同的无负债企业的权益资本成本加上与以市值计算的债务与权益比例成比例的风险报酬，且风险报酬取决于企业的债务比例以及所得税税率。

29.【答案】AB
【解析】由于负债筹资的利息具有抵税作用，所以，在计算负债筹资的个别资金成本时须考虑所得税因素。

30.【答案】CD
【解析】经营杠杆系数 = 基期边际贡献/基期息税前利润，边际贡献 = 销售量×（销售单价－单位变动成本），息税前利润 = 边际贡献－固定性经营成本。所以选项 A、B 影响经营杠杆系数，选项 C、D 不影响。

31.【答案】BD
【解析】每股收益法和公司价值法分别从账面价值和市场价值的角度进行资本结构的优化分析。回收期法和现值指数法只是评价投资项目优劣的方法，不能用于评价资本结构的好坏。

32.【答案】BC
【解析】在资本结构理论中，优序融资理论的研究以非对称信息条件以及交易成本的存在为前提。

33.【答案】ABD
【解析】高新技术企业经营风险高，应当降低债务资金的比重以控制财务风险，从而控制企业的总风险。

34.【答案】ABCD
【解析】影响资本成本的因素：（1）总体经济环境。总体经济环境和状态决定企业所处的国民经济发展状况和水平，以及预期的通货膨胀。所以选项 A 正确。（2）资本市场条件。资本市场效率表现为资本市场上的资本商品的市场流动性。所以选项 D 的表述正确。（3）企业经营状况和融资状况。企业内部经营风险是企业投资决策的结果，表现为资产报酬率的不确定性，所以选项 C 表述正确。（4）企业对筹资规模和时限的需求。所以选项 B 说法正确。所以本题正确答案为 ABCD。

35.【答案】AB
【解析】负债的多少与经营风险无关，所以 C 不对；负债越多，财务风险越高，所以 D 不对。

三、判断题

1.【答案】×
【解析】使用销售百分比法预测资金需要量的前提条件是某些资产与某些负债与销售收入之间存在稳定的比例关系。

2.【答案】√
【解析】采用逐项分析法预测资金需要量时，资金习性预测模型中的不变资金要减去流动负债所带来的不变资金。

3.【答案】√
【解析】销售百分比预测法是以一定财务比率为基础，预测未来资金的需要量。计算公式为：$资金需要量 = \dfrac{A}{S1} \times \Delta S - \dfrac{B}{S1} \times \Delta S - E \times P \times S2$，它是计算由于生产的增加而新增的资金。

4.【答案】√
【解析】经济危机时期，由于企业经营环境恶化、销售下降，所以经营风险很大，因此，为了降低总风险，企业应该降低财务风险，即企业应当逐步降低债务水平，以减少破产风险。

5.【答案】×
【解析】如果采用浮动股息率发行优先股，则优先股的浮动股息率将根据约定的方法计算，并在公司章程中事先明确。由于浮动优先股各期股利是波动的，因此其资本成本率只能按照贴现模式计算。

6.【答案】√
【解析】使用股利增长模型和资本资产定价模

型计算普通股的资本成本都需要假设资本市场有效，只有在此前提下，股票的市场价格才与其价值相等。

7.【答案】×

【解析】资本成本，是指企业为筹集和使用资金而付出的代价，包括筹资费用和占用费用两部分。

8.【答案】×

【解析】债券有固定的到期日，并定期支付利息。在企业不景气时，向债券持有人还本、定期付息，会给企业带来很大困难，甚至导致企业破产。所以，利用债券筹资的风险高。

9.【答案】√

【解析】销售具有较强的周期性，企业的经营风险就比较大，应该在较低的程度上运用财务杠杆，以控制企业的总风险。

10.【答案】√

【解析】只要存在固定生产经营成本，就存在经营杠杆效应。但以不同产销业务量为基础，其经营杠杆效应的大小程度是不一致的。一般来说，在企业初创阶段，产品市场占有率低，产销业务量小，经营杠杆系数大；在企业扩张成熟期，产品市场占有率高，产销业务量大，经营杠杆系数小。

11.【答案】×

【解析】由于固定性资本成本的存在，会使得普通股收益（或每股收益）变动率大于息税前利润变动率，这种杠杆效应叫作财务杠杆。

12.【答案】×

【解析】财务杠杆，是指由于固定性资本成本的存在，而使普通股收益（或每股收益）变动率大于息税前利润变动率的杠杆效应。只要企业融资方式中存在固定性资本成本，就存在财务杠杆效应。财务杠杆会加大财务风险，企业负债比重越大，财务杠杆效应越强，财务风险越大。

13.【答案】√

【解析】资本结构是在企业多种筹资方式下筹集资金形成的，各种筹资方式不同的组合决定着企业资本结构及其变化。企业筹资方式虽然很多，但总的来看分为债务资本和权益资本两大类。权益资本是企业必备的基础

资本，因此资本结构问题实际上也就是债务资本的比例问题，即债务资金在企业全部资本中所占的比重。

14.【答案】×

【解析】经营杠杆研究的是息税前利润变动与产销业务量变动之间的相互关系，与企业所得税税率的变化无关。

15.【答案】×

【解析】在其他因素不变的情况下，如果存在优先股，企业所得税税率提高会导致优先股的税前股息提高，从而提高财务杠杆系数。

16.【答案】×

【解析】最优资本结构是在一定条件下使得企业加权平均成本最低、企业价值最大的结构。

17.【答案】√

【解析】该理论是优序融资理论的观点，而不是权衡理论的观点。

18.【答案】×

【解析】企业融资规模、时限与企业资本成本成正向相关性，但并非线性关系。一般来说，融资规模在一定限度内，不会引起资本成本的明显变化，当融资规模突破一定限度时，才会引起资本成本的明显变化。

19.【答案】×

【解析】平均资本成本比较法侧重于从资本投入的角度对筹资方案和资本结构进行优化分析。

20.【答案】√

【解析】经营杠杆系数＝基期单位边际贡献×基期产量/（基期单位边际贡献×基期产量－基期固定成本），息税前利润大于零，也就是分母大于零，在固定成本和业务量不是无穷大的情况下，可以看出经营杠杆系数的分子肯定大于分母，也就是经营杠杆系数肯定大于1。

21.【答案】√

【解析】引起企业经营风险的主要原因是市场需求和成本等因素的不确定性，经营杠杆本身并不是利润不稳定的根源。但是，经营杠杆扩大了市场和生产等不确定性因素对利润变动的影响。

22.【答案】√

【解析】资本成本是衡量资本结构优化程度的标准，也是对投资获得经济效益的最低要求，通常用资本成本率表示。

23. 【答案】×

【解析】权衡理论认为，有负债企业价值等于无负债企业价值加上税赋节约现值，再减去财务困境成本的现值。

24. 【答案】√

【解析】MM理论认为，在不考虑企业所得税的前提下，企业价值不受资本结构的影响，而且，有负债企业的股权成本随着负债程度的增大而增大。

25. 【答案】×

【解析】如果负债比重过大，贷款人可能会拒绝贷款，信用评级机构可能会降低企业的信用等级，这样会影响企业的筹资能力，提高企业的资金成本。

26. 【答案】√

【解析】在各种资金来源中，负债资金和优先股都有固定的用资费用，即固定的利息或优先股股息负担，这样，当息税前利润变化时，每一元息税前利润所负担的固定费用就会因息税前利润的增加而减少，随息税前利润的减少而增加，从而使得普通股每股收益以更大的幅度变化，这样就产生了财务杠杆作用。

27. 【答案】√

【解析】复合杠杆是经营杠杆和财务杠杆的连锁作用。

28. 【答案】√

【解析】积极主动地改变企业的资本结构牵涉交易成本，所以企业很可能不愿意改变资本结构，除非资本结构严重偏离了最优水平。由于公司股权的市值随股份的变化而波动，绝大多数企业资本结构的变动很可能是被动发生而不是主动调整的。

29. 【答案】×

【解析】每股收益分析法假设能提高每股收益的资本结构是合理的资本结构。当企业预计息税前利润大于每股收益无差别点息税前利润时，负债筹资每股收益高。反之，采用普通股筹资每股收益高。

30. 【答案】×

【解析】以账面价值为权数计算加权平均资本成本的优点是资料容易取得，缺点是当资金的账面价值与市场价值相差较大时，计算结果会与资本市场现行实际筹资成本有较大的差距，从而贻误筹资决策；以市场价值为权数计算加权平均资本成本的优点是计算的加权平均资本成本能反映目前实际情况，缺点是市场价格变动频繁。

31. 【答案】×

【解析】在个别资本成本一定的情况下，平均资本成本取决于个别资本占总资本的比重。

32. 【答案】√

【解析】资产结构与资本结构要合理搭配，资产中长期资产多，资金中长期资金所占比重相应也要大一些。拥有大量固定资产的企业主要通过发行股票和长期负债筹集资金。

33. 【答案】×

【解析】经营杠杆给企业带来的风险是指业务量变动导致息税前利润更大变动的风险。

34. 【答案】×

【解析】留存收益属于股权筹资方式，一般而言，股权筹资的资本成本要高于债务筹资。具体来说，留存收益的资本成本率，表现为股东追加投资要求的报酬率，其计算与普通股成本相同，不同点在于不考虑筹资费用。

四、计算分析题

1. 【答案】根据表格作出预测。

资金需要量预测表（按总额预测）

年度	产销量 X（万件）	资金占用 Y（万元）	XY	X^2
20×1	1 200	1 000	1 200 000	1 440 000
20×2	1 100	950	1 045 000	1 210 000

续表

年度	产销量 X（万件）	资金占用 Y（万元）	XY	X²
20×3	1 000	900	900 000	1 000 000
20×4	1 200	1 000	1 200 000	1 440 000
20×5	1 300	1 050	1 365 000	1 690 000
20×6	1 400	1 100	1 540 000	1 960 000
合计 n=6	$\sum X = 7\,200$	$\sum Y = 6\,000$	$\sum XY = 7\,250\,000$	$\sum X^2 = 8\,740\,000$

$$a = \frac{\sum X^2 \cdot \sum Y - \sum X \cdot \sum XY}{n\sum X^2 - (\sum X)^2} = 400$$

$$b = \frac{n\sum XY - \sum X \cdot \sum Y}{n\sum X^2 - (\sum X)^2} = 0.5$$

解得：Y = 400 + 0.5X

把 20×7 年预计销售量 1 500 万件代入上式，

得出 20×7 年资金需要量为：

400 + 0.5 × 1 500 = 1 150（万元）

2.【答案】根据表中资料，采用高低点法来计算现金占用项目中不变资金和变动资金的数额。

$$b = \frac{最高收入期的资金占用量 - 最低收入期的资金占用量}{最高销售收入 - 最低销售收入}$$

$$= \frac{160\,000 - 110\,000}{3\,000\,000 - 2\,000\,000} = 0.05$$

将 b=0.05 的数据代入 20×5 年 Y=a+bX，得：

a = 160 000 − 0.05 × 3 000 000 = 10 000（万元）

存货、应收账款、流动负债、固定资产等也可根据历史资料作这样的划分，然后汇总列于下表。

资金需要量预测表（分项预测）

单位：元

项目	年度不变资金（a）	每1元销售收入所需变动资金（b）
流动资产		
现金	10 000	0.05
应收账款	60 000	0.14
存货	100 000	0.22
小计	170 000	0.41

续表

项目	年度不变资金（a）	每1元销售收入所需变动资金（b）
减：流动负债		
应付账款及应付费用	80 000	0.11
净资金占用	90 000	0.30
固定资产		
厂房、设备	510 000	0
所需资金合计	600 000	0.30

根据上表的资料得出预测模型为：

Y = 600 000 + 0.30X

如果 20×6 年的预计销售额为 3 500 000 元，则 20×6 年的资金需要量 = 600 000 + 0.30 × 3 500 000 = 1 650 000（元）

3.【答案】

（1）计算两个方案的每股收益：

方案 1：EPS1 = (200 − 400 × 10% − 500 × 12%)×(1 − 40%)/100 = 0.6（元/股）

方案 2：EPS2 = (200 − 400 × 10%)×(1 − 40%)/(100 + 25) = 0.77（元/股）。

（2）(EBIT − 40 − 60)×(1 − 40%)/100 = (EBIT − 40)×(1 − 40%)/125

EBIT = 340（万元）。

（3）方案 1 财务杠杆系数 = 200/(200 − 40 − 60) = 2

方案 2 财务杠杆系数 = 200/(200 − 40) = 1.25。

（4）由于方案 2 每股收益大于方案 1，且其财务杠杆系数小于方案 1，即方案 2 收益性高，风险低，所以方案 2 优于方案 1。

4.【答案】

（1）2019 年的财务杠杆系数 = 2018 年的息税

前利润/(2018 年的息税前利润 – 2018 年的利息费用) = 5 000/(5 000 – 1 200) = 1.32。

(2) A = 1 800，B = 0.30。

(3) 设甲乙两个方案的每股收益无差别点息税前利润为 W 万元，则：

(W – 1 800) × (1 – 25%)/10 000 = (W – 1 200) × (1 – 25%)/(10 000 + 2 000)

(W – 1 800)/10 000 = (W – 1 200)/12 000

解得：W = (12 000 × 1 800 – 10 000 × 1 200)/(12 000 – 10 000) = 4 800（万元）。

由于筹资后的息税前利润为 6 000 万元高于 4 800 万元，所以，应该采取发行债券的筹资方案，理由是这个方案的每股收益高。

5. 【答案】

(1) 计算 A 方案下的相关指标：增发普通股的股份数 = 2 000/5 = 400（万股）。

2018 年公司的全年债券利息 = 2 000 × 8% = 160（万元）。

(2) 计算 B 方案下 2019 年公司的全年债券利息 = 2 000 × 8% + 2 000 × 8% = 320（万元）。

(3) ①计算 A、B 两方案的每股收益无差别点：

(EBIT – 2 000 × 8% – 2 000 × 8%)(1 – 25%)/8 000 = (EBIT – 2 000 × 8%)(1 – 25%)/(8 000 + 400)

EBIT = 3 520 万元。

②因为预计可实现息税前利润 4 000 万元大于无差别点息税前利润 3 520 万元，所以该公司发行债券筹资较为有利。

6. 【答案】

(1) 2019 年公司需增加的营运资金

= 20 000 × 30% × [(1 000 + 3 000 + 6 000)/20 000 – (1 000 + 2 000)/20 000] = 2 100（万元）

或 2019 年公司需增加的营运资金 = [(1 000 + 3 000 + 6 000) – (1 000 + 2 000)] × 30% = 2 100（万元）。

(2) 2019 年需要对外筹集的资金量 = (2 100 + 148) – 20 000 × (1 + 30%) × 12% × (1 – 60%) = 2 248 – 1 248 = 1 000（万元）

或

2019 年需增加的资金总额 = 2 100 + 148 = 2 248（万元）

2019 年内部融资额 = 20 000 × (1 + 30%) × 12% × (1 – 60%) = 1 248（万元）

2019 年需要对外筹集的资金量 = 2 248 – 1 248 = 1 000（万元）。

(3) 发行债券的资金成本 = 1 000 × 10% × (1 – 25%)/1 000 = 7.5%

或发行债券的资金成本 = 10% × (1 – 25%) = 7.5%。

第六章　投资管理

本章精讲视频

本章主要讲述投资管理的主要内容、投资项目财务评价指标、项目投资管理和证券投资管理。本章题型可以出客观题，也可以出主观题，从历年考试来看，一般是出题分值较多的一章，并且每年都会有计算分析题或综合题出现。历年考题分数在 17 分左右。

基本内容框架

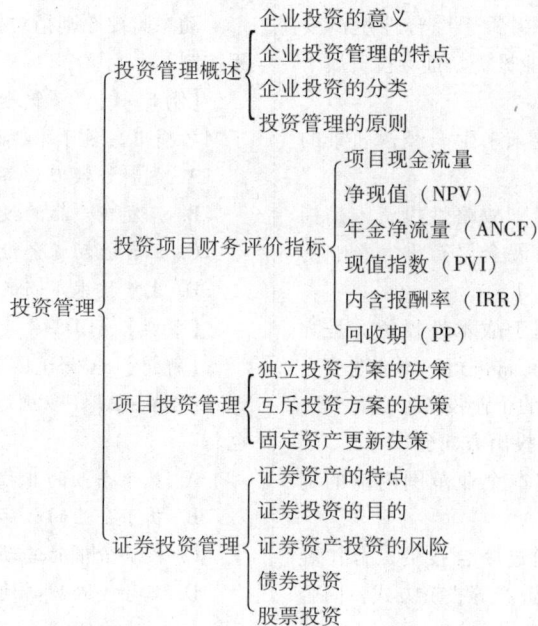

投资管理
- 投资管理概述
  - 企业投资的意义
  - 企业投资管理的特点
  - 企业投资的分类
  - 投资管理的原则
- 投资项目财务评价指标
  - 项目现金流量
  - 净现值（NPV）
  - 年金净流量（ANCF）
  - 现值指数（PVI）
  - 内含报酬率（IRR）
  - 回收期（PP）
- 项目投资管理
  - 独立投资方案的决策
  - 互斥投资方案的决策
  - 固定资产更新决策
- 证券投资管理
  - 证券资产的特点
  - 证券投资的目的
  - 证券资产投资的风险
  - 债券投资
  - 股票投资

通关重难点例题

一、投资管理的主要内容

(一) 企业投资管理的特点

(1) 属于企业战略决策;

(2) 属于企业的非程序化管理;

(3) 投资价值的波动性大。

(二) 企业投资的分类

1. 按投资活动与企业本身生产经营活动的关系分

(1) 直接投资,是将资金直接投放于形成生产经营能力的实体性资产,直接谋取经营利润的投资。

(2) 间接投资,是将资金投放于股票、债券等权益性资产上的投资。

2. 按投资对象的存在形态和性质分

(1) 项目投资,指购买具有实质性内涵的经营资产,包括有形资产和无形资产。项目投资属于直接投资。

(2) 证券投资,指购买属于综合性生产要素的权益性权利资产的企业投资。证券投资属于间接投资。

3. 按投资活动对企业未来生产经营前景的影响分

(1) 发展性投资,属于战略性投资,是指对企业未来的生产经营发展全局有重大影响的投资。

(2) 维持性投资,属于战术性投资,是为维持企业现有的生产经营正常进行,不会改变企业未来生产经营发展全局的企业投资。

4. 按投资活动资金的投出方向分

(1) 对内投资,指在本企业范围内部的资金投放。

(2) 对外投资,指通过联合投资、合作经营、换取股权、购买证券资产等投资方式,向企业外部投放资金。

5. 按投资项目之间的相互关联关系分

(1) 独立投资,指相容性投资,各个投资项目之间可以同时并存。

(2) 互斥投资,指非相容性投资,各个投资项目之间不能同时并存。

【说明】①直接投资与间接投资、项目投资与证券投资。两种投资分类的内涵和范围是一致的,只是分类的角度不同,前者强调的是投资的方式性,后者强调的是投资的对象性。

②对内投资都是直接投资,对外投资主要是间接投资,但也可能是直接投资,比如企业之间的横向经济联合中的联营投资。

(三) 投资管理的原则

1. 可行性分析原则

包括环境可行性、技术可行性、市场可行性、财务可行性等。其中,财务可行性分析是投资项目可行性分析的主要内容。

2. 结构平衡原则

结构平衡原则主要指合理配置资源,使企业的资金发挥最大的效用。

3. 动态监控原则

动态监控原则指对投资项目实施过程中的进程控制。

【例 6-1】(多选题) 按照企业投资的分类,下列各项中,属于维持性投资的有(   )。

A. 更新替换旧设备的投资

B. 开发新产品的投资

C. 配套流动资金投资

D. 生产技术革新的投资

【答案】ACD

【解析】选项 B 属于发展性投资。

【例 6-2】(多选题) 企业投资的主要特点包括(   )。

A. 属于企业的非程序化管理

B. 属于企业的程序化管理

C. 投资价值的波动性大

D. 属于企业战略决策

【答案】ACD

【解析】与日常经营活动相比,企业投资的主要特点表现在:属于企业战略决策;属于企业的非程序化管理;投资价值的波动性大。

【例6-3】（多选题）按投资对象的存在形态和性质，企业投资可以划分为（　　）。

A. 直接投资　　　　B. 项目投资

C. 间接投资　　　　D. 证券投资

【答案】BD

【解析】按投资活动与企业本身的生产经营活动的关系可以将投资分为直接投资和间接投资。按投资对象的存在形态和性质可以将投资分为项目投资和证券投资。

【例6-4】（判断题）某投资者进行间接投资，与其交易的筹资者是在进行直接筹资；某投资者进行直接投资，与其交易的筹资者是在进行间接筹资。（　　）

【答案】×

【解析】直接筹资，是企业直接与资金供应者协商融通资金的筹资活动；间接筹资，是企业借助于银行和非银行金融机构而筹集的资金。直接投资是将资金直接投放于形成经营能力的实体性资产，直接谋取经营利润的企业投资；间接投资是将资金投放于股票、债券等权益性资产上的企业投资。

二、项目现金流量

（一）现金流量的含义

由一项长期投资方案所引起的在未来一定期间所发生的现金收支，叫作现金流量。其中，现金收入称为现金流入量，现金支出称为现金流出量，现金流入量与现金流出量相抵后的余额，称为现金净流量（简称NCF）。

（二）投资项目的寿命周期

1. 投资期

主要是现金流出量，即在该投资项目上的原始投资。包括长期资产投资和垫支的营运资金。

2. 营业期

该阶段既有现金流入，也有现金流出。

（1）如果不考虑所得税：

营业现金净流量＝营业收入－付现成本＝营业利润＋非付现成本

（2）如果考虑所得税：

营业现金净流量＝营业收入－付现成本－所得税＝税后营业利润＋非付现成本＝营业收入×（1－所得税税率）－付现成本×（1－所得税税率）＋非付现成本×所得税税率

3. 终结期

终结期的现金流量有固定资产变价净收入和垫支营运资金的收回。

【说明】当资产变现价值与税法规定不一致时，要考虑对所得税的影响。

【例6-5】（单选题）所谓现金流量，在投资决策中是指一个项目引起的企业（　　）。

A. 现金流出和现金流入的总量

B. 货币资金流出和货币资金流入增加的数量

C. 现金流出和现金流入增加的数量

D. 流动资金的增加和减少数量

【答案】C

【解析】现金流量是一个增量的概念，在投资决策中是指一个项目引起的企业现金流出和现金流入增加的数量。在一般情况下，投资决策中的现金流量通常指现金净流量（NCF）。这里，所谓的现金既可以指库存现金、银行存款等货币性资产，也可以指相关非货币性资产（如原材料、设备等）的变现价值。

【例6-6】（单选题）某公司拟新建一车间用以生产受市场欢迎的甲产品，据预测甲产品投产后每年可创造320万元的现金净流量，但公司原生产的A产品会因此受到影响，使其年收入由原来的100万元降低到80万元。假设所得税税率为25%，则与新建车间生产甲产品项目相关的现金净流量为（　　）万元。

A. 200　　B. 300　　C. 305　　D. 400

【答案】C

【解析】相关现金流入量＝320－（100－80）×（1－25%）＝305（万元）

【例6-7】（多选题）在考虑所有税影响的情况下，下列可用于计算营业现金净流量的算式中正确的有（　　）。

A. 营业现金净流量＝税后营业利润＋非付现成本

B. 营业现金净流量＝营业收入－付现成本－所得税

C. 营业现金净流量＝（营业收入－付现成本）×（1－所得税税率）

D. 营业现金净流量＝营业收入×（1－所得税税率）＋非付现成本×所得税税率

【答案】AB

【解析】营业现金净流量＝营业收入－付现

成本 – 所得税 = 税后营业利润 + 非付现成本 = 收入×（1 – 所得税税率）– 付现成本×（1 – 所得税税率）+ 非付现成本×所得税税率。所以，选项 A、B 正确。

三、投资项目财务评价指标

（一）净现值

1. 含义

一个投资项目，其未来现金净流量现值与原始投资额现值之间的差额，称为净现值。

2. 计算方法

净现值（NPV）= 未来现金净流量现值 – 原始投资额现值

3. 决策标准

NPV≥0 时，投资方案可行。

4. 贴现率的选取

（1）市场利率；

（2）投资者希望获得预期最低投资报酬率；

（3）企业平均资本成本率。

5. 优点

（1）适用性强，能基本满足年限相同的互斥项目的决策；

（2）能灵活考虑投资风险。

6. 缺点

（1）所采用的贴现率不易确定；

（2）不便于对原始投资额不相等的独立投资方案的比较决策；

（3）不能对寿命不同的互斥方案进行直接决策。

（二）年金净流量

1. 含义

项目期间内全部现金净流量总额的总现值或总终值折算为等额年金的平均现金净流量，称为年金净流量（ANCF）。

2. 计算方法

某方案的年金净流量 = 现金净流量总现值/年金现值系数 = 现金净流量总终值/年金终值系数 = 净现值/年金现值系数

3. 决策标准

在大于零的前提下，年金净流量最大的投资方案为优。

4. 优点

适用于寿命不同的互斥方案比较决策。

5. 缺点

（1）贴现率不易确定；

（2）不便于对原始投资额不相等的独立投资方案的比较决策。

（三）现值指数

1. 含义

投资项目的未来现金净流量现值与原始投资额现值之比，用 PVI 表示。

2. 计算方法

现值指数 = 未来现金净流量现值/原始投资额现值

3. 决策标准

现值指数≥1，项目可行；现值指数 <1，项目不可行。

4. 特点

（1）现值指数法也是净现值法的辅助方法，在各方案原始投资额现值相同时，实质上就是净现值法。

（2）现值指数是一个相对数指标，反映了投资效率，可用于投资额现值不同的独立方案比较。

（四）内含报酬率

1. 含义

内含报酬率是指项目实际可望达到的报酬率，即能使项目投资的净现值等于零时的折现率，用 IRR 表示。

2. 计算方法

（1）年金法。如果项目的全部投资均于投资期内一次性投入，投资期为零，并且投产后每年的净现金流量相等。内含报酬率指标可以用求系数、查表、使用插值法的步骤计算。

（2）逐步测试法。如果项目投资不同时满足上述计算内含报酬率的特殊算法的条件，则只能采用试算法结合插值法的一般步骤计算内含报酬率。

3. 决策标准

只有当内含报酬率≥折现率时，投资项目才是可行的。

4. 优点

（1）内含报酬率反映了投资项目实际可能达到的投资报酬率；

（2）反映各独立方案的获利水平。

5. 缺点

（1）计算复杂，不易直接考虑投资风险大小；

（2）在互斥方案决策时，如果各方案的原始投资额不相等，有时无法作出正确决策。

（五）回收期

1. 含义

回收期是指投资项目未来现金净流量与原始投资额相等时所经历的时间，即原始投资额通过未来现金流量回收所需要的时间。

2. 静态回收期

（1）含义。静态回收期没有考虑货币时间价值，直接用未来现金净流量累计到原始投资数额时所经历的时间作为静态回收期。

（2）计算方法。

①未来每年现金净流量相等时，静态回收期 = 原始投资额/每年现金净流量

②未来每年现金净流量不相等时，则只能通过计算"累计净现金流量"的方式，来确定静态回收期。该法的原理是：按照回收期的定义，静态回收期满足以下关系式：

$$\sum NCFT = 0$$

3. 动态回收期

（1）含义。指考虑时间价值时，以项目未来现金净流量现值累计到与原始投资额现值相等时所需要的时间。

（2）计算方法。

①在原始投资一次支出，每年现金净流入量相等时：

（P/A, i, n）= 原始投资额现值/每年现金净流量现值

计算出年金现值系数后，使用查表、插值法可以计算出 n。

②如果现金流入量每年不等时，计算使净现值为零时的 n，即为动态回收期。

4. 回收期指标的优缺点

（1）优点。

①计算简便，易于理解；

②考虑了项目的流动性和风险。

（2）缺点。

①静态回收期没有考虑时间价值；

②静态回收期和动态回收期没有考虑超过回收期的现金流量。

【例6-8】（单选题）某投资项目需在开始时一次性投资 70 000 元，其中固定资产投资 55 000

元，营运资金垫支 15 000 元，没有建设期。各年营业现金净流量分别为 10 000 元、12 000 元、16 000 元、20 000 元、24 000 元、14 500 元，则该项目的静态投资回收期是（　　）年。

A. 3.35　　　　　B. 2.85
C. 3.50　　　　　D. 3.85

【答案】C

【解析】截至第三年末还未补偿的原始投资额 = 70 000 - 10 000 - 12 000 - 16 000 - 20 000 = 12 000（元），所以静态回收期 = 3 + 12 000/24 000 = 3.50（年）。

【例6-9】（单选题）某投资项目原始投资为 12 000 元，建设期为零，项目寿命为 3 年，每年可获得现金净流量 4 600 元，则该项目内含报酬率为（　　）。

A. 7.33%　　　　B. 7.67%
C. 8.32%　　　　D. 6.68%

【答案】A

【解析】原始投资 = $\sum$ 每年现金净流量 × 年金现值系数；则 12 000 = 4 600 × (P/A, i, 3)，(P/A, i, 3) = 2.6087。查表与 2.6087 接近的现值系数，2.6243 和 2.5771 分别指向 7% 和 8%，用插值法确定该项目内含报酬率为 7.33%。

【例6-10】（多选题）内含报酬率法的主要优点有（　　）。

A. 内含报酬率反映了投资项目可能达到的报酬率

B. 可以反映各独立投资方案的获利水平

C. 计算复杂，不易直接考虑投资风险大小

D. 在互斥投资方案决策时，如果各方案的原始投资额现值不相等，有时无法作出正确的决策

【答案】AB

【解析】选项 C 和选项 D 为内含报酬率法的缺点。

【例6-11】（计算题）甲公司拟投资 100 万元购置一台新设备，年初购入时支付 20% 的款项，剩余 80% 的款项下年初付清。新设备购入后可立即投入使用，使用年限为 5 年，预计净残值为 5 万元（与税法规定的净残值相同），按直线法计提折旧。新设备投产时需垫支营运资金 10 万元，设备使用期满时全额收回。新设备投入使用后，该公司每年新增净利润 11 万元。该

项投资要求的必要报酬率为12%。相关货币时间价值系数如下表所示：

货币时间价值系数表

项目	第1年	第2年	第3年	第4年	第5年
(P/F, 12%, n)	0.8929	0.7972	0.7118	0.6355	0.5674
(P/A, 12%, n)	0.8929	1.6901	2.4018	3.0373	3.6048

要求：

(1) 计算新设备每年折旧额。

(2) 计算新设备投入使用后第1~4年营业现金净流量（NCF_{1-4}）。

(3) 计算新设备投入使用后第5年现金净流量（NCF_5）。

(4) 计算原始投资额。

(5) 计算新设备购置项目的净现值（NPV）。

【答案】

(1) 年折旧额 = (100 - 5)/5 = 19（万元）

(2) NCF_{1-4} = 11 + 19 = 30（万元）

(3) NCF_5 = 30 + 5 + 10 = 45（万元）

(4) 原始投资额 = 100 + 10 = 110（万元）

(5) 净现值 = 30 × (P/A, 12%, 4) + 45 × (P/F, 12%, 5) - 100 × 20% - 10 - 100 × 80% × (P/F, 12%, 1) = 30 × 3.0373 + 45 × 0.5674 - 20 - 10 - 80 × 0.8929 = 15.22（万元）

四、项目投资管理

（一）独立项目的投资决策

1. 决策实质

决策实质是如何确定各种可行方案投资顺序，即独立方案之间的优先次序。

2. 决策方法

以各个方案的获利程度作为评价标准，一般采用内含报酬率法进行比较决策。

【说明】反映获利程度的指标：内含报酬率、现值指数。

反映获利额的指标：净现值和年金净流量。

（二）互斥投资方案的决策

1. 决策实质

决策实质是如何选择最优方案。

2. 决策方法

(1) 项目寿命相同时，选择净现值法，以净现值最大的方案为最优。

(2) 项目寿命相同或不同时，选择年金净流量法，以年金净流量最大的方案为最优。

（三）固定资产更新决策

1. 项目寿命相同时

(1) 题目给定现金流入时，以净现值最大的方案为优。

(2) 题目没有给定现金流入时，以总现金流出现值最小的方案为优。

2. 项目寿命不同时

(1) 题目给定现金流入时，以年金净流量最大的方案为优。

(2) 题目没有给定现金流入时，以年金成本最小的方案为优。

【例6-12】（单选题）对投资规模不同的两个独立方案的评价，应优先选择（   ）。

A. 净现值大的方案

B. 项目周期短的方案

C. 投资额小的方案

D. 内含报酬率大的方案

【答案】D

【解析】对于独立方案评优，应当选用现值指数法或内含报酬率法。

【例6-13】（计算题）乙公司是一家机械制造商，适用的所得税税率为25%。公司现有一套设备（以下简称旧设备）已经使用6年，为降低成本，公司管理层拟将该设备提前报废，另行构建一套新设备。新设备的投资与更新在起点一次性投入，并能立即投入运营。设备更新后不改变原有的生产能力，但运营成本有所降低。会计上对于新旧设备折旧年限、折旧方法以及净残值等的处理与税法保持一致，假定折现率为12%，要求考虑所得税费用的影响。相关资料如下表所示：

新旧设备相关资料

单位：万元

项目	旧设备	新设备
原价	5 000	6 000
预计使用年限	12年	10年
已使用年限	6年	0年

续表

项目	旧设备	新设备
净残值	200	400
当前变现价值	2 600	6 000
年折旧费（直线法）	400	560
年运营成本（付现成本）	1 200	800

相关货币时间价值系数如下表所示：

相关货币时间价值系数

项目	第6期	第7期	第8期	第9期	第10期
(P/F, 12%, n)	0.5066	0.4523	0.4039	0.3606	0.3220
(P/F, 12%, n)	4.1114	4.5638	4.9676	5.3282	5.6502

经测算，旧设备在其现有可使用年限内形成的净现金流出量现值为 5 787.80 万元，年金成本（即年金净流出量）为 1 407.74 万元。

要求：

（1）计算新设备在其可使用年限内形成的现金净流出量的现值（不考虑设备运营所带来的运营收入，也不把旧设备的变现价值作为新设备投资的减项）。

（2）计算新设备的年金成本（即年金净流出量）。

（3）指出净现值法与年金净流量法中哪一个更适用于评价该设备更新方案的财务可行性，并说明理由。

（4）判断乙公司是否应该进行设备更新，并说明理由。

【答案】

（1）新设备的现金净流出量的现值 = 6 000 + 800 × (1 − 25%) × (P/A, 12%, 10) − 560 × 25% × (P/A, 12%, 10) − 400 × (P/A, 12%, 10) = 6 000 + 600 × 5.6502 − 140 × 5.6502 − 400 × 0.3220 = 8 470.29（万元）

（2）新设备的年金成本 = 8 470.29/(P/A, 12%, 10) = 8 470.29/5.6502 = 1 499.11（万元）

（3）因为新旧设备的尚可使用年限不同，所以应该使用年金净流量法。

（4）新设备的年金成本高于旧设备，不应

该更新。

五、证券投资的特点

（一）价值虚拟性

证券资产不能脱离实体资产而完全独立存在，但证券资产的价值不是完全由实体资本的现实生产经营活动决定的，而是取决于契约性权利所能带来的未来现金流量，是一种未来现金流量折现的资本化价值。

（二）可分割性

证券资产可以分割为一个最小的投资单位。

（三）持有目的多元性

既可能是为未来积累现金即为未来变现而持有，也可能是为谋取资本利得即为销售而持有，还有可能是为取得对其他企业的控制权而持有。

（四）强流动性

流动性表现在：

（1）变现能力强；

（2）持有目的可以相互转换，当企业急需现金时，可以立即将为其他目的而持有的证券资产变现。

（五）高风险性

金融投资受公司风险和市场风险的双重影响。

【例6-14】（多选题）证券投资资产的强流动性主要表现在（　　）。

A. 可以分割成最小交易单位

B. 变现能力强

C. 持有目的可以相互转换

D. 有明确的到期期限

【答案】BC

【解析】证券投资资产的强流动性主要表现在：（1）变现能力强；（2）持有目的可以相互转换，当企业急需现金时，可以立即将为其他目的而持有的证券资产变现。

【例6-15】（判断题）证券资产不能脱离实体资产而独立存在，因此，证券资产的价值取决于实体资产的现实经营活动所带来的现金流量。（　　）

【答案】×

【解析】证券资产不能脱离实体资产而完全独立存在，但证券资产的价值不是完全由实体资产的现实生产经营活动决定的，而是取决于契约性权利所能带来的未来现金流量，是一种未来现金流量折现的资本化价值。

六、证券投资的风险

（一）系统性风险

1. 价格风险

价格风险指由于市场利率上升，使证券价格普遍下降的风险。证券资产的期限越长，市场利率上升时其价格下跌越剧烈，价格风险越大。到期风险附加率是投资者承担市场利率上升导致证券价格下降的利率变动风险的一种补偿。期限越长的证券，要求的到期风险附加率越大。

2. 再投资风险

再投资风险指由于市场利率下降，再也找不到原来的高回报的投资机会，而造成的无法通过再投资实现预期收益的风险。

3. 购买力风险

购买力风险指由于通货膨胀使货币购买力下降的风险。购买力风险对具有收款权利性质的资产影响很大，债券投资的购买力风险远大于股票投资。避免购买力风险的办法是将资本投向实体性资产。

（二）非系统性风险

1. 违约风险

违约风险指证券发行人无法按约定兑付证券利息和偿还本金的可能性。

2. 变现风险

变现风险指证券持有者无法将证券以正常价格平仓出货的可能性。

3. 破产风险

破产风险指证券资产发行者破产清算时投资者无法收回应得权益的可能性。

【例6-16】（单选题）下列属于证券投资的系统性风险的是（ ）。

A. 购买力风险　　B. 投资风险
C. 再投资风险　　D. 资产风险

【答案】D

【解析】系统性风险包括价格风险、再投资风险和购买力风险；非系统性风险包括违约风险、变现风险和资产风险。

【例6-17】（判断题）价格风险指由于市场利率下降，再也找不到原来的高回报的投资机

会，而造成的无法通过再投资实现预期收益的风险。（ ）

【答案】×

【解析】再投资风险指由于市场利率下降，再也找不到原来的高回报的投资机会，而造成的无法通过再投资实现预期收益的风险。

七、债券估值

（一）债券的基本要素

债券面值、票面利率（计息方式、付息方式）、到期日。

（二）债券的价值

1. 基本公式

（1）基本公式。

债券价值＝未来各期利息收入的现值合计＋未来到期本金或售价的现值

$V_b = I \times (P/A, i, n) + M \times (P/F, i, n)$

（2）决策标准。

价值高于价格可以购买，反之则相反。

2. 债券期限对债券价值的敏感性

（1）引起债券价值随债券期限变化而波动的原因，是债券票面利率与市场利率的不一致性。如果票面利率与市场利率一致，债券期限变化不会引起债券价值的变化，即只有溢价或折价的债券，才产生不同期限下债券价值有所不同的现象。

（2）债券期限越短，债券票面利率对债券价值的影响越小。不论是溢价债券还是折价债券，当债券期限较短时，票面利率与市场利率的差异不会使债券价值过于偏离债券的面值。

（3）债券期限越长，债券价值越偏离债券面值，并且，溢价债券的期限对债券价值的敏感性要大于折价债券。

（4）超长期债券的期限差异，对债券价值的影响不大。

3. 市场利率对债券价值的敏感性

（1）市场利率提高，债券价值变小，反之则相反。

（2）长期债券对市场利率的敏感性要大于短期债券。

（3）市场利率低于票面利率时，债券价值对市场利率的变化较为敏感，市场利率稍有变化债券价值就会发生剧烈波动；市场利率超过票面

利率之后债券价值对市场利率的变化的敏感性减弱，市场利率的提高，不会使债券价值过分降低。

【例6-18】（单选题）市场利率和债券期限对债券价值都有较大的影响。下列相关表述中，不正确的是（　　）。

A. 市场利率上升会导致债券价值下降

B. 长期债券的价值对市场利率的敏感性小于短期债券

C. 债券期限越短，债券票面利率对债券价值的影响越小

D. 债券票面利率与市场利率不同时，债券面值与债券价值存在差异

【答案】 B

【解析】 长期债券对市场利率的敏感性会大于短期债券，在市场利率较低时，长期债券的价值远高于短期债券，在市场利率较高时，长期债券的价值远低于短期债券。所以选项B不正确。

【例6-19】（多选题）下列关于债券的表述中，正确的有（　　）。

A. 对于到期一次还本付息债券，若债券的票面利率等于其市场利率，则债券的价值就是其面值

B. 对于分次付息债券，若债券的票面利率等于其市场利率，则债券的价值就是其面值

C. 零票面利率债券的发行价格一定低于其面值

D. 零票面利率债券在其整个存续期内其价值一定低于其面值

【答案】 BCD

【解析】 对于到期一次还本付息的债券来说，若债券的票面利率等于其市场利率，则债券的价值低于其面值。

八、债券投资的收益率

（一）债券收益的来源

（1）名义利息收益；

（2）利息再投资收益；

（3）价差收益。

（二）债券的内部收益率

1. 含义

债券的内部收益率是指以当前市场价格购买

债券并持有至到期日或转让日所能获得的收益率，即是使未来现金流入现值等于债券购入价格的贴现率。

2. 计算方法

（1）试算法（考虑时间价值）。

使用债券价值的计算公式，将债券价值改为已知的买价，倒求折现率即可。

（2）简便算法（不考虑时间价值）。

$R = [I + (B - P)/N]/[(B + P)/2]$

（3）说明。

①平价发行债券，持有至到期的内含报酬率 = 票面利率。

②溢价发行债券，持有至到期的内含报酬率 < 票面利率。

③折价发行债券，持有至到期的内含报酬率 > 票面利率。

（4）决策标准。

内含报酬率大于投资人要求的报酬率，可以买入债券。

【例6-20】（单选题）债券内含报酬率的计算公式中不包含的因素是（　　）。

A. 债券面值　　　　B. 债券期限

C. 市场利率　　　　D. 票面利率

【答案】 C

【解析】 在计算债券内含报酬率时不涉及市场利率或给定的折现率。

【例6-21】（判断题）在债券持有期间，当市场利率上升时，债券价格一般会随之下跌。（　　）。

【答案】 √

【解析】 市场利率上升，折现率上升，现值则会降低，所以债券的价格会下跌。

九、股票投资

（一）股票的价值

1. 股票估价的基本模型

$$V_S = \sum_{t=1}^{\infty} \frac{D_t}{(1 + R_S)^t}$$

2. 固定增长模式

$$V_S = \frac{D_0 \times (1 + g)}{R_S - g} = \frac{D_1}{R_S - g}$$

3. 零成长模式

$$V_S = D/R_S$$

4. 阶段性成长模式

对于阶段性增长的股票，需要分段计算才能确定股票的价值。

（二）股票投资的收益率

1. 股票收益的来源

（1）股利收益；

（2）股利再投资收益；

（3）转让价差。

2. 股票的内部收益率

（1）零成长股票。

$R = D/P_0$

（2）固定成长股票。

$$R = \frac{D_1}{P_0} + g$$

（3）阶段性成长股票。

使用股票估值的公式，按某个特定价格买入股票后倒求折现率，这个折现率就是股票的内部收益率。

【例6-22】（单选题）某上市公司预计未来5年股利高速增长，然后转为正常增长，则下列各项普通股评价模型中，最适宜计算该公司股票价值的是（　　）。

A. 股利固定模型

B. 零成长股票模型

C. 阶段性成长模型

D. 股利固定增长模型

【答案】 C

【解析】 本题考点是股票评价模型的适用。

【例6-23】（计算题）某投资人持有ABC公司的股票，他的投资必要报酬率为15%。预计ABC公司未来3年股利将高速增长，增长率为20%。在此以后转为正常增长，增长率为12%。公司最近支付的股利是2元。

要求：计算该公司股票的价值。

【答案】

（1）计算非正常增长期的股利现值：

非正常增长期的股利现值计算

单位：元

年数	股利（D_t）	现值系数（15%）	现值
1	2×1.2=2.4	0.870	2.088
2	2.4×1.2=2.88	0.756	2.177
3	2.88×1.2=3.456	0.658	2.274
合计（3年股利的现值）			6.539

（2）计算第3年底的普通股价值：

$$P_3 = \frac{D_4}{R_s - g} = \frac{D_3 \cdot (1+g)}{R_s - g} = \frac{3.456 \times 1.12}{0.15 - 0.12} = 129.02 （元）$$

计算其现值：

$129.02 \times (P/F, 15\%, 3) = 129.02 \times 0.658 = 84.90$（元）

（3）计算股票目前的内在价值：

$P_0 = 6.539 + 84.90 = 91.439$（元）

通关演练

一、单项选择题

1. 甲公司某项固定资产在处置时的账面净值为100万元，变现价值也是100万元，企业适用的所得税税率为25%。则处置该项固定资产的相关现金流量为（　　）万元。
   A. 现金流入100　　B. 现金流入75
   C. 现金流入125　　D. 现金流出25

2. 乙公司打算建设一条新的生产线，可以利用现有的一座厂房。该厂房的账面价值为2 000万元，变现价值7 000万元，企业适用的所得税税率为25%。则建设生产线与该厂房相关的现金流出量为（　　）万元。
   A. 2 000　　B. 7 000
   C. 5 750　　D. 8 250

3. 丙公司需要建设一套新的生产装置，投资中可以使用企业自己生产的一部分A产品。该部分A产品的生产成本为700万元，若出售可以取得1 200万元的销售收入。企业适用的所得税税率为25%。则建设新的生产装置与该部分 A 产品相关的现金流出量为（　　）万元。

A. 525　　　　　　B. 900

C. 1 075　　　　　D. 1 325

4. 某公司甲项目需要垫支营运资金的金额是营业收入的15%，需要在每年初投入，甲项目寿命为3年。该项目第1年营业收入为1 000万元，第2、3年每年营业收入增长率分别为20%和12%。则在第3年末甲项目寿命终结时可以收回的营运资金的金额为（　　）万元。

A. 150　　　　　　B. 171.6

C. 180　　　　　　D. 201.6

5. 进行投资的主体一定是（　　）。

A. 企业　　　　　B. 个人

C. 国家　　　　　D. 经济主体

6. 将投资分为对内投资和对外投资的分类标准是（　　）。

A. 投资的内容

B. 投资的方向

C. 投入的领域

D. 投资行为的介入方式

7. 某投资项目需在开始时一次性投资50 000元，其中固定资产投资45 000元，营运资金垫支5 000元，没有建设期。各年营业现金净流量分别为10 000元、12 000元、16 000元、20 000元、21 600元、14 500元，则该项目的静态投资回收期是（　　）年。

A. 3.35　　　　　B. 3.40

C. 3.60　　　　　D. 4.00

8. 在长期投资决策中，一般属于营业期现金流出项目的是（　　）。

A. 经营成本　　　B. 开办费投资

C. 固定资产投资　D. 无形资产投资

9. 按投资对象的存在形态和性质，可以将投资分为（　　）。

A. 项目投资和证券投资

B. 独立投资和互斥投资

C. 直接投资和间接投资

D. 对内投资和对外投资

10. 在其他条件不变的情况下，若企业提高折现率，数字大小不会因此受到影响的指标是（　　）。

A. 净现值　　　　B. 现值指数

C. 净现值率　　　D. 内含报酬率

11. 下列投资项目评价指标中，不受建设期长短、投资回收时间先后及现金流量大小影响的评价指标是（　　）。

A. 净现值率　　　B. 投资利润率

C. 内含报酬率　　D. 投资回收期

12. 下列各项中，不会对投资项目内含报酬率指标产生影响的因素是（　　）。

A. 原始投资　　　B. 现金流量

C. 项目计算期　　D. 设定折现率

13. 在资本限量情况下最佳投资方案必然是（　　）。

A. 净现值合计最高的投资组合

B. 现值指数大于1的投资组合

C. 净现值之和大于零的投资组合

D. 内含报酬率合计最高的投资组合

14. 原始投资额不同，特别是项目计算期不同的多方案比较决策，最适合采用的评价方法是（　　）。

A. 现值指数法　　B. 回收期法

C. 年金净流量法　D. 净现值法

15. 某企业拟进行固定资产投资项目决策，设定折现率为12%，有几个方案可供选择。其中，甲方案的项目计算期为10年，净现值为1 000万元；乙方案的净现值率为15%；丙方案的项目计算期为11年，其年等额净回收额为150万元；丁方案的内含报酬率为10%。若（A/P，12%，10）＝0.177，最优的投资方案是（　　）。

A. 甲方案　　　　B. 乙方案

C. 丙方案　　　　D. 丁方案

16. 净现值法与年金净流量法的共同缺点是（　　）。

A. 无法对寿命不相等的独立方案进行决策

B. 无法对投资额不相等的独立方案进行决策

C. 无法对寿命不相等的互斥方案进行决策

D. 无法对投资额不相等的互斥方案进行决策

17. 下列不属于直接投资的是（　　）。

A. 为扩充生产能力购买机器设备

B. 建造一座新厂房

C. 为稳定原材料供应对上游企业进行长期股权投资

D. 与协作单位进行联营投资

18. 不易直接考虑投资风险的投资项目财务决策指标是（　　）。
    A. 内含报酬率　　　　B. 净现值
    C. 现值指数　　　　　D. 年金净流量

19. 下列属于投资项目财务决策指标容易导致短期行为的是（　　）。
    A. 净现值　　　　　　B. 年金净流量
    C. 内含报酬率　　　　D. 回收期

20. 某投资项目各年的预计净现金流量分别为：$NCF_0 = -200$（万元），$NCF_1 = -50$（万元），$NCF_{2-3} = 100$（万元），$NCF_{4-11} = 250$（万元），$NCF_{12} = 150$（万元），则该项目包括建设期的静态投资回收期为（　　）年。
    A. 2.0　　　　　　　B. 2.5
    C. 3.2　　　　　　　D. 4.0

21. 某投资者购买 A 公司股票，并且准备长期持有，要求的最低收益率为 11%，该公司本年的股利为 0.6 元/股，预计未来股利年增长率为 5%，则该股票的内在价值是（　　）元/股。
    A. 10.0　　　　　　B. 10.5
    C. 11.5　　　　　　D. 12.0

22. 某公司增发的普通股每股市价为 12 元/股，筹资费率为市价的 6%，本年发放股利每股为 0.6 元，已知同类股票的预期收益率为 11%，则维持此股价所需要的股利年增长率为（　　）。
    A. 5%　　　　　　　B. 5.39%
    C. 5.68%　　　　　D. 10.34%

23. 在互斥方案的优选决策中，（　　）全面反映了各方案的获利数额，是最佳的决策指标。
    A. 净现值　　　　　B. 年金净流量
    C. 现值指数　　　　D. 投资报酬率

24. 甲公司为新建一条生产线，准备通过增发普通股筹集资金。每股增发价格确定在 10 元到 12 元之间，筹资费率为市价的 2%，甲公司本年发放股利每股为 0.8 元，已知同类股票的预期收益率为 10%。则为维持此增发价所需要的股利年增长率范围是（　　）。
    A. 1.22% 至 2.85% 之间
    B. 1.69% 至 2.99% 之间
    C. 1.85% 至 6.22% 之间
    D. 2.17% 至 6.65% 之间

25. 投资者购买短期证券资产主要是为了避免（　　）。
    A. 购买力风险　　　B. 价格风险
    C. 再投资风险　　　D. 违约风险

26. 当发生通货膨胀而导致货币购买力下降时，投资者应当将资本投向（　　）。
    A. 货币基金　　　　B. 债券基金
    C. 股票基金　　　　D. 实体资产

27. 对于分期支付利息、到期偿还本金的债券而言，如果债券价值随着到期日的接近而下降，则可以断定该债券的票面利率（　　）市场利率。
    A. 低于　　　　　　B. 等于
    C. 高于　　　　　　D. 不确定

二、多项选择题

1. 投资管理的结构平衡原则，是说投资项目在资金投放时，要遵循结构平衡原则，合理投放资金。具体包括（　　）。
   A. 生产能力与经营规模的平衡关系
   B. 发展性投资与维持性投资的配合关系
   C. 投资进度与资金供应的协调关系
   D. 对内投资与对外投资的顺序关系

2. 将资金投放于股票、债券等权益性资产上的企业投资叫作（　　）。
   A. 直接投资　　　　B. 间接投资
   C. 项目投资　　　　D. 证券投资

3. 下列投资项目的财务评价方法属于净现值法的辅助方法的有（　　）。
   A. 内含报酬率法　　B. 回收期法
   C. 现值指数法　　　D. 年金净流量法

4. 甲公司正在从传统制造业向新能源领域转型，准备投巨资建设一条锂电池生产线。这项投资属于（　　）。
   A. 发展性投资　　　B. 项目投资
   C. 对内投资　　　　D. 直接投资

5. 净现值法的优点有（　　）。
   A. 考虑了投资风险
   B. 适用于独立投资方案的比较决策
   C. 可以动态上反映项目的实际收益率
   D. 能基本满足项目年限相同的互斥投资方案

决策

6. 净现值法与现值指数法的共同之处在于
（　　）。
A. 都是相对数指标
B. 都没有考虑货币时间价值因素
C. 都不能反映投资方案的实际投资收益率
D. 都必须按预定的贴现率折算现金流量的现值

7. 投资管理的原则包括（　　）。
A. 可行性分析原则　B. 结构平衡原则
C. 动态监控原则　D. 投资分散化原则

8. 在一般投资项目中，当一项投资方案的净现值等于零时，即表明（　　）。
A. 该方案的现值指数等于1
B. 该方案不具备财务可行性
C. 该方案的净现值率大于1
D. 该方案的内含报酬率等于设定折现率或行业基准收益率

9. 内含报酬率指标的含义有（　　）。
A. 投资报酬与总投资的比例
B. 项目投资者实际期望达到的报酬率
C. 投资报酬现值与总投资现值的比率
D. 使投资方案净现值之和为零的贴现率

10. 下列各项中，属于回收期法优点的有（　　）。
A. 计算简便
B. 易于理解
C. 考虑了货币的时间价值
D. 正确反映项目总回报

11. 从公司内部管理的角度考察，公司特有风险有（　　）。
A. 经营风险　　B. 利率风险
C. 财务风险　　D. 汇率风险

12. 与股票投资相比，债券投资的优点有（　　）。
A. 本金安全性好　B. 投资收益率高
C. 购买力风险低　D. 收入稳定性强

13. 下列有关固定资产更新决策表述正确的有（　　）。
A. 从决策性质看固定资产更新决策属于独立方案的决策类型
B. 固定资产更新决策方法比较适合采用内含报酬率法
C. 寿命期相同的设备重置决策可以采用净

现值法进行决策
D. 寿命期不同的设备重置决策可以采用年金净流量法进行决策

14. 投资项目现金净流量中的"现金"通常包括（　　）。
A. 库存现金　　B. 银行存款
C. 设备的变现价值　D. 折旧费

15. 在营业现金净流量的计算中，"非付现成本"通常包括（　　）。
A. 固定资产年折旧
B. 跨年的大修理摊销
C. 资产减值准备
D. 筹建开办费摊销

16. 对于原始投资额现值不同的独立方案进行比较和评价时，可以使用（　　）指标。
A. 年金净流量　B. 动态回收期
C. 现值指数　　D. 内含报酬率

17. 下列财务决策指标没有考虑投资项目的盈利性的有（　　）。
A. 静态回收期　B. 动态回收期
C. 现值指数　　D. 年金净流量

18. 某公司准备建设一个新的投资项目，该项目的投资期为2，营业期为8年，资本成本为10%，所计算出的现值指数为1.50。则关于该项目的下列结论中正确的有（　　）。
A. 净现值大于0
B. 内含报酬率大于10%
C. 动态投资回收期大于8年
D. 静态投资回收期大于2年

19. 在替换重置的设备更新决策中，可以使用年金成本进行决策。如果忽略企业所得税，使用年金成本进行决策时应当考虑的现金流量主要包括（　　）。
A. 新旧设备折旧费
B. 新旧设备目前市场价值
C. 新旧设备残值变现收入
D. 新旧设备年运行成本

20. 从外部证券投资者的角度来看，公司的经营风险和财务风险主要表现为（　　）。
A. 购买力风险　B. 违约风险
C. 变现风险　　D. 破产风险

21. 债券投资代表未来按合同规定收取利息和收回本金的权利。这一属性不属于证券投资的

（　　）特点。

A. 可分割性　　　　B. 强流动性

C. 价值虚拟性　　　D. 高风险性

22. 如果债券市场利率大于债券票面利率，但小于债券的内部收益率。下列说法中正确的有（　　）。

A. 债券价值就是其面值

B. 债券价值高于其面值

C. 债券价值低于其面值

D. 该债券价值被低估

23. 假设其他因素不变，阶段性增长模式下的股票的投资收益率（　　）。

A. 与持有时间呈正相关关系

B. 与必要报酬率呈负相关关系

C. 与预期成长率呈正相关关系

D. 与股票价格呈负相关关系

24. 下列各项中会影响项目终结点的现金流量的有（　　）。

A. 最后一期的营业现金流量

B. 固定资产的变价净收入

C. 垫支的营运资金的收回

D. 营业期间的现金流量

25. 下列说法正确的有（　　）。

A. 净现值法不便于对原始投资额不相等的独立方案进行决策

B. 净现值法不能对寿命期不同的互斥投资方案进行直接决策

C. 年金净流量法属于净现值法的辅助方法，在各方案原始投资额相同时，实质上就是净现值法

D. 现值指数法属于净现值法的辅助方法，在各方案寿命期相同时，实质上就是净现值法

26. 下列属于证券投资的非系统性风险的有（　　）。

A. 变现风险　　　　B. 再投资风险

C. 违约风险　　　　D. 破产风险

27. 在其他因素不变的情况下，下列财务评价指标中，指标数值越大表明项目可行性越强的有（　　）。

A. 净现值　　　　　B. 现值指数

C. 内含报酬率　　　D. 动态回收期

28. 对于投资额不同但寿命相同的互斥项目而言，可以使用的决策方法有（　　）。

A. 净现值　　　　　B. 年金净流量

C. 现值指数　　　　D. 内含报酬率

29. 有甲、乙两个互斥投资项目，其原始投资额和项目计算期都不同。在此情况下，可以对甲、乙两方案进行优选的方法有（　　）。

A. 净现值法　　　　B. 内含报酬率法

C. 年金净流量法　　D. 共同年限法

30. 下列关于投资项目现金流量的表述中，正确的有（　　）。

A. 现金流量中所指的现金是指货币资金

B. 现金流量有现金流出量和现金流入量之分

C. 净现金流量等于现金流入量减现金流出量

D. 经营期内的净现金流量多为正值

31. 在单一方案决策过程中，与年金净流量评价结论一致的有（　　）。

A. 净现值　　　　　B. 动态回收期

C. 现值指数　　　　D. 内含报酬率

三、判断题

1. 由于投资的特定经济主体中包括国家，从特定企业的角度看，投资不一定要考虑收益。（　　）

2. 不考虑时间价值的前提下，投资回收期越短，投资获利能力越强。（　　）

3. 如果从国家作为投资主体的立场出发，就不能将企业所得税作为现金流量项目考虑。（　　）

4. 直接投资与间接投资、对内投资与对外投资两种投资分类的内涵和范围是一致的，知识分类的角度不同，前者强调的是投资的方式性，后者强调的是投资的对象性。（　　）

5. 一般情况下，使某投资方案的净现值小于零的折现率，一定高于该投资方案的内含报酬率。（　　）

6. 内含报酬率是能使投资项目的获利指数为零的贴现率。（　　）

7. 折旧之所以对投资决策产生影响，是因为所得税的存在。（　　）

8. 使某投资方案净现值小于零的折现率，一定会高于该投资方案的内含报酬率。（　　）

9. 人们在进行财务决策时，之所以选择低风险的方案，是因为低风险会带来高收益，而高风险的方案则往往收益偏低。（　　）

10. 静态投资回收期指标需要有一个主观的标准作为项目取舍的依据。（　　）

11. 项目投资，属于直接投资，证券投资属于间接投资。（　　）

12. 可行性分析原则主要包括环境可行性、技术可行性、市场可行性、财务可行性等方面。（　　）

13. 债券的溢价发行是为了对债券发行者未来少付利息而给予的必要补偿。（　　）

14. 非付现成本主要有固定资产年折旧费用、长期资产摊销费用、资产减值准备以及垫支的营运资金摊销等。（　　）

15. 投资者可以根据证券价值与当前证券市场价格的比较决定是否进行证券投资。（　　）

四、计算分析题

1. 已知一公司拟于 2009 年初用自有资金购置设备一台，需一次性投资 100 万元。经测算，该设备使用寿命为 5 年，税法也准许按 5 年计提折旧，设备投入运营后每年可新增息税前利润 20 万元。假定，该设备按直线法折旧，预计的净残值率为 5%，不考虑设备的建设期和公司所得税。

要求：

（1）计算使用期内各年净现金流量；

（2）计算该设备的静态投资回收期；

（3）如果以 10% 作为折现率，计算其净现值。

2. 已知：某企业拟进行一项单纯固定资产投资，现有 A、B 两个互斥方案可供选择，相关资料如下表所示：

价值单位：万元

方案	指标	建设期		运营期	
		0	1	2～11	12
A	固定资产投资	*	*		
	新增息税前利润（每年相等）			*	*
	新增的折旧			100	100
	新增的营业税金及附加			1.5	*
	所得税前净现金流量	-1 000	0	200	*
B	固定资产投资	500	500		
	所得税前净现金流量	*	*	200	*

说明：表中"2～11"年一列中的数据为每年数，连续 10 年相等；用"*"表示省略的数据。

要求：

（1）确定或计算 A 方案的下列数据：

①固定资产投资金额；

②运营期每年新增息税前利润；

③不包括建设期的静态投资回收期。

（2）请判断能否利用净现值法作出最终投资决策。

（3）如果 A、B 两方案的净现值分别为 180.92 万元和 273.42 万元，请按照一定方法作出最终决策，并说明理由。

3. 某企业拟进行一项固定资产投资，该项目的现金流量表（部分）如下：

项目	建设期			经营期				合计
	0	1	2	3	4	5	6	
净现金流量	-1 000	-1 000	100	1 000	（B）	1 000	1 000	2 900
累计净现金流量	-1 000	-2 000	-1 900	（A）	900	1 900	2 900	—
折现净现金流量	-1 000	-943.4	89	839.6	1 425.8	747.3	705	1 863.3

要求：

（1）在答题纸上计算上表中用英文字母表示的项目的数值。

（2）计算或确定下列指标：①静态投资回收期；②净现值；③原始投资现值；④净现值率。

（3）评价该项目的财务可行性。

4. C 公司拟投资建设一条生产线，现有甲、乙两种投资方案可供选择，相关资料如下表所示：

甲、乙投资方案现金流量计算表

单位：万元

方案	指标	建设期		运营期	
		0 年	1 年	2～5 年	6 年
甲	固定资产投资	600	0		
	无形资产投资	(A)	0		
	息税前利润			156	156
	折旧及摊销			112	112
	调整所得税			(B)	*
	净残值				*
	净现金流量	－620	0	(C)	289

续表

方案	指标	建设期		运营期	
		0 年	1 年	2～5 年	6 年
乙	固定资产投资	300	300		
	净现金流量	*	*	266	

说明：表中"2～5"年中的数字为等额数。"＊"代表省略的数据。

该公司适用的企业所得税税率为 25%。假定基准折现率为 8%，财务费用为零。相关货币时间价值系数如下表所示：

相关货币时间价值系数表

项目	n					
	1	2	3	4	5	6
(P/F, 8%, n)	0.9259	0.8573	0.7938	0.7350	0.6806	0.6302
(P/A, 8%, n)	0.9259	1.7833	2.5771	3.3121	3.9927	4.6229

要求：

(1) 确定甲、乙投资方案现金流量计算表中英文字母代表的数值。

(2) 若甲、乙两方案的净现值分别为 264.40 万元和 237.97 万元，且甲、乙两方案互斥，分别计算甲、乙两方案的年金净流量，并根据计算结果进行决策。

5. 甲公司在 2010 年 1 月 1 日平价发行甲债券，每张面值 1 000 元，票面利率 10%，5 年到期，每年 6 月 30 日和 12 月 31 日付息。乙公司在 2010 年 1 月 1 日发行乙债券，每张面值 1 000 元，票面利率 8%，5 年到期，每年 6 月 30 日和 12 月 31 日付息。（计算过程中至少保留小数点后 4 位，计算结果取整）

要求：

(1) 计算 2010 年 1 月 1 日投资购买甲公司债券的年有效到期收益率是多少？

(2) 若投资人要想获得和甲公司债券同样的年有效收益率水平，在 2010 年 1 月 1 日乙公司债券的价值应为多少？

(3) 假定 2014 年 1 月 1 日的市场利率下降到 8%，那么此时甲债券的价值是多少？

(4) 假定 2014 年 10 月 1 日的市价为 1 000 元，此时购买甲债券的年有效到期收益率是多少？

(5) 假定 2014 年 4 月 1 日的市场利率为 12%，甲债券的价值是多少？

6. 某上市公司本年度净收益为 20 000 万元，每股支付股利 2 元，预计该公司未来 3 年进入成长期，净收益第 1 年增长 14%，第 2 年增长 14%，第 3 年增长 8%，第 4 年及以后将保持其净收益水平。

该公司一直采用固定股利支付率的股利政策，并打算今后继续实行该政策，该公司没有增发普通股和发行优先股计划。

要求：

(1) 假设投资人要求的报酬率为 10%，并打算长期持有该股票，计算股票的价值。

(2) 如果股票价格为 24.89 元，计算长期持有股票的投资收益率。

五、综合题

1. 乙公司现有生产线已满负荷运转，鉴于其产品在市场上供不应求，公司准备购置一条生产线，公司及生产线的相关资料如下：

资料一：乙公司生产线的购置有两个方案可供选择；

A方案生产线的购买成本为7 200万元，预计使用6年，采用直线法计提折旧，预计净残值率为10%，生产线投产时需要投入营运资金1 200万元，以满足日常经营活动需要，生产线运营期满时垫支的营运资金全部收回，生产线投入使用后，预计每年新增销售收入

11 880万元，每年新增付现成本8 800万元，假定生产线购入后可立即投入使用。

B方案生产线的购买成本为200万元，预计使用8年，当设定贴现率为12%时净现值为3 228.94万元。

资料二：乙公司适用的企业所得税税率为25%，不考虑其他相关税费，公司要求的最低投资报酬率为12%，部分时间价值系数如下表所示：

货币时间价值系数表

项目	年度（n）							
	1	2	3	4	5	6	7	8
(P/F,12%,n)	0.8929	0.7972	0.7118	0.6355	0.5674	0.5066	0.4523	0.4039
(P/A,12%,n)	0.8929	1.6901	2.4018	3.0373	3.6048	4.1114	4.5638	4.9676

资料三：乙公司目前资本结构（按市场价值计算）为：总资本40 000万元，其中债务资本16 000万元（市场价值等于其账面价值，平均年利率为8%），普通股股本24 000万元（市价为6元/股，共4 000万股），公司今年的每股股利（D_0）为0.3元，预计股利年增长率为10%，且未来股利政策保持不变。

资料四：乙公司投资所需资金7 200万元需要从外部筹措，有两种方案可供选择；方案一为全部增发普通股，增发价格为6元/股。方案二为全部发行债券，债券年利率为10%，按年支付利息，到期一次性归还本金。假设不考虑筹资过程中发生的筹资费用。乙公司预期的年息税前利润为4 500万元。

要求：

（1）根据资料一和资料二，计算A方案的下列指标：

①投资期现金净流量；②年折旧额；③生产线投入使用后第1~5年每年的营业现金净流量；④生产线投入使用后第6年的现金净流量；⑤净现值。

（2）分别计算A、B方案的年金净流量，据以判断乙公司应选择哪个方案，并说明理由。

（3）根据资料二、资料三和资料四：

①计算方案一和方案二的每股收益无差别点（以息税前利润表示）；②计算每股收益无差别点的每股收益；③运用每股收益分析法判断乙公司应选择哪一种筹资方案，并说明理由。

（4）假定乙公司按方案二进行筹资，根据资料二、资料三和资料四计算：

①乙公司普通股的资本成本；②筹资后乙公司的加权平均资本成本。

2. 乙公司是一家机械制造企业，适用的企业所得税税率为25%，该公司要求的最低收益率为12%，为了节约成本支出，提升运营效率和盈利水平，拟对正在使用的一台旧设备予以更新。其他资料如下：

资料一：折旧设备数据资料如下表所示。

乙公司折旧设备资料

单位：万元

项目	使用旧设备	购置新设备
原值	4 500	4 800
预计使用年限（年）	10	6
已用年限（年）	4	0
尚可使用年限（年）	6	6
税法残值	500	600
最终报废残值	400	600
目前变现价值	1 900	4 800
年折旧	400	700
年付现成本	2 000	1 500
年营业收入	2 800	2 800

资料二：相关货币时间价值系数如下表所示。

货币时间价值系数

项目	期限（n）	
	5	6
(P/F,12%,n)	0.5674	0.5066
(P/A,12%,n)	3.6048	4.1114

要求：

（1）计算与购置新设备相关的以下指标：①税后年营业收入；②税后年付现成本；③每年折旧抵税；④残值变价收入；⑤残值净收益纳税；⑥第 1~5 年现金净流量（NCF_{1-5}）和第 6 年现金净流量（NCF_6）；⑦净现值（NPV）。

（2）计算与使用旧设备相关的以下指标；①目前账面价值；②目前资产报废损益；③资产报废损益对所得税的影响；④残值报废损失减税。

（3）已知使用旧设备的净现值（NPV）为 943.29 万元，根据上述计算结果，作出固定资产是否更新的决策，并说明理由。

3. 某企业拟进行某项投资活动，现有甲、乙两个方案。相关资料如下：

（1）甲方案原始投资 120 万元，其中固定资产投资 100 万元，流动资金投资 20 万元，建设期为零，投资全部在建设起点一次性投入，经营期为 5 年，到期固定资产有残值收入 10 万元，预计投产后年营业收入 82 万元，年总成本（包括折旧）60 万元。

（2）乙方案原始投资 200 万元，其中固定资产投资 170 万元，流动资金投资 30 万元，建设期为 2 年，经营期为 5 年，固定资产投资于建设起点一次性投入，流动资金投资于建设期期末投入，固定资产残值收入 20 万元。项目投产后，年营业收入 170 万元，付现成本为每年 80 万元。

（3）不考虑所得税影响。

（4）该企业要求的投资报酬率为 10%。

要求：

（1）计算甲、乙方案各年的净现金流量（填入下表）。

甲方案各年净现金流量　　　　　　　　　单位：万元

项目	年限					
	0	1	2	3	4	5
净现金流量						

乙方案各年净现金流量　　　　　　　　　单位：万元

项目	年限					
	0	1	2	3	4	5
净现金流量						

（2）计算甲、乙两方案的静态回收期和动态回收期。

（3）计算甲、乙两方案的净现值。

（4）计算甲、乙两方案的现值指数。

（5）计算甲方案的内含报酬率。

4. B 公司目前生产一种产品，该产品的适销期预计还有 6 年，公司计划 6 年后停产该产品。生产该产品的设备已使用 5 年，比较陈旧，运行成本（人工费、维修费和能源消耗等）和残次品率较高。目前市场上出现了一种新设备，其生产能力、生产产品的质量与现有设备相同。设备虽然购置成本较高，但运行成本较低，并且可以减少存货占用资金、降低残次品率。除此以外的其他方面，新设备与旧设备没有显著差别。

B 公司正在研究是否应将现有旧设备更换为新设备，有关的资料如下（单位：元）：

继续使用旧设备		更换新设备	
旧设备当初购买和安装成本	200 000		
旧设备当前市值	50 000	新设备购买和安装成本	300 000
税法规定折旧年限（年）	10	税法规定折旧年限（年）	10
税法规定折旧方法	直线法	税法规定折旧方法	直线法
税法规定残值率	10%	税法规定残值率	10%
已经使用年限（年）	5 年	运行效率提高减少半成品存货占用资金	15 000
预计尚可使用年限（年）	6 年	计划使用年限（年）	6 年
预计 6 年后残值变现净收入	0	预计 6 年后残值变现净收入	150 000
年运行成本（付现成本）	110 000	年运行成本（付现成本）	85 000
年残次品成本（付现成本）	8 000	年残次品成本（付现成本）	5 000

B 公司更新设备投资的资本成本为 10%，所得税税率为 25%，固定资产的会计折旧政策与税法有关规定相同。

要求：

（1）计算 B 公司继续使用旧设备的相关现金流出总现值。

（2）计算 B 公司更换新设备方案的相关现金流出总现值。

（3）计算两个方案的净差额，并判断应否实施更新设备的方案。

5. 乙公司是一家饮料生产商，公司相关资料如下：

资料一：乙公司是 2015 年相关财务数据如下表所示。假设乙公司成本性态不变，现有债务利息水平不变。

乙公司 2015 年相关财务数据

单位：万元

资产负债表项目（2015 年 12 月 31 日）	金额
流动资产	40 000
非流动资产	60 000
流动负债	30 000
长期负债	30 000
所有者权益	40 000
收入成本类项目（2015 年度）	金额
营业收入	80 000
固定成本	25 000
变动成本	30 000
财务费用（利息费用）	2 000

资料二：乙公司计划 2016 年推出一款新型饮料，年初需要购置一条新生产线，并立即投入使用。该生产线购置价格为 50 000 万元，可使用 8 年，预计净残值为 2 000 万元，采用直线法计提折旧。该生产线投入使用时需要垫支营运资金 5 500 万元，在项目终结时收回。该生产线投资后乙公司每年可增加营业收入 22 000 万元，增加付现成本 10 000 万元。会计上对于新生产线折旧年限，折旧方法以及净残值等的处理与税法保持一致。假设乙公司要求的最低报酬率为 10%。

资料三：为了满足购置新生产线的资金需求，乙公司设计了两个筹资方案：第一个方案是以借款方式筹集资金 50 000 万元，年利率为 8%；第二个方案是发行普通股 10 000 万股，每股发行价 5 元，乙公司 2016 年初普通股股数为 30 000 万股。

资料四：假设乙公司不存在其他事项，乙公司适用的所得税税率为 25%。相关货币时间价值系数如下表所示：

货币时间价值系数表

项目	期数（n）			
	1	2	7	8
(P/F, 10%, n)	0.9091	0.8264	0.5132	0.4665
(P/A, 10%, n)	0.9091	1.7355	4.8684	5.3349

要求：

（1）根据资料一，计算乙公司的下列指标：

①营运资金；②产权比率；③边际贡献率；

④保本销售额。

（2）根据资料一，以2015年为基期计算经营杠杆系数。

（3）根据资料二和资料四，计算新生产线项目的下列指标：①原始投资额；②第1～7年现金净流量（NCF_{1-7}）；③第8年现金净流量（NCF_8）；④净现值（NPV）。

（4）根据要求（3）的计算结果，判断是否应该购置该生产线，并说明理由。

（5）根据资料一、资料三和资料四，计算两个筹资方案的每股收益无差别点（EBIT）。

（6）假设乙公司采用第一个方案进行筹资，根据资料一、资料二和资料三，计算新生产线投资后乙公司的息税前利润和财务杠杆系数。

通关演练参考答案及解析

一、单项选择题

1.【答案】A

【解析】该项固定资产在处置时的账面净值与变现价值相等，所以不存在抵税或缴税问题，与该项固定资产处置相关的现金流量就是固定资产的变现价值。

2.【答案】C

【解析】处置厂房需要缴纳所得税 = (7 000 − 2 000) × 25% = 1 250（万元），建设生产线与该厂房相关的现金流出量 = 7 000 − 1 250 = 5 750（万元）。

3.【答案】C

【解析】A产品变现价值为1 200万元，需要缴纳所得税 = (1 200 − 700) × 25% = 125（万元），建设新的生产装置与该部分A产品相关的现金流出量 = 1 200 − 125 = 1 075（万元）。

4.【答案】D

【解析】第1年初垫支营运资金 = 1 000 × 15% = 150（万元），第2年初垫支营运资金 = (1 200 − 1 000) × 15% = 30（万元），第3年初垫支营运资金 = (1 200 × 1.12 − 1 200) × 15% = 21.6（万元），第3年末甲项目寿命终结时可以收回的营运资金 = 150 + 30 + 21.6 = 201.6（万元）。

5.【答案】D

【解析】投资，广义地讲，是指特定经济主体（包括政府、企业和个人）以本金回收并获利为基本目的，将货币、实物资产等作为资本投放于某一个具体对象，以在未来较长期间内获取预期经济利益的经济行为。

6.【答案】B

【解析】按照投资的方向分为对内投资和对外投资。

7.【答案】C

【解析】截至第3年末还未补偿的原始投资额 = 50 000 − 10 000 − 12 000 − 16 000 = 12 000（元），所以静态回收期 = 3 + 12 000/20 000 = 3.6（年）。

8.【答案】A

【解析】固定资产投资、开办费投资、无形资产投资一般属于建设期的现金流量项目。

9.【答案】A

【解析】按投资对象的存在形态和性质，可以将投资分为项目投资和证券投资。

10.【答案】D

【解析】项目投资决策评价指标分类按是否考虑时间价值分为非折现指标和折现指标，非折现指标包括投资利润率和投资回收期，它们不受折现率的变动的影响；折现指标包括净现值、净现值率、获利指数和内部报酬率，其中，当折现率发生变化时，净现值、净现值率、获利指数会发生变化。

11.【答案】B

【解析】投资利润率仅受年平均利润率和投资总额的影响；净现值率和内含报酬率受现金流量影响；投资回收期指标受建设期的影响。

12.【答案】D

【解析】内含报酬率是能使投资项目净现值等于零的折现率。内含报酬率与原始投资、现金流量、项目计算期有关；与设定的折现率无关。

13.【答案】A

【解析】多方案比较决策的主要依据是能否保证在充分利用资金的前提下，获得尽可能多的净现值总量，在选择时，常用到净现值率指标。

14.【答案】C

【解析】常用的财务可行性评价指标有净现值、年金净流量、现值指数、内含报酬率和回收期等指标，围绕这些评价指标进行评价也产生了净现值法、内含报酬法、回收期法等评价方法。净现值法和现值指数法适用于原始投资和项目计算期都相同的多方案比较决策，在所有方案中以净现值或现值指数最大为最优方案；年金净流量法是净现值法的辅助方法，在各方案寿命期相同时，实质上就是净现值法。因此它适用于期限不同的投资方案决策。

15.【答案】A

【解析】由于丁方案的内含报酬率为10%，小于设定折现率为12%，故不是可选方案；甲方案的年等额净回收额为177万元，大于丙方案的年等额净回收额，故丙方案也是不可选取方案；在甲乙两方案比较时，净现值指标为主要指标，故答案为A。

16.【答案】B

【解析】年金净流量法具有与净现值法同样的缺点，不便于对原始投资额不相等的独立方案进行比较决策。

17.【答案】C

【解析】对内投资是指在本企业范围内部的资金投放；对外投资指通过联合投资、合作经营、换取股权、购买证券资产等投资方式，向企业外部投放资金；对内投资都是直接投资，对外投资主要是间接投资，但也可能是直接投资，比如企业之间的横向经济联合中的联营投资。

18.【答案】A

【解析】净现值、现值指数和年金净流量在计算时都需要使用折现率，都考虑了投资风险；内含报酬率在计算时没有直接考虑投资风险。

19.【答案】D

【解析】用回收期评价投资项目的次序时，以回收期最短的方案为最优。实际上，越是战略性的投资项目往往回收期越长，以回收期评价投资项目的优劣容易导致急功近利。

20.【答案】C

【解析】包括建设期的投资回收期（PP）=最后一项为负值的累计净现金流量对应的年数+（最后一项为负值的累计净现金流量绝对值/下一年度净现金流量）=3+（50/250）=3.2（年），所以本题正确答案为C。

21.【答案】B

【解析】股票的内在价值=$0.6 \times (1 + 5\%)/(11\% - 5\%) = 10.5$（元）。

22.【答案】B

【解析】$11\% = 0.6 \times (1 + g)/[12 \times (1 - 6\%)] + g$；$g = 5.39\%$

23.【答案】B

【解析】在互斥方案的有优选决策中，年金净流量全面反映了各方案的获利数额，是最佳的决策指标。净现值指标在项目寿命期不同情况下，需要按各方案最小公倍期限调整计算。

24.【答案】B

【解析】$10\% = [0.8 \times (1 + g1)/10 \times (1 - 2\%)] + g1$；$g1 = 1.69\%$；$10\% = [0.8 \times (1 + g2)/12 \times (1 - 2\%)] + g2$；$g2 = 2.99\%$。

25.【答案】B

【解析】如果投资者预计市场利率会持续上升，投资者可能会投资短期证券资产，待到短期证券资产到期时利率水平达到高点，再去投资长期证券资产。

26.【答案】D

【解析】购买力风险是指由于通货膨胀而使货币购买力下降的风险。购买力风险对具有收款权利性质的资产影响很大，避免购买力风险的办法是将资本投向实体性资产。

27.【答案】C

【解析】对于分期支付利息、到期偿还本金的债券而言，如果债券票面利率高于市场利率，债券价值高于面值，随着到期日的临近债券价值逐渐下降。

二、多项选择题

1.【答案】ABCD
【解析】投资管理的结构平衡原则，是说投资项目在资金投放时，要遵循结构平衡原则，合理投放资金。具体包括固定资金与流动资金的配套关系、生产能力与经营规模的平衡关系、资金来源与资金运用的匹配关系、投资进度与资金供应的协调关系、流动资金内部的资产结构关系、发展性投资与维持性投资的配合关系、对内投资与对外投资的顺序关系、直接投资与间接投资的分布关系等。

2.【答案】BD
【解析】直接投资是将资金直接投放于形成生产经营能力的实体性资产，直接谋取经营利润的投资；间接投资是将资金投放于股票、债券等权益性资产上的投资；项目投资指购买具有实质性内涵的经营资产，包括有形资产和无形资产。项目投资属于直接投资；证券投资指购买属于综合性生产要素的权益性权利资产的企业投资。证券投资属于间接投资。

3.【答案】CD
【解析】年金净流量法是净现值法的辅助方法，在各方案项目寿命相等时，实质上就是净现值法；现值指数法也是净现值法的辅助方法，在各方案原始投资额现值相同时，实质上就是净现值法。

4.【答案】ABCD
【解析】发展性投资属于战略性投资，是指对企业未来的生产经营发展全局有重大影响的投资；项目投资指购买具有实质性内涵的经营资产，包括有形资产和无形资产；对内投资指在本企业范围内部的资金投放；直接投资是将资金直接投放于形成生产经营能力的实体性资产，直接谋取经营利润的投资。

5.【答案】AD
【解析】净现值法的优点包括：适用性强，能基本满足项目年限相同的互斥投资方案决策；能灵活地考虑投资风险。

6.【答案】CD
【解析】净现值法是绝对数指标，反映投资的效益；现值指数是相对数指标，反映投资的效率。投资方案的实际投资收益率是内含报酬

率，净现值和现值指数是根据实现给定的贴现率计算的，但是都不能直接反映项目的实际投资报酬率。

7.【答案】ABC
【解析】投资管理的原则包括：（1）可行性分析原则；（2）结构平衡原则（3）动态监控原则。

8.【答案】AD
【解析】当一项投资方案的净现值等于零时，该方案具有财务可行性；同时，该方案的净现值率为零；该方案的内含报酬率等于设定折现率或行业基准收益率。

9.【答案】BD
【解析】内含报酬率是指使项目的净现值之和为零的贴现率。

10.【答案】AB
【解析】回收期法的优点是计算简便，易于理解。这种方法是以回收期的长短来衡量方案的优劣，收回投资所需的时间越短，所冒的风险就越小。回收期法中静态回收期的不足之处是没有考虑货币的时间价值。

11.【答案】AC
【解析】非系统性风险是公司特有风险，从公司内部管理的角度考察，公司特有风险的主要表现形式是公司经营风险和财务风险。从公司外部的证券资产市场投资者的角度考察，公司经营风险和财务风险的特征无法明确区分，公司特有风险是以违约风险、变现风险、破产风险等形式表现出来的。

12.【答案】AD
【解析】选项B、C是股票投资的优点。

13.【答案】CD
【解析】从决策性质看固定资产更新决策属于互斥投资方案的决策类型；固定资产更新决策所采用的决策方法是净现值法和年金净流量法。

14.【答案】ABC
【解析】在一般情况下，投资决策中的现金流量通常是指现金净流量。这里，所谓的现金净流量既指库存现金、银行存款等货币性资产，也可以指相关非货币资产的变现价值。

15.【答案】ABCD
【解析】非付现成本主要是固定资产年折旧

费用、长期资产摊销费用、资产减值准备
等。其中，长期资产摊销费用主要有跨年的
大修理摊销费用、改良工程折旧摊销费用、
筹建开办费摊销费用等。

16.【答案】CD

【解析】现值指数和内含报酬率都可以克服
净现值和年金净流量不便于对原始投资额现
值不同的独立方案进行比较和评价的缺点。

17.【答案】AB

【解析】回收期指标在计算时只考虑的未来
现金净流量（或现值）总和中等于原始投资
额（或现值）的部分，没有考虑超过原始投
资额（或现值）的部分，所以没有考虑投资
项目的盈利性。

18.【答案】ABD

【解析】如果投资项目的净现值大于 0，则
年金净流量也大于 0，现值指数大于 1，内
含报酬率大于资本成本率，所以选项 A、B
正确；因为该项目投资期为 2 年，所以静态
投资回收期一定大于 2 年，所以选项 D
正确。

19.【答案】BCD

【解析】在不考虑企业所得税时，折旧费对
于现金流量没有影响。

20.【答案】BCD

【解析】从内部角度看，公司特有风险主要
表现为经营风险和财务风险。从外部证券投
资者的角度来看，公司的经营风险和财务风
险的特征无法明确区分，公司特有风险是以
违约风险、变现风险和破产风险等形式表现
出来的。

21.【答案】ABD

【解析】证券资产不能脱离实体资产而完全
独立存在。但证券资产的价值不是完全由实
体资本的现实生产经营活动决定的，而是取
决于契约性权利所能带来的未来现金流量，
是一种未来现金流量折现的资本化价值。

22.【答案】CD

【解析】债券市场利率大于债券票面利率时，
债券价值低于其面值；债券市场利率小于债
券的内部收益率时，债券价值被低估。

23.【答案】CD

【解析】股票的投资收益率随着预期成长率
的变大而增加，随着股票价格的提高而下
降。与股票持有时间和必要报酬率无关。

24.【答案】ABC

【解析】在项目的终结点的现金流量有最后
一期的营业现金流量、固定资产的变现净价
收入和垫支的营运资金的收回。

25.【答案】AB

【解析】年金净流量法属于净现值法的辅助方
法，在各方案寿命期相同时，实质上就是净现
值法；现值指数法属于净现值法的辅助方法，
在各方案原始投资额相同时，实质上就是净现
值法。

26.【答案】ACD

【解析】证券投资的非系统性风险包括：
（1）违约风险；（2）变现风险；（3）破产
风险。再投资风险属于系统性风险。

27.【答案】ABC

【解析】以回收期的长短来衡量方案的优劣，
投资的时间越短，所冒的风险就越小。所以
选项 D 不正确。

28.【答案】AB

【解析】对于投资额不同但寿命相同的互斥
项目而言，可以使用净现值或年金净流量决
策，但如果项目寿命不同，应使用年金净流
量决策。

29.【答案】CD

【解析】在项目寿命不同的情况下，只能通
过比较其相同时间段内收益的高低判断方案
的优劣，应当使用年金净流量法或共同年限
法，所以选项 C、D 正确。

30.【答案】BCD

【解析】现金流量中所指的现金是广义的现
金，不仅包括货币资金，还包括企业所拥有
的非货币资源的变现价值。

31.【答案】ACD

【解析】利用净现值、年金净流量、现值指
数、内含报酬率对单一项目评价的结论是一
致的。

三、判断题

1.【答案】×

【解析】投资是指特定的经济主体为了在未来
可预见的时期内获得收益或使资金增值，在

一定时机向一定领域的标的物投放足够数额的资金或实物等价物的经济行为。从特定企业的角度看，投资就是企业为获得收益而向一定对象投放资金的经济行为。

2.【答案】×

【解析】由于投资回收期只考虑部分现金流量，没有考虑方案的全部现金流量，所以，即使不考虑时间价值也不能根据投资回收期的长短判断投资获利能力的高低。

3.【答案】√

【解析】只有从企业或法人投资主题的角度才将所得税列作现金流出。

4.【答案】×

【解析】直接投资与间接投资、项目投资与证券投资。两种投资分类的内涵和范围是一致的，只是分类的角度不同，前者强调的是投资的方式性，后者强调的是投资的对象性。

5.【答案】√

【解析】净现值与折现率呈反方向变动。

6.【答案】×

【解析】内含报酬率是使净现值之和等于零的折现率，当净现值等于零时，净现值率也等于零，而获利指数等于1。

7.【答案】√

【解析】若没有所得税，折旧就没有抵税作用，因为按照收付实现制，折旧既不是现金流入，也不是现金流出。

8.【答案】√

【解析】内含报酬率是使净现值等于零的折现率，若某个折现率使净现值小于零，当然会高于该投资方案的内含报酬率。

9.【答案】×

【解析】高收益往往伴有高风险，低收益方案其风险程度往往也较低，究竟选择何种方案，不仅要权衡期望收益与风险，而且还要视决策者对风险的态度而定。对风险比较反感的人可能会选择期望收益较低同时风险也较低的方案，喜欢冒险的人则可能选择风险虽高但同时收益也高的方案。

10.【答案】√

【解析】只有计算出来的静态投资回收期小于或等于投资人可接受的最长回收期，投资项目才可行。

11.【答案】√

【解析】直接投资与间接投资、项目投资与证券投资，两种投资分类方式的内涵和范围是一致的，只是分类角度不同。

12.【答案】√

【解析】可行性分析原则主要包括环境可行性、技术可行性、市场可行性、财务可行性等方面。

13.【答案】√

【解析】债券的票面利率可能小于、等于或大于市场利率，因而债券价值就可能小于、等于或大于债券票面价值，因此在债券实际发行时就要折价、平价或溢价发行。因此，折价发行是为了对投资者未来少获利息而给予的必要补偿；平价发行是因为票面利率与市场利率是相等的，此时票面价值和债券价值是一致的，所以不存在补偿问题；溢价发行是为了对债券发行者未来多付利息而给予的必要补偿。

14.【答案】×

【解析】垫支的营运资金是项目的周转资金，不是成本费用，不存在摊销的问题。

15.【答案】√

【解析】当证券价值高于证券市场价格时，应进行证券投资。

四、计算分析题

1.【答案】

（1）该设备各年净现金流量测算 $NCF_0 = -100$（万元）

$NCF_{1-4} = 20 + (100 - 5)/5 = 39$（万元）

$NCF_5 = 20 + (100 - 5)/5 + 5 = 44$（万元）

（2）静态投资回收期 $= 100/39 = 2.56$（年）

（3）该投资项目的净现值 $= 39 \times 3.7908 + 100 \times 5\% \times 0.6209 - 100 = 147.8412 + 3.1045 - 100 = 50.95$（万元）

2.【答案】

（1）①固定资产投资金额 $= 1\,000$（万元）

②运营期每年新增息税前利润 $=$ 所得税前净现金流量 $-$ 新增折旧 $= 200 - 100 = 100$（万元）

③不包括建设期的静态投资回收期 $= 1\,000/200 = 5$（年）

（2）可以通过净现值法来进行投资决策，净现值法适用于原始投资相同且项目计算期相等的多方案比较决策，本题中 A 方案的原始投资额是 1 000 万元，B 方案的原始投资额也是 1 000 万元，所以可以使用净现值法进行决策。

（3）本题可以使用净现值法进行决策，因为 B 方案的净现值 273.42 万元大于 A 方案的净现值 180.92 万元，因此应该选择 B 方案。

3.【答案】

（1）A = 1 000 + (-1 900) = -900 （万元）

B = 900 - (-900) = 1 800 （万元）

（2）①静态投资回收期 = 3 + 900/1 800 = 3.5 （年）

②净现值 = 1 863.3

③原始投资现值 = -1 000 - 943.4 = -1 943.4 （万元）

④净现值率 = 1 863.3/1 943.4 = 0.96

（3）评价该项目的财务可行性：因为该项目净现值大于零，净现值率大于零，获利指数大于 1，所以该投资项目可行。

4.【答案】

（1）A = 20 （万元），B = 156 × 25% = 39 （万元），C = 156 + 112 - 39 = 229 （万元）。

（2）甲方案的年金净流量 = 264.40/(P/A, 8%, 6) = 264.40/4.6229 = 57.19 （万元）

乙方案的年金净流量 = 237.97/(P/A, 8%, 5) = 237.97/3.9927 = 59.60 （万元）

因为乙方案的年金净流量大于甲方案的年金净流量，所以，选择乙方案是最优方案。

5.【答案】

（1）平价购入，名义到期收益率与票面利率相同，即为 10%。

甲公司年有效到期收益率 = $(1 + 10\%/2)^2 - 1 = 10.25\%$

（2）乙债券价值 = 40 × (P/A, 5%, 10) + 1 000 × (P/F, 5%, 10) = 923 （元）

（3）V = 50 × (P/A, 4%, 2) + 1 000 × (P/F, 4%, 2) = 1 019 （元）

（4）设年有效到期收益率为 i，

$1\ 000 = 1\ 050 × [1/(1 + i)^{1/4}]$

$(1 + i)^{1/4} = 1\ 050/1\ 000 = 1.05$

$(1 + i) = 1.2155$

所以，年有效到期收益率 i = 1.2155 - 1 = 21.55%。

（5）甲债券价值 = $[50 + 1\ 050 × (P/F, 6\%, 1)]/(1 + 6\%)^{1/2} = 1\ 010.69$ （元）

6.【答案】

（1）计算股票的价值：

预计第 1 年股利 = 2 × 1.14 = 2.28 （元/股）

预计第 2 年股利 = 2.28 × 1.14 = 2.60 （元/股）

预计第 3 年股利 = 2.60 × 1.08 = 2.81 （元/股）

预计第 3 年股票价值 = 2.81/10% = 28.1 （元/股）

股票价值 = 2.28 × (P/F, 10%, 1) + 2.60 × (P/F, 10%, 2) + 28.1 × (P/F, 10%, 2) = 27.44 （元/股）

（2）计算长期持有股票的投资收益率：

24.89 = 2.28 × (P/F, i, 1) + 2.60 × (P/F, i, 2) + (2.81/i) × (P/F, i, 2)

采用试算法结合差值法得，i = 11%。

五、综合题

1.【答案】

（1）①投资期现金净流量 NCF_0 = -(7 200 + 1 200) = -8 400 （万元）

②年折旧额 = 7 200 × (1 - 10%)/6 = 1 080 （万元）

③生产线投入使用后第 1 ~ 5 年每年的营业现金净流量 NCF_{1-5} = (11 880 - 8 800) × (1 - 25%) + 1 080 × 25% = 2 580 （万元）

④生产线投入使用后第 6 年的现金净流量 NCF_6 = 2 580 + 1 200 + 7 200 × 10% = 4 500 （万元）

⑤净现值 = -8 400 + 2 580 × (P/A, 12%, 5) + 4 500 × (P/F, 12%, 6) = -8 400 + 2 580 × 3.6048 + 4 500 × 0.5066 = 3 180.08 （万元）

（2）A 方案的年金净流量 = 3 180.08/(P/A, 12%, 6) = 3 180.08/4.1114 = 773.48 （万元）

B 方案的年金净流量 = 3 228.94/(P/A, 12%, 8) = 3 228.94/4.9676 = 650 （万元）

由于 A 方案的年金净流量大于 B 方案的年金净流量，因此乙公司应选择 A 方案。

（3）①(EBIT - 16 000 × 8%) × (1 - 25%)/(4 000 + 7 200/6) = (EBIT - 16 000 × 8% - 7 200 × 10%) × (1 - 25%)/4 000

$EBIT = (5\,200 \times 2\,000 - 4\,000 \times 1\,280)/(5\,200 - 4\,000) = 4\,400$（万元）

②每股收益无差别点的每股收益 $= (4\,400 - 16\,000 \times 8\%) \times (1 - 25\%)/(4\,000 + 7\,200/6) = 0.45$（元）

③该公司预期息税前利润 $4\,500$ 万元大于每股收益无差别点的息税前利润，所以应该选择财务杠杆较大的方案二筹资。

（4）①乙公司普通股的资本成本 $= 0.3 \times (1 + 10\%)/6 + 10\% = 15.5\%$

②筹资后乙公司的加权平均资本成本 $= 15.5\% \times 24\,000/(40\,000 + 7\,200) + 8\% \times (1 - 25\%) \times 16\,000/(40\,000 + 7\,200) + 10\% \times (1 - 25\%) \times 7\,200/(40\,000 + 7\,200) = 11.06\%$

2.【答案】

（1）①税后年营业收入 $= 2\,800 \times (1 - 25\%) = 2\,100$（万元）

②税后年付现成本 $= 1\,500 \times (1 - 25\%) = 1\,125$（万元）

③每年折旧抵税 $= 700 \times 25\% = 175$（万元）

④残值变价收入 $= 600$（万元）

⑤残值净收益纳税 $= (600 - 600) \times 25\% = 0$

⑥$NCF_{1-5} = 2\,100 - 1\,125 + 175 = 1\,150$（万元）

$NCF_6 = 1\,150 + 600 - 0 = 1\,750$（万元）

⑦$NPV = -4\,800 + 1\,150 \times (P/A, 12\%, 5) + 1\,750 \times (P/F, 12\%, 6) = -4\,800 + 1\,150 \times 3.6048 + 17\,500 \times 5\,066 = 232.07$（万元）

（2）①目前账面价值 $= 4\,500 - 400 \times 4 = 2\,900$（万元）

②目前资产报废损失 $= 1\,900 - 2\,900 = -1\,000$（万元）

③资产报废损失抵税 $= 1\,000 \times 25\% = 250$（万元）

④残值报废损失减税 $= (500 - 400) \times 25\% = 25$（万元）

（3）因为继续使用旧设备的净现值大于使用新设备的净现值，所以应该选择继续使用旧设备，不应更新。

3.【答案】

（1）计算甲、乙方案各年的净现金流量：

甲方案年折旧额 $= (100 - 10)/5 = 18$（万元）

甲方案各年净现金流量

单位：万元

项目	年限					
	0	1	2	3	4	5
净现金流量	$-100 - 20 = -120$	$(82 - 60) + 18 = 40$	$(82 - 60) + 18 = 40$	$(82 - 60) + 18 = 40$	$(82 - 60) + 18 = 40$	$(82 - 60) + 18 + 10 + 20 = 70$

乙方案年折旧 $= (170 - 20)/5 = 30$（万元）

乙方案各年净现金流量

单位：万元

项目	年限							
	0	1	2	3	4	5	6	7
净现金流量	-170	0	-30	$170 - 80 = 90$	$170 - 80 = 90$	$170 - 80 = 90$	$170 - 80 = 90$	$170 - 80 + 20 + 30 = 140$

（2）计算甲、乙两方案的静态回收期和动态回收期：

甲方案静态回收期 $= 120/40 = 3$（年）

项目	年限					
	0	1	2	3	4	5
净现金流量（万元）	-120	40	40	40	40	70
折现净现金流量（万元）	-120	36.364	33.056	30.052	27.32	43.463
累计折现净现金流量（万元）	-120	-83.636	-50.58	-20.528	6.792	50.255

甲方案动态回收期 = 3 + (20.528/27.32) = 3.75（年）

乙方案不包括建设期的静态回收期 = 200/90 = 2.22（年）

乙方案包括建设期的静态回收期 = 2 + 2.22 = 4.22（年）

项目	年限						
	0	1	2	3	4	5	6	7
净现金流量（万元）	-170	0	-30	90	90	90	90	140
折现净现金流量（万元）	-170	0	-24.792	67.617	61.47	55.881	50.805	71.848
累计折现净现金流量（万元）	-170	-170	-194.792	-127.175	-65.705	-9.824	40.981	112.829

乙方案动态回收期 = 5 + (9.824/50.805) = 5.19（年）

（3）计算甲、乙两方案的净现值：

从第（2）问的计算可知，

甲方案的净现值 = 50.255（万元）

乙方案的净现值 = 112.829（万元）

（4）计算甲、乙两方案的现值指数：

从第（2）问的计算可知，

甲方案的现值指数 = (36.364 + 33.056 + 30.052 + 27.32 + 43.463)/120 = 1.419

乙方案的现值指数 = (67.617 + 61.47 + 55.881 + 50.805 + 71.848)/(170 + 24.792) = 1.58

（5）计算甲、乙两方案的内含报酬率：

甲方案：

$NPV = 40 \times (P/A, i, 4) + 70 \times (P/F, i, 5) - 120 = 0$

设 i = 28%，$40 \times (P/A, 28\%, 4) + 70 \times (P/F, 28\%, 5) - 120 = 40 \times 2.5320 + 70 \times 0.2910 - 120 = 1.65$

设 i = 32%，$40 \times (P/A, 32\%, 4) + 70 \times (P/F, 32\%, 5) - 120 = 40 \times 2.3452 + 70 \times 0.2495 - 120 = -8.727$

则：$\frac{(i - 28\%)}{(32\% - 28\%)} = \frac{(0 - 1.65)}{(-8.727 - 1.65)}$，i = 28.6%。

4.【答案】

（1）继续使用旧设备的现金流量折现：

项目	现金流量（元）	时间	系数	现值（元）
丧失的变现收入	-50 000	0	1	-50 000
丧失的变现损失抵税	-(200 000 - 18 000 × 5 - 50 000) × 25% = -15 000	0	1	-15 000
每年税后运行成本	-110 000 × (1 - 25%) = -82 500	1~6	4.3553	-359 312.25
每年税后残次品成本	-8 000 × (1 - 25%) = -6 000	1~6	4.3553	-26 131.8
每年折旧抵税	18 000 × 25% = 4 500	1~5	3.7908	17 058.6
残值变现损失抵税	(200 000 × 10% - 0) × 25% = 5 000	6	0.5645	2 822.5
合计				-430 562.95

旧设备每年的折旧额 = 200 000 × (1 - 10%)/10 = 18 000（元）

（2）更换新设备的现金流量折现：

项目	现金流量（元）	时间	系数	现值（元）
设备投资	-300 000	0	1	-300 000
减少垫支的运营资本	15 000	0	1	15 000

项目	现金流量（元）	时间	系数	现值（元）
每年税后运行成本	$-(85\,000)\times(1-25\%)=-63\,750$	1~6	4.3553	$-277\,650.375$
每年税后残次品成本	$-(5\,000)\times(1-25\%)=-3\,750$	1~6	4.3553	$-16\,332.375$
折旧抵税	$27\,000\times25\%=6\,750$	1~6	4.3553	$29\,398.275$
残值变现收入	$150\,000$	6	0.5645	$84\,675$
残值变现收益纳税	$-[150\,000-(300\,000-27\,000\times6)]\times25\%=-3\,000$	6	0.5645	$-1\,693.5$
少回收营运资本	$-15\,000$	6	0.5645	$-8\,467.5$
合计				$-475\,070.48$

每年折旧额 $=300\,000\times(1-10\%)/10=27\,000$（元）

（3）两个方案的相关现金流出总现值的净差额 = 新 - 旧 $=475\,070.48-430\,562.95=44\,507.53$（元）

所以，应该继续使用旧设备，不应该更新。

5.【答案】

（1）①营运资金 = 流动资产 - 流动负债 $=40\,000-30\,000=10\,000$（万元）

②产权比率 = 负债/所有者权益 $=(30\,000+30\,000)/40\,000=1.5$

③边际贡献率 = 边际贡献/营业收入 $=(80\,000-30\,000)/80\,000\times100\%=62.5\%$

④保本销售额 = 固定成本/边际贡献率 $=25\,000/62.5\%=40\,000$（万元）

（2）DOL = 边际贡献/（边际贡献 - 固定成本）$=(80\,000-30\,000)/(80\,000-30\,000-25\,000)=2$

（3）新生产线的指标

①原始投资额 $=50\,000+5\,500=55\,500$（万元）

②年折旧 $=(50\,000-2\,000)/8=6\,000$（万元）

第1~7年现金净流量 $=22\,000\times(1-25\%)-10\,000\times(1-25\%)+6\,000\times25\%=10\,500$（万元）

③第8年现金净流量 $=10\,500+2\,000+5\,500=18\,000$（万元）

④净现值 $=10\,500\times(P/A,10\%,7)+18\,000\times(P/F,10\%,5)-55\,000=10\,500\times4.8684+18\,000\times0.4665-55\,500=4\,015.2$（万元）

（4）由于净现值大于0，所以应该购置该生产线。

（5）$(EBIT-2\,000)\times(1-25\%)/(30\,000+10\,000)=(EBIT-2\,000-50\,000\times8\%)\times(1-25\%)/30\,000$

EBIT $=18\,000$（万元）

（6）用方案投产后的息税前利润 $=80\,000-30\,000-25\,000+22\,000-10\,000-6\,000=31\,000$（万元）

投产后财务费用 $=2\,000+50\,000\times8\%=6\,000$（万元）

财务杠杆系数 = 息税前利润/（息税前利润 - 利息）$=31\,000/(31\,000-6\,000)=1.24$

第七章　营运资金管理

考情分析

本章主要讲述营运资金管理，包括营运资金管理的主要内容、现金管理、应收账款管理、存货管理和流动负债管理等。从历年试题分布来看，本章题型既可以出客观题，也可以出主观题。历年考题分数在 11 分左右，是历年考试的重点所在，几乎每年都会考计算题，需要引起考生的足够重视。

基本内容框架

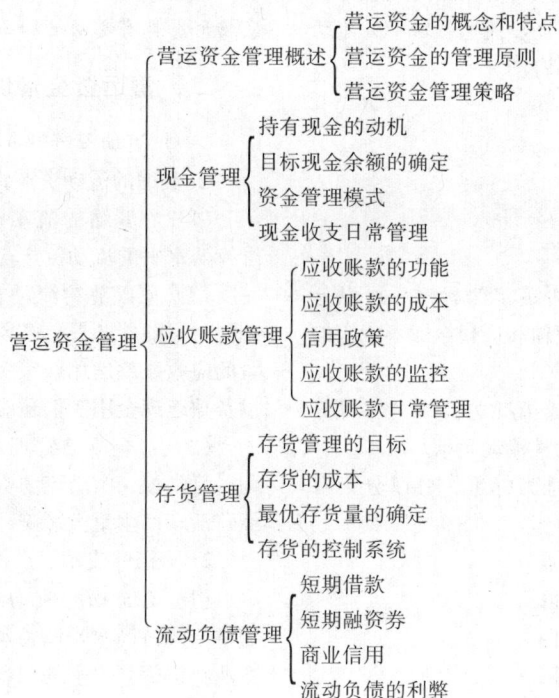

营运资金管理
- 营运资金管理概述
  - 营运资金的概念和特点
  - 营运资金的管理原则
  - 营运资金管理策略
- 现金管理
  - 持有现金的动机
  - 目标现金余额的确定
  - 资金管理模式
  - 现金收支日常管理
- 应收账款管理
  - 应收账款的功能
  - 应收账款的成本
  - 信用政策
  - 应收账款的监控
  - 应收账款日常管理
- 存货管理
  - 存货管理的目标
  - 存货的成本
  - 最优存货量的确定
  - 存货的控制系统
- 流动负债管理
  - 短期借款
  - 短期融资券
  - 商业信用
  - 流动负债的利弊

通关重难点例题

一、营运资金的概念和特点

（一）概念

营运资金是指企业生产经营活动中占用在流动资产上的资金。营运资金有广义和狭义之分，广义的营运资金是指一个企业流动资产的总额；狭义的营运资金是指流动资产减去流动负债后的余额。这里指的是狭义的营运资金概念。

（二）流动资产

1. 特点

（1）占用时间短；

（2）周转快；

（3）易变现。

2. 分类

（1）按占用形态不同，分为现金、以公允价值计量且其变动计入当期损益的金融资产、应收及预付款项和存货；

（2）按在生产经营过程中所处的环节不同，分为生产领域中的流动资产、流通领域中的流动资产以及其他领域的流动资产。

（三）流动负债

1. 特点

（1）成本低；

（2）偿还期短。

2. 分类

（1）以应付金额是否确定为标准，可以分成应付金额确定的流动负债和应付金额不确定的流动负债。

（2）以流动负债形成情况为标准，可以分成自然性流动负债和人为性流动负债。

（3）以是否支付利息为标准，可以分为有息流动负债和无息流动负债。

（四）营运资金的特点

（1）来源具有多样性；

（2）数量具有波动性；

（3）周转具有短期性；

（4）实物形态具有变动性和易变现性。

【例7-1】（多选题）下列属于应付金额确定的流动负债项目有（　　）。

A. 应交税费

B. 应付产品质量担保债务

C. 应付账款

D. 应付短期融资券

【答案】CD

【解析】应付金额确定的流动负债是指那些根据合同或法律规定到期必须偿付，并有确定金额的流动负债；应付金额不确定的流动负债是指那些要根据企业生产经营状况，到一定时期或具备一定条件时才能确定的流动负债。

【例7-2】（判断题）营运资金具有多样性、波动性、短期性、变动性和不易变现性等特点。（　　）

【答案】×

【解析】营运资金一般具有如下特点：营运资金的来源具有多样性；营运资金的数量具有波动性；营运资金的周转具有短期性；营运资金的实物形态具有变动性和易变现性。

二、营运资金管理策略

（一）流动资产投资策略的类型

1. 紧缩的流动资产投资策略

（1）在紧缩的流动资产投资策略下，企业维持低水平的流动资产与销售收入比率。

（2）可以节约流动资产的持有成本，但与此同时可能伴随着更高风险，这些风险表现为更紧的应收账款信用政策和较低的存货占用水平，以及缺乏现金用于偿还应付账款等。

（3）对企业的管理水平有较高的要求。因为一旦失控，由于流动资产的短缺，会对企业的经营活动产生重大影响。

2. 宽松的流动资产投资策略

（1）在宽松的流动资产投资策略下，企业通常会维持高水平的流动资产与销售收入比率。企业将保持高水平的现金和有价证券，高水平的应收账款、存货。

（2）低风险、低收益。在这种策略下，由

于较高的流动性,企业的财务与经营风险较小。但是,过多的流动资产投资,无疑会承担较大的流动资产持有成本,提高企业的资金成本,降低企业的收益水平。

(3)从理论上说,最优的流动资产投资应该是使流动资产的持有成本和短缺成本之和最低。

(二)流动资产融资策略

1. 期限匹配的融资策略特点

长期融资满足非流动资产和永久性流动资产资金的需要,短期融资满足波动性流动资产的资金需要。该种战略风险与收益适中。

2. 保守融资策略特点

长期融资不仅满足非流动资产和永久性流动资产资金的需要,还满足部分波动性流动资产的资金需要,短期融资只满足部分波动性流动资产的资金需要。该种战略风险与收益均较低。

3. 激进融资策略特点

长期融资只满足非流动资产和部分永久性流动资产资金的需要,短期融资不仅满足全部波动性流动资产的资金需要,还满足部分长期资产的资金需要。该种战略风险与收益均较高。

【例7-3】(多选题)下列关于运营资金管理的表述中,正确的有(　　)。

A. 销售稳定并可预测时,投资于流动资产的资金可以相对少一些

B. 加速营运资金周转,有助于降低资金使用成本

C. 管理者偏好高风险高收益时,通常会保持较低的流动资产投资水平

D. 销售变数较大而难以预测时,通常要维持较低的流动资产与销售收入比率

【答案】ABC

【解析】销售额越不稳定,越不可预测,则投资于流动资产上的资金就应越多,以保证有足够的存货和应收账款占用来满足生产经营和顾客的需要,所以选项D不正确。

【例7-4】(单选题)某公司资产总额为9 000万元,其中永久性流动资产为2 400万元,波动性流动资产为1 600万元,该公司长期资金来源金额为8 100万元,不考虑其他情形,可以判断该公司的融资策略属于(　　)。

A. 期限匹配融资策略

B. 保守融资策略

C. 激进融资策略

D. 风险匹配融资策略

【答案】B

【解析】在保守融资策略中,长期融资支持非流动资产、永久性流动资产和部分波动性流动资产。永久性流动资产为2 400万元,波动性流动资产为1 600万元,所以非流动资产=9 000-2 400-1 600=5 000(万元),非流动资产+永久性流动资产=5 000+2 400=7 400(万元)<8 100万元,因此选项B正确。

【例7-5】(单选题)下列流动资产融资策略中,收益和风险均较高的是(　　)。

A. 保守融资策略

B. 激进融资策略

C. 产权匹配融资策略

D. 期限匹配融资策略

【答案】B

【解析】激进型融资策略融资成本较低,收益较高,是一种风险高、成本低、收益高的融资策略。

【例7-6】(单选题)某企业非流动资产为800万元,永久性流动资产为200万元,波动性流动资产为200万元。已知长期负债、自发性负债和权益资本可提供的资金为900万元,则该企业(　　)。

A. 采取的是期限匹配融资策略

B. 采取的是激进融资策略

C. 采取的是保守融资策略

D. 资本成本较高

【答案】B

【解析】流动资产融资策略包括期限匹配、激进和保守三种。在基金融资策略下,临时性流动负债大于波动性流动资产,它不仅解决波动性流动资产的资金需求,还要解决部分永久性流动资产的资金需求。本题非流动资产+永久性流动资产=800+200=1 000(万元),长期资金来源为900万元,说明有100万元永久性流动资产由临时性流动负债提供,所以属于激进融资策略。

【例7-7】(单选题)某公司用长期资金来源满足非流动资产和部分永久性流动资产的需要,而用短期资金来源满足剩余部分永久性流动资产和全部波动性资产的需要,则该公司的流动

资产融资策略是（　　）。

A. 激进融资策略

B. 保守融资策略

C. 折中融资策略

D. 期限匹配融资策略

【答案】A

【解析】在激进融资策略中，公司以长期负债和权益为所有的固定资产融资，仅对一部分永久性流动资产使用长期融资方式融资。短期融资方式支持剩下的永久性流动资产和所有的临时性流动资产。所以，选项A正确。

三、持有现金的动机

（一）现金的概念

现金有广义、狭义之分。广义的现金是指在生产经营过程中以货币形态存在的资金，包括库存现金、银行存款和其他货币资金等。狭义的现金仅指库存现金。这里所讲的现金是指广义的现金。

（二）持有现金的动机

动机	含义	影响因素
交易性需求	企业为了维持日常周转及正常商业活动所需持有的现金额	企业业务的季节性
预防性需求	企业需要持有一定量现金，以应付突发事件	1. 企业愿冒现金短缺风险的程度； 2. 企业预测现金收支可靠的程度； 3. 企业临时融资的能力
投机性需求	企业为了抓住突然出现的获利机会而持有的现金	

【说明】企业的现金持有量一般小于三种需求下的现金持有量之和，因为各种需求不会同时发生，这样现金就可以相互调剂使用。

【例7-8】（单选题）现金有广义与狭义之分。狭义的现金仅指（　　）。

A. 库存现金

B. 库存现金和银行存款

C. 库存现金、银行存款和其他货币资金

D. 库存现金、银行存款、其他货币资金和公允价值计量且其变动计入当期损益的金融资产

【答案】A

【解析】现金有广义与狭义之分。广义的现金是指在生产经营过程中以货币形态存在的资金，包括库存现金、银行存款和其他货币资金。狭义的现金仅指库存现金。

【例7-9】（判断题）应付账款是供应商给企业的一种商业信用，采用这种融资方式是没有成本的。（　　）

【答案】×

【解析】应付账款是供应商给企业提供的一种商业信用。由于购买者往往在到货一段时间后才付款，商业信用就成为企业短期资金来源。而应付账款是需要考虑商业信用条件的，商业信用条件通常包括两种：第一，有信用期，但无现金折扣。此时是没有成本的；第二，有信用期和现金折扣。此时是要考虑放弃现金折扣的信用成本的，所以这种融资方式并非一定是没有成本的。

【例7-10】（单选题）交易性需求是企业为了维持日常周转及正常商业活动所需持有的现金额。下列关于交易性需求的表述中，正确的是（　　）。

A. 交易性需求与向客户提供的商业信用条件呈反方向变化

B. 交易性需求与从供应商处获得的信用条件呈反方向变化

C. 交易性需求与企业的临时融资能力呈同方向变化

D. 交易性需求与金融市场的投资机会呈同方向变化

【答案】B

【解析】企业向客户提供的商业信用条件越宽松，交易性现金需求越多，两者呈同方向变化，所以选项A不正确；企业从供应商那里获得的信用条件越宽松，自发性资金来源就越多，交易性现金需求就越少，两者呈反方向变化，所以选项B正确；企业临时融资的能力和金融市场投资机会分别与预防性需求和投机性需求有关，与交易性需求无关，所以选项C、D不正确。

【例7-11】（多选题）预防性现金需求是指企业为应付意外事件而持有的现金，其金额取

决于（　　）。

A. 企业愿冒缺少现金风险的程度

B. 企业预测现金收支可靠的程度

C. 企业临时融资的能力

D. 企业经营业务的季节性

【答案】ABC

【解析】企业经营业务的季节性与交易性现金需求有关，所以选项 D 不正确。

四、目标现金余额的确定

（一）成本模型

成本模型强调的是：持有现金是有成本的，最优的现金持有量是使得现金持有成本最小化的持有量。

相关成本	含义	与现金持有量的关系
机会成本	因持有一定现金余额而丧失的再投资收益	正相关
管理成本	因持有一定数量的现金而发生的管理费用	一般认为是固定成本
短缺成本	现金持有量不足而又无法及时通过有价证券变现加以补充所给企业造成的损失	负相关
决策原则：上述三项成本之和最小的现金持有量即为最佳现金持有量。最佳现金持有量 = min（管理成本 + 机会成本 + 短缺成本）		

（二）存货模式

1. 思路

交易成本和机会成本之和最小的每次现金转换量，就是最佳现金持有量。

2. 相关成本

（1）机会成本：与现金持有量呈正比例变化。

（2）交易成本（固定转化成本）：与现金持有量呈反比例变化。

3. 相关公式

（1）总成本 = 机会成本 + 交易成本 = $(C/2) \times K + (T/C) \times F$

（2）$C^* = \sqrt{(2T \times F)/K}$

（三）随机模型

1. 应用前提

企业现金流量具有不确定性，即企业的现金未来需求总量和收支不可预测。

2. 随机模型的内容

确定现金持有量的最高控制线（H）和最低控制线（L）以及最优现金返回线（R）。当现金持有量在上限和下限之间波动时，表明企业现金持有量处于合理水平，无须进行调整。当现金余额达到上限时，则将部分现金转换为有价证券。当现金余额下降至下限时，则卖出部分证券换取现金。

3. 现金持有量上限、下限和最优现金返回线的确定

（1）下限 L 取决于模型之外的因素，其数额是由现金管理部经理在综合考虑短缺现金的风险程度、公司借款能力、公司日常周转所需资金、银行要求的补偿性余额等因素的基础上确定的。

（2）最优现金返回线的计算公式为：$R = \left(\frac{3b \times \delta^2}{4i}\right)^{\frac{1}{3}} + L$。

其中：b 为证券与现金的转换成本（指固定转换成本）；δ 为企业每日现金变化的标准差（可根据历史资料预测）；i 为以日为基础计算的现金机会成本，即有价证券的日利息率。

（3）最高控制线 H 的计算公式：$H = 3R - 2L$。

4. 随机模型的特点

随机模型建立在企业现金未来需求总量和收支不可测的前提下，因此计算出来的现金持有量比较保守。

【例 7 - 12】（单选题）某公司根据现金持有量的存货模式确定的最佳现金持有量为 100 000 元，有价证券的年利率为 10%。在最佳现金持有量下，该公司与现金持有量相关的现金使用的相关总成本为（　　）元。

A. 5 000　　　　　B. 10 000

C. 15 000　　　　　D. 20 000

【答案】B

【解析】现金持有量的存货模型下，与现金持有量相关的现金使用总成本 = 交易成本 + 机会成本，达到最佳现金持有量时，机会成本 = 交易

成本，即与现金持有量相关的现金使用总成本＝2×机会成本，本题中，持有现金的机会成本率为10%，最佳现金持有量下，持有现金的机会成本＝(100 000/2)×10%＝5 000（元），与现金持有量相关的现金使用总成本＝2×5 000＝10 000（元）。

【例7－13】（单选题）某上市公司利用随机模型确定最佳现金持有量，已知现金余额下限为200万元，目标现金余额为360万元，则现金余额上限为（　　）万元。

A. 480　　　　B. 560
C. 960　　　　D. 680

【答案】 D

【解析】 H＝3R－2L＝3×360－2×200＝680（万元），所以选项D正确。

【例7－14】（单选题）某公司持有有价证券的平均年利率为5%，公司的现金最低持有量为1 500元，现金余额的回归线为8 000元。如果公司现有现金20 000元，根据现金持有量随机模型，此时应当投资于有价证券的金额是（　　）元。

A. 0　　　　B. 6 500
C. 12 000　　D. 18 500

【答案】 A

【解析】 L＝1 500元，R＝8 000元，所以H＝3R－2L＝21 000（元）>20 000元，应当投资于有价证券的金额为0。

五、现金周转期

（一）含义

现金周转期指介于企业支付现金与收到现金之间的时间段，也就是经营周期减去应付账款周转期。

其中，从收到原材料，加工原材料，形成产成品，到将产成品卖出的这一时期，称为存货周转期；产品卖出后到收到顾客支付的货款的这一时期，称为应收账款周转期或收账期。

但是企业购买原材料并不用立即付款，这一延迟的付款时间段就是应付账款周转期或收账期。

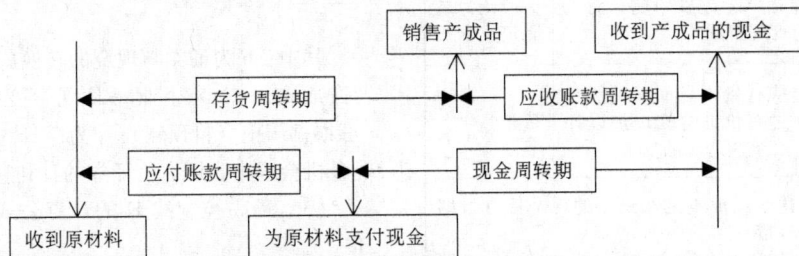

（二）计算方法

经营周期＝存货周转期＋应收账款周转期
现金周转期＝经营周期－应付账款周转期
其中：

$$存货周转期＝\frac{存货平均余额}{每天的销货成本}$$

$$应收账款周转期＝\frac{应收账款平均余额}{每天的销货收入}$$

$$应付账款周转期＝\frac{应付账款平均余额}{每天的购货成本}$$

（三）减少现金周转期的措施

（1）加快制造与销售产成品（减少存货周转期）；

（2）加速应收账款的回收（减少应收账款周转期）；

（3）减缓支付应付账款（延长应付账款周转期）。

【例7－15】（多选题）下列管理措施中，可以缩短现金周转期的有（　　）。

A. 加快制造和销售产品
B. 减少对外投资
C. 加大应收账款催收力度
D. 利用商业信用延期付款

【答案】 ACD

【解析】 现金周转期＝存货周转期＋应收账款周转期－应付账款周转期，故选项A、C、D正确。

【例7－16】（单选题）某公司存货周转期为160天，应收账款周转期为90天，应付款周转期为 100 天，则该公司现金周转期为（　　）天。

A. 30　　　　　　　B. 60

C. 150　　　　　　D. 260

【答案】C

【解析】现金周转期 = 存货周转期 + 应收账款周转期 − 应付账款周转期 = 160 + 90 − 100 = 150（天），选项 C 正确。

六、应收账款的功能与成本

（一）功能

1. 增加销售的功能

2. 减少存货的功能

（二）成本

1. 应收账款的机会成本

应收账款会占用企业一定量的资金，而企业若不把这部分资金投放于应收账款，便可以用于其他投资并可能获得收益，例如投资债券获得利息收入。这种因投放于应收账款而放弃其他投资所带来的收益，即为应收账款的机会成本。其计算公式如下：

应收账款平均余额 = 日销售额 × 平均收现期

应收账款占用资金 = 应收账款平均余额 × 变动成本率

应收账款占用资金的应计利息（即机会成本）

= 应收账款占用资金 × 资本成本

= 应收账款平均余额 × 变动成本率 × 资本成本

= 日销售额 × 平均收现期 × 变动成本率 × 资本成本

= 全年销售额/360 × 平均收现期 × 变动成本率 × 资本成本

= （全年销售额 × 变动成本率）/360 × 平均收现期 × 资本成本

= 全年变动成本/360 × 平均收现期 × 资本成本

式中：平均收现期指的是各种收现期的加权平均数。

2. 应收账款的管理成本

应收账款的管理成本主要是指在进行应收账款管理时，所增加的费用。主要包括：调查顾客信用状况的费用、收集各种信息的费用、账簿的记录费用、收账费用、数据处理成本、相关管理人员成本和从第三方购买信用信息的成本等。

3. 应收账款的坏账成本

在赊销交易中，债务人由于种种原因无力偿还债务，债权人就有可能因无法收回应收账款而发生损失，这种损失就是坏账成本。可以说，企业发生坏账成本是不可避免的，而此项成本一般与应收账款发生的数量成正比。

坏账成本一般用下列公式测算：

应收账款的坏账成本 = 赊销额 × 预计坏账损失率

【例 7 – 17】（多选题）下列各项中，属于应收账款成本构成要素的有（　　）。

A. 机会成本　　　　B. 管理成本

C. 坏账成本　　　　D. 短缺成本

【答案】ABC

【解析】应收账款成本构成要素有机会成本、管理成本、坏账成本。

【例 7 – 18】（单选题）应收账款具有减少存货的功能。这里的存货主要是指（　　）。

A. 原材料　　　　　B. 在产品

C. 自制半成品　　　D. 产成品

【答案】D

【解析】当企业产成品存货较多时，一般会采取优惠的信用条件进行赊销，将存货转化为应收账款，减少产成品存货。

七、信用政策

（一）信用标准

1. 含义

信用标准指信用申请者获得企业提供信用所必须达到的最低信用水平，通常以预期的坏账损失率作为判别标准。

2. 信用的定性分析（5C 信用评价系统）

5C	含义	衡量
（1）品质	指个人申请人或企业申请人管理者的诚实和正直表现，这是 5C 中最主要的因素	通常要根据过去的记录结合现状调查来进行分析

5C	含义	衡量
(2) 能力	指经营能力	通常通过分析申请者的生产经营能力及获利情况，管理制度是否健全，管理手段是否先进，产品生产销售是否正常，在市场上有无竞争力，经营规模和经营实力是否逐年增长等来评估
(3) 资本	资本是指如果企业或个人当前的现金流不足以还债，他们在短期和长期内可供使用的财务资源	调查了解企业资本规模和负债比率，反映企业资产或资本对负债的保障程度
(4) 抵押	当公司或个人不能满足还款条款时，可以用作债务担保的资产或其他担保物	分析担保抵押手续是否齐备，抵押品的估值和出售有无问题，担保人的信誉是否可靠等
(5) 条件	条件是指影响申请人还款能力和还款意愿的经济环境	对企业的经济环境，包括企业发展前景、行业发展趋势、市场需求变化等进行分析，预测其对企业经营效益的影响

(二) 信用条件

信用条件指销货企业要求客户支付货款的条件，包括信用期限、折扣条件两个要素。

1. 信用期限

信用期限是企业允许顾客从购货到付款之间的时间，或者说是企业给予顾客的最长付款时间。

2. 折扣条件

折扣条件包括现金折扣和折扣期限两个方面。

（1）现金折扣。

企业采用什么程度的现金折扣，要与信用期限结合起来考虑。

（2）折扣期限。

折扣期限是客户享受现金折扣的时间限制。

(三) 收账政策

收账政策是指信用条件被违反时，企业采取的收账策略。

制定收账政策，就是要在增加的收账费用与减少的坏账损失、减少的应收账款机会成本之间进行权衡，若前者小于后者，则说明制定的收账政策是可取的。

【例7-19】（单选题）信用标准是指申请者要获得企业提供信用所必须达到的最低信用水平，通常以客户（　　）作为判别标准。

A. 预期的销售利润率

B. 预期的坏账损失率

C. 预期的流动资产周转率

D. 预期的销售增长率

【答案】B

【解析】信用标准是指申请者要获得企业提供信用所必须达到的最低信用水平，通常以客户预期的坏账损失率作为判别标准。

【例7-20】（单选题）常用的信用的定性分析法是"5C"信用评价系统。该系统中的"条件"是指影响申请人还款能力和还款意愿的（　　）。

A. 政治环境　　　　B. 经济环境

C. 人文环境　　　　D. 发展环境

【答案】B

【解析】"5C"信用评价系统中的条件是指影响申请人还款能力和还款意愿的经济环境。

八、应收账款的监控

(一) 应收账款周转天数

应收账款周转天数或平均收账期是衡量应收账款管理状况的一种方法。应收账款周转天数可能会被销售量的变动趋势和剧烈的销售季节性所破坏。

$$应收账款周转天数 = \frac{应收账款平均余额}{平均日销售额}$$

$$平均逾期天数 = 应收账款周转天数 - 平均信用期天数$$

(二) 账龄分析表

账龄分析表将应收账款划分为未到信用期的应收账款和以30天为间隔的逾期应收账款，这是衡量应收账款管理状况的另外一种方法。

账龄分析法可以确定逾期应收账款，随着逾期时间的增加，应收账款收回的可能性变小。

信用期为 30 天，账龄分析表反映出 30% 的应收账款为逾期账款。

账龄 （天）	应收账款 金额（元）	占应收账款的 百分比（%）
0 ~ 30	1 750 000	70
31 ~ 60	375 000	15
61 ~ 90	250 000	10
91 以上	125 000	5
合计	2 500 000	100

提示 当各个月之间的销售额变化很大时，账龄分析表和应收账款周转天数都可能发出类似的错误信号。

（三）应收账款账户余额的模式

应收账款账户余额的模式反映一定期间（如 1 个月）的赊销额，在发生赊销的当月月末及随后的各月仍未偿还的百分比。企业还可以运用应收账款账户余额的模式来计划应收账款金额水平，衡量应收账款的收账效率以及预测未来的现金流。

（四）ABC 分析法

ABC 分析法是现代经济管理中广泛应用的一种"抓重点、照顾一般"的管理方法，又称重点管理法。它是将企业的所有欠款客户按其金额的多少进行分类排队，然后分别采用不同的收账策略的一种方法。

A 类：逾期金额比重大，占客户数量的比例低；

C 类：逾期金额比重小，占客户数量的比例高；

B 类：介于 A、C 类之间。

对这三类不同的客户，应采取不同的收款策略。

例如，对 A 类客户，可以发出措辞较为严厉的信件催收，或派专人催收，或委托收款代理机构处理，甚至可通过法律解决；对 B 类客户则可以多发几封信函催收，或打电话催收；对 C 类客户只需要发出通知其付款的信函即可。

【例 7 - 21】（单选题）既能加快应收账款收回，又能将收账费用和预期效益联系起来的应收账款监控方法是（　　）。

A. 应收账款周转天数

B. 账龄分析表

C. 应收账款账户余额模式

D. ABC 分析法

【答案】D

【解析】ABC 分析法又称重点管理法。它将企业的所有欠款客户按其金额的多少进行分类排队，然后分别采用不同的收账策略的一种方法。它一方面能加快应收账款收回，另一方面能将收账费用与预期收益联系起来。

【例 7 - 22】（多选题）下列指标或方法中，能够衡量应收账款管理状况的是（　　）。

A. 应收账款周转天数

B. 账龄分析表

C. 应收账款账户余额模式

D. ABC 分析法

【答案】AB

【解析】应收账款周转天数是衡量应收账款管理状况的一个指标；账龄分析表是衡量应收账款管理状况的一种方法；应收账款账户余额模式是现金流预测工具；ABC 分析法是一种广泛运用的"抓重点、照顾一般"的方法。

九、应收账款日常管理

应收账款的管理难度比较大，在确定合理的信用政策之后，还要做好应收账款的日常管理工作，包括对客户的信用调查和分析评价、应收账款的催收工作等。

（一）调查客户信用

信用调查是企业应收账款日常管理的基础，是正确评价客户信用的前提条件。企业对顾客进行信用调查主要通过两种方法：

1. 直接调查

直接调查是指调查人员通过与被调查单位进行直接接触，通过当面采访、询问、观看等方式获取信用资料的一种方法。

2. 间接调查

间接调查是以被调查单位以及其他单位保存的有关原始记录和核算资料为基础，通过加工整理获得被调查单位信用资料的一种方法。

（二）评估客户信用

企业一般采用"5C"系统来评价，并对客户信用进行等级划分。在信用等级方面，目前主要有两种：一种是三类九等，即将企业的信用状况分为 AAA、AA、A、BBB、BB、B、CCC、CC、C 九等，其中 AAA 为信用最优等级，C 为信用最低等级。另一种是三级制，即分为 AAA、AA、A 三个信用等级。

（三）收账的日常管理

通常企业可以采取寄发账单、电话催收、派人上门催收、法律诉讼等方式进行催收应收账款，然而催收账款要发生费用，某些催款方式的费用还会很高。一般说来，收账的花费越大，收账措施越有力，可收回的账款应越多，坏账损失也就越小。因此制定收账政策，又要在收账费用和所减少坏账损失之间作出权衡。

（四）应收账款保理

应收账款保理是企业将赊销形成的未到期应收账款，在满足一定条件的情况下转让给保理商，以获得流动资金，加快资金的周转。保理可以分为有追索权保理（非买断型）和无追索权保理（买断型）、明保理和暗保理、折扣保理和到期保理。

应收账款保理对于企业而言，其财务管理作用主要体现在：

1. 融资功能
2. 减轻企业应收账款的管理负担
3. 减少坏账损失、降低经营风险
4. 改善企业的财务结构

【例 7 - 23】（单选题）在应收账款保理业务中，保理商和供应商将应收账款被转让的情况通知购货商，并签订三方合同，同时，供应商向保理商融通资金后，如果购货商拒绝付款，保理商有权向供应商要求偿还融通的资金，则这种保理是（ ）。

A. 暗保理，且是无追索权的保理
B. 明保理，且是有追索权的保理
C. 暗保理，且是有追索权的保理
D. 明保理，且是无追索权的保理

【答案】B

【解析】有追索权保理指供应商将债权转让给保理商，供应商向保理商融通货币资金后，如果购货商拒绝付款或无力付款，保理商有权向供

应商要求偿还预付的货币资金，如购货商破产或无力支付，只要有关款项到期未能收回，保理商都有权向供应商进行追索，因而保理商具有全部"追索权"，这种保理方式在我国采用较多。明保理是指保理商和供应商需要将销售合同被转让的情况通知购货商，并签订保理商、供应商、购货商之间的三方合同，因此本题选项 B 正确。

十、存货的成本

（一）取得成本（用 TC_a 表示）

1. 订货成本

订货成本指取得订单的成本。包括：

（1）订货的固定成本（用 F_1 表示）。

（2）订货的变动成本。

变动的订货成本 $= [D/Q] \times K$

其中，每次订货的变动成本用 K 表示；订货次数等于存货年需要量 D 与每次进货量 Q 之商。

2. 购置成本

购置成本指购买存货本身所支出的成本，即存货本身的价值。

购置成本 = 订货总量 × 采购单价 $= D \times U$

其中，年需要量用 D 表示，单价用 U 表示，购置成本为 DU。

3. 取得成本

$$TC_a = F_1 + \frac{D}{Q}K + DU$$

（二）储存成本（用 TC_c 表示）

储存成本指为保持存货而发生的成本。包括：

1. 固定储存成本（用 F_2 表示）

2. 变动储存成本（单位变动性储存成本用 K_c 来表示）

变动性储存成本 = 平均存货量 × 单位存货储存成本 $= K_c \times (Q/2)$

3. 储存成本

$$TC_c = F_2 + K_c \frac{Q}{2}$$

（三）缺货成本（用 TC_s 表示）

缺货成本指由于存货供应中断所造成的损失，比如停工损失、商誉损失、拖欠发货损失、丧失销售机会损失。

（四）储备存货的总成本（以 TC 表示）

$$TC = TC_a + TC_c + TC_s$$

$$= F_1 + \frac{D}{Q}K + DU + F_2$$

$$+ K_c \frac{Q}{2} + TC_s$$

【例7-24】（单选题）下列各项中，不属于存货储存成本的是（　　）。

A. 存货仓储费用

B. 存货破损和变质损失

C. 存货储备不足而造成的损失

D. 存货占用资金的应计利息

【答案】 C

【解析】 储存成本指为保持存货而发生的成本，包括存货占用资金所应计的利息、仓库费用、保险费用、存货破损和变质损失等。所以本题正确答案为C。

十一、经济订货基本模型

（一）经济订货量的含义

经济订货量指能够使一定时期存货的相关总成本达到最低点的进货批量。

（二）经济订货基本模型

1. 假设条件

（1）存货总需求量是已知常数；

（2）订货提前期是常数；

（3）货物是一次性入库；

（4）单位货物成本为常数，无批量折扣；

（5）库存储存成本与库存水平呈线性关系；

（6）货物是一种独立需求的物品，不受其他货物影响；

（7）不允许缺货，即无缺货成本。

2. 相关公式

（1）相关总成本 $= \dfrac{D}{Q} \times K + \dfrac{Q}{2} \times K_c$

（2）经济订货批量 $EOQ = \sqrt{\dfrac{2KD}{K_c}}$

（3）最小相关总成本 $TC(EOQ) = \sqrt{2KDK_c}$

【例7-25】（多选题）下列成本费用中，一般属于存货变动储存成本的有（　　）。

A. 库存商品保险费

B. 存货资金应计利息

C. 存货毁损和变质损失

D. 仓库折旧费

【答案】 ABC

【解析】 储存成本也分为固定成本和变动成本。固定成本与存货数量的多少无关，如仓库折旧、仓库职工的固定工资等。变动成本与存货的数量有关，如存货资金的应计利息、存货的破损和变质损失、存货的保险费用等。

【例7-26】（单选题）下列各项与存货有关的成本费用中，不影响经济进货批量的是（　　）。

A. 专设采购机构的基本开支

B. 采购员的差旅费

C. 存货资金的应计利息

D. 存货的保险费

【答案】 A

【解析】 专设采购机构的基本开支属于固定性订货成本，它与进货批量无关，属于决策无关成本；采购员的差旅费（变动订货成本）、存货资金的应计利息和存货的保险费（变动储存成本）都与进货批量有关，属于决策相关成本。

【例7-27】（计算题）假设某企业每年所需的原材料为80 000千克，单位成本为15元/千克。每次订货的变动成本为20元，单位变动储存成本为0.8元/千克。一年按360天计算。

要求：计算下列指标：

（1）经济订货批量；

（2）每年最佳订货次数；

（3）最佳订货周期；

（4）经济订货量平均占用资金；

（5）与经济订货批量相关的存货总成本；

（6）在经济订货批量下的变动订货成本和变动储存成本。

【答案】

（1）经济订货批量 $= \sqrt{\dfrac{2 \times 80\,000 \times 20}{0.8}} = 2\,000$（千克）

（2）每年最佳订货次数 $= 80\,000 / 2\,000 = 40$（次）

（3）最佳订货周期 $= 360 / 40 = 9$（天）

（4）经济订货量平均占用资金 $= 2\,000 / 2 \times 15 = 15\,000$（元）

（5）与经济订货批量相关的存货总成本 $= \sqrt{2 \times 80\,000 \times 20 \times 0.8} = 1\,600$（元）

（6）变动订货成本 $= 40 \times 20 = 800$（元）

变动储存成本 $= 2\,000 / 2 \times 0.8 = 800$（元）

十二、经济订货基本模型的扩展

(一) 再订货点

1. 含义

在提前订货的情况下，企业再次发出订货单时应保持的存货库存量，称为再订货点。

2. 公式

再订货点 = 平均交货时间 × 每日平均需要量 = $L \times d$

提示 在订货提前的情况下，订单虽然提前发出，但订货间隔时间、订货批量、订货次数不变，故订货提前期对经济订货量并无影响。

(二) 存货陆续供应和使用模型

在建立基本模型时，是假设存货一次全部入库，故存货增加时存量变化为一条垂直的直线。事实上，各批存货可能陆续入库，使存量陆续增加。特别是产成品入库和在产品转移，几乎总是陆续供应和陆续耗用的，在这种情况下，需要对基本模型做一些修正。存货陆续供应和使用的经济订货量公式为：

(1) 相关总成本 $TC(Q) = \dfrac{D}{Q} \times K + \dfrac{Q}{2} \times \left(1 - \dfrac{d}{p}\right) \times K_c$

(2) 经济订货批量 $EOQ = \sqrt{\dfrac{2KD}{K_c} \times \dfrac{p}{p-d}}$

(3) 最小相关总成本 $TC(EOQ) = \sqrt{2KDK_c \cdot \left(1 - \dfrac{d}{p}\right)}$

(三) 保险储备

最佳的保险储备应该是使缺货损失和保险储备的储存成本之和达到最低。

$TC(S、B) = K_u \times S \times N + B \times K_c$

【例7-28】 (单选题) 下列关于存货保险储备的表现中，正确的是（　　）。

A. 较低的保险储备可降低存货缺货成本

B. 保险储备的多少取决于经济订货量的大小

C. 最佳保险储备能使缺货损失和保险储备的储存成本之和达到最低

D. 较高的保险储备可降低存货储存成本

【答案】 C

【解析】 较高的保险储备可降低缺货损失，但也增加了存货的储存成本。因此，最佳的保险储备应该是缺货损失和保险储备的储存成本之和达到最低。

【例7-29】 (单选题) 某公司全年需要零配件72 000件，假设一年按360天计算，按经济订货基本模型计算的最佳订货量为9 000件，订货日至到货日的时间为3天，公司确定的保险储备为1 000件，则再订货点为（　　）件。

A. 1 600　　　　B. 4 000

C. 600　　　　D. 1 075

【答案】 A

【解析】 再订货点 = 72 000/360 × 3 + 1 000 = 1 600（件），所以选项A正确。

【例7-30】 (计算题) 丙公司是一家设备制造企业，每年需要外购某材料108 000千克，现有S和T两家符合要求的材料供应企业，它们所提供的材料质量和价格都相同。公司计划从两家企业中选择一家作为供应商。相关数据如下：

(1) 从S企业购买该材料，一次性入库。每次订货费用为5 000元，年单位材料变动储存成本为30元/千克。假设不存在缺货。

(2) 从T企业购买该材料，每次订货费用为6 050元，年单位材料变动储存成本为30元/千克。材料陆续到货并使用，每日送货量为400千克，每日耗用量为300千克。

要求：

(1) 利用经济订货基本模型。计算从S企业购买材料的经济订货批量和相关存货总成本。

(2) 利用经济订货扩展模型。计算从T企业购买材料的经济订货批量和相关存货总成本。

(3) 基于成本最优原则。判断丙公司应该选择哪家企业作为供应商。

【答案】

(1) 从S企业购买材料：

经济订货批量 $= \sqrt{\dfrac{2 \times 108\,000 \times 5\,000}{30}}$
$= 6\,000$（千克）

相关存货总成本 $= \sqrt{2 \times 108\,000 \times 5\,000 \times 30}$
$= 180\,000$（元）

(2) 从T企业购买材料：

经济订货批量 $= \sqrt{\dfrac{2 \times 108\,000 \times 6\,050}{30 \times \left(1 - \dfrac{300}{400}\right)}}$

$= 13\,200$（千克）

$$相关存货总成本 = \sqrt{\frac{2 \times 108\,000 \times 6\,050 \times}{30 \times \left(1 - \frac{300}{400}\right)}}$$
$$= 99\,000（元）$$

（3）基于成本最优原则，从 T 企业购买材料的相关存货总成本小于从 S 企业购买材料的相关存货总成本，所以应该选择 T 企业作为供应商。

【例 7-31】（计算题）某公司计算年度耗用某种原材料 300 000 千克，材料单价 60 元，经济订货批量为 60 000 千克，全年订货次数 5 次（300 000/60 000），订货点为 1 500 千克。单位材料年持有成本为材料单价的 25%，单位材料缺货损失 20 元。

在交货期内，生产需要量及其概率如下：

生产需要量（千克）	1 300	1 400	1 500	1 600	1 700
概率	0.1	0.2	0.4	0.2	0.1

要求：请问该企业保险储备量为多少千克时比较合适？

【答案】当保险储备为 0 时，缺货损失期望值 = 5 × 100 × 0.2 × 20 + 5 × 200 × 0.1 × 20 = 4 000（元）

保险储备的持有成本 = 0

与保险储备相关的总成本 = 4 000 + 0 = 4 000（元）

当保险储备为 100 千克时，缺货损失期望值 = 5 × 100 × 0.1 × 20 = 1 000（元）

保险储备的持有成本 = 100 × 60 × 0.25 = 1 500（元）

与保险储备相关的总成本 = 1 000 + 1 500 = 2 500（元）

当保险储备为 200 千克时，缺货损失期望值 = 0

保险储备的持有成本 = 200 × 60 × 0.25 = 3 000（元）

从上面的计算可以看出，当保险储备为 100 千克时，缺货损失与持有成本之和最低。

因此，该企业保险储备量为 100 千克比较合适。

十三、短期借款

（一）短期借款的信用条件

1. 信贷额度

借款企业与银行在协议中规定的借款最高限额。

2. 周转信贷协议

银行具有法律义务的承诺给借款人提供不超过某一最高限额的贷款协定。企业通常要对贷款限额的未使用部分付给银行一笔承诺费用。

3. 补偿性余额

银行要求借款企业在银行中保持按贷款限额或实际借用额的一定比例（通常为 10% ~ 20%）计算的最低存款余额。补偿性余额降低了银行贷款的风险，提高了借款的实际利率。

$$贷款的实际利率 = \frac{名义利率}{（1 - 补偿性余额比率）}$$

4. 借款抵押

银行根据抵押品面值的 30% ~ 90% 发放贷款，具体比例取决于抵押品的变现能力和银行对风险的态度。

5. 偿还条件

贷款的偿还有到期一次偿还和在贷款期内定期（每月、季）等额偿还两种方式。一般来讲，企业不希望采用后一种偿还方式，因为这会提高借款的实际年利率；而银行不希望采用前一种偿还方式，是因为这会加重企业的财务负担，增加企业的拒付风险，同时会降低实际贷款利率。

6. 其他承诺

（二）短期借款的成本

1. 收款法

借款到期时向银行支付利息，采用此法计息，借款的实际利率和名义利率相等。

2. 贴现法

贴现法又称折价法，是指银行向企业发放贷款时，先从本金中扣除利息部分，到期时借款企业偿还全部贷款本金的一种利息支付方法。在这种利息支付方式下，企业可以利用的贷款只是本金减去利息部分后的差额，因此，贷款的实际利率要高于名义利率。

实际利率 = 利息/（贷款金额 - 利息）

= 名义利率/（1 - 名义利率）

3. 加息法

银行发放分期等额偿还贷款时采用的利息收取方法。企业所负担的实际利率要高于名义利率大约1倍。

【例7-32】（单选题）某企业获得100万元的周转信贷额度，约定年利率为10%，承诺费率为0.5%，年度内企业实际动用贷款60万元，使用了12个月，则该笔业务在当年实际的借款成本为（　　）万元。

A. 10
B. 10.2
C. 6.2
D. 6

【答案】 C

【解析】 利息 $= 60 \times 10\% = 6$（万元），承诺费 $= (100 - 60) \times 0.5\% = 0.2$（万元），则实际的借款成本 $= 6 + 0.2 = 6.2$（万元），本题选项C正确。

十四、商业信用

（一）含义

商业信用是指企业在商品或劳务交易中，以延期付款或预收货款方式进行购销活动而形成的借贷关系，是一种"自动性筹资"，包括应付账款、应付票据、预收货款、应计未付款（应付职工薪酬、应付股利等）。

（二）应付账款

1. 公式

放弃折扣的信用成本率 $=$ [折扣%／（1 - 折扣%）] $\times$ [360天／（付款期 - 折扣期）]

2. 放弃现金折扣的信用决策的原因

（1）可能是企业资金暂时的缺乏；

（2）可能是基于将应付的账款用于临时性短期投资，以获得更高的投资收益。企业将应付账款额用于短期投资，所获得的投资报酬率高于放弃折扣的信用成本率，则应当放弃现金折扣。

（三）应付票据

应付票据指企业在商品购销活动和对工程价款进行结算时，因采用商业汇票结算方式而产生的商业信用。

（四）预收货款

销售单位按照合同和协议规定，在发出货物之前向购货单位预先收取部分或全部货款的信用行为。

提示 购买单位对于紧销商品往往乐于采用这种方式购货；销货方对于生产周期长，造价较高的商品，往往采用预收货款方式销货，以缓和本企业资金占用过多的矛盾。

（五）应计未付款

企业在生产经营和利润分配过程中已经计提但尚未以货币支付的款项。

主要包括应付职工薪酬、应缴税金、应付利润或应付股利等。

（六）商业信用的特点

1. 优点

（1）商业信用容易获得；

（2）企业有较大的机动权；

（3）企业一般不用提供担保。

2. 缺点

（1）商业信用筹资成本高；

（2）容易恶化企业的信用水平；

（3）受外部环境影响较大。

【例7-33】（判断题）应付账款是供应商给企业的一种商业信用，采用这种融资方式是没有成本的。（　　）

【答案】 ×

【解析】 应付账款是供应商给企业提供的一种商业信用。商业信用条件通常包括以下两种：第一，有信用期，但无现金折扣。第二，有信用期和现金折扣。企业在决定是否享受现金折扣时，应仔细考虑。通常，放弃现金折扣的成本是很高的。

【例7-34】（多选题）一般而言，与短期筹资和短期借款相比，商业信用融资的优点有（　　）。

A. 融资数额较大
B. 融资条件宽松
C. 融资机动权大
D. 无须提供担保

【答案】 BCD

【解析】 商业信用筹资的优点：商业信用容易获得、企业有较大的机动权、企业一般不用提供担保。

通关演练

一、单项选择题

1. 某公司在营运资金管理中，为了降低流动资产的持有成本、提高资产的收益性，决定保持一个低水平的流动资产与销售收入比率，据此判断，该公司采取的流动资产投资策略是（　　）。
   A. 紧缩的流动资产投资策略
   B. 宽松的流动资产投资策略
   C. 匹配的流动资产投资策略
   D. 稳健的流动资产投资策略

2. 下列不属于紧缩的流动资产投资战略特点的是（　　）。
   A. 维持较低的流动资产对销售收入比率
   B. 将存货尽可能压缩
   C. 应收账款和现金余额保持在最低水平
   D. 其风险与收益均较低

3. 下列适合采用紧缩的流动资产投资策略的企业是（　　）。
   A. 销售边际毛利较高的产业
   B. 融资较为困难的企业
   C. 管理政策趋于保守的企业
   D. 主要考虑配合运营经理和销售经理要求的企业

4. 运用成本模型计算最佳现金持有量时，下列公式中，正确的是（　　）。
   A. 最佳现金持有量 = min（管理成本 + 机会成本 + 转换成本）
   B. 最佳现金持有量 = min（管理成本 + 机会成本 + 短缺成本）
   C. 最佳现金持有量 = min（机会成本 + 经营成本 + 转换成本）
   D. 最佳现金持有量 = min（机会成本 + 经营成本 + 短缺成本）

5. 甲公司采用存货模式确定最佳现金持有量。如果在其他条件保持不变的情况下，资本市场的投资回报率从 4% 上涨为 16%，那么企业在现金管理方面应采取的对策是（　　）。

A. 将最佳现金持有量提高 29.29%
B. 将最佳现金持有量降低 29.29%
C. 将最佳现金持有量提高 50%
D. 将最佳现金持有量降低 50%

6. 减少现金周转期的措施不包括（　　）。
   A. 加快制造与销售产成品
   B. 加速应收账款的回收
   C. 减缓支付应付账款
   D. 降低现金折扣的比率

7. 某公司根据存货模型确定的最佳现金持有量为 100 000 元，有价证券的年利率为 10%。在最佳现金持有量下，该公司与现金持有量相关的现金使用总成本为（　　）元。
   A. 5 000　　　　　　B. 10 000
   C. 15 000　　　　　　D. 20 000

8. 持有过量现金可能导致的不利后果是（　　）。
   A. 财务风险加大
   B. 收益水平下降
   C. 偿债能力下降
   D. 资产流动性下降

9. 某企业根据现金持有量随机模型进行现金管理，已知现金最低持有量为 15 万元，现金余额回归线为 80 万元，如果公司现有现金 220 万元，此时应当投资于有价证券的金额是（　　）万元。
   A. 65　　　　　　　　B. 205
   C. 140　　　　　　　　D. 95

10. 在其他条件相同的情况下，下列各项中，可以加速现金周转的是（　　）。
    A. 减少存货量
    B. 减少应付账款
    C. 放宽赊销信用期
    D. 利用供应商提供的现金折扣

11. 根据应收账款管理理论，下列各项中不属于企业应收账款成本内容的是（　　）。
    A. 机会成本　　　　　B. 管理成本
    C. 短缺成本　　　　　D. 坏账成本

12. 下列对信用期限的叙述中，不正确的是（　　）。

    A. 信用期限越长，企业坏账风险越大

    B. 信用期限越长，客户享受的信用条件越优越

    C. 信用期限越长，应收账款的机会成本越低

    D. 延长信用期限，有利于销售收入的扩大

13. 下列各项中，不属于现金支出管理措施的是（　　）。

    A. 推迟支付应付款

    B. 提高信用标准

    C. 以汇票代替支票

    D. 争取现金流出与现金流入同步

14. 企业在进行现金管理时，可利用的现金浮游量是指（　　）。

    A. 企业账户所记存款余额

    B. 银行账户所记企业存款余额

    C. 企业账户与银行账户所记存款余额之差

    D. 企业实际现金余额超过最佳现金持有量之差

15. 某企业预计下年度销售净额为 1 800 万元，应收账款周转天数为 90 天（一年按 360 天计算），变动成本率为 60%，资本成本为 10%，则应收账款的机会成本是（　　）万元。

    A. 27　　　　　　　B. 45

    C. 108　　　　　　 D. 180

16. 企业在进行商业信用定量分析时，应当重点关注的指标是（　　）。

    A. 发展创新评价指标

    B. 企业社会责任指标

    C. 流动性和债务管理指标

    D. 战略计划分析指标

17. 在交货期内，如果存货需求量增加或供应商交货时间延迟，就可能发生缺货。为此，企业应保持的最佳保险储备量是（　　）。

    A. 使保险储备的订货成本与持有成本之和最低的存货量

    B. 使缺货损失和保险储备的储存成本之和最低的存货量

    C. 使保险储备的持有成本最低的存货量

    D. 使缺货损失最低的存货量

18. 按照 ABC 分析法，作为催款的重点对象是（　　）。

    A. 应收账款逾期金额占应收账款逾期金额总数比重大的客户

    B. 应收账款账龄长的客户

    C. 应收账款数额占全部应收账款数额比重大的客户

    D. 应收账款比重小的客户

19. 某企业从银行获得附有承诺的周转信贷额度为 1 000 万元，承诺率为 0.5%，年初借入 800 万元，年底偿还，年利率为 5%，则该企业负担的承诺费是（　　）万元。

    A. 1　　　　　　　 B. 4

    C. 5　　　　　　　 D. 9

20. 保理商和供应商将销售合同被转让的情况通知购货商，并签订保理商、供应商、购货商之间的三方合同的保理属于（　　）。

    A. 到期保理

    B. 折扣保理

    C. 暗保理

    D. 明保理

21. 下列各项中，不属于存货储存成本的是（　　）。

    A. 存货仓储费用

    B. 存货破损和变质损失

    C. 存货储备不足而造成的损失

    D. 存货占用资金的应计利息

22. 某公司生产所需的零件全部通过外购取得，公司根据扩展的经济订货量模型确定进货批量。下列情形中，能够导致零件经济订货量增加的是（　　）。

    A. 供货单位需要的订货提前期延长

    B. 每次订货的变动成本增加

    C. 供货单位每天的送货量增加

    D. 每日耗用量减少

23. 在交货期内，如果存货需求量增加或供应商交货时间延迟，就可能发生缺货。为此，企业应保持的最佳保险储备量是（　　）。

    A. 使保险储备的订货成本与储存成本之和最低的存货量

    B. 使缺货损失和保险储备的储存成本之和最低的存货量

    C. 使保险储备的持有成本最低的存货量

    D. 使缺货损失最低的存货量

24. 2018 年 1 月 1 日，某企业取得银行为期一年的周转信贷协定，金额为 100 万元，1 月 1 日企业借入 50 万元，8 月 1 日又借入 30 万元，年末企业偿还所有的借款本金，假设利率为每年 12%，年承诺费率为 0.5%，则年终企业应支付利息和承诺费共为（　　）万元。
   A. 7.5　　　　　　　B. 7.6875
   C. 7.6　　　　　　　D. 6.3325

25. 某企业向银行贷款 100 万元，年利率为 8%，银行要求保留 12% 的补偿性余额，则该贷款的实际年利率为（　　）。
   A. 6.67%　　　　　　B. 7.14%
   C. 9.09%　　　　　　D. 11.04%

26. 某企业按年利率 10% 向银行贷款 1 000 万元，银行要求保留 15% 的补偿性余额，存款利率为 2%，则这项贷款的实际利率约为（　　）。
   A. 10%　　　　　　　B. 10.81%
   C. 11.41%　　　　　　D. 11.76%

27. 下列各项中，与放弃现金折扣的信用成本呈反向变化的是（　　）。
   A. 现金折扣率　　　　B. 折扣期
   C. 信用标准　　　　　D. 信用期

28. 下列各项中不属于营运资金特点的是（　　）。
   A. 来源具有多样性
   B. 数量具有波动性
   C. 实物形态具有变动性和易变现性
   D. 投资的集中性和收回的分散性

29. 某企业非流动资产为 800 万元，永久性流动资产为 200 万元，波动性流动资产为 200 万元。已知长期负债、自发性负债和权益资本可提供的资金为 900 万元，则该企业（　　）。
   A. 采取的是期限匹配融资策略
   B. 采取的是激进融资策略
   C. 采取的是保守融资策略
   D. 资本成本较高

30. 企业持有现金主要是为了满足（　　）。
   A. 交易性、预防性、收益性需求
   B. 交易性、投机性、收益性需求
   C. 交易性、预防性、投机性需求

D. 预防性、收益性、投机性需求

31. 某企业根据存货模型确定的最佳现金持有量为 100 000 元，有价证券年利率为 10%，在最佳现金持有量下，该公司与现金持有量相关的现金使用总成本为（　　）元。
   A. 5 000　　　　　　B. 10 000
   C. 15 000　　　　　　D. 20 000

32. 如果资金市场上长期资金利率水平显著高于短期资金的利率水平，企业应采用（　　）。
   A. 期限匹配的融资策略
   B. 保守融资策略
   C. 激进融资策略
   D. 不确定

33. 相较于紧缩的流动资产投资策略，宽松的流动资产投资策略的特点是（　　）。
   A. 短缺成本和持有成本均较低
   B. 短缺成本和持有成本均较高
   C. 短缺成本较高，持有成本较低
   D. 短缺成本较低，持有成本较高

34. 与交易性需求所需现金的多少无关的因素是（　　）。
   A. 销售的季节性更替
   B. 企业从供应商处获得商业信用条件的宽严程度
   C. 企业向客户提供商业信用条件的宽严程度
   D. 企业临时融资能力

35. 甲公司运用存货模式进行最佳现金持有量决策。假定与最佳现金持有量相关的机会成本为 10 万元，持有现金的机会成本率为 5%。则最佳现金持有量为（　　）万元。
   A. 200　　　　　　　B. 300
   C. 400　　　　　　　D. 500

36. 最佳现金持有量决策的成本模型、存货模型、随机模型这三种模型中，共同考虑的成本是（　　）。
   A. 机会成本　　　　　B. 管理成本
   C. 短缺成本　　　　　D. 转换成本

37. 乙公司现金周转期是 50 天，存货平均余额为 230 万元，应收账款平均余额为 270 万元，每天的销售收入和每天的销货成本为 25 万元和 20 万元。如果乙公司计划将每天购货成本控制在应付账款平均余额 200 万元的水平上，则每天的购货成本应为（　　）

万元。

A. 7.33　　　　　B. 9.15

C. 11.27　　　　　D. 12.59

38. 如果企业提高现金折扣，可能引起的结果不包括（　　）。

A. 销售收入增加

B. 坏账损失减少

C. 利润增加

D. 平均收账期缩短

39. 甲公司按照经济订货量采购某种材料，该材料在投入生产前需要特殊环境恒温储存。为此，甲公司与乙公司签订了 5 年期的仓库租赁协议。在租赁开始后的第 3 年，乙公司征得甲公司同意将仓库租金上涨 50%。此项变化会使该种材料的进货批量（　　）。

A. 变大　　　　　B. 变小

C. 不变　　　　　D. 不确定

40. 某企业从银行借入 1 年期的短期借款。银行要求的补偿性余额的比率为 8%，借款利率为 6%，采用贴现法付息。借款手续完成后，该笔借款实际可使用的资金为 172 万元。则该企业从银行借款的金额是（　　）万元。

A. 198　　　　　B. 200

C. 202　　　　　D. 204

二、多项选择题

1. 企业在持续经营过程中，会自发地、直接地产生一些资金来源，部分地满足企业的经营需要的自然性流动负债，如（　　）。

A. 预收账款

B. 应付职工薪酬

C. 应付票据

D. 根据周转信贷协定取得的限额内借款

2. 下列各项中，决定预防性现金需求数额的因素有（　　）。

A. 企业愿冒现金短缺风险的程度

B. 企业预测现金收支的可靠的程度

C. 金融市场上的投资机会

D. 企业临时融资的能力

3. 运用成本模型确定企业最佳现金持有量时，现金持有量与持有成本之间的关系表现为（　　）。

A. 现金持有量越小，总成本越大

B. 现金持有量越大，机会成本越大

C. 现金持有量越小，短缺成本越大

D. 现金持有量越大，管理总成本越大

4. 下列管理措施中，可以缩短现金周转期的有（　　）。

A. 提前偿还短期融资券

B. 利用商业信用延期付款

C. 加大应收账款催收力度

D. 加快制造和销售产品

5. 下列各项措施中，能够缩短现金周转期的有（　　）。

A. 减少对外投资

B. 延迟支付货款

C. 加速应收账款的回收

D. 加快产品的生产和销售

6. 赊销在企业生产经营中所发挥的作用有（　　）。

A. 增加现金　　　　B. 减少存货

C. 促进销售　　　　D. 减少借款

7. 为了确保公司能一致性地运用信用和保证公平性，公司必须保持恰当的信用政策，信用政策必须明确规定的有（　　）。

A. 信用标准　　　　B. 信用条件

C. 收账政策　　　　D. 商业折扣

8. 运用应收账款余额控制模式进行应收账款管理可以发挥的作用有（　　）。

A. 预测公司的现金流量

B. 预计应收账款的水平

C. 反映应付账款的周转速度

D. 评价应收账款的收账效率

9. 应收账款保理是企业将赊销形成的未到期应收账款在满足一定条件的情况下，转让给保理商，其作用体现在（　　）。

A. 投资功能

B. 减少坏账损失、降低经营风险

C. 改善企业的财务结构

D. 减轻企业应收账款的管理负担

10. 根据经济订货批量的基本模型，下列各项中，可能导致经济订货批量提高的有（　　）。

A. 每期对存货的总需求提高

B. 每次订货费用提高

C. 每期单位存货存储费提高

D. 存货的采购单价提高

11. 在成本模型下，企业持有现金的成本中与现金持有额有明显比例关系的有（　　　）。
    A. 机会成本　　　　B. 管理成本
    C. 短缺成本　　　　D. 折扣成本

12. 企业在确定为应付突发事件而持有现金的数额时，需考虑的因素有（　　　）。
    A. 企业销售水平的高低
    B. 企业临时融资水平的能力
    C. 金融市场投资机会的多少
    D. 企业现金流量预测的可靠程度

13. 按照随机模型，确定现金存量的下限时，应考虑的因素有（　　　）。
    A. 企业每日最低现金需要
    B. 有价证券的日利息率
    C. 有价证券的每次转换成本
    D. 管理人员对风险的态度

14. 下列属于控制现金支出的有效措施的有（　　　）。
    A. 运用坐支　　　　B. 运用透支
    C. 提前支付账款　　D. 使用现金浮游量

15. 下列有关信用期限的表述中，正确的有（　　　）。
    A. 缩短信用期限可能增加当期现金流量
    B. 延长信用期限扩大销售
    C. 降低信用标准意味着将延长信用期限
    D. 延长信用期限将增加应收账款的机会成本

16. 在应收账款信用政策中企业采用现金折扣政策的目的在于（　　　）。
    A. 流动性和营运资本比率
    B. 债务管理和支付比率
    C. 盈利能力
    D. 资产管理能力

17. 存货在企业生产经营过程中所具有的作用主要有（　　　）。
    A. 有利于销售　　　B. 保证生产正常进行
    C. 降低储存成本　　D. 维持均衡生产

18. 在确定经济订货批量时，下列表述中正确的有（　　　）。
    A. 随每次订货批量的变动，相关订货成本和相关储存成本呈反方向变化
    B. 相关储存成本的高低与每次订货批量成正比
    C. 相关订货成本的高低与每次订货批量成反比
    D. 年相关储存成本与年相关订货成本相等时的采购批量，即为经济订货批量

19. 相较于长期资金，下列有关营运资金特点的说法中，正确的有（　　　）。
    A. 资金来源多种多样
    B. 占用金额时多时少
    C. 实物形态会发生变化
    D. 变现能力强

20. 甲公司在经营旺季由于销售增加，需要补充100万元现金、550万元应收账款和350万元存货。在经营淡季，只需要保留20万元现金、100万元应收账款和80万元存货。公司占用在固定资产上的资金为2 000万元。则按照期限匹配融资策略，下列表述中正确的有（　　　）。
    A. 在经营旺季需要借入1 000万元短期借款
    B. 在经营淡季需要借入200万元短期借款
    C. 该公司权益资本、长期负债和自发性负债应有2 200万元
    D. 该公司风险收益适中

21. 现金与有价证券之间的转换成本包括与委托金额有关的成本和与委托金额无关，只与委托次数有关的成本。下列成本中，只与委托次数有关的成本有（　　　）。
    A. 印花税　　　　　B. 买卖佣金
    C. 委托手续费　　　D. 过户费

22. 某企业采用随机模式进行目标现金余额的确定。管理人员计算得出的最低现金持有量为22万元，现金回归线为75万元。则下列说法中错误的有（　　　）。
    A. 当现金余额为160万元时，不用进行有价证券与现金之间的转换
    B. 当现金余额为16万元时，应转让有价证券换回现金6万元
    C. 当现金余额为126万元时，应用现金55万元买入有价证券
    D. 当现金余额为200万元时，应用现金19万元买入有价证券

23. 假设其他因素不变，下列情况下会使现金周转变慢的有（　　　）。
    A. 每天购货成本增加
    B. 每天销货收入增加

C. 应收账款平均余额变小

D. 应付账款平均余额变小

24. 应收账款的管理成本主要包括（　　）。

    A. 调查顾客信用状况的费用

    B. 收账费用

    C. 相关的账簿记录费用

    D. 从第三方购买信用信息的费用

25. 下列存货成本中，随进货批量增加变大的有（　　）。

    A. 采购人员差旅费

    B. 存货破损和变质损失

    C. 存货资金应计利息

    D. 存放存货仓库的折旧费

26. 经济订货基本模型是建立在一系列严格假设基础上的。下列能得出购置成本是无关成本的结论的假设有（　　）。

    A. 存货总需求量是已知常数

    B. 订货提前期是常数

    C. 库存储存成本与库存水平呈线性关系

    D. 单位货物成本为常数，无批量折扣

27. 丙公司生产耗用的存货是陆续供应和使用的。下列因素中会使经济订货量提高的有（　　）。

    A. 每次订货的变动成本提高

    B. 单位变动储存成本下降

    C. 存货年需要量变小

    D. 存货年需要量变大

三、判断题

1. 根据期限匹配融资策略，固定资产比重较大的上市公司主要应通过自发性负债、长期负债和发行股票筹集资金。（　　）

2. 在利用存货模型和随机模型确定现金最佳持有量时，都可以不考虑管理成本的影响。（　　）

3. 应交税金属于应付金额不确定的流动负债。（　　）

4. 企业之所以持有一定数量的现金，主要是出于交易性需求、预防性需求和投机性需求。（　　）

5. 在正常业务活动现金需要量的基础上，追加一定数量的现金余额以应付未来现金流入和流出的随机波动，这是出于投机性需求。（　　）

6. 在使用零余额账户付款管理模式下，企业在一系列子账户上不需要保持安全储备。（　　）

7. 应付账款周转期是指收到尚未付款的材料开始到现金支出之间所用的时间。（　　）

8. 有追索权保理的应收账款，应收账款的坏账风险由企业承担。（　　）

9. 研究存货合理保险储备量的目的，是为了寻求缺货成本的最小化。（　　）

10. 信贷额度是银行从法律上承诺向企业提供不超过某一最高限额的贷款协定。（　　）

11. 我国短期融资券的发行人为金融机构，发行对象为社会公众。（　　）

12. 狭义的营运资金是指投放在流动资产上的资金。（　　）

13. 将流动资产分为现金、以公允价值计量且其变动计入当期损益的金融资产、应收及预付款项和存货是按照流动资产在生产经营过程中所处的环节不同所做的分类。（　　）

14. 流动资产投资策略研究中所说的流动资产，通常只包括生产经营过程中的生产性流动资产。（　　）

15. 当企业融资比较困难时，应采用宽松的流动资产投资策略。（　　）

16. 就某一家公司而言，很难采取与其竞争对手不同的信用条件。（　　）

17. 进行商业信用定量分析从考察信用人的财务报表开始，通常采用比较分析法评价顾客的财务状况。（　　）

18. 当销售存在显著的季节波动时，应收账款周转天数和账龄分析表都不能准确反映应收账款的管理状况。（　　）

19. 保理虽然是一种综合性的金融服务方式，但其同单纯的融资或收款管理没有本质区别。（　　）

20. 存货的经济订货模型中的每次订货成本是指每次订货的变动成本。（　　）

21. 经济订货基本模型假设"货物是一次性入库"，这一假设意味着存货的最低库存是零。（　　）

22. 在确定最佳存货保险储备时，因延误供货引

起的缺货可以通过估计延误时间和平均每日耗用量来计算增加的保险储备量。（　）

23. 某企业确定的最佳存货保险储备量为 500 千克，单位存货占用资金为 200 元，企业的资本成本率为 12%，则可以确定与存货保险储备占用资金相关的储存成本是 6 000 元。
（　）

24. 适时制库存控制系统需要稳定而标准的生产程序以及诚信的供应商。　（　）

25. 如果企业与银行签订了信贷额度，就可以在需要时在贷款额度内取得银行贷款。（　）

四、计算分析题

1. 已知：某公司现金收支平稳，预计全年（按 360 天计算）现金需要量为 250 000 元，现金与有价证券的转换成本为每次 500 元，有价证券年利率为 10%。

要求：

（1）计算最佳现金持有量；

（2）计算最佳现金持有量下的全年现金管理总成本、全年现金转换成本和全年现金持有机会成本；

（3）计算最佳现金持有量下的全年有价证券交易次数和有价证券交易间隔期。

2. D 公司是一家服装加工企业，2018 年营业收入为 3 600 万元，营业成本为 1 800 万元，日购货成本为 5 万元。该公司与经营有关的购销业务均采用赊账方式。假设一年按 360 天计算。D 公司简化的资产负债表如下所示：

资产负债简表
（2018 年 12 月 31 日）单位：万元

资产	金额	负债和所有者权益	金额
货币资金	211	应付账款	120
应收账款	600	应付票据	200
存货	150	应付职工薪酬	255
流动资产合计	961	流动负债合计	575
固定资产	850	长期借款	300
非流动资产合计	850	负债合计	875

续表

资产	金额	负债和所有者权益	金额
		实收资本	600
		留存收益	336
		所有者权益合计	936
资产合计	1 811	负债和所有者权益总计	1 811

要求：

（1）计算 D 公司 2018 年的营运资金数额。

（2）计算 D 公司 2018 年的应收账款周转期、应付账款周转期、存货周转期以及现金周转期（为简化计算，应收账款、存货、应付账款的平均余额均以期末数据代替）。

（3）在其他条件相同的情况下，如果 D 公司利用供应商提供的现金折扣，则对现金周转期会产生何种影响？

（4）在其他条件相同的情况下，如果 D 公司增加存货，则对现金周转期会产生何种影响？

3. 某企业拟采购一批原材料，价值 10 000 元，供应商规定的付款条件如下：

（1）立即付款，价格 9 630 元；

（2）第 20 天付款，价格 9 750 元；

（3）第 40 天付款，价格 9 870 元；

（4）第 60 天付款，价格 10 000 元。

要求：

假设银行短期贷款的利率为 23%，计算放弃现金折扣的成本（比率），并确定对该公司最有利的付款日期和付款价格（一年按 360 天计算）。

五、综合题

1. 资料：A 公司是一家用电器零售商，现经营约 500 种家用电器产品。该公司正在考虑经销一种新的家电产品。据预测该产品年销售量为 1 080 台，一年按 360 天计算，平均日销售量为 3 台，固定的储存成本为 2 000 元/年，变动的储存成本为 100 元/台·年；固定的订货成本为 1 000 元/年，变动的订货成本为 74.08 元/次；公司的进货价格为每台 500 元，售价为每台 580 元；如果供应中断，单位缺货成本为 80 元。

订货至到货的时间为 4 天，在此期间销售需求的概率分布如下：

需求量（台）	9	10	11	12	13	14	15
概率	0.04	0.08	0.18	0.4	0.18	0.08	0.04

要求：

在假设可以忽略各种税金影响的情况下计算：

（1）该商品的进货经济批量。

（2）该商品按照经济批量进货时存货平均占用的资金（不含保险储备资金）。

（3）该商品按照经济批量进货的全年存货取得成本和储存成本（不含保险储备成本）。

（4）该商品含有保险储备量的再订货点。

2. E 公司生产、销售一种产品，该产品的单位变动成本是 60 元，单位售价是 80 元。公司目前采用 30 天按发票金额付款的信用政策，80% 的顾客（按销售量计算，下同）能在信用期内付款，另外 20% 的顾客平均在信用期

满后 20 天付款，逾期应收账款的收回需要支出占逾期账款 5% 的收账费用。公司每年的销售量为 36 000 件，平均存货水平为 2 000 件。为扩大销售量、缩短平均收现期，公司拟推出"5/10、2/20、N/30"的现金折扣政策。采用该政策后，预计销售量会增加 15%，40% 的顾客会在 10 天内付款，30% 的顾客会在 20 天内付款，20% 的顾客会在 30 天内付款，另外 10% 的顾客平均在信用期满后 20 天付款，逾期应收账款的收回需要支出占逾期账款 5% 的收账费用。为了保证及时供货，平均存货水平需要提高到 2 400 件，其他条件不变。

假设等风险投资的最低报酬率为 12%，一年按 360 天算。

要求：

（1）计算改变信用政策前后的边际贡献、收账费用、应收账款占用资金应计利息、存货占用资金应计利息、现金折扣成本的变化以及改变信用政策的税前损益变化。

（2）E 公司是否应推出该现金折扣政策。

通关演练参考答案及解析

一、单项选择题

1. 【答案】A
【解析】在紧缩的流动资产投资策略下，企业维持较低水平的流动资产与销售收入比率。紧缩的流动资产投资策略可以节约流动资产的持有成本。所以选项 A 是正确的。

2. 【答案】D
【解析】紧缩的流动资产投资战略的特点是维持较低的流动资产——销售收入比率，将存货尽可能压缩，应收账款和现金余额保持在最低水平，其风险与收益均较高。所以应选 D。

3. 【答案】B
【解析】选项 A、C、D 属于适合采用宽松的

流动资产投资策略的企业。

4. 【答案】B
【解析】成本模型是根据现金有关成本，分析预测其总成本最低时现金持有量的一种方法。最佳现金持有量 = min（管理成本 + 机会成本 + 短缺成本）。

5. 【答案】D
【解析】本题考点是确定最佳现金持有量的存货模式。

$$C_原 = \sqrt{\frac{2TF}{4\%}}，\quad C_新 = \sqrt{\frac{2TF}{16\%}}，\quad \frac{C_新 - C_原}{C_原} =$$

$$\frac{\sqrt{2TF/16\%} - \sqrt{2TF/4\%}}{\sqrt{2TF/4\%}} = -50\%$$

6. 【答案】D
【解析】降低现金折扣的比率意味着减少给客

户提供的优惠，会降低客户付款的积极性，从而减缓应收账款的回收，所以应选 D。

7.【答案】B

【解析】本题的主要考核点是最佳现金持有量确定的存货模式。在存货模式下，达到最佳现金持有量时，机会成本等于交易成本，即与现金持有量相关的现金使用总成本应为机会成本的 2 倍，机会成本 = C/2 × K = 100 000/2 × 10% = 5 000（元），所以，与现金持有量相关的现金使用总成本 = 2 × 5 000 = 10 000（元）。

8.【答案】B

【解析】现金是变现能力最强的资产，但现金收益性最弱，对其持有量不是越多越好。现金存量过多，它所提供的流动性边际效益便会随之下降，从而使企业的收益水平下降。

9.【答案】C

【解析】H = 3R − 2L = 3 × 80 − 2 × 15 = 210（万元），而当现金持有量达到 220 万元时，应投资于有价证券，投资额 = 220 − 80 = 140（万元）。

10.【答案】A

【解析】现金周转期 = 应收账款周转期 + 存货周转期 − 应付账款周转期，减少存货量会减少存货周转期，在其他条件不变的情况下，会减少现金周转期，即加速现金周转，所以选项 A 正确。

11.【答案】C

【解析】应收账款的成本主要包括机会成本、管理成本、坏账成本，短缺成本是现金和存货的成本。

12.【答案】C

【解析】信用期限越长，占用在应收账款上的资金越多，应收账款的机会成本越高。所以选项 C 不正确。

13.【答案】B

【解析】此题考核的是现金收支日常管理。现金支出管理的主要任务是尽可能延缓现金的支出时间。现金支出管理的措施有：（1）使用现金浮游量；（2）推迟应付款的支付；（3）汇票代替支票；（4）改进员工工资支付模式；（5）透支；（6）争取现金流出与现金流入同步；（7）使用零余额账户。因此，

选项 A、C、D 都属于现金支出管理措施。提高信用标准不属于现金支出管理措施。

14.【答案】C

【解析】现金浮游量是指企业账户上的现金余额和银行账户上的企业存款余额之间的差额。

15.【答案】A

【解析】应收账款机会成本 = 1 800/360 × 90 × 60% × 10% = 27（万元）。

16.【答案】C

【解析】此题考核的是商业信用的定量分析。企业进行商业信用的定量分析可以从考察信用申请人的财务报表开始。通常使用比率分析法评价顾客的财务状况。常用的指标有：流动性和营运资本比率（如流动比率、速动比率以及现金对负债总额比率）、债务管理和支付比率（利息保障倍数、长期债务对资本比率、带息债务对资产总额比率，以及负债总额对资产总额比率）和盈利能力指标（销售回报率、总资产回报率和净资产收益率）。因此选项 C 是正确的。

17.【答案】B

【解析】在交货期内，如果发生需求量增大或交货时间延误，就会发生缺货。为防止由此造成的损失，企业应有一定的保险储备。企业应保持多少保险储备最合适？这取决于存货中断的概率和存货中断的损失。较高的保险储备可降低缺货损失，但也增加了存货的储存成本。因此，最佳的保险储备应该是使缺货损失和保险储备的储存成本之和达到最低。所以本题正确答案为 B。

18.【答案】A

【解析】应收账款逾期金额占应收账款逾期金额总数的比重大的客户属于 A 类客户，这类客户作为催款的重点对象。

19.【答案】A

【解析】企业负担的承诺费 =（1 000 − 800）× 0.5% = 1（万元）。所以本题正确答案为 A。

20.【答案】D

【解析】明保理是指保理商和供应商将销售合同被转让的情况通知购货商，并签订保理商、供应商、购货商之间的三方合同。

21.【答案】C

【解析】储存成本指为保持存货而发生的成本，包括存货占用资金所应计的利息、仓库费用、保险费用、存货破损和变质损失等。选项C属于缺货成本，缺货成本包括材料供应中断造成的停工损失、产成品库存缺货造成的拖欠发货损失和丧失销售机会的损失及造成的商誉损失、紧急额外购入成本等。

22. 【答案】B

【解析】供货单位需要的订货提前期延长不会影响经济订货批量；选项C、D会使经济订货批量减少。

23. 【答案】B

【解析】最佳的保险储备应该是使缺货损失和保险储备的储存成本之和达到最低。

24. 【答案】B

【解析】企业应支付利息 $= 50 \times 12\% + 30 \times 12\% \times (5/12) = 7.5$（万元）

企业应支付的承诺费 $= 20 \times 0.5\% + 30 \times 0.5\% \times (7/12) = 0.1875$（万元）

企业应支付利息和承诺费 $= 7.5 + 0.1875 = 7.6875$（万元）

25. 【答案】C

【解析】贷款实际利率 $= 8\%/(1 - 12\%) = 9.09\%$，所以选项C正确。

26. 【答案】D

【解析】贷款实际利率 $= \dfrac{\text{贷款名义利率}}{(1 - \text{补偿性余额比率})}$

$= \dfrac{10\%}{(1 - 15\%)} = 11.76\%$

27. 【答案】D

【解析】放弃折扣的信用成本率 $=$ [折扣%/(1 − 折扣%)] × 360 天/[付款期（信用期）− 折扣期]，可以看出，现金折扣率、折扣期与放弃现金折扣的机会成本呈正向变动，信用标准与放弃现金折扣的机会成本无关，信用期与放弃现金折扣的机会成本呈反向变动，所以选项D正确。

28. 【答案】D

【解析】投资的集中性和收回的分散性不属于营运资金的特点，属于固定资产的特点。

29. 【答案】B

【解析】流动资产融资策略包括期限匹配融资策略、激进融资策略和保守融资策略三种。在激进融资策略下，临时性流动负债大于波动性流动资产，它不仅要解决波动性流动资产的资金需求，还要解决部分永久性流动资产的资金需求。本题非流动资产+永久性流动资产 $= 800 + 200 = 1\,000$（万元），长期资金来源为900万元，说明有100万元永久性流动资产由临时性流动负债提供，所以属于激进融资策略。

30. 【答案】C

【解析】企业持有现金的动机主要有三个：交易性需求、预防性需求和投机性需求，现金属于流动性最强、收益性最弱的资产。所以企业持有现金不可能是出于收益性需求。

31. 【答案】B

【解析】本题的主要考核点是最佳现金持有量确定的存货模型。在存货模型下，达到最佳现金持有量时，机会成本等于交易成本，即与现金持有量相关的现金使用总成本应为机会成本的2倍，机会成本 $= (C/2) \times K = (10\,000/2) \times 10\% = 5\,000$（元），所以，与最佳现金持有量相关的现金使用总成本 $= 2 \times 5\,000 = 10\,000$（元）。

32. 【答案】C

【解析】激进融资策略的特点是长期融资只满足固定资产和部分永久性流动资产资金的需要，短期融资不仅要满足全部波动性流动资产的资金需要，还要满足部分长期资产的资金需要。在这种策略下，短期资金比重较高，如果长期资金利率显著高于短期资金的利率，这种策略可以显著地降低资金成本。

33. 【答案】D

【解析】宽松的流动资产投资策略的特点是维持较高的流动资产对销售收入的比率，企业将保持高水平的存货、应收账款和现金余额，流动资产短缺的成本较低。但由于持有流动资产的数量较多，所以持有成本较高。

34. 【答案】D

【解析】企业临时融资能力的强弱与预防性需求所需现金有关。

35. 【答案】C

【解析】$10 = ($最佳现金持有量$/2) \times 5\%$，最佳现金持有量 $= \dfrac{10}{5\%} \times 2 = 400$（万元），所以

最佳现金持有量为 400 万元。

36. 【答案】A

【解析】成本模型考虑了机会成本、管理成本和短缺成本；存货模型考虑机会成本和转换成本；随机模型公式中的"i"考虑的也是机会成本。

37. 【答案】A

【解析】存货周转期 = 230/25 = 9.2（天），应收账款周转期 = 270/20 = 13.5（天），应付账款周转期 = 50 - 9.2 - 13.5 = 27.3（天），每天的购货成本 = 200/27.3 = 7.33（万元）。

38. 【答案】C

【解析】现金折扣是企业对顾客在商品价格上所做的扣减。提高现金折扣可以提高顾客提前还款的积极性，从而降低坏账损失、加快应收账款的回收，也可以吸引一部分视现金折扣为减价出售的顾客前来购货，借此扩大销售，但现金折购的提高增加了企业的成本费用，利润不一定会提高。

39. 【答案】C

【解析】仓库租金属于固定性储存成本，对经济订货量没有影响。

40. 【答案】B

【解析】172（万元）= 该企业从银行借款的金额 × (1 - 8%) - 该企业从银行借款的金额 × 6%，该企业从银行借款的金额 = 200（万元）。

二、多项选择题

1. 【答案】ABC

【解析】自发性流动负债是指不需要正式安排，由于结算程序或有关法律法规的规定等原因而自然形成的流动负债。

2. 【答案】ABD

【解析】为应付意料不到的现金需要，企业需持有的现金数额取决于：

（1）企业愿冒现金短缺风险的程度；

（2）企业预测现金收支可靠的程度；

（3）企业临时融资的能力。希望尽可能减少风险的企业倾向于保留大量的现金余额，以应付其交易性需求和大部分预防性资金需求。另外，企业会与银行维持良好关系，以备现金短缺之需。

3. 【答案】BC

【解析】现金持有量越大，机会成本越大，所以选项 B 正确；现金持有量越大，短缺成本越小。所以选项 C 正确。

4. 【答案】BCD

【解析】现金周转期 = 存货周转期 + 应收账款周转期 - 应付账款周转期，故选项 B、C、D 正确。

5. 【答案】BCD

【解析】现金周转期 = 存货周转期 + 应收账款周转期 - 应付账款周转期。如果要减少现金周转期，可以从以下方面着手：加快制造与销售产成品来减少存货周转期；加速应收账款的回收来减少应收账款周转期；减缓支付应付账款来延长应付账款周转期。

6. 【答案】BC

【解析】本题考查的是应收账款的功能：增加销售；减少存货。

7. 【答案】ABC

【解析】信用政策包括信用标准、信用条件和收账政策。

8. 【答案】ABD

【解析】企业管理部门通过将当前的模式与过去的模式进行对比来评价应收账款余额模式的任何变化。企业还可以运用应收账款账户余额的模式来计划应收账款金额水平，衡量应收账款的收账效率以及预测未来的现金流。

9. 【答案】BCD

【解析】应收账款保理的实质是一种利用未到期应收账款这种流动资产作为抵押从而获得银行短期借款的一种融资方式，而不是投资方式。

10. 【答案】AB

【解析】选项 C 会使经济订货量降低，选项 D 不影响经济订货量。

11. 【答案】AC

【解析】在成本模型下，企业持有的现金的成本中与现金持有额有明显比例关系的有机会成本、短缺成本。现金持有额越高，机会成本会越大，短缺成本会越少。管理成本一般为固定费用，与现金持有额无关；折扣成本不属于持有现金的成本。

12. 【答案】BD

【解析】选项 A 是影响交易性需求现金持有额的因素，选项 C 是影响投机性需求现金持有额的因素。

13. 【答案】AD

【解析】最低控制线 L 取决于模型之外的因素，其数额是由现金管理部经理在综合考虑短缺现金的风险程度、企业借款能力、企业日常周转所需资金、银行要求的补偿性余额等因素的基础上确定的。

14. 【答案】BD

【解析】现金支出管理的主要任务是尽可能延缓现金的支出时间，延期支付账款的方法一般有：使用现金浮游量、推迟应付款的支付、汇票代替支票、改进员工工资支付模式、透支、争取现金流出与现金流入同步、使用零余额账户等。

15. 【答案】ABD

【解析】信用期限是信用条件的一个内容，是给予顾客最长的一个付款期，而信用标准是客户获得商业信用所应具备的最低条件，信用标准和信用期限没有必然的联系。所以选项 C 不正确。

16. 【答案】ACD

【解析】现金折扣是企业对顾客在商品价格上所做的扣减，其主要目的是吸引顾客为享受优惠而提前付款，缩短企业的平均收款期，另外，现金折扣也能招揽一些视折扣为减价出售的顾客前来购货，借此扩大销售量。

17. 【答案】ABD

【解析】存货的存在会增加储存成本。

18. 【答案】ABCD

【解析】相关订货成本 =（存货全年需要量/每次订货批量）× 每次变动订货成本，所以选项 C 是正确的。相关储存成本的计算公式为：相关储存成本 =（每次订货批量/2）× 单位存货的年变动储存成本，可见选项 B 正确。选项 B、C 正确可说明选项 A 正确。由于年变动储存成本与年变动订货成本相等时，存货总成本最低，所以能使两者相等的采购批量为经济订货批量，选项 D 正确。

19. 【答案】ABCD

【解析】营运资金具有如下特点：（1）来源具有灵活多样性；（2）数量具有波动性；（3）周转具有短期性；（4）实物形态具有变动性和易变现性。

20. 【答案】ACD

【解析】期限匹配融资策略的特点是长期融资满足固定资产和永久性流动资产资金的需要，短期融资满足波动性流动资产的资金需要。甲公司经营旺季波动性流动资产 = 100 + 550 + 350 = 1 000（万元），应采用短期金融负债解决其资金来源；固定资产和永久性流动资产 = 20 + 100 + 80 + 2 000 = 2 200（万元），应采用权益资本、长期负债和自发性负债解决其资金来源。该种策略风险与收益适中。

21. 【答案】CD

【解析】印花税和买卖佣金都是按委托金额的一定百分比收取的，委托手续费和过户费都是按委托次数的多少收取的。

22. 【答案】BC

【解析】$H = 3R - 2L = 3 \times 75 - 2 \times 22 = 181$（万元）。当现金余额为 16 万元时，小于最低现金持有量 22 万元，应转让有价证券换回现金 $= 75 - 16 = 59$（万元）；当现金余额为 126 万元时，在上下限之内，不进行有价证券与现金之间的转换。

23. 【答案】AD

【解析】每天购货成本增加，应付账款周转天数变小，现金收转变慢；每天销货收入增加，应收账款周转天数变小，现金周转快；应收账款平均余额变小，应收账款周转天数变小，现金周转变快；应付账款平均余额变小，应付账款周转天数变小，现金周转变慢。

24. 【答案】ABCD

【解析】应收账款的管理成本主要是指在进行应收账款管理时所增加的费用，主要包括：调查顾客信用状况的费用、收集各种信息的费用、账簿记录费用、收账费用、数据处理成本、相关管理人员成本和从第三方购买信用信息的费用。

25. 【答案】BC

【解析】采购人员差旅费是变动性订货成本，

随批量增加而变小；存货破损和变质损失以及存货资金应计利息是变动性储存成本，随批量增加而变大；存放存货仓库的折旧费属于固定性储存成本，不随批量变化。

26.【答案】AD

【解析】存货总需求量是已知常数，意味着存货一定时期的采购总量是已知常数；单位货物成本为常数，无批量折扣意味着存货的采购单价是常数。这两方面也就决定了存货的购置成本是常数，从而是无关成本。

27.【答案】ABD

【解析】从经济订货基本模型的公式 $EOQ = \sqrt{\dfrac{2KD}{K_c}}$，可以看出，A、B、D正确。

三、判断题

1.【答案】√

【解析】此题考核的是流动资产的融资策略。在期限匹配融资策略中，永久性流动资产和非流动资产以长期融资方式来融资，波动性流动资产用短期融资方式来融通。因此固定资产比重较大的上市公司主要应通过自发性负债、长期负债和发行股票等集资金，本题的说法是正确的。

2.【答案】√

【解析】现金管理成本是固定成本，根据存货模型和随机模型确定现金最佳持有量时，无须考虑管理成本的影响。

3.【答案】√

【解析】应付金额不确定的流动负债是指那些要根据企业的生产经营状况，到一定时期或具备一定条件时才能确定的流动负债，或应付金额需要估计的流动负债，如应交税金、应付产品质量担保债务等。

4.【答案】√

【解析】企业之所以持有一定数量的现金，主要是基于三个方面的动机需求：交易性需求、预防性需求和投机性需求。

5.【答案】×

【解析】预防性需求是指企业需要维持一定量的现金，以应付突发事件，所以本题应属于预防性需求。

6.【答案】√

【解析】使用零余额账户，即企业与银行合作，保持一个主账户和一系列子账户。企业只在主账户保持一定的安全储备，而在一系列子账户不需要保持安全储备。当从某个子账户签发的支票需要现金时，所需要的资金立即从主账户划拨过来，从而使更多的资金可以作为他用。

7.【答案】√

【解析】在营运资金管理中，企业将"从收到尚未付款的材料开始，到以现金支付该货款之间所用的时间"成为应付账款周转期。

8.【答案】√

【解析】有追索权保理的应收账款保理商具有全部"追索权"，所以应收账款的坏账风险由企业承担。无追索权保理，应收账款的坏账风险由保理商承担。

9.【答案】×

【解析】保险储备的存在虽然可以减少缺货成本，但增加了储存成本，最佳的保险储备应该是使缺货损失和保险储备的存储成本之和达到最低。

10.【答案】×

【解析】周转信贷协定是银行从法律上承诺向企业提供不超过某一最高限额的贷款协定。

11.【答案】×

【解析】我国短期融资券的发行人为非金融企业，发行对象为银行间债券市场的机构投资者。

12.【答案】×

【解析】营运资金有广义和狭义之分，广义的营运资金概念是指一个企业流动资产的总额；狭义的营运资金概念是指流动资产减去流动负债后的余额。

13.【答案】×

【解析】流动资产按占用形态不同，分为现金、以公允价值计量且其变动计入当期损益的金融资产、应收及预付款项和存货；按在生产经营过程中所处的环节不同，分为生产领域中的流动资产、流通领域中的流动资产以及其他领域的流动资产。

14.【答案】√

【解析】流动资产投资策略研究中所说的流动资产，通常只包括生产经营过程中产生的存货、应收账款以及现金等生产性流动资产，不包括股票、债券等金融性流动资产。

15.【答案】 ×

【解析】 当企业融资比较困难时，资金使用效率就特别重要，此时，应采用紧缩的流动资产投资策略。

16.【答案】 √

【解析】 有许多因素影响信用政策。在许多行业，信用条件和政策已经成为标准化的惯例，因此，某一家企业很难采取与其竞争对手不同的信用条件。

17.【答案】 ×

【解析】 进行商业信用定量分析从考察信用人的财务报表开始，通常采用比率分析法评价顾客的财务状况。常用的指标有：流动性和营运资本比率、债务管理和支付比率及盈利能力指标。

18.【答案】 √

【解析】 如果企业期末销售多，应收账款平均余额就大，平均日销售额不变，计算得出的应收账款周转天数比销售均衡的时候长，反之则相反；如果企业期末销售多，账龄分析表处于赊销期内的应收账款比销售均衡时的比重高，反之则相反。

19.【答案】 ×

【解析】 保理是指卖方与保理商之间存在的一种契约关系。根据契约，卖方将其现在或将来的基于其与卖方（债务人）订立的货物销售（服务）合同所产生的应收账款转让给保理商，由保理商提供下列服务中的至少两项：贸易融资、销售账户管理、应收账款催收与坏账担保。因此，保理是一种综合性的金融服务方式，同单纯的融资或收款管理有本质区别。

20.【答案】 √

【解析】 订货成本是指取得存货订单的成本。订货成本中有一部分与订货次数无关，称为固定性订货成本，固定性订货成本与经济订货量无关。订货成本中有一部分与订货次数有关，称为变动性订货成本，变动性订货成本与进货批量成反比例关系。

21.【答案】 ×

【解析】 经济订货基本模型假设"货物是一

次性入库"，这一假设意味着存货的最高库存就是进货批量。

22.【答案】 √

【解析】 对于延误供货引起的缺货问题，可以根据估计的延误时间确定交货时间，再用交货时间乘以平均每日耗用量，从而将供货延迟问题转化为需求过量问题。

23.【答案】 ×

【解析】 存货保险储备是轻易不动用的，所以要按全额占用计算相关的储存成本。与存货保险储备占用资金相关的储存成本 = $500 \times 200 \times 12\% = 12\,000$（元）。

24.【答案】 √

【解析】 适时制库存控制系统是指制造企业事先和供应商和客户协调好，只有当制造企业在生产过程中需要原料或零件时，供应商才会将原料或零件送来；如果每当产品生产出来就被客户拉走，这样制造企业的库存持有水平就可以大大下降。显然，适时制库存控制系统需要稳定而标准的生产程序以及与诚信的供应商，否则，任何一环出现差错将导致整个生产线的停止。

25.【答案】 ×

【解析】 信贷额度是银行非正式的、不具有法律义务的承诺给借款人借款的最高限额。如果企业信誉恶化，即使在信贷额度内，企业也可能得不到借款。此时，银行不会承担法律责任。

四、计算分析题

1.【答案】

（1）计算最佳现金持有量：

$$最佳现金持有量 = \sqrt{\frac{2 \times 250\,000 \times 500}{10\%}} = 50\,000（元）$$

（2）计算最佳现金持有量下的全年现金管理总成本、全年现金转换成本和全年现金持有机会成本：

$$最低现金管理总成本 = \sqrt{2 \times 250\,000 \times 500 \times 10\%} = 5\,000（元）$$

转换成本 = （$250\,000/50\,000$）× 500 = 2 500（元）

机会成本 = (50 000/2)×10% = 2 500（元）

（3）计算最佳现金持有量下的全年有价证券交易次数和有价证券交易间隔期：

有价证券交易次数 = 250 000/50 000 = 5（次）

有价证券交易间隔期 = 360/5 = 72（天）

2.【答案】

（1）2018年营运资金数额 = 流动资产 - 流动负债 = 961 - 575 = 386（万元）

（2）应收账款周转期 = 600/(3 600/360) = 60（天）

应付账款周转期 = 120/5 = 24（天）

存货周转期 = 150/(1 800/360) = 30（天）

现金周转期 = 30 + 60 - 24 = 66（天）

（3）利用现金折扣，会缩短应付账款周转期，则现金周转期会延长。

（4）增加存货，则存货周转期延长，会造成现金周转期的延长。

3.【答案】

立即付款的现金折扣率 = (10 000 - 9 630)/10 000 = 3.7%

第20天付款现金折扣率 = (10 000 - 9 750)/10 000 = 2.5%

第40天付款现金折扣率 = (10 000 - 9 870)/10 000 = 1.3%

立即付款的放弃现金折扣成本 = [3.7%/(1 - 3.7%)]×[360/(60 - 0)] = 23.05%

第20天付款放弃现金折扣成本 = [2.5%/(1 - 2.5%)]×[360/(60 - 20)] = 23.08%

第40天付款放弃现金折扣成本 = [1.3%/(1 - 1.3%)]×[360/(60 - 40)] = 23.71%

因为放弃现金折扣的成本大于银行短期贷款的利率，所以应选择享受折扣，并应选择折扣收益最大的方案，所以应选择第40天付款，付款价格为9 870元。

由于各种方案放弃折扣的信用成本率均高于借款利息率，因此初步结论是要取得现金折扣，借入银行借款以偿还货款。

立即付款方案，享受折扣370元，用资9 630元，借款60天，利息369.15元（9 630×23%×60/360），净收益0.85元（370 - 369.15）元；

20天付款方案，享受折扣250元，用资9 750元，借款40天，利息249.17元（9 750×

23%×40/360），净收益0.83元（250 - 249.17）；

40天付款方案，享受折扣130元，用资9 870元，借款20天，利息126.12元（9 870×23%×20/360），净收益3.88元（130 - 126.12）。

总结论：第40天付款是最佳方案，其净收益最大。

五、综合题

1.【答案】

（1）经济进货批量 = (2×1 080×74.08/100)^{1/2} = 40（件）

（2）经济进货批量存货平均占用的资金 = (Q/2)×U = (40/2)×500 = 10 000（元）

（3）全年存货取得成本 = 1 080×500 + 1 000 + (1 080/40)×74.08 = 543 000.16（元）

全年存货储存成本 = 2 000 + 100×(40/2) = 4 000（元）

（4）年订货次数 = 1 080/40 = 27（次）

订货至到货期间销售平均需求 = (1 080/360)×4 = 12（件）

保险储备：

①保险储备为0时，

一次订货期望缺货量 = (13 - 12)×0.18 + (14 - 12)×0.08 + (15 - 12)×0.04 = 0.46（件）

年缺货成本 = 0.46×80×27 = 993.6（元）

年储存成本 = 0

总成本 = 993.60元

②保险储备为1时，

一次订货期望缺货量 = (14 - 13)×0.08 + (15 - 13)×0.04 = 0.16（件）

年缺货成本 = 0.16×80×27 = 345.6（元）

年储存成本 = 1×100 = 100（元）

总成本 = 345.6 + 100 = 445.6（元）

③保险储备为2时，

一次订货期望缺货量 = (15 - 14)×0.04 = 0.04（件）

年缺货成本 = 0.04×80×27 = 86.4（元）

年储存成本 = 2×100 = 200（元）

总成本 = 86.4 + 200 = 286.4（元）

④保险储备为3时，

一次订货期望缺货量 = 0

年缺货成本 = 0

年储存成本 = 3 × 100 = 300（元）

总成本 = 0 + 300 = 300（元）

所以保险储备应为 2 件。

所以，再订货点 = 12 + 2 = 14（件）。

2.【答案】

（1）原方案平均收账期 = 30 × 80% + （30 + 20）× 20% = 34（天）

新方案平均收账期 = 10 × 40% + 20 × 30% + 30 × 20% + （30 + 20）× 10% = 21（天）

单位：元

方案	原方案	新方案	变化
边际贡献	（80 − 60）× 36 000 = 720 000	（80 − 60）× 36 000 × （1 + 15%）= 828 000	108 000
收账费用	80 × 36 000 × 20% × 5% = 28 800	80 × 36 000 × （1 + 15%）× 10% × 5% = 16 560	− 12 240
应收账款占用资金应计利息	8 × 36 000/360 × 34 × 60/80 × 12% = 24 480	[80 × 36 000 × （1 + 15%）]/360 × 21 × 60/80 × 12% = 17 388	− 7 092
存货占用资金应计利息	2 000 × 60 × 12% = 14 400	2 400 × 60 × 12% = 17 280	2 880
现金折扣成本	0	80 × 36 000 × （1 + 15%）× （5% × 40% + 2% × 30%）= 86 112	86 112
税前损益	652 320	690 660	38 340

（2）改变信用政策增加的税前损益为 3 834 元，因此，E 公司应推出该现金折扣政策。

第八章 成本管理

考情分析

本章主要讲述成本管理概述、量本利分析与应用、标准成本控制与分析、作业成本与责任成本等内容。从历年试题分布来看,本章题型既可以出客观题,也可以出主观题。历年考题分数波动较大,平均在 13 分左右,属于重点章节。

基本内容框架

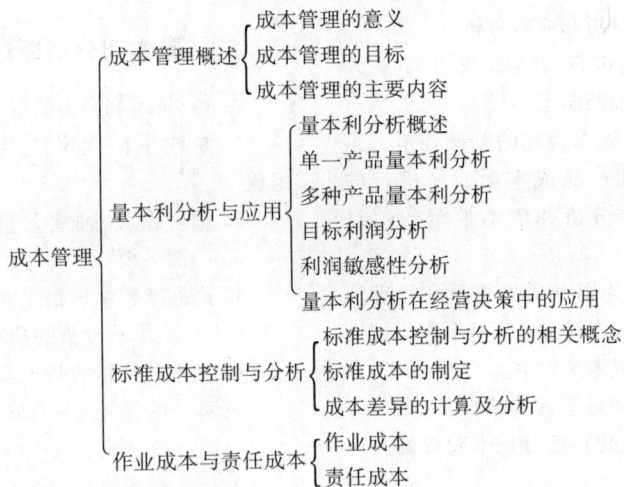

成本管理
- 成本管理概述
  - 成本管理的意义
  - 成本管理的目标
  - 成本管理的主要内容
- 量本利分析与应用
  - 量本利分析概述
  - 单一产品量本利分析
  - 多种产品量本利分析
  - 目标利润分析
  - 利润敏感性分析
  - 量本利分析在经营决策中的应用
- 标准成本控制与分析
  - 标准成本控制与分析的相关概念
  - 标准成本的制定
  - 成本差异的计算及分析
- 作业成本与责任成本
  - 作业成本
  - 责任成本

通关重难点例题

一、成本管理概述

（一）成本管理的意义

1. 降低成本，为企业扩大再生产创造条件

2. 增加企业利润，提高企业经济效益

3. 帮助企业取得竞争优势，增强企业的竞争能力和抗压能力

（二）成本管理的目标

1. 总体目标

依据竞争战略而定，包括成本领先战略和差异化战略。

2. 具体目标

具体目标是对总体目标的细分，包括成本计算目标和成本控制目标。

（1）成本计算目标——提供成本信息；

（2）成本控制目标——降低成本水平。

（三）成本管理的主要内容

（1）成本管理具体包括成本规划、成本核算、成本控制、成本分析和成本考核。

（2）成本规划是进行成本管理的第一步，主要是指成本管理的战略制定。

（3）成本核算是成本管理的基础环节，是指对生产费用发生和产品成本形成所进行的会计核算，它是成本分析和成本控制的信息基础。

（4）成本核算分为财务成本核算和管理成本核算，前者是历史成本计量，后者既可以用历史成本又可以用现在或未来成本。

（5）成本控制是成本管理的核心。

【例8-1】（单选题）进行成本管理的第一步是（　　）。

A. 成本核算

B. 成本控制

C. 成本分析

D. 成本规划

【答案】D

【解析】成本规划是进行成本管理的第一步。

【例8-2】（多选题）在实施成本领先战略的企业中，成本控制目标是在保证产品质量和服务的前提下，最大限度地降低企业的内部成本，表现为对（　　）的控制。

A. 研发成本

B. 生产成本

C. 经营费用

D. 供应商成本

【答案】BC

【解析】在实施成本领先战略的企业中，成本控制目标是在保证产品质量和服务的前提下，最大限度地降低企业的内部成本，表现为对生产成本和经营费用的控制；在实施差异化战略的企业中，成本控制目标是在保证企业实现差异化战略的前提下，降低产品生命周期成本。表现为对产品生命周期不同阶段成本的控制，如研发成本、供应商成本和消费成本的重视和控制。

二、量本利分析概述

（一）量本利分析的基本假设

1. 总成本由固定成本和变动成本两部分组成

2. 销售收入与业务量呈完全线性关系

3. 产销平衡

4. 产品产销结构稳定

（二）量本利分析的基本原理

1. 量本利分析的基本关系式

利润＝销售收入－总成本

　　　＝销售收入－（变动成本＋固定成本）

　　　＝销售量×单价－销售量×单位变动成本－固定成本

　　　＝销售量×（单价－单位变动成本）－固定成本

2. 边际贡献

边际贡献总额＝销售收入－变动成本

　　　　　　＝销售量×单位边际贡献

　　　　　　＝销售收入×边际贡献率

单位边际贡献＝单价－单位变动成本

　　　　　＝单价×边际贡献率

边际贡献率＝1－变动成本率

利润＝边际贡献－固定成本

　　＝销售量×单位边际贡献－固定成本

　　＝销售收入×边际贡献率－固定成本

【例8－3】（单选题）下列关于量本利分析基本假设的表述中，不正确的是（　　）。

A. 产销平衡

B. 产品产销结构稳定

C. 总成本由营业成本和期间费用两部分组成

D. 销售收入与业务量呈完全线性关系

【答案】C

【解析】量本利分析主要基于以下四个假设前提：（1）总成本由固定成本和变动成本两部分组成；（2）销售收入与业务量呈完全线性关系；（3）产销平衡；（4）产品产销结构稳定。所以选项C的表述不正确。

【例8－4】（单选题）某企业生产单一产品，年销售收入为100万元，变动成本总额为60万元，固定成本总额为16万元，则该产品的边际贡献率为（　　）。

A. 76%　　　　　　　B. 60%

C. 24%　　　　　　　D. 40%

【答案】D

【解析】边际贡献率＝单位边际贡献/单价＝边际贡献总额/销售收入＝（销售收入－变动成本总额）/销售收入＝（100－60）/100＝40%。

三、单一产品量本利分析

（一）保本分析

1. 保本点

保本分析的关键是保本点的确定。保本点，又称盈亏临界点，是指企业达到保本状态的业务量或金额，即企业一定时期的总收入等于总成本、利润为零时的业务量或金额。

$$保本销售量 = \frac{固定成本}{单价 - 单位变动成本}$$

$$保本销售量 = \frac{固定成本}{单位边际贡献}$$

若用销售额来表示，则保本销售额计算公式为：

$$保本销售额 = 保本销售量 \times 单价$$

$$= \frac{固定成本}{1 - \frac{单位变动成本}{单价}} = \frac{固定成本}{边际贡献率}$$

2. 降低保本点的途径

（1）降低固定成本总额；

（2）降低单位变动成本；

（3）提高销售单价。

3. 保本作业率

$$保本作业率 = \frac{保本点销售量}{正常经营销售量} \times 100\%$$

$$= \frac{保本点销售额}{正常经营销售额} \times 100\%$$

（二）量本利分析图

1. 基本的量本利分析图

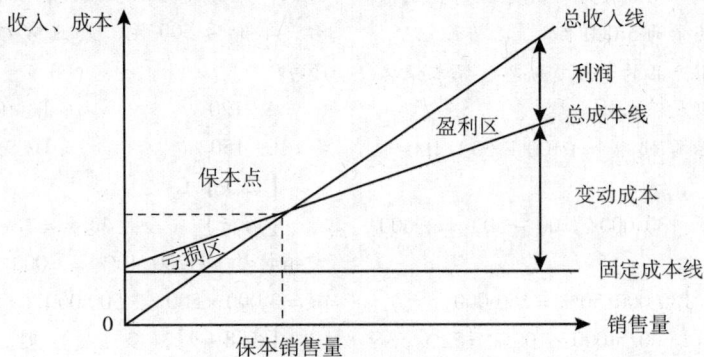

基本的量本利分析图

2. 边际贡献式量本利分析图

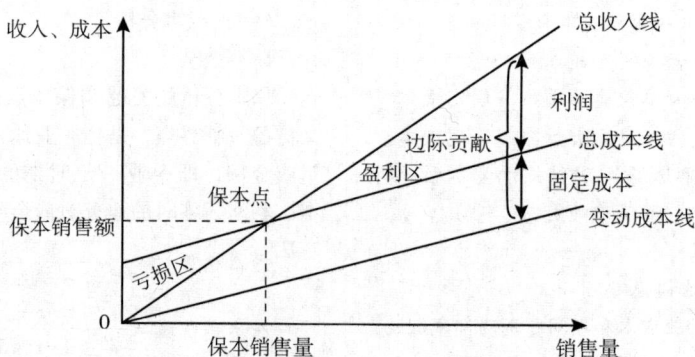

边际贡献式量本利分析图

（三）安全边际分析

1. 安全边际

安全边际量 = 实际或预计销售量 − 保本点销售量

安全边际额 = 实际或预计销售额 − 保本点销售额

2. 保本作业率与安全边际率的关系

保本作业率 + 安全边际率 = 1

提高企业的销售利润率水平主要有两种途径：一是扩大现有销售水平，提高安全边际率；二是降低变动成本水平，提高边际贡献率。

提示 安全边际或安全边际率越大，反映出该企业经营风险越小。

【例8−5】（计算题）某企业销售甲产品6 000件，单价为100元/件，单位变动成本为50元，固定成本为130 000元，假定该企业正常经营条件下的销售量为5 000件。

要求：计算甲产品的边际贡献率、保本销售量、保本销售额以及保本作业率。

【答案】 边际贡献率 = (100 − 50)/100 = 50%

保本销售量 = 130 000/(100 − 50) = 2 600（件）

保本销售额 = 130 000/50% = 260 000（元）

保本作业率 = 2 600/5 000 × 100% = 52%

【例8−6】（单选题）下列各项中，不属于降低保本点途径的是（　　）。

A. 降低固定成本总额

B. 降低单位变动成本

C. 提高销售单价

D. 降低销售单价

【答案】 D

【解析】 从保本点的计算公式保本销售量 = 固定成本/(单价 − 单位变动成本) 可以看出，降低保本点的途径主要有三个：降低固定成本总额、降低单位变动成本和提高销售单价。

【例8−7】（判断题）根据基本的量本利分析图，在销售量不变的情况下，保本点越低，盈利区越小、亏损区越大。（　　）

【答案】 ×

【解析】 根据基本的量本利分析图，在销售量不变的情况下，保本点越低，盈利区越大、亏损区越小，所以本题表述不正确。

【例8−8】（单选题）若保本点作业率为60%，变动成本率为50%，安全边际量为1 200台，单价为500元，则正常销售额为（　　）万元。

A. 120

B. 100

C. 150

D. 无法计算

【答案】 C

【解析】 安全边际率 = 1 − 60% = 40%，正常销售量 = 1 200/40% = 3 000（台），正常销售额 = 3 000 × 500 = 1 500 000（元）= 150（万元）。

【例8−9】（多选题）某企业只生产销售甲产品，正常经营条件下的销售量为5 000件，单价为100元/件，单位变动成本为60元/件，固定成本为130 000元。下列说法中正确的有（　　）。

A. 边际贡献总额为 200 000 元

B. 保本销售额为 325 000 元

C. 保本作业率为 60%

D. 安全边际率为 40%

【答案】AB

【解析】单位边际贡献 = 100 - 60 = 40（元），边际贡献总额 = 5 000 × 40 = 200 000（元），边际贡献率 = 40/100 × 100% = 40%，保本销售额 = 固定成本/边际贡献率 = 130 000/40% = 325 000（元），保本销售量 = 325 000/100 = 3 250，保本作业率 = 3 250/5 000 × 100% = 65%，安全边际率 = 1 - 65% = 35%。

四、多种产品量本利分析

（一）加权平均法

$$加权平均边际贡献率 = \frac{\sum\left(\begin{array}{c}某种产品\\销售额\end{array} - \begin{array}{c}某种产品\\变动成本\end{array}\right)}{\sum 各种产品销售额} \times 100\%$$

$$综合保本点销售额 = \frac{固定成本总额}{加权平均边际贡献率}$$

（二）联合单位法

根据存在稳定比例关系的产销量比，可以计算出每一联合单位的联合单位边际贡献和联合单位变动成本，并以此计算整个企业的联合保本点销售量以及各产品的保本点销售量。其计算公式为：

$$联合保本量 = \frac{固定成本总额}{联合单价 - 联合单位变动成本}$$

（三）分算法

分算法是在一定的条件下，将全部固定成本按一定标准在各种产品之间进行合理分配，确定每种产品应补偿的固定成本数额，然后再对每一种产品按单一品种条件下的情况分别进行量本利分析的方法。

（四）顺序法

顺序法是指按照事先确定的各品种产品销售顺序，依次用各种产品的边际贡献补偿整个企业的全部固定成本，直至全部由产品的边际贡献补偿完为止，从而完成量本利分析的一种方法。

（五）主要产品法

在企业产品品种较多的情况下，如果存在一种产品是主要产品，它提供的边际贡献占企业边际贡献总额的比重较大，代表了企业产品的主导方向，则可以按该主要品种的有关资料进行量本利分析，视同于单一品种。确定主要品种应以边际贡献为标志，并只能选择一种主要产品。

【例 8 - 10】（多选题）如果采用加权平均法计算综合保本点，下列各项中，将会影响综合保本点大小的有（　　）。

A. 固定成本总额　　B. 销售结构

C. 单价　　　　　　D. 单位变动成本

【答案】ABCD

【解析】综合保本点销售额 = 固定成本总额/加权平均边际贡献率

销售结构、单价、单位变动成本都会影响加权平均边际贡献率，所以选项 A、B、C、D 都正确。

【例 8 - 11】（单选题）已知某企业生产销售甲、乙两种产品，2018 年销售量分别为 20 万件和 30 万件，单价分别为 40 元和 60 元，单位变动成本分别为 24 元和 30 元，单位变动销售费用和管理费用分别为 20 元和 25 元，固定成本总额为 200 万元，则下列说法不正确的是（　　）。（计算结果保留两位小数）

A. 加权平均边际贡献率为 56.92%

B. 加权平均边际贡献率为 46.92%

C. 保本点销售额为 426.26 万元

D. 甲产品保本点销售量为 3.28 万件

【答案】A

【解析】加权平均边际贡献率 = [20 × (40 - 24) + 30 × (60 - 30)]/(20 × 40 + 30 × 60) × 100% = 46.92%，保本点销售额 = 200/46.92% = 426.26（万元），甲产品保本点销售额 = 20 × 40/(20 × 40 + 30 × 60) × 426.26 = 131.16（万元），甲产品保本点销售量 = 131.16 ÷ 40 = 3.28（万件）。需要注意的是单位变动成本中包括了单位变动销售费用和管理费用。

【例 8 - 12】（单选题）某企业同时生产甲、乙、丙三种产品，三种产品之间的销量长期保持 2 : 3 : 5 的固定比例关系。假设三种产品的单价分别为 20 元、15 元和 10 元，三种产品的单位变动成本分别为 12 元、8 元和 5 元。假设该企业固定成本总额为 23 500 元，则按照联合单位法所计算得出的联合保本量为（　　）。

A. 300   B. 400

C. 500   D. 600

【答案】C

【解析】联合单价 = $2 \times 20 + 3 \times 15 + 5 \times 10 = 120$（元），联合单位变动成本 = $2 \times 12 + 3 \times 8 + 5 \times 5 = 73$（元），联合保本量 = $23\,500/(120 - 73) = 500$（联合单位）。

【例 8-13】（单选题）在多种产品的量本利分析中，合理地进行固定成本的分配方法是（　　）。

A. 联合单位法   B. 分算法

C. 顺序法   D. 主要产品法

【答案】B

【解析】分算法是指在一定条件下，将全部固定成本按一定标准在各种产品之间进行合理分配，确定每种产品应补偿的固定成本数额，然后再对每一种产品按单一品种条件下的情况分别进行量本利分析的方法。采用分算法进行量本利分析的关键是合理地进行固定成本的分配。

五、目标利润分析

（一）目标利润分析

目标利润分析将目标利润引进量本利分析的基本模型，在单价和成本水平既定、确保目标利润实现的前提下，揭示成本、业务量和利润三者之间的关系。

目标利润 =（单价 - 单位变动成本）× 销售量 - 固定成本

（二）实现目标利润的措施

目标利润是量本利分析的核心要素，它既是企业经营的动力和目标，也是量本利分析的中心。通常情况下企业要实现目标利润，在其他因素不变时，销售数量或销售价格应当提高，而固定成本或单位变动成本则应下降。

【例 8-14】（多选题）在生产单一品种的条件下，对保本点和实现目标利润均有影响的因素包括（　　）。

A. 固定成本   B. 单价

C. 单位变动成本   D. 销售额

【答案】ABC

【解析】保本点销售量 = 固定成本/（单价 - 单位变动成本），由此可知销售额不影响保本点，固定成本、单价、单位变动成本都会影响保

本点。目标利润 =（单价 - 单位变动成本）× 销售量 - 固定成本 = 销售额 - 单位变动成本 × 销售量 - 固定成本，由此可知固定成本、单价、单位变动成本和销售额都会影响目标利润。从而得出：销售额不影响保本点，但影响目标利润，所以选项 D 不是正确答案。

【例 8-15】（多选题）某企业只生产一种产品，单价为 10 元，单位变动成本为 6 元，固定成本 5 000 元，销量 1 000 件。欲实现目标息税前利润 2 000 元，可以采取的措施不包括（　　）。

A. 单价提高到 12 元，其他条件不变

B. 单位变动成本降低至 3 元，其他条件不变

C. 固定成本降低至 4 000 元，其他条件不变

D. 销量增加至 1 500 件，其他条件不变

【答案】ACD

【解析】其他条件不变，单价应该提高到 $(2\,000 + 5\,000)/1\,000 + 6 = 13$（元）。其他条件不变，单位变动成本应降至 $10 - (2\,000 + 5\,000)/1\,000 = 3$（元）。其他条件不变，固定成本应降至 $(10 - 6) \times 1\,000 - 2\,000 = 2\,000$（元）。其他条件不变，销量应增加至 $(2\,000 + 5\,000)/(10 - 6) = 1\,750$（件）。所以正确答案是 A、C、D。

六、利润敏感性分析

反映各因素对利润敏感程度的指标为利润的敏感系数，其计算公式为：

$$敏感系数 = \frac{利润变动百分比}{因素变动百分比}$$

【例 8-16】（单选题）下列关于敏感系数的说法中，不正确的是（　　）。

A. 敏感系数 = 目标值变动百分比 ÷ 参量值变动百分比

B. 敏感系数越小，说明利润对该参数的变化越不敏感

C. 敏感系数绝对值越大，说明利润对该参数的变化越敏感

D. 敏感系数为负值，表明因素的变动方向和目标值的变动方向相反

【答案】B

【解析】"利润对该参数的变化越敏感"意味着该参数的变化引起利润的变动越大，即敏感系数的绝对值越大，但变动的方向可以是同方向的

也可以是反方向的，例如：敏感系数为"－3"的参量和敏感系数为"＋2"的参量相比较，利润对前者的变化更敏感。所以选项 B 的说法不正确。

【例8－17】（单选题）已知单价对利润的敏感系数为5，本年盈利，为了确保下年度企业不亏损，单价下降的最大幅度为（　　）。

A. 50%　　　　　　　B. 100%

C. 20%　　　　　　　D. 40%

【答案】C

【解析】利润下降100%，则下年就会出现亏损，因此"为了确保下年度企业不亏损"意味着"利润下降的最大幅度为100%"。单价对利润的敏感系数＝利润变动百分比/单价变动百分比，所以单价下降的最大幅度为100%÷5＝20%。本题也可以直接根据"对各因素允许升降幅度的分析，实质上是各因素对利润影响程度分析的反向推导，在计算上表现为敏感系数的倒数"做答，即单价下降的最大幅度＝1/单价对利润的敏感系数＝1/5＝20%。

七、量本利分析在经营决策中的应用

（一）生产工艺设备的选择

企业进行生产经营活动的最终目的是获取利润，企业管理者的各种经营决策也应围绕着这个目标，在分析时应考虑哪个方案能够为企业提供更多的边际贡献，能够在最大程度上弥补发生的固定成本，从而使企业获得更多利润。

（二）新产品投产的选择

【例8－18】（计算题）甲企业只生产一种产品，年产销量为5万件，单位产品售价为20元。为了降低成本，计划购置新生产线。买价为200万元，预计使用寿命10年，到期收回残值2万元。据预测可使变动成本降低20%，产销量不变。现有生产线的年折旧额为6万元，购置新生产线后现有的生产线不再计提折旧。其他的固定成本不变。目前生产条件下的变动成本为40万元，固定成本为24万元。

要求：

（1）计算目前的安全边际率和利润；

（2）计算购置新生产线之后的安全边际率和利润；

（3）判断购置新生产线是否经济？

（4）如果购置新生产线企业经营的安全性水平有何变化？

【答案】

（1）目前的单位产品变动成本＝40/5＝8（元）

单位产品边际贡献＝20－8＝12（元）

盈亏临界点销售量＝24/12＝2（万件）

安全边际率＝（5－2）/5×100%＝60%

利润＝5×12－24＝36（万元）

（2）购置新生产线之后的单位产品变动成本＝8×（1－20%）＝6.4（元）

单位产品边际贡献＝20－6.4＝13.6（元）

固定成本＝24－6＋（200－2）/10＝37.8（万元）

盈亏临界点销售量＝37.8/13.6＝2.78（万件）

安全边际率＝（5－2.78）/5×100%＝44.4%

利润＝5×13.6－37.8＝30.2（万元）

（3）由于利润下降，所以购置新生产线不经济。

（4）由于安全边际率降低，因此，企业经营的安全性水平下降。

八、标准成本控制与分析的相关概念

（一）标准成本及其分类

标准成本，是指在正常的生产技术水平和有效的经营管理条件下，企业经过努力应达到的产品成本水平。企业在确定标准成本时，可以根据自身的技术条件和经营水平，在以下类型中进行选择：

一是理想标准成本，这是一种理论标准，它是指在现有条件下所能达到的最优成本水平，即在生产过程无浪费、机器无故障、人员无闲置、产品无废品等假设条件下制定的成本标准。

二是正常标准成本，是指在正常情况下，企业经过努力可以达到的成本标准，这一标准考虑了生产过程中不可避免的损失、故障、偏差等。

（二）标准成本控制与分析

标准成本法的流程一般应包括如下五个步骤，即：确定应用对象、制定标准成本、实施过程控制、成本差异计算与动因分析以及标准成本的修订与改进。

【例8－19】（判断题）正常标准成本在生

产过程无浪费、机器无故障、人员无闲置、产品无废品等假设条件下制定的成本标准。（　　）

【答案】×

【解析】理想标准成本，这是一种理论标准，它是指在现有条件下所能达到的最优成本水平，即在生产过程无浪费、机器无故障、人员无闲置、产品无废品等假设条件下制定的成本标准。

九、标准成本控制的制定

产品标准成本通常由直接材料标准成本、直接人工标准成本和制造费用标准成本构成。每一成本项目的标准成本应分为用量标准（包括单位产品消耗量、单位产品人工小时等）和价格标准（包括原材料单价、小时工资率、小时制造费用分配率等）。

产品的标准成本=直接材料标准成本+直接人工标准成本+制造费用标准成本

直接材料标准成本$=\sum$（单位产品的材料标准用量×材料的标准单价）

直接人工标准成本=单位产品的标准工时×小时标准工资率

制造费用标准成本=工时用量标准×标准制造费用分配率

（一）直接材料标准成本的制定

1. 直接材料的标准单价

通常采用企业编制的计划价格，它通常是以订货合同的价格为基础，并考虑到未来物价、供求等各种变动因素后按材料种类分别计算的。

2. 直接材料的标准用量

直接材料的标准用量，一般由生产部门负责，会同技术、财务、信息等部门，按照一系列步骤科学地制定标准用量。

（二）直接人工标准成本的制定

1. 直接人工的标准工时

在制定直接人工的标准工时时，一般由生产部门负责，汇同技术、财务、信息等部门，在对产品生产所需作业、工序、流程工时进行技术测定的基础上，考虑正常的工作间隙，并适当考虑生产条件的变化，生产工序、操作技术的改善，以及相关工作人员主观能动性的充分发挥等因素，合理确定单位产品的工时标准。

2. 直接人工的标准工资率

一般由人事部门负责，根据企业薪酬制度以及国家有关职工薪酬制度改革的相关规定等制定。

$$小时标准工资率=\frac{标准工资总额}{标准总工时}$$

（三）制造费用标准成本的制定

1. 制造费用价格标准

制造费用价格标准，即制造费用的分配率标准。其计算公式为：

$$标准制造费用分配率=\frac{标准制造费用总额}{标准总工时}$$

2. 制造费用的用量标准

制造费用的用量标准，即工时用量标准，其含义与直接人工用量标准相同。

【例8-20】（多选题）制定直接人工标准成本时，直接人工的用量标准包括（　　）。

A. 废次品所耗用的工时

B. 产品直接加工工时

C. 必要的间歇

D. 必要的停工工时

【答案】BCD

【解析】不可避免的废次品所耗用的工时才能构成直接人工的用量标准。

【例8-21】（单选题）下列各项中，不会导致材料用量差异产生的是（　　）。

A. 产品设计结构

B. 工人的技术熟练程度

C. 市场价格的变动

D. 废品率的高低

【答案】C

【解析】市场价格的变动是导致材料价格差异的因素，导致材料价格差异的因素还包括供货厂商、运输方式、采购批量等的变动。所以选项C是正确答案。选项A、B、D都是导致材料用量差异的原因，导致材料用量差异的原因还包括原料质量。

十、成本差异的计算及分析

成本差异是指一定时期生产一定数量的产品所发生的实际成本与相关的标准成本之间的差额。凡实际成本大于标准成本的称为超支差异；凡实际成本小于标准成本的则称为节约差异。

总差异=实际产量下实际成本-实际产量下标准成本

（一）直接材料成本差异的计算分析

1. 公式

直接材料数量差异=（实际耗用量-标准耗用量）×标准单价

直接材料价格差异=实际用量×（实际单价-标准单价）

2. 差异原因

（1）直接材料的耗用量差异形成的原因是多方面的，有生产部门原因，也有非生产部门原因。如产品设计结构、原料质量、工人的技术熟练程度、废品率的高低等，都会导致材料耗用量的差异。

（2）材料价格差异的形成受各种主客观因素的影响，较为复杂，如市场价格、供货厂商、运输方式、采购批量等的变动，都可以导致材料的价格差异。

（二）直接人工成本差异的计算分析

1. 公式

直接人工效率差异=（实际工时-标准工时）×标准工资率

直接人工工资率差异=实际工时×（实际工资率-标准工资率）

2. 差异原因

（1）直接人工效率差异是用量差异，其形成原因也是多方面的，工人技术状况、工作环境和设备条件的好坏等，都会影响效率的高低，但其主要责任还是在生产部门。

（2）工资率差异是价格差异，其形成原因比较复杂，工资制度的变动、工人的升降级、加班或临时工的增减等都将导致工资率差异。

（三）变动制造费用成本差异的计算和分析

1. 公式

变动制造费用效率差异=（实际工时-标准工时）×变动制造费用标准分配率

变动制造费用耗费差异=实际工时×（变动制造费用实际分配率-变动制造费用标准分配率）

2. 差异原因

效率差异是用量差异，耗费差异属于价格差异。变动制造费用效率差异的形成原因与直接人工效率差异的形成原因基本相同。

（四）固定制造费用成本差异的计算分析

1. 两差异分析法

耗费差异=实际固定制造费用-预算产量下标准固定制造费用

=实际固定制造费用-工时标准×预算产量×标准分配率

=实际固定制造费用-预算产量下标准工时×标准分配率

能量差异=预算产量下标准固定制造费用-实际产量下标准固定制造费用

=预算产量下标准工时×标准分配率-实际产量下标准工时×标准分配率

=（预算产量下标准工时-实际产量下标准工时）×标准分配率

2. 三差异分析法

耗费差异=实际固定制造费用-预算产量下标准固定制造费用

=实际固定制造费用-预算产量×工时标准×标准分配率

=实际固定制造费用-预算产量下标准工时×标准分配率

产量差异=（预算产量下标准工时-实际产量下实际工时）×标准分配率

效率差异=（实际产量下实际工时-实际产量下标准工时）×标准分配率

【例8-22】（多选题）下列标准成本差异中，可能与设备维修部门的责任有关的有（　）。

A. 直接人工效率差异

B. 变动制造费用效率差异

C. 固定制造费用耗费差异

D. 固定制造费用能量差异

【答案】AB

【解析】设备维修的好坏影响工作效率，从而影响实际工时，而直接人工效率差异和变动制造费用效率差异都与实际工时相关；固定制造费用耗费差异是实际固定制造费用与预算产量下的标准固定制造费用的差异，与实际工时无关；固定制造费用能量差异是预算产量下的标准固定制造费用与实际产量下的标准固定制造费用的差异，与实际工时无关。

【例8-23】（多选题）运用三差异法分析固定制造费用成本差异时，需要计算（　）。

A. 耗费差异　　　　B. 产量差异

C. 能量差异　　　　D. 效率差异

【答案】ABD

【解析】三差异法将固定制造费用成本总差异分解为耗费差异、产量差异和效率差异三种。

【例8-24】（单选题）在其他因素不变的情况下，原材料质量下降、规格不符，不会造成（　　）发生变化。

A. 固定制造费用耗费差异

B. 固定制造费用产量差异

C. 变动制造费用效率差异

D. 固定制造费用效率差异

【答案】A

【解析】固定制造费用耗费差异=实际固定制造费用-预算产量下标准工时×标准分配率，从公式中可以看出，A与原材料质量、规格无关；固定制造费用产量差异=（预算产量下标准工时-实际产量下实际工时）×标准分配率，原材料质量、规格下降，实际工时会增加，从公式中可以看出，B向有利方向变化；变动制造费用效率差异=（实际工时-实际产量下的标准工时）×变动制造费用标准分配率，原材料质量、规格下降，实际工时会增加，从公式中可以看出，C向不利方向变化；固定制造费用效率差异=（实际产量下实际工时-实际产量下标准工时）×标准分配率，原材料质量、规格下降，实际工时会增加，从公式中可以看出，D向不利方向变化。

【例8-25】（多选题）某企业在进行标准成本差异分析时，发现当期实际产量没有达到预算产量。这种情况所导致的成本差异有（　　）。

A. 直接材料价格差异

B. 直接人工工资率差异

C. 固定制造费用产量差异

D. 固定制造费用效率差异

【答案】CD

【解析】变动成本差异分析都按实际产量进行分析，固定制造费用差异分析涉及预算产量。

十一、作业成本

（一）作业成本法的相关概念

作业成本法，是指企业将资源费用准确分配到产品、服务等成本对象的一种成本计算方法。

1. 资源费用

资源费用，是指企业在一定期间内开展经济活动所发生的各项资源耗费。

2. 作业

作业，是指企业基于特定目的重复执行的任务或活动，是连接资源和成本对象的桥梁。

3. 成本对象

成本对象，是指企业追溯或分配资源费用、计算成本的对象物。

4. 成本动因

成本动因亦称成本驱动因素，是指诱导成本发生的原因，是成本对象与其直接关联的作业和最终关联的资源之间的中介。按其在资源流动中所处的位置和作用，成本动因可分为资源动因和作业动因。

资源动因是引起作业成本变动的驱动因素，反映作业量与耗费之间的因果关系。

作业动因是引起产品成本变动的驱动因素，反映产品产量与作业成本之间的因果关系。

5. 作业中心

作业中心又称成本库，是指构成一个业务过程的相互联系的作业集合，用来汇集业务过程及其产出的成本。

（二）作业成本法的计算

作业成本法的具体步骤为：

1. 资源识别及资源费用的确认与计量

2. 成本对象选择

3. 作业认定

4. 作业中心设计

5. 资源动因选择与计量

6. 作业成本汇集

7. 作业动因选择与计量

8. 作业分配

作业成本分配一般按照以下两个步骤进行：

（1）分配次要作业成本至主要作业，计算主要作业的总成本和单位成本。

（2）分配主要作业成本至成本对象，计算各成本对象的总成本和单位成本。

（三）作业成本管理

作业成本管理包含两个维度的含义：成本分配观和流程观。成本分配是从资源到作业，再从作业到成本对象，而这一流程正是作业成本计算的核心。流程观关注的是确认作业成本的根源、评价已经完成的工作和已实现的结果。企业利用这些信息，可以改进作业链，提高从外部顾客获得的价值。

1. 成本动因分析

2. 作业分析

按照对顾客价值的贡献，作业可以分为增值作业和非增值作业。改进流程首先需要将每一项作业分为增值作业或非增值作业，明确增值成本和非增值成本，然后再进一步确定如何将非增值成本减至最低。

3. 作业业绩考核

【例8-26】（单选题）根据作业成本管理原理，某制造企业的下列作业中，属于增值作业的是（　　）。

A. 产品运输作业

B. 次品返工作业

C. 产品检验作业

D. 零件组装作业

【答案】D

【解析】增值作业必须同时满足三个条件：①该作业导致了状态的改变；②该状态的变化不能由其他作业来完成；③该作业使其他作业得以进行。产品运输、检验都不会引起产品状态改变，次品返工作业对其他作业的进行没有影响。只有选项D满足条件。

【例8-27】（多选题）关于增值成本和非增值成本，下列表述正确的有（　　）。

A. 对一项增值作业来讲，它所发生的成本都是增值成本

B. 对一项非增值作业来讲，它所发生的成本都是非增值成本

C. 增值成本是高效增值作业产生的成本

D. 非增值作业也可能产生增值成本

【答案】BC

【解析】对一项增值作业来讲，它所发生的成本可能是增值成本，也可能是非增值成本。对一项非增值作业来讲，它所发生的成本都是非增

值成本。本题正确选项为B、C。

【例8-28】（多选题）作业成本法的具体步骤有（　　）。

A. 资源识别及资源费用的确认与计量、成本对象选择

B. 作业认定和作业中心设计

C. 资源动因选择与计量

D. 作业成本汇集、作业动因选择与计量以及作业分配

【答案】ABCD

【解析】作业成本法的具体步骤为：（1）资源识别及资源费用的确认与计量；（2）成本对象选择；（3）作业认定；（4）作业中心设计；（5）资源动因选择与计量；（6）作业成本汇集；（7）作业动因选择与计量；（8）作业分配。

【例8-29】（单选题）为生产和销售某种产品（或服务）实施的、使该种产品（或服务）的每个单位都受益的作业类别是（　　）。

A. 产量级作业

B. 批别级作业

C. 品种级作业

D. 顾客级作业

【答案】C

【解析】品种级作业，是指为生产和销售某种产品（或服务）实施的、使该种产品（或服务）的每个单位都受益的作业。

【例8-30】（判断题）作业中心设计，是指企业将认定的所有作业按照一定的标准进行分类，形成不同的作业中心，作为资源费用的追溯或分配的对象的过程。（　　）

【答案】√

【解析】作业中心设计，是指企业将认定的所有作业按照一定的标准进行分类，形成不同的作业中心，作为资源费用的追溯或分配的对象的过程。

【例8-31】（计算题）假设该企业主要生产门、窗户和地板，生产工艺流程如下图所示。

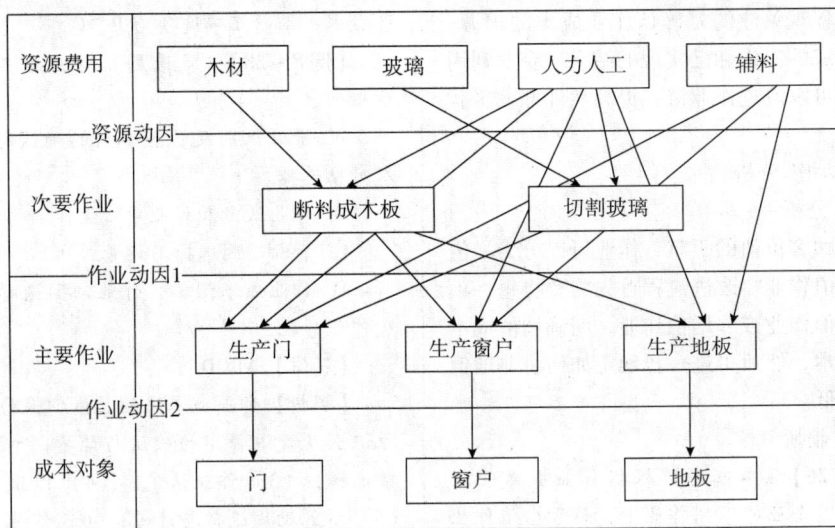

假设该厂商共进货 100 000 元木材，人工总成本为 250 000 元，假设各个作业平均分摊人工费用，将原木材断料成为木板以用于生产门、窗户和地板，共 2 000 立方米木板，其中 1 000 立方米木板用于生产门、400 立方米木板用于生产窗户、600 立方米木板用于生产地板，共生产出 500 块地板（注：本题中辅料成本忽略不计）。

要求：以生产地板为例，进行作业成本的分配计算。

【答案】第一步：次要作业成本分配至主要作业成本。

断料作业成本分配率 = 次要作业总成本 ÷ 该作业动因量 = （100 000 + 50 000）÷ 2 000 = 75

生产地板消耗的断料成本 = 生产地板耗用的次要作业动因量 × 断料作业成本分配率
= 600 × 75 = 45 000（元）

生产地板作业的总成本 = 生产地板直接耗用的人工成本 + 生产地板断料成本
= 50 000 + 45 000 = 95 000（元）

生产地板作业单位成本 = 95 000 ÷ 500 = 190（元）

第二步：主要作业成本分配至成本对象。

根据第一步可知生产地板作业单位成本为 190 元

地板消耗的生产地板作业的成本 = 190 × 500 = 95 000（元）

地板总成本 = 95 000 元

地板单位成本 = 95 000 ÷ 500 = 190（元）

十二、责任成本

（一）责任成本管理的含义

责任成本管理，是指将企业内部划分成不同的责任中心，明确责任成本，并根据各责任中心的权、责、利关系来考核其工作业绩的一种成本管理模式。

（二）责任中心及其考核

按照企业内部责任中心的权责范围以及业务活动的不同特点，责任中心一般可以划分为成本中心、利润中心和投资中心三类。

1. 成本中心

（1）成本中心不考核收入，只考核成本。

（2）成本中心只对可控成本负责，不负责不可控成本。

（3）责任成本是成本中心考核和控制的主要内容。

2. 利润中心

利润中心采用利润作为业绩考核指标，分为边际贡献、可控边际贡献和部门边际贡献。相关公式为：

边际贡献 = 销售收入总额 − 变动成本总额

可控边际贡献 = 边际贡献 − 该中心负责人可控固定成本

部门边际贡献 = 可控边际贡献 − 该中心负责人不可控固定成本

3. 投资中心

投资中心是指既能控制成本、收入和利润，又能对投入的资金进行控制的责任中心。对投资中心的业绩进行评价时，不仅要使用利润指标，还需要计算、分析利润与投资的关系，主要有投资报酬率和剩余收益等指标。

（三）内部转移价格的制定

内部转移价格的制定，可以参照以下几种类型：

1. 市场价格

2. 协商价格

3. 双重价格

4. 以成本为基础的转移定价

【例8-32】（判断题）企业对成本中心进行业绩考核时，应要求成本中心对其所发生或负担的全部成本负责。（　　）

【答案】×

【解析】成本中心只对可控成本负责，不负责不可控成本。

【例8-33】（单选题）某企业甲责任中心将A产品转让给乙责任中心时，厂内银行按A产品的单位市场售价向甲支付价款，同时按A产品的单位变动成本从乙收取价款。据此可以认为，该项内部交易采用的内部转移价格是（　　）

A. 市场价格

B. 协商价格

C. 双重价格

D. 以成本为基础的转移定价

【答案】C

【解析】从题干中可以看出，该公司内部责任中心的交易双方采用不同的内部转移价格作为计价基础，所以采用的内部转移价格是双重价格。

【例8-34】（计算题）东方公司下设A、B两个投资中心，A投资中心的息税前利润为320万元，投资额为2 000万元，公司为A投资中心规定的最低投资报酬率为15%；B投资中心的息税前利润为130万元，投资额为1 000万元，公司为B投资中心规定的最低投资报酬率为12%。目前有一项目需要投资1 000万元，投资后可获息税前利润140万元。

要求：

（1）从投资报酬率的角度看，A、B投资中

心是否会愿意接受该投资；

（2）从剩余收益的角度看，A、B投资中心是否会愿意接受该投资；

（3）说明以投资报酬率和剩余收益作为投资中心业绩评价指标的优缺点。

【答案】

（1）该项目的投资报酬率 = 140/1 000 × 100% = 14%

A投资中心目前的投资报酬率 = 320/2 000 × 100% = 16%

B投资中心目前的投资报酬率 = 130/1 000 × 100% = 13%

因为该项目投资报酬率（14%）低于A投资中心目前的投资报酬率（16%），高于目前B投资中心的投资报酬率（13%），所以A投资中心不会愿意接受该投资，B投资中心会愿意接受该投资。

（2）A投资中心接受新投资前的剩余收益 = 320 - 2 000 × 15% = 20（万元）

A投资中心接受新投资后的剩余收益 = （320 + 140）- 3 000 × 15% = 10（万元）

由于剩余收益下降了，所以A投资中心不会愿意接受该投资。

B投资中心接受新投资前的剩余收益 = 130 - 1 000 × 12% = 10（万元）

B投资中心接受新投资后的剩余收益 = （130 + 140）- 2 000 × 12% = 30（万元）

由于剩余收益提高了，所以B投资中心会愿意接受该投资。

（3）以投资报酬率作为投资中心业绩评价指标的优点：促使经理人员关注营业资产运用效率，利于资产存量的调整，优化资源配置；缺点：过于关注投资报酬率会引起短期行为的产生，追求局部利益最大化而损害整体利益最大化目标，导致经理人员为眼前利益而牺牲长远利益。

以剩余收益作为投资中心业绩评价指标的优点：弥补了投资报酬率指标会使局部利益与整体利益相冲突的不足；缺点：绝对指标，难以在不同规模的投资中心之间进行业绩比较。仅反映当期业绩，单纯使用这一指标也会导致投资中心管理者的短视行为。

一、单项选择题

1. 甲公司只生产销售一种产品，年度盈利计划所确定的销售利润率为15%，该企业变动成本率为60%。则甲公司保本作业率是（　　）。
   A. 55.5%　　　　　　B. 57.5%
   C. 60.5%　　　　　　D. 62.5%

2. 通常用安全边际率来评价企业经营是否安全。如果安全边际率在32%~37%，意味着经营安全程度（　　）。
   A. 很安全　　　　　　B. 安全
   C. 较安全　　　　　　D. 值得注意

3. 丙公司某种产品单价为50元，单位变动成本为20元，固定成本总额为180 000元。该企业为了保证生产经营的安全性，计划的安全边际率为60%。为此需要实现的销售数量为（　　）千克。
   A. 6 000　　　　　　B. 9 000
   C. 12 000　　　　　D. 15 000

4. 丙公司只生产销售A产品，该产品单价为100元，变动成本率为40%，计划年度产销量为5万件，已知该产品单价对利润的敏感系数为8。则计划年度应将固定成本控制在（　　）万元。
   A. 215.5　　　　　　B. 237.5
   C. 240.5　　　　　　D. 255.5

5. 已知某产品单价为50元，单位变动成本为30元，该产品负担的固定成本为100 000元，该产品安全边际率为20%。则该产品的销售量为（　　）件。
   A. 6 000　　　　　　B. 6 250
   C. 6 500　　　　　　D. 6 750

6. 甲公司本期预算产量标准工时8 000小时；每件产品标准工时为2.5小时，固定制造费用标准分配率10元/小时。当期产品的实际产量为2 500件，实际使用工时为7 000小时。则固定制造费用效率差异是（　　）。

7. 乙公司期末正在研究变动制造费用效率差异的原因。你认为不应对此差异负责任的部门是（　　）。
   A. 采购部门　　　　　B. 生产部门
   C. 销售部门　　　　　D. 维修部门

8. 在标准成本差异分析中，价格差异的大小是由（　　）所引起的。
   A. 价格脱离标准的程度以及实际用量
   B. 价格脱离标准的程度以及标准用量
   C. 标准价格以及用量脱离标准的程度
   D. 实际价格以及用量脱离标准的程度

9. 使用三因素法分析固定制造费用差异时，固定制造费用效率差异是（　　）。
   A. 实际产量标准工时偏离预算产量标准工时形成的差异
   B. 实际工时偏离实际产量标准工时形成的差异
   C. 实际工时偏离预算工时形成的差异
   D. 实际费用与预算费用之间的差异

10. 丙企业采用作业成本法计算产品成本，原材料投产前需要使用一台专用设备进行初步加工。在确定该专用设备所耗用的电力成本时，如果没有相关的电表耗电记录，则应使用（　　）作为成本动因。
    A. 设备加工原材料的数量
    B. 设备工作时间
    C. 设备额定功率
    D. 设备额定功率乘以设备工作时间

11. 某企业在新产品设计时，利用了现有其他产品使用的零件，从而降低了新产品的生产成本。这在作业成本管理中属于（　　）。
    A. 作业减少　　　　　B. 作业共享
    C. 作业选择　　　　　D. 作业消除

12. 甲公司对其下设的A投资中心要求的最低投

A. 不利差异7 000元
B. 不利差异7 200元
C. 不利差异7 500元
D. 不利差异7 800元

资报酬率为20%，该投资中心今年实现的投资报酬率为40%，实现的剩余收益为60万元。则该投资中心所需平均经营资产为（　　）万元。

A. 150　　　　　　　B. 200

C. 250　　　　　　　D. 300

13. 下列计算息税前利润的公式中，不正确的是（　　）。

A. 销售量×（单价－单位变动成本）－固定成本

B. 销售收入×单位边际贡献－固定成本

C. 边际贡献－固定成本

D. 销售收入×（1－变动成本率）－固定成本

14. 下列各项内部转移价格中，有可能导致公司高层干预的是（　　）。

A. 市场价格　　　　B. 协商价格

C. 双重价格　　　　D. 成本转移价格

15. 若直接人工效率差异为1 500元，标准工资率为5元/小时，变动制造费用的标准分配率为1.5元/小时，则变动制造费用的效率差异为（　　）元。

A. 300　　　　　　　B. 200

C. 150　　　　　　　D. 450

16. 下列各项中，考虑了生产过程中不可避免的损失、故障和偏差，具有客观性、现实性和激励性等特点的是（　　）。

A. 现行标准成本　　B. 历史平均成本

C. 正常标准成本　　D. 理想标准成本

17. 下列各项中，不会导致材料用量差异产生的是（　　）。

A. 产品设计结构

B. 工人的技术熟练程度

C. 市场价格的变动

D. 废品率的高低

18. 关于投资中心，下列说法不正确的是（　　）。

A. 投资中心是指既能控制成本、收入和利润，又能对投入的资金进行控制的责任中心

B. 投资中心的评价指标主要有投资报酬率和剩余收益

C. 利用投资报酬率指标，可能导致经理人员为眼前利益而牺牲长远利益

D. 剩余收益指标可以在不同规模的投资中心之间进行业绩比较

19. 某企业内部乙车间是人为利润中心，本期实现内部销售收入200万元，变动成本为120万元，该中心负责人可控固定成本为20万元，不可控但应由该中心负担的固定成本为10万元，则该中心对整个公司所做的经济贡献为（　　）万元。

A. 80　　　　　　　B. 60

C. 50　　　　　　　D. 40

20. 某企业只生产甲产品，预计单位售价11元，单位变动成本8元，固定成本费用100万元，该企业要实现500万元的目标利润，则甲产品的销售量至少为（　　）万件。

A. 100　　　　　　　B. 200

C. 300　　　　　　　D. 400

21. 某企业内部某车间为成本中心，生产甲产品，预算产量为2 000件，单位成本300元，实际产量2 450件，实际单位成本270元，则该成本中心的预算成本节约率为（　　）。

A. 10%　　　　　　B. 20%

C. 9.8%　　　　　　D. 10.2%

22. 某企业甲责任中心将A产品转让给乙责任中心时，厂内银行按A产品的单位市场售价向甲支付价款，同时按A产品的单位变动成本从乙收取价款。据此可以认为，该项内部交易采用的内部转移价格是（　　）。

A. 市场价格

B. 协商价格

C. 双重价格

D. 以成本为基础的转移定价

23. 下列关于安全边际和边际贡献的表述中，不正确的是（　　）。

A. 边际贡献的大小，与固定成本支出的多少无关

B. 边际贡献率反映产品给企业作出贡献的能力

C. 提高安全边际或提高边际贡献率，可以提高息税前利润

D. 降低安全边际率或提高边际贡献率，可以提高销售利润率

24. 下列关于成本差异的计算公式中，错误的是（　　）。

A. 直接材料成本差异＝实际产量下实际成

本－实际产量下标准成本

B. 直接材料用量差异＝（实际用量－实际产量下标准用量）×标准价格

C. 直接人工工资率差异＝标准工时×（实际工资率－标准工资率）

D. 直接人工效率差异＝（实际工时－实际产量下标准工时）×标准工资率

25. 假设某企业只生产销售一种产品，单价50元，边际贡献率40%，每年固定成本300万元，预计下年产销量20万件，则价格对利润影响的敏感系数为（   ）。

A. 10　　　　　　　B. 8

C. 4　　　　　　　D. 40

26. 某企业本月固定成本10 000元，生产一种产品，单价100元，单位变动成本80元，本月销售量为1 000件。如果打算使下月比本月的息税前利润提高20%，假设其他条件不变，则销售额应提高（   ）。

A. 12%　　　　　　B. 10%

C. 8%　　　　　　D. 15%

27. 下列各项中，不属于降低保本点途径的是（   ）。

A. 降低固定成本总额

B. 降低单位变动成本

C. 提高销售单价

D. 提高销售量

28. 若保本点作业率为60%，变动成本率为50%，安全边际量为1 200台，单价为500元，则正常销售额为（   ）万元。

A. 120　　　　　　B. 100

C. 150　　　　　　D. 无法计算

二、多项选择题

1. 成本分析的方法主要有（   ）。

A. 因素分析法

B. 对比分析法

C. 连环替代法

D. 相关分析法

2. 量本利分析的基本假设包括（   ）。

A. 按成本性态划分成本

B. 产品单价不会发生变化

C. 在保本分析时不考虑存货的影响

D. 以价值形式表现的产品产销总量发生变化时，原来各产品的产品销售额在产销额中所占的比重不变

3. 某公司生产甲、乙两种产品，销售单价分别为100元和50元；预计销售量分别为600吨和800吨；预计单位变动成本分别为70元和20元；预计固定成本总额为60 000元。该公司按加权平均法进行多种产品的量本利分析。则下列计算中正确的有（   ）。

A. 加权平均边际贡献率为42%

B. 综合保本点销售额为142 857.14元

C. 甲产品保本点销量为857.14吨

D. 乙产品保本点销量为1 142.86吨

4. 某企业生产经营活动处于微利状态，则下列结论中错误的有（   ）。

A. 保本作业率为100%

B. 安全边际率为100%

C. 边际贡献大于固定成本

D. 销售收入线与总成本线交点低于销售额

5. 下列有关量本利分析的相关算式中，正确的有（   ）。

A. 单位边际贡献＝（利润＋固定成本）/销售量

B. 边际贡献率＝固定成本/保本点销售额

C. 变动成本率＝1＋［固定成本/（保本点销量量×单价）］

D. （1－变动成本率）＝（1－保本作业率）/销售利润率

6. 成本差异是指一定时期生产一定数量产品所发生的实际成本与相关标准成本之间的差额。这里的是"实际成本"和"相关标准成本"分别是指（   ）。

A. 计划产量的实际成本

B. 实际产量的实际成本

C. 计划产量的标准成本

D. 实际产量的标准成本

7. 甲公司采用作业成本法进行产品成本的计算，在每批产品完工后都需要进行质量检验。假如对任何产品的每一个批次所发生的检验成本相同，则不应以（   ）作为检验作业的成本动因。

A. 检验时间　　　　B. 检验品种

C. 检验数量　　　　D. 检验批次

8. 在投资中心的考核指标中，剩余收益＝息税

前利润 – (平均经营资产 × 最低投资报酬率)。公式中的"最低投资报酬率"(　　)。

A. 一般小于资本成本

B. 一般等于资本成本

C. 一般大于资本成本

D. 通常采用企业整体的最低期望投资报酬率

9. 就某一生产车间而言，下列属于当期该生产车间可控成本的有 (　　)。

A. 生产产品耗用材料

B. 车间厂房的折旧费

C. 产品生产线工人工资

D. 车间经理工资

10. 增值作业需要同时满足的三条标准包括 (　　)。

A. 该作业导致了状态的改变

B. 该状态的改变不能由其他作业来完成

C. 加工对象状态的改变，可以由其他作业实现，而不能由价值链中的后一项作业实现

D. 该作业使其他作业得以进行

11. 下列各项指标中，会导致保本点下降的有 (　　)。

A. 单价升高

B. 单位变动成本升高

C. 固定成本总额降低

D. 预计销量上升

12. 下列关于量本利分析图的表述中，正确的有 (　　)。

A. 边际贡献式量本利分析图主要反映销售收入减去变动成本后形成的边际贡献

B. 基本的量本利分析图是根据量本利的基本关系绘制的

C. 在基本的量本利分析图中，总收入线与总成本线的交点是保本点

D. 在基本的量本利分析网中，在保本点以上的总收入线与总成本线相夹的区域为亏损区

13. 运用三差异法分析固定制造费用成本差异时，需要计算 (　　)。

A. 耗费差异　　　　B. 产量差异

C. 用量差异　　　　D. 效率差异

14. 作业成本管理中成本节约的途径主要包括 (　　)。

A. 作业消除　　　　B. 作业减少

C. 作业共享　　　　D. 作业选择

15. 下列因素中，能够影响部门剩余收益的有 (　　)。

A. 固定成本　　　　B. 销售收入

C. 购买固定资产　　D. 无风险收益率

16. 下列成本差异中，通常不属于生产部门责任的有 (　　)。

A. 直接材料价格差异

B. 直接人工工资率差异

C. 直接人工效率差异

D. 变动制造费用效率差异

17. 下列可以作为投资中心的有 (　　)。

A. 某集团公司控股的子公司

B. 某公司的分公司

C. 生产车间

D. 某集团事业部

18. 下列各项中，属于利润中心特征的表述包括 (　　)。

A. 既能控制成本，又能控制收入和利润

B. 只控制收入，不控制成本

C. 更强调绝对成本控制

D. 既可以是自然形成的，也可以是人为设定的

19. 在生产单一品种的条件下，对保本点和实现目标利润均有影响的因素包括 (　　)。

A. 固定成本　　　　B. 单价

C. 单位变动成本　　D. 销售额

20. 基于量本利分析的利润敏感性分析主要解决的问题有 (　　)。

A. 各因素的变化对最终利润变化的影响程度

B. 有关参数发生多大变化使企业由盈利转为亏损

C. 有关因素变化时如何调整销售量

D. 当目标利润要求变化时允许各因素的升降幅度

21. 下列关于安全边际率与评价企业经营安全程度的一般性标准的说法中，正确的有 (　　)。

A. 安全边际率高于30%时，很安全

B. 安全边际率位于20% ~ 30%时，较安全

C. 安全边际率位于20% ~ 30%时，值得注意

D. 安全边际率低于10%时，危险

22. 下列关于标准成本的说法中，不正确的有（ ）。

A. 标准成本主要用来控制成本开支，衡量实际工作效率

B. 在生产过程无浪费、机器无故障、人员无闲置、产品无废品的假设前提下制定的标准成本是正常标准成本

C. 理想标准成本通常小于正常标准成本

D. 理想标准成本具有客观性、现实性、激励性等特点

23. 下列关于成本管理的主要内容的说法中，错误的有（ ）。

A. 成本规划是进行成本管理的第一步

B. 成本控制是成本管理的核心

C. 成本分析是成本管理的基础环节

D. 成本考核的指标只能是财务指标

24. 在多品种条件下，能够影响加权平均边际贡献率大小的因素有（ ）。

A. 企业固定成本总额

B. 各种产品销售收入比重

C. 各种产品的边际贡献率

D. 全厂目标利润

25. 某公司生产销售A、B、C三种产品，销售单价分别为20元、25元、10元；预计销售量分别为3 000件、2 000件、1 500件；预计各产品的单位变动成本分别为12元、14元、8元；预计固定成本总额为245万元。按联合单位法（产品销量比为A：B：C=6：4：3）确定各产品的保本销售量和保本销售额。下列说法中正确的有（ ）。

A. 联合单位为250元

B. 联合单位销售量为500件

C. 联合保本量为2.5万件

D. A产品的保本销售额为300万元

26. 某公司生产销售A、B、C三种产品，销售单价分别为20元、24元、18元；预计销售量分别为1 500件、2 000件、1 000件；预计各产品的单位变动成本分别为12元、14元、10元；预计固定成本总额为170万元。按分算法（按边际贡献的比重分配）确定各产品的保本销售量和保本销售额。下列说法中正确的有（ ）。

A. A产品的边际贡献比重为30%

B. 分配给A产品的固定成本为51万元

C. A产品的保本量为63 750件

D. A产品的保本额为127.5万元

27. 某企业只生产一种产品，单价为10元，单位变动成本为6元，固定成本5 000元，销量1 000件。欲实现目标利润2 000元，可以采取的措施不包括（ ）。

A. 单价提高到12元，其他条件不变

B. 单位变动成本降低至3元，其他条件不变

C. 固定成本降低至4 000元，其他条件不变

D. 销量增加至1 500件，其他条件不变

三、判断题

1. 成本控制的例外管理原则是指将成本控制的注意力集中在大额成本支出上。（ ）

2. 成本控制主要是采用经济手段，通过实际成本与标准成本之间的差异分析进行。（ ）

3. 如果单价和单位边际贡献同时下降2元，则保本点销售额不变。（ ）

4. 按照量本利关系，利润等于安全边际的销售量与单位边际贡献的乘积。（ ）

5. 在量本利关系中，需要对目标利润要求变化时允许各因素的升降幅度进行分析，这实质上是各因素对利润影响程度的反方向推算。（ ）

6. 甲公司正在进行生产工艺设备的选择决策，现有A、B两种设备。A设备单位变动成本较高，但固定成本较低；B设备单位变动成本较低，但固定成本较高。则可以断定，若不考虑其他因素，当销售量的增长突破某一个界限后，使用B设备更有利。（ ）

7. 在其他因素不变的情况下，生产工人劳动技能提高，会造成固定制造费用的产量差异向有利的方向扩大。（ ）

8. 作业业绩考核的财务指标主要集中在效率、质量和时间三个方面。（ ）

9. 如果想防止成本转移引起的责任中心之间的责任转嫁，就不能对供求双方采用双重价格。（ ）

10. 利润中心考核指标中的"部门边际贡献"反映了部门为企业利润和弥补与生产能力有关的成本所做的贡献。（ ）

11. 作业成本管理中的"成本分配观"关注的是确认作业成本的根源、评价已完成的工作和已实现的结果。（　　）

12. 使用投资报酬率对投资中心进行业绩评价可以促使经理人员关注经营资产的运用效率。（　　）

13. 使用剩余收益评价投资中心的业绩，可以克服投资报酬率的短期行为倾向。（　　）

14. 内部转移价格可以作为一种价格信号引导下级部门采取正确决策。（　　）

15. 利润中心和投资中心的区别在于，利润中心有投资决策权，而且在考核利润时需要考虑所占用的资产。（　　）

16. 固定制造费用差异是根据预算产量下的标准工时与实际产量下的标准工时的差额，乘以固定制造费用标准分配率计算得出的。（　　）

17. 作业动因是引起作业成本变动的驱动因素，反映产品产量与作业成本之间的因果关系。（　　）

18. 部门边际贡献主要用于评价部门业绩而不是利润中心管理者的业绩。（　　）

19. 在固定成本不变的情况下，单价和单位变动成本等量增加会导致保本销售量下降。（　　）

四、计算分析题

1. 甲公司拟加盟乙快餐连锁集团，乙集团对加盟企业采取不从零开始的加盟政策，将已运营三年以上、达到盈亏平衡条件的自营门店整体转让给符合条件的加盟商，加盟经营协议期限10年，加盟时一次性支付500万元加盟费，加盟期内，每年按年营业额的10%向乙集团支付特许经营权使用费和广告费。甲公司预计将于2018年12月31日正式加盟，目前正进行加盟店2019年度的盈亏平衡分析。

其他相关资料如下：

（1）餐厅面积600平方米，仓库面积120平方米，每平方米年租金3 000元。

（2）为扩大营业规模，新增一项固定资产，该资产原值400万元，按直接法计提折旧，折旧年限8年（不考虑残值）。

（3）快餐每份售价50元，变动制造成本率40%，每年正常销售量20万份。

假设固定成本、变动成本率保持不变。

要求：

（1）计算加盟店年固定成本总额、单位变动成本、保本点销售额及正常销售量时的安全边际率。

（2）如果计划目标税前利润达到200万元，计算快餐销售量；假设其他因素不变，如果只是将快餐销售价格上浮6%，以目标税前利润200万元为基数，计算目标税前利润变动的百分比及目标税前利润对单价的敏感系数。

（3）如果计划目标税前利润达到200万元且快餐销售量达到25万份，计算加盟店可接受的快餐最低销售价格。

2. E公司只产销一种甲产品，甲产品只消耗乙材料。2018年第4季度按定期预算法编制2019年的企业预算，部分预算资料如下：

资料一：乙材料2019年初的预计结存量为1 600千克，每季度乙材料的购货款于当季支付70%，剩余30%于下一个季度支付；2019年初的预计应付账款余额为50 000元。该公司2019年度乙材料的采购预算如下表所示：

项目	第1季度	第2季度	第3季度	第4季度	全年
预计甲产品量（件）	3 000	（G）	3 640	4 500	（L）
材料定额单耗（千克/件）	5	5	5	5	5
预计生产需要量（千克）	（A）	（F）	18 200	22 500	（M）
加：期末结存量（千克）	800	1 200	1 000	1 500	1 500
预计需要量合计（千克）	（B）	18 000	19 200	24 000	74 000
减：期初结存量（千克）	（C）	800	（J）	1 000	1 600

续表

项目	第1季度	第2季度	第3季度	第4季度	全年
预计材料采购量（千克）	（D）	（H）	（K）	23 000	（N）
材料计划单价（元/千克）	8	8	8	8	8
预计采购金额（元）	（E）	（I）	144 000	184 000	579 200

资料二：E公司2019年第1季度实际生产甲产品3 200件，耗用乙材料17 600千克，乙材料的实际单价为7.5元/千克。

要求：

（1）确定E公司乙材料采购预算表中用字母表示的项目数值。

（2）计算E公司第1季度预计采购现金支出和第4季度末预计应付款金额。

（3）计算乙材料的单位标准成本。

（4）计算E公司第1季度甲产品消耗乙材料的成本差异，价格差异与用量差异。

（5）根据上述计算结果，指出E公司乙材料成本差异的原因及应当采取的主要措施。

3. 甲公司下一年度部分预算资料如下（单位：元）：

预算资料	总成本	单位成本
直接材料	200 000	3.00
直接人工	400 000	6.00
变动制造费用	100 000	1.50
固定制造费用	500 000	7.50
销售费用（全部为变动费用）	300 000	4.50
管理费用（全部为固定费用）	778 400	11.68
合计	2 278 400	34.18

该公司的产品生产和销售平衡，适用的所得税税率为25%。

要求：

（1）若下一年产品售价定为30元，计算保本销售量。

（2）若下一年销售120 000件产品，计算使销售息前税后利润率为1%的产品售价和安全边际率。（计算结果均四舍五入取整数）

（3）判断该企业的安全性。

4. 甲企业只生产一种产品，年产销量为5万件，单位产品售价为20元。为了降低成本，计划购置新生产线。买价为200万元，预计使用寿命10年，到期收回残值2万元，直线法计提折旧。据预测可使变动成本降低20%，产销量不变。现有生产线的年折旧额为6万元，购置新生产线后现有的生产线不再计提折旧。其他的固定成本不变。目前生产条件下的变动成本为40万元，固定成本为24万元。

要求：

（1）计算目前的安全边际率和利润；

（2）计算购置新生产线之后的安全边际率和利润；

（3）判断购置新生产线是否经济；

（4）如果购置新生产线，企业经营的安全性水平有何变化？

5. 某企业只产销一种产品，上年的销售量为2万件，单价为120元，单位变动成本为100元，固定成本为30万元。假设该企业计划年度拟实现50万元的目标利润，可通过降价10个百分点扩大销量来实现目标利润，但由于受生产能力的限制，销售量只能达到所需销售量的30%，为此，还需降低单位变动成本，但分析人员认为经过努力单位变动成本只能降低15元，因此，还需要进一步压缩固定成本支出。

要求： 针对上述现状，你认为应该如何去落实目标利润。

6. 甲公司只生产和销售A产品，已知单位产品的直接材料、直接人工、变动制造费用分别为150元、120元和100元，固定制造费用为300 000元。产品销售费用符合Y = 100 000 + 50X的函数式，年固定管理费用为100 000元。该公司使用的生产线是5年前取得的，现在已达到报废的程度，因此，公司决定更换新设备。有两个方案可供选择：一是购买和现有生产线相同的设备，使用此设备，预计各项成本费用保持不变。二是购买一条新型号的生产线，由于其自动化程度较高，可以使单位直接人工成本降低20元，同时，每年增加折旧300 000元，其余成本费用保持不变。公司销售部门经过预测，明年公司的产销量预计在本年14 000件的基础上提高20%，以后各年的产销量稳定不变，假定产品的单价为500元。

要求：

（1）分别计算两个方案的保本点销售量；

（2）计算两方案利润相等时的产销量；

（3）决策公司应该选择哪种生产线。

五、综合题

1. 戊公司是一家以软件研发为主要业务的上市公司，其股票于2013年在我国深圳证券交易所创业板上市交易。戊公司有关资料如下：

资料一：X是戊公司下设的一个利润中心，2018年X利润中心的营业收入为600万元，变动成本为400万元，该利润中心负责人可控的固定成本为50万元。由该利润中心承担的但其负责人无法控制的固定成本为30万元。

资料二：Y是戊公司下设的一个投资中心，年初已占用的投资额为2 000万元，预计每年可实现利润300万元，投资报酬率为15%，2019年初有一个投资额为1 000万元的投资机会，预计每年增加利润90万元，假设戊公司投资的必要报酬率为10%。

资料三：2018年戊公司实现的净利润为500万元，2018年12月31日戊公司股票每股市价为10元。戊公司2018年末资产负债表相关数据如下表所示：

戊公司资产负债表相关数据

单位：万元

项目	金额
资产总计	10 000
负债总计	6 000

续表

项目	金额
股本 （面值1元，发行在外1 000万股）	1 000
资本公积	500
盈余公积	1 000
未分配利润	1 500
所有者权益合计	4 000

资料四：戊公司2019年拟筹资1 000万元以满足投资的需要，戊公司2018年末的资本结构即为目标资本结构。

资料五：戊公司制定的2018年度利润分配方案如下：（1）鉴于法定盈余公积的累计额已达注册资本的50%，不再计提盈余公积；（2）每10股发放现金股利1元；（3）每10股发放股票股利1股。发放股利时戊公司的股价为10元/股。

要求：

（1）根据资料一，计算X利润中心的边际贡献，可控边际贡献和部门边际贡献，并指出以上哪个指标可以更好地评价X利润中心负责人的管理业绩。

（2）①计算接受投资机会前Y投资中心的剩余收益；②计算接受投资机会后Y投资中心的剩余收益；③判断Y投资中心是否应接受新投资机会，为什么？

（3）计算市盈率和市净率。

（4）在剩余股利政策下，计算下列数据：①权益筹资数额；②每股现金股利。

（5）计算发放股利后下列指标：①发放股利后的未分配利润；②股本；③资本公积。

2. 甲公司是一家生物制药企业，研发出一种专利产品，生产该产品的项目已完成可行性分析，厂房建造和设备购置安装工作已完成，该产品将于2019年开始生产销售，目前，公司正对该项目进行盈亏平衡分析，相关资料如下：

（1）专利研发支出资本化金额为150万元，专利有效期10年，预计无残值；建造厂房使用的土地使用权，取得成本为 500 万元，使用年限 50 年，预计无残值，两种资产均采用直线法计提摊销，厂房建造成本 400 万元，折旧年限 30 年，预计净残值率为 10%，设备购置成本 200 万元，折旧年限 10 年，预计净残值率为 5%，两种资产均采用直线法计提折旧。

(2) 该产品销售价格为每瓶 80 元，销售每年可达 10 万瓶，每瓶材料成本 20 元，变动制造费用 10 元、包装成本 3 元。公司管理人员实行固定工资制，生产工人和销售人员实行基本工资加提成制，预计需要新增管理人员 2 人，每人每年固定工资 7.5 万元，新增生产工人 25 人，人均月基本工资 1 500 元，生产计件工资每瓶 2 元，新增销售人员 5 人，人均月基本工资 1 500 元，销售提成每瓶 5 元，每年新增其他费用：财产保险费 4 万元，广告费 50 万元，职工培训费 10 万元，其他固定费用 11 万元。

(3) 假设年生产量等于年销售量。

要求：

(1) 计算新产品的年固定成本总额和单位变动成本；

(2) 计算新产品的盈亏平衡全年销售量、安全边际率和年息税前利润；

(3) 计算该项目的经营杠杆系数。

3. 某公司长期以来只生产 A 产品，有关资料如下：

资料一：本年度 A 产品实际销售量为 700 万件，销售单价为 40 元，单位变动成本为 24 元，固定成本总额为 3 000 万元，假设下一年度 A 产品单价和成本性态保持不变。

资料二：公司按照指数平滑法对各年销售量进行预测，平滑指数为 0.75。上一年度公司预测的本年度销售量为 800 万件。

资料三：为了提升产品市场占有率，公司决定下一年度放宽 A 产品销售的信用条件，延长信用期，预计销售量将增加 105 万件，收账费用和坏账损失将增加 300 万元，应收账款年平均占用资金将增加 1 500 万元，资本成本率为 8%。

资料四：下一年度公司决定利用现有剩余生产能力，并添置少量辅助生产设备，生产一种新产品 B。预计 B 产品的年销售量为 260 万件，销售单价为 50 元，单位变动成本为 35 元，固定成本每年增加 400 万元，与此同时，A 产品的销售会受到一定冲击，其年销售量将在原来基础上减少 100 万件。

要求：

(1) 根据资料一，计算本年度下列指标：①边际贡献总额；②保本点销售量；③安全边际额；④安全边际率。

(2) 根据资料一和资料二，完成下列要求：①采用指数平滑法预测下一年度 A 产品的销售量；②以本年度为基期计算经营杠杆系数；③预测下一年度息税前利润增长率。

(3) 根据资料一和资料三，计算公司因调整信用政策而预计增加的相关收益（边际贡献）、相关成本和相关利润，并据此判断改变信用条件是否对公司有利。

(4) 根据资料一和资料四，计算投产 B 新产品为公司增加的息税前利润，并据此做出是否投产 B 新产品的经营决策。

通关演练参考答案及解析

一、单项选择题

1.【答案】D

【解析】边际贡献率 = 1 - 60% = 40%，15% = 40% × (1 - 保本作业率)，保本作业率 = 62.5%。

2.【答案】B

【解析】通常用安全边际率来评价企业经营是否安全，下表是安全边际率与评价企业经营安全程度的一般性标准。

安全边际率	40%以上	30% ~ 40%	20% ~ 30%	10% ~ 20%	10%以下
经营安全程度	很安全	安全	较安全	值得注意	危险

3. 【答案】D

【解析】保本销售量 = 180 000/(50 – 20) = 6 000（千克），保本作业率 = 1 – 60% = 40%，40% = 6 000/销售数量，销售数量 = 15 000 千克。

4. 【答案】B

【解析】设固定成本为 X，计划年度预计利润 = 100 × 5 – 100 × 5 × 40% – X = 300 – X，设单价增长 10%，计划年度预计利润 = 110 × 5 – 100 × 5 × 40% – X = 350 – X，则：利润变动率 = (350 – X – 300 + X)/(300 – X) = 50/(300 – X)，单价对利润的敏感系数 = [50/(300 – X)]/10% = 8，X = 237.5 万元。

5. 【答案】B

【解析】保本点销售量 = 100 000/(50 – 30) = 5 000（件），保本作业率 = 1 – 20% = 80%，该产品销售量 = 5 000/80% = 6 250（件）。

6. 【答案】C

【解析】固定制造费用效率差异 = (7 000 – 2 500 × 2.5) × 10 = 7 500（元）。

7. 【答案】C

【解析】变动制造费用效率差异 = （实际工时 – 实际产量下的标准工时）× 变动制造费用标准分配率，采购部门的材料采购质量、规格影响实际工时，生产部门的管理状况影响实际工时，维修部门对劳动工具维修的好坏影响实际工时。

8. 【答案】A

【解析】价格差异 = 实际用量 × （实际价格 – 标准价格），从公式中可知选项 A 正确。

9. 【答案】B

【解析】选项 A 是固定制造费用能量差异，选项 B 是固定制造费用效率差异，选项 C 是固定制造费用产量差异，选项 D 是固定制造费用耗费差异。

10. 【答案】D

【解析】对于机器设备运行所耗用的电力费用，如果没有相关的电表耗电记录，则应使用设备额定功率乘以设备运行时间作为成本

动因。

11. 【答案】B

【解析】作业共享是指利用规模经济来提高增值作业的效率。

12. 【答案】D

【解析】60 = 息税前利润 – 平均经营资产 × 20%，息税前利润 = 60 + 平均经营资产 × 20%；40% = 息税前利润/平均经营资产，息税前利润 = 平均经营资产 × 40%；联立上式得：60 + 平均经营资产 × 20% = 平均经营资产 × 40%，平均经营资产 = 300（万元）。

13. 【答案】B

【解析】息税前利润 = 销售量 × 单位边际贡献 – 固定成本 = 销售收入 × 边际贡献率 – 固定成本。

14. 【答案】B

【解析】采用协商价格，当双方协商陷入僵持时，会导致公司高层的干预。

15. 【答案】D

【解析】根据"直接人工效率差异 = （实际工时 – 实际产量下的标准工时）× 标准工资率"有：1 500 = （实际工时 – 实际产量下的标准工时）× 5。

解得：实际工时 – 实际产量下的标准工时 = 1 500/5 = 300（小时）。

变动制造费用效率差异 = （实际工时 – 实际产量下的标准工时）× 标准分配率 = 300 × 1.5 = 450（元）。

16. 【答案】C

【解析】正常标准成本，是指在正常情况下企业经过努力可以达到的成本标准，这一标准考虑了生产过程中不可避免的损失、故障和偏差。具有客观性、现实性和激励性等特点。

17. 【答案】C

【解析】市场价格的变动是导致材料价格产生差异的因素，导致材料价格差异的因素还包括供货厂商、运输方式、采购批量等的变动。所以选项 C 是正确答案。选项 A、B、D

都是导致材料用最差异的原因,导致材料用量差异的原因还包括原料质量。

18.【答案】D

【解析】剩余收益指标弥补了投资报酬率指标会使局部利益与整体利益相冲突的不足,但由于其是一个绝对指标,故而难以在不同规模的投资中心之间进行业绩比较。所以,选项D的说法不正确。

19.【答案】C

【解析】部门边际贡献 = 可控边际贡献 - 该中心负责人不可控固定成本 = 200 - 120 - 20 - 10 = 50(万元)。

20.【答案】B

【解析】根据公式,目标利润 = 预计产品产销数量 × (单位产品售价 - 单位变动成本) - 固定成本,则 500 = 预计销售量 × (11 - 8) - 100,解得:预计销售量 = 200 万件。

21.【答案】A

【解析】预算成本节约额 = 实际产量预算责任成本 - 实际责任成本 = 2 450 × 300 - 2 450 × 270 = 73 500(元),预算成本节约率 = 预算成本节约额/实际产量预算责任成本 × 100% = 73 500/(2 450 × 300) = 10%。或者直接按照 (300 - 270)/300 = 10% 计算。

22.【答案】C

【解析】从题干中可以看出,该公司内部责任中心的交易双方采用不同的内部转移价格作为计价基础,所以采用的内部转移价格是双重价格。

23.【答案】D

【解析】销售利润率 = 安全边际率 × 边际贡献率,由此可知,降低安全边际率会降低销售利润率。所以选项D的表述不正确。

24.【答案】C

【解析】直接人工工资率差异 = 实际工时 × (实际工资率 - 标准工资率),选项C的列示是错误的。

25.【答案】A

【解析】预计下年息税前利润 = 销售收入 - 变动成本 - 固定成本 = 20 × 50 - 20 × 50 × (1 - 40%) - 300 = 100(万元),假设价格增长 10%,达到 55 元,预计息税前利润 = 20 × 55 - 20 × 30 - 300 = 200(万元),利润变动

率 = (200 - 100)/100 × 100% = 100%,单价的敏感系数 = 100%/10% = 10。注意:在计算单价的敏感系数时,单位变动成本、固定成本和销售量都是不变的,所以,本题中不能认为边际贡献率不变。

26.【答案】B

【解析】本月的息税前利润 = 1 000 × (100 - 80) - 10 000 = 10 000(元),提高后的销售量 = [(10 000 + 10 000 × (1 + 20%)]/(100 - 80) = 1 100(件),即销售量提高 10%。

27.【答案】D

【解析】从保本点的计算公式:保本销售量 = 固定成本/(单价 - 单位变动成本)可以看出,降低保本点的途径主要有三个:降低固定成本总额、降低单位变动成本和提高销售单价。

28.【答案】C

【解析】安全边际率 = 1 - 60% = 40%,正常销售量 = 1 200/40% = 3 000(台),正常销售额 = 3 000 × 500 = 1 500 000(元) = 150(万元)。

二、多项选择题

1.【答案】BCD

【解析】成本分析的方法主要有对比分析法、连环替代法和相关分析法。

2.【答案】ABCD

【解析】选项A说的是总成本由固定成本和变动成本两部分组成假设;选项B说的是销售收入与业务量呈完全线性关系假设;选项C说的是产销平衡假设;选项D说的是产品产销结构稳定假设。

3.【答案】ABCD

【解析】甲产品销售收入为 60 000 元,乙产品销售收入为 40 000 元,甲产品边际贡献率为 30%,乙产品边际贡献率为 60%,加权平均边际贡献率 = 30% × (60 000/100 000) + 60% × (40 000/100 000) = 42%,综合保本点销售额 = 60 000/42% = 142 857.14(元),甲产品保本点销量 = 142 857.14 × (60 000/100 000)/100 = 857.14(吨),乙产品保本点销量 = 142 857.14 × (40 000/100 000)/50 = 1 142.86(吨)。

4.【答案】AB

【解析】企业处于微利状态，保本作业率接近100%，安全边际率接近零。

5.【答案】ABD

【解析】单位边际贡献＝固定成本/保本点销量，边际贡献率＝固定成本/（保本量×单价），变动成本率＝1－边际贡献率＝1－［固定成本/（保本量×单价）］。

6.【答案】BD

【解析】成本差异是指一定时期生产一定数量产品所发生的实际产量实际成本与实际产量的标准成本之间的差额。

7.【答案】ABC

【解析】因为每批所发生的检验成本相同，所以应以检验批次作为检验作业的成本动因。

8.【答案】BCD

【解析】公式中的"最低投资报酬率"一般等于或大于资本成本，通常采用企业整体的最低期望投资报酬率确定。

9.【答案】AC

【解析】车间厂房的折旧费属于过去决策的结果，当期不可控；车间经理工资由上级部门控制，车间不可控。

10.【答案】ABD

【解析】同时符合下列三条标准的作业为增值作业，否则为非增值作业：（1）该作业导致了状态的改变；（2）该状态的变化不能由其他作业来完成；（3）该作业使其他作业得以进行。

11.【答案】AC

【解析】保本销售量＝固定成本/（单价－单位变动成本），可见，提高单价和降低固定成本可以降低保本点。

12.【答案】ABC

【解析】在基本的量本利分析网中，在保本点以上的总收入线与总成本线相夹的区域为盈利区。

13.【答案】ABD

【解析】三差异法将固定制造费用成本总差异分解为耗费差异、产量差异和效率差异三种。

14.【答案】ABCD

【解析】作业成本管理中成本节约的途径主要包括：（1）作业消除，消除非增值作业或不必要的作业，降低非增值成本；（2）作业选择，对所有能够达到同样目的的不同作业，选择其中最佳的方案；（3）作业减少，以不断改进的方式降低作业消耗的资源或时间；（4）作业共享，利用规模经济来提高增值作业的效率。

15.【答案】ABCD

【解析】剩余收益＝息税前利润－（平均经营资产×最低投资报酬率），选项A和选项B影响息税前利润，选项C影响平均经营资产，选项D影响最低投资报酬率。

16.【答案】AB

【解析】直接材料价格差异应由采购部负责；直接人工工资率差异应由人事部门负责。

17.【答案】AD

【解析】投资中心是最高层次的责任中心，它拥有最大的决策权，也承担最大的责任，属于企业中最高层次的责任中心，如事业部、子公司等。

18.【答案】AD

【解析】利润中心是指既能控制成本，又能控制收入和利润的责任单位，更强调相对成本的降低。利润中心有两种形式：一是自然利润中心，它是自然形成的；二是人为利润中心，它是人为设定的。所以选项A、D是正确答案。

19.【答案】ABC

【解析】保本点销售量＝固定成本/（单价－单位变动成本），由此可知销售额不影响保本点，固定成本、单价、单位变动成本都会影响保本点。目标利润＝（单价－单位变动成本）×销售量－固定成本＝销售额－单位变动成本×销售量－固定成本，由此可知固定成本、单价、单位变动成本和销售额都会影响目标利润。从而得出：销售额不影响保本点，但影响目标利润，所以选项D不是正确答案。

20.【答案】AD

【解析】基于量本利分析的利润敏感性分析主要应解决两个问题：一是各因素的变化对最终利润变化的影响程度；二是当目标利润要求变化时允许各因素的升降幅度。

21.【答案】BD

【解析】安全边际率在40%以上，表明很安全；安全边际率位于10%～20%时值得注意。

22.【答案】BD

【解析】理想标准成本是指在现有条件下所能达到的最优成本水平，即在生产过程无浪费、机器无故障、人员无闲置、产品无废品的假设条件下制定的成本标准，所以选项B的说法不正确。正常标准成本具有客观性、现实性、激励性等特点，所以选项D的说法不正确。

23.【答案】CD

【解析】成本核算是成本管理的基础环节，选项C的说法错误。成本考核的指标可以是财务指标，也可以是非财务指标，选项D的说法错误。

24.【答案】BC

【解析】加权平均边际贡献率 = $\sum$ 各产品边际贡献 ÷ $\sum$ 各产品销售收入 = $\sum$（各产品边际贡献率×各产品销售收入比重）。

25.【答案】ABCD

【解析】联合单价 = 6×20 + 4×25 + 3×10 = 250（元）；联合单位销售量 = 1 500/3 = 500（件），或：3 000/6 = 500（件），或：2 000/4 = 500（件）；联合单位变动成本 = 6×12 + 4×14 + 3×8 = 152（元），联合单位边际贡献 = 250 - 152 = 98（元），联合保本量 = 245/98 = 2.5（万件），A产品的保本销售量 = 2.5×6 = 15（万件），A产品的保本销售额 = 15×20 = 300（万元）。

26.【答案】ABCD

【解析】总的边际贡献 = 1 500×（20 - 12）+ 2 000×（24 - 14）+ 1 000×（18 - 10）= 40 000（元），A产品的边际贡献比重 = 1 500×（20 - 12）/40 000 = 30%，分配给A产品的固定成本 = 170×30% = 51（万元），A产品的保本量 = 51/8 = 6.375（万件）= 63 750（件），A产品的保本额 = 6.375×20 = 127.5（万元）。

27.【答案】ACD

【解析】利润 = 销量×（单价 - 单位变动成本）- 固定成本。设单价为P，则2 000 =（P - 6）×1 000 - 5 000，可得P = 13元，故选项A是正确答案；设单位变动成本为V，则2 000 =（10 - V）×1 000 - 5 000，V = 3元，故选项B不正确；设固定成本为F，则2 000 =（10 - 6）×1 000 - F，F = 2 000元，故选项C是正确答案；设销量为Q，则2 000 =（10 - 6）×Q - 5 000，Q = 1 750件，故选项D是正确答案。

三、判断题

1.【答案】×

【解析】成本控制的例外管理原则是指要将注意力集中在不同寻常的情况上，因为实际发生的费用往往与预算有出入，也就没有必要一一查明原因，而只需将注意力集中在非正常的例外事项上。

2.【答案】×

【解析】传统的成本控制主要是采用经济手段，通过实际成本与标准成本间的差异分析来进行；现代成本控制突破了经济手段的限制，还使用了包括技术和组织手段在内的所有可能的控制手段。

3.【答案】×

【解析】单价和单位边际贡献同时下降2元，保本点销售量不变，但由于单价下降了，保本点销售额也下降。

4.【答案】√

【解析】安全边际的销售量×单位边际贡献 =（正常销量 - 保本点销量）×单位边际贡献 = 边际贡献 - 保本点销量×单位边际贡献 = 边际贡献 - 固定成本 = 利润。

5.【答案】√

【解析】对目标利润要求变化时允许各因素的升降幅度进行分析，在计算上表现为敏感系数的倒数，所以实质上是各因素对利润影响程度的反方向推算。

6.【答案】√

【解析】A设备单位变动成本高于B设备单位变动成本，两者的差额为X，B设备固定成本高于A设备固定成本，两者差额为Y。当销售量突破H时，X×H会大于Y，从而导致使用A设备生产产品的成本高，使用B设备生

产产品的成本低,显然使用 B 设备更有利。

7.【答案】×

【解析】产量差异=(预算产量下标准工时－实际产量下实际工时)×标准分配率,生产工人劳动技能提高,实际产量下实际工时会下降,从而导致固定制造费用的产量差异向不利的方向扩大。

8.【答案】×

【解析】作业业绩考核的财务指标主要集中在增值成本和非增值成本上;作业业绩考核的非财务指标主要体现在效率、质量和时间三个方面。

9.【答案】×

【解析】双重价格是由内部责任中心的交易双方采用不同的内部转移价格作为计价基础。这种价格能够较好地满足企业内部交易双方在不同方面的管理需要。采用双重价格,并不必然导致责任中心之间的责任转嫁。

10.【答案】√

【解析】部门边际贡献=销售收入总额－变动成本总额－该中心负责人可控固定成本－该中心负责人不可控固定成本,从公式中可以看出,部门边际贡献在销售收入中扣除了利润中心的所有成本,因此可以衡量部门为企业利润和弥补与生产能力有关的成本所做的贡献。

11.【答案】×

【解析】作业成本管理中的"流程观"维度关注的是确认作业成本的根源、评价已完成的工作和已实现的结果。

12.【答案】√

【解析】提高投资报酬率的途径有两种,提高分子或降低分母。这样,使用投资报酬率对投资中心进行业绩评价时,可以促使经理人员关注经营资产的运用效率。

13.【答案】×

【解析】剩余收益仅反映当期业绩,单纯使用这一指标也会导致投资中心管理者的短期行为。

14.【答案】√

【解析】如果供应单位供货不足,可以提高内部转移价格,从而提高其生产积极性,增加供应;如果供应单位供货过剩,可以降低

内部转移价格,从而减少供应。

15.【答案】×

【解析】利润中心和投资中心的区别在于,利润中心没有投资决策权,而且在考核利润时也不考虑所占用的资产。

16.【答案】×

【解析】固定制造费用产量差异是根据预算产量下的标准工时与实际产量下的实际工时的差额,乘以固定制造费用标准分配率计算得出的,即:固定制造费用产量差异=(预算产量下标准工时－实际产量下实际工时)×标准分配率。

17.【答案】×

【解析】资源动因是引起作业成本变动的驱动因素,反映作业量与耗费之间的因果关系。作业动因是引起产品成本变动的驱动因素,反映产品产量与作业成本之间的因果关系。

18.【答案】√

【解析】部门边际贡献反映了部门为企业利润和弥补与生产能力有关的成本所做的贡献,它更多地用于评价部门业绩而不是利润中心管理者的业绩。

19.【答案】×

【解析】保本销售量=固定成本/(单价－单位变动成本)=固定成本/单位边际贡献,单价和单位变动成本等量增加不影响单位边际贡献。

四、计算题

1.【答案】

(1)固定成本总额=500/10+(600+120)×0.3+400/8=316(万元)

单位变动成本=50×40%+50×10%=25(元)

边际贡献率=(50－25)/50=50%

保本点的销售额=316/50%=632(万元)

保本作业率=632/(50×20)=63.2%

正常销售量的安全边际率=1－63.2%=36.8%

(2)(50－25)×销售量－316=200,则实现目标税前利润的销售量=20.64万份

以目标税前利润200万元为基数,假设其他因

素不变，如果只是将快餐销售价格上浮6%时，

利润 = 50 × (1 + 6%) × (1 - 40% - 10%) × 20.64 - 316 = 230.96（万元）

利润变化率 = (230.96 - 200)/200 = 15.48%

目标税前利润对单价的敏感系数 = 15.48%/6% = 2.58

(3) 单价 × (1 - 40% - 10%) × 25 - 316 = 200，可以接受的最低单价 = 41.28（元）。

2. 【答案】

(1)

A = 3 000 × 5 = 15 000

B = 15 000 + 800 = 15 800

C = 1 600

D = 15 800 - 1 600 = 14 200

E = 14 200 × 8 = 113 600

F = 18 000 - 1 200 = 16 800

G = 16 800/5 = 3 360

H = 18 000 - 800 = 17 200

I = 17 200 × 8 = 137 600

J = 1 200

K = 19 200 - 1 200 = 18 000

L = 3 000 + 3 360 + 3 640 + 4 500 = 14 500

M = 14 500 × 5 = 72 500

N = 74 000 - 1 600 = 72 400

(2) 第1季度采购支出 = 113 600 × 70% + 50 000 = 129 520（元）

第4季度末应付账款 = 184 000 × 30% = 55 200（元）

(3) 乙材料的单位标准成本 = 5 × 8 = 40（元/件）

(4) 材料成本差异 = 17 600 × 7.5 - 3 200 × 5 × 8 = 4 000（元）

材料价格差异 = (7.5 - 8) × 17 600 = -8 800（元）

材料用量差异 = (17 600 - 3 200 × 5) × 8 = 12 800（元）

(5) 乙材料成本超支4 000元，其中材料价格节约差异8 800元，材料用量超支差异12 800元。材料差异的主要原因是生产部门耗用材料超过标准。具体原因要从生产部门的生产组织、材料的规格质量、劳动工具的适用性、劳动工人的熟练程度入手分析。所以企业应该查明材料用量超标的具体原因，

以便改进工作，节约材料。

3. 【答案】

(1) 单位变动成本 = 3 + 6 + 1.5 + 4.5 = 15（元）

设保本销售量为Q，则有：

(30 - 15) × Q - (500 000 + 778 400) = 0

Q = (500 000 + 778 400)/(30 - 15) = 85 227（件）

(2) 令产品售价为P，则有：

[120 000 × (P - 15) - 500 000 - 778 400] × (1 - 25%)/(120 000 × P) × 100% = 1%

解得：P = 26 元

盈亏临界点销售量 = (500 000 + 778 400)/(26 - 15) = 116 218（件）

安全边际率 = (120 000 - 116 218)/120 000 × 100% = 3%

(3) 该企业的安全边际率为3%，在10%以下，该企业的经营是危险的。

4. 【答案】

(1) 目前的单位变动成本 = 40/5 = 8（元）

单位边际贡献 = 20 - 8 = 12（元）

盈亏临界点销售量 = 24/12 = 2（万件）

安全边际率 = (5 - 2)/5 × 100% = 60%

利润 = 5 × 12 - 24 = 36（万元）

(2) 购置新生产线之后的单位变动成本 = 8 × (1 - 20%) = 6.4（元）

单位边际贡献 = 20 - 6.4 = 13.6（元）

固定成本 = 24 - 6 + (200 - 2)/10 = 37.8（万元）

盈亏临界点销售量 = 37.8/13.6 = 3.78（万件）

安全边际率 = (5 - 2.78)/5 × 100% = 44.4%

利润 = 5 × 13.6 - 37.8 = 30.2（万元）

(3) 由于利润下降，所以购置新生产线不合适。

(4) 由于安全边际率降低，因此，企业经营的安全性水平下降。

5. 【答案】根据"50 = Q × [120 × (1 - 10%) - 100] - 30"可知，降价10个百分点之后实现目标利润所需销量为10万件，实际能够实现的销量为10 × 30% = 3（万件）；

根据"50 = 3 × [120 × (1 - 10%) - (100 - 15)] - F"可知，为了实现目标利润，需要将固定成本降低至19万元。

综上所述，为了实现 50 万元的目标利润，在降低单价 10 个百分点使销量增至 3 万件，单位变动成本降至 85 元的同时，还需要压缩固定成本 11 万元（30－19）。

6.【答案】

（1）使用与原生产线相同的生产线的保本点销售量＝（300 000＋100 000＋100 000）/（500－150－120－100－50）＝6 250（件）

使用新型号的生产线的保本点销售量＝（300 000＋300 000＋100 000＋100 000）/（500－150－100－100－50）＝8 000（件）

（2）设产销量为 X，则：

使用与原生产线相同的生产线的利润＝（500－150－120－100－50）×X－（300 000＋100 000＋100 000）＝80X－500 000

使用新型号的生产线的利润＝（500－150－100－100－50）×X－（300 000＋300 000＋100 000＋100 000）＝100X－800 000

80X－500 000＝100X－800 000

解得：X＝15 000 件

可见，两种生产线在产销量为 15 000 件时利润相等。

（3）由于明年及以后各年的产销量将为 14 000×（1＋20%）＝16 800（件），高于 15 000 件，因此，应该选择新型号的生产线。

五、综合题

1.【答案】

（1）边际贡献＝600－400＝200（万元）

可控边际贡献＝200－50＝150（万元）

部门边际贡献＝150－30＝120（万元）

可控边际贡献可以更好地评价 X 利润中心负责人的管理业绩。

（2）①接受前剩余收益＝300－2 000×10%＝100（万元）

②接受后剩余收益＝（300＋90）－（2 000＋1 000）×10%＝90（万元）

③Y 投资中心不应该接受该投资机会，因为接受后会导致剩余收益下降。

（3）每股收益＝500/1 000＝0.5（元）

市盈率＝10/0.5＝20（倍）

每股净资产＝4 000/1 000＝4（元）

市净率＝10/4＝2.5（倍）

（4）①所需权益资本数额＝1 000×（4 000/10 000）＝400（万元）

②应发放的现金股利总额＝500－400＝100（万元）

每股现金股利＝100/1 000＝0.1（元）

（5）因为该公司是在我国上市交易的公司，所以要求按照我国的股票股利发放规定，按照股票面值来计算股票股利价格。

①未分配利润减少数＝1 000/10×1＋1 000/10×1＝200（万元）

发放股利后未分配利润＝1 500－200＝1 300（万元）

②股本增加额＝1 000/10×1＝100（万元）

发放股利后股本＝1 000＋100＝1 100（万元）

③股票股利按面值发行，故不影响资本公积科目，所以发放股票股利后资本公积科目仍为 500 万元。

2.【答案】

（1）年摊销额＝150/10＋500/50＝25（万元）

年折旧＝（400－400×10%）/30＋（200－200×5%）/10＝31（万元）

年固定成本＝25＋31＋2×7.5＋25×0.15×12＋5×0.15×12＋4＋50＋10＋11＝200（万元）

单位变动成本＝20＋10＋3＋2＋5＝40（元）

（2）盈亏平衡全年销售量＝200/（80－40）＝5（万瓶）

安全边际率＝（10－5）/10×100%＝50%

年息税前利润＝10×（80－40）－200＝200（万元）

（3）经营杠杆系数＝边际贡献/息税前利润＝10×（80－40）/200＝2

或者：经营杠杆系数＝1/安全边际率＝1/50%＝2

3.【答案】

（1）①边际贡献总额＝700×（40－24）＝11 200（万元）

②保本点销售量＝3 000/（40－24）＝187.5（万件）

③安全边际额＝（700－187.5）×40＝20 500（万元）

④安全边际率＝（700－187.5）/700＝73.21%

（2）①下一年度产品的预计销售量＝0.75×

$700 + (1 - 0.75) \times 800 = 725$（万件）

②以本年度为基期计算的经营杠杆系数 = $11\,200/(11\,200 - 3\,000) = 1.3658$

③下一年度销售量增长率 = $(805 - 700)/700 = 15\%$

预测的下一年度息税前利润增长率 = $1.3658 \times 15\% = 20.48\%$

（3）增加的相关收益（边际贡献）= $105 \times (40 - 24) = 1\,680$（万元）

增加的相关成本 = $300 + 1\,500 \times 8\% = 420$（万元）

增加的相关利润 = $1\,680 - 420 = 1\,260$（万元）

改变信用条件后公司利润增加，所以改变信用条件对公司有利。

（4）增加的息税前利润 = $260 \times (50 - 35) - 400 - 100 \times (40 - 24) = 1\,900$（万元）

投资新产品 B 后公司的息税前利润会增加，所以应投产新产品 B。

第九章　收入与分配管理

考情分析

　　本章主要讲述收入与分配管理，包括收入与分配管理主要内容、收入管理、纳税管理、分配管理等方面内容。从历年试题分布来看，本章题型可以出客观题，也可以出主观题。历年考题分数波动较大，平均在 15 分左右，属于重点章节。

基本内容框架

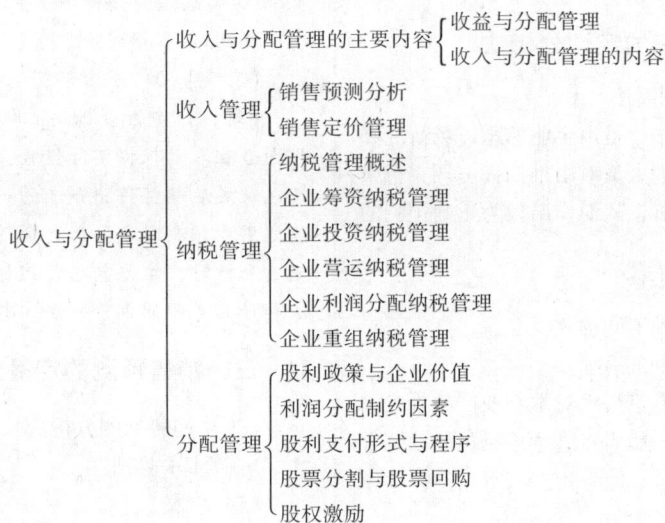

```
                          ┌ 收入与分配管理的主要内容 ┤ 收益与分配管理
                          │                        └ 收入与分配管理的内容
                          │
                          │ 收入管理 ┤ 销售预测分析
                          │         └ 销售定价管理
                          │
                          │         ┌ 纳税管理概述
收入与分配管理 ┤         │ 企业筹资纳税管理
                          │ 纳税管理 ┤ 企业投资纳税管理
                          │         │ 企业营运纳税管理
                          │         │ 企业利润分配纳税管理
                          │         └ 企业重组纳税管理
                          │
                          │         ┌ 股利政策与企业价值
                          │         │ 利润分配制约因素
                          └ 分配管理 ┤ 股利支付形式与程序
                                    │ 股票分割与股票回购
                                    └ 股权激励
```

通关重难点例题

一、收入与分配管理的原则

（一）依法分配原则

（二）分配与积累并重原则

（三）兼顾各方利益原则

（四）投资与收入对等原则

【例9-1】（单选题）收益分配的基本原则中，（ ）是正确处理投资者利益关系的关键。

A. 依法分配原则

B. 兼顾各方面利益原则

C. 分配与积累并重原则

D. 投资与收入对等原则

【答案】D

【解析】收益分配的基本原则包括：依法分配的原则、分配与积累并重原则、兼顾各方利益原则、投资与收入对等原则，其中投资与收益对等原则是正确处理投资者利益关系的关键。所以选项D正确。

二、销售预测的定性分析法

（一）营销员判断法

又称意见汇集法，是由企业熟悉市场情况和相关变化信息的管理人员对由推销人员调查得来的结果进行综合分析，从而作出较为正确预测的方法。

（二）专家判断法

主要有以下三种不同形式：

1. 个别专家意见汇集法

即分别向每位专家征求对本企业产品未来销售情况的个人意见，然后将这些意见再加以综合分析，确定预测值。

2. 专家小组法

即将专家分成小组，运用专家们的集体智慧进行判断预测的方法。此方法的缺陷是预测小组中专家意见可能受权威专家的影响，客观性较德尔菲法差。

3. 德尔菲法

又称函询调查法，它采用函询的方式，征求各方面专家的意见，各专家在互不通气的情况下，根据自己的观点和方法进行预测，然后由企业把各个专家的意见汇集在一起，通过不记名方式反馈给各位专家，请他们参考别人的意见修正本人原来的判断，如此反复数次，最终确定预测结果。

（三）产品寿命周期法

产品寿命周期法是利用产品在不同寿命周期销量的变化趋势，进行销售预测的一种分析方法。产品寿命周期一般要经过萌芽期、成长期、成熟期和衰退期四个阶段。萌芽期增长率不稳定，成长期增长率最大，成熟期增长率稳定，衰退期增长率为负数。

【例9-2】（单选题）下列各项销售预测分析方法中，属于定性分析法的是（ ）。

A. 加权平均法

B. 指数平滑法

C. 因果预测分析法

D. 营销员判断法

【答案】D

【解析】定性分析法，即非数量分析法，是指由专业人员根据实际经验，对预测对象的未来情况及发展趋势作出预测的一种分析方法。它一般适用于预测对象的历史资料不完备或无法进行定量分析时，主要包括营销员判断法、专家判断法和产品寿命周期分析法，本题选项D正确。

三、销售预测的定量分析法

（一）趋势预测分析法

1. 算术平均法

（1）含义。

将历史时期的实际销量或销售额作为样本值，求出其算术平均数，并将该平均数作为下期销售量的预测值。

（2）公式：$Y = \sum X_i / n$

（3）适用：适用于每期销售量波动不大的产品销售预测。

2. 加权平均法

（1）含义。

将历史实际销售作为样本值，将各个样本值按照一定的权数计算得出加权平均数，并将该平均数作为下期销量的预测值。由于市场变化较大，离预测期越近的样本影响越大，而离预测期越远的影响越小，所以权数的选取应遵循"近大远小"的原则。

（2）公式：$Y = \sum\limits_{i=1}^{n} W_i X_i$

（3）适用：比算术平均法更为合理，在实践中应用较多。

3. 移动平均法

（1）含义。

从 n 期销售中选取 m 期（m 数值固定，且 m < n/2）数据作为样本值，求其 m 期的算术平均数，并不断向后移动计算其平均值，以最后一个 m 期的平均数作为未来第（n + 1）期销售预测值的一种方法。这种方法假设预测值主要受最近 m 期销售量的影响。

（2）公式：

$$Y_{n+1} = \frac{X_{n-(m-1)} + X_{n-(m-2)} + \cdots + X_{n-1} + X_n}{m}$$

为了使预测值更能反映销售量变化的趋势，可以对上述结果按趋势值进行修正，其计算公式为：

$$\overline{Y}_{n+1} = Y_{n+1} + (Y_{n+1} - Y_n)$$

（3）适用：代表性较差。此方法适用于销售量略有波动的产品预测。

4. 指数平滑法

（1）含义。

实质上是一种加权平均法，是以事先确定的平滑指数 α 及 $(1-\alpha)$ 作为权数进行加权计算，预测销售量的一种方法。

（2）公式：$Y_{n+1} = aX_n + (1-a)Y_n$

（3）说明。

平滑指数的取值通常在 0.3 ～ 0.7 之间，其取值大小决定了前期实际值与预测值对本期预测值的影响。采用较大的平滑指数，预测值可以反映样本值新近的变化趋势；采用较小的平滑指数，则反映了样本值变动的长期趋势。因此，在

销售量波动较大或进行短期预测时，可选择较大的平滑指数；在销售量波动较小或进行长期预测时，可选择较小的平滑指数。

（二）因果预测分析法（回归直线法）

1. 含义

也称一元回归分析法，它假定影响销售量的因素只有一个，根据直线方程式 y = a + bx，按照最小二乘法原理，来确定一条误差最小的、能正确反映自变量 x 和因变量 y 之间关系的直线，只要解出其常数项 a 和系数 b，即可计算出特定因素所对应的销售量。

2. 公式

$$\begin{cases} \sum y = na + b \sum x \\ \sum xy = a \sum x + b \sum x^2 \end{cases}$$

【例 9 - 3】（单选题）下列销售预测方法中，属于因果预测分析的是（　）。

A. 指数平衡法

B. 移动平均法

C. 专家小组法

D. 回归直线法

【答案】D

【解析】因果预测分析法是指通过影响产品销售量的相关因素以及它们之间的函数关系，并利用这种函数关系进行产品销售预测的方法。因果预测分析法最常用的是回归分析法。

【例 9 - 4】（多选题）下列关于趋势预测分析法的表述中，正确的有（　）。

A. 加权平均法比算术平均法更为合理，在实践中应用较多

B. 指数平滑法实质上是一种加权平均法

C. 指数平滑法在平滑指数的选择上具有一定的主观随意性

D. 指数平滑法运用比较灵活，但适用范围较窄

【答案】ABC

【解析】指数平滑法运用比较灵活，适用范围较广，所以选项 D 不正确。

【例 9 - 5】（计算题）丙公司只生产销售 H 产品，其销售量预测相关资料如下表所示：

销售量预测相关资料　　　　　　　　　　　　　　　单位：吨

	2011 年	2012 年	2013 年	2014 年	2015 年	2016 年
预计销售量	990	1 000	1 020	1 030	1 030	1 040
实际销售量	945	1 005	1 035	1 050	1 020	1 080

公司拟使用修正的移动平均法预测 2017 年 H 产品的销售量，并以此为基础确定产品销售价格，样本期为 3 期。2017 年公司目标利润总额（不考虑所得税）为 307 700 元，完全成本总额为 800 000 元。H 产品适用的消费税税率为 5%。

要求：

（1）假设样本期为 3 期，使用移动平均法预测 2017 年 H 产品的销售量。

（2）使用修正的移动平均法预测 2017 年 H 产品的销售量。

（3）使用目标利润法确定 2017 年 H 产品的销售价格。

【答案】

（1）2017 年 H 产品的预测销售量 = （1 050 + 1 020 + 1 080）/3 = 1 050（吨）

（2）2017 年修正后的 H 产品预测销售量 = 1 050 + （1 050 - 1 040）= 1 060（吨）

（3）单位产品价格 = （307 700 + 800 000）/ [1 060 × （1 - 5%）] = 1 100（元）。

四、产品定价方法

（一）以成本为基础的定价方法

1. 成本基础的选择

（1）变动成本。

变动成本包括变动制造成本和变动期间费用，变动成本可以作为增量产量的定价依据，但不能作为一般产品的定价依据。

（2）制造成本。

制造成本包括直接材料、直接人工和制造费用，由于它不包括各种期间费用，因此不能正确反映企业产品的真实价值消耗和转移。利用制造成本定价不利于企业简单再生产的继续进行。

（3）完全成本。

完全成本包括制造成本、管理费用、销售费用和财务费用，在全部成本费用基础上制定价格，既可以保证企业简单再生产的正常进行，又可以使劳动者为社会劳动所创造的价值得以全部

实现。

2. 定价方法

（1）全部成本费用加成定价法：

单位产品价格 = 单位成本 × （1 + 成本利润率）/ （1 - 适用税率）

单位产品价格 = 单位成本 / （1 - 销售利润率 - 适用税率）

（2）保本点定价法：

单位产品价格 = （单位固定成本 + 单位变动成本）/ （1 - 适用税率）= 单位完全成本 / （1 - 适用税率）

（3）目标利润法：

单位产品价格 = （目标利润总额 + 完全成本总额）/ [产品销量 × （1 - 适用税率）] = （单位目标利润 + 单位完全成本）/ （1 - 适用税率）

（4）变动成本定价法：

单位产品价格 = 单位变动成本 × （1 + 成本利润率）/ （1 - 适用税率）

在企业生产能力有剩余的情况下增加生产一定数量的产品只需负担变动成本，无须负担固定成本。在确定价格时产品成本仅以变动成本计算。

（二）以市场需求为基础的定价方法

1. 需求价格弹性系数定价法

（1）价格弹性系数 $E = \dfrac{\dfrac{需求变动量}{基期需求量}}{\dfrac{价格变动量}{基期单位产品价格}}$

（2）单位产品价格 $P = \dfrac{基期单位产品价格 × 基期销售数量^{(1/需求价格弹性系数的绝对值)}}{预计销售数量^{(1/需求价格弹性系数的绝对值)}}$

2. 边际分析定价法

是指基于微分极值原理，通过分析不同价格与销量组合下的产品边际收入、边际成本和边际利润之间的关系，进行定价决策的一种定量分析方法。按照边际分析定价法，当边际收入等于边际成本，即边际利润等于零时，利润将达到最大值，此时的价格就是最优销售价格。

【例 9 - 6】（单选题）下列各项产品定价方

法中，以市场需求为基础的是（　　）。

A. 目标利润定价法

B. 保本点定价法

C. 边际分析定价法

D. 变动成本定价法

【答案】C

【解析】以市场需求为基础的定价方法包括需求价格弹性系数定价法和边际分析定价法，选项C正确。

【例9-7】（单选题）某企业生产丙产品，本期计划销售量为5 000件，目标利润总额为100 000元，完全成本总额为200 000元，适用的消费税税率为5%，根据上述资料，运用目标利润法测算的单位丙产品的价格应为（　　）元。

A. 56. 37　　　　　　B. 60. 29

C. 63. 16　　　　　　D. 66. 69

【答案】C

【解析】单位产品价格 =（目标利润总额 + 完全成本总额）/ 产品销量 ×（1 - 适用税率）=（100 000 + 200 000）/5 000 ×（1 - 5%）= 63. 16（元）。

五、价格运用策略

（一）折让定价策略

指以降低价格来刺激购买，达到扩大销量的目的。价格折让主要表现是折扣，有单价折扣、数量折扣、推广折扣和季节折扣等形式。

种类	概念	目的
现金折扣	现金折扣是企业为了提高结算保障，对在一定期限内付款的购买者给予的折扣，即购买方如果在企业规定的期限内付款，企业就给予购买方一定的折扣	鼓励购买方提前付款，以尽快回笼资金，加速资金周转
数量折扣	数量折扣是企业对大量购买或集中购买本企业产品的购买方给予的一种折扣优惠。一般购买量越多、金额越大，折扣也越大。数量折扣可分为一次性数量折扣和累计数量折扣。一次性数量折扣是企业对一次性购买达到及超过一定数量或购买多种产品达到一定的金额所给予的价格折扣。采用这种折扣政策能刺激顾客大量购买，促使产品多销、快销，同时减少交易次数、时间，节省一定的销售、储存成本。累计数量折扣是指企业对一定时期内累计购买超过规定数量或金额给予的价格优惠	鼓励企业与购买方建立长期稳定的关系，培养购买方的忠诚度
功能折扣	功能折扣是企业针对经销商在整个营销过程中所担负的特殊功能（比如承担了相应的推销功能、储存功能、售后服务功能）而给予不同的价格折扣，从而使经销商大批量进货	激励各类承担功能的主体
专营折扣	专营是一种排他性行为。为了鼓励经销商专营本企业产品，给出力度很大的一种价格优惠行为。如果专营，就享受该折扣；不专营，就不享受该折扣	培养经销商的忠诚度
季节折扣	季节折扣是企业给予非季节性热销商品的购买者提供的一种价格优惠。这种折扣方式有利于减少存货成本和资金成本，加速资金回收，缓解供需在时间上的矛盾。季节折扣与购买数量、购买方无关，只是鼓励旺季之前订货	缓解库存压力，增大收益
品种折扣	品种折扣是企业针对特定品种产品进行的价格优惠。优惠产品可以是过时产品，存在缺陷产品（不影响产品质量，存在细微破损、带有污渍等产品），本身已处于滞销状态；也有可以是特定某一种或几种产品，通过折扣吸引顾客入场消费	提高产品销售量

续表

种类	概念	目的
网上折扣	网上折扣是企业针对网上下单购买者进行的价格优惠	网上折扣方式鼓励购买者进行网上交易，减少或者取消代理商，在时间和空间上都可以节约资源，从而降低促销成本、交易成本、运作成本
购买限制折扣	购买限制折扣是针对特定时间上的制约、特定数量上的制约及购买条件制约所做的价格优惠	购买限制折扣从压力角度让消费者作出有益于自己的购买，从而实现企业大量或者及时的销售产品的目的
团购折扣	团购是一种基于网络的商业模式，通过团购网站集合足够人数，便可以优惠价格购买或使用第三方公司的物品、优惠券或服务，卖家薄利多销，买家得到优惠，节省金钱，而运行团购网站的公司则从卖方收取佣金	通过与专门网站合作达到共赢
预购折扣	预购折扣是指对预先向企业订购或购买产品进行折扣	对服务业可以提前做好服务计划安排，降低服务成本
众筹折扣	众筹是指用团购＋预购的形式，向网友募集项目资金的模式	价格通常与同品类相比较低一些
会员折扣	针对加入会员的主体给予的一种折扣优惠	维护客户的有效手段

（二）心理定价策略

指针对购买者的心理特点而采取的一种定价策略，主要有声望定价、尾数定价（一般只适用于价值较小的中低档日用消费品定价）、双位定价（适用于市场接受程度较低或销路不太好的产品）和高位定价等。

（三）组合定价策略

指针对相关产品组合所采取的一种方法。它根据相关产品在市场竞争中的不同情况，使互补产品价格有高有低，或使组合售价优惠。

（四）寿命周期定价策略

指根据产品生命周期，分阶段定价的策略。产品寿命周期一般分为推广期、成长期、成熟期和衰退期。推广期应采用低价促销策略；成长期的产品有了一定的知名度，销售量稳步上升，可以采用中等价格；成熟期的产品市场知名度处于最佳状态，可以采用高价销售；衰退期应该降价促销或维持现价并辅之以折扣等其他手段。

【例9-8】（多选题）价格运用策略中，使用产品寿命周期定价策略，应采用低价策略的有（　　）。

A. 推广期　　　　　　B. 成长期

C. 成熟期　　　　　　D. 衰退期

【答案】AD

【解析】价格运用策略中，使用产品寿命周期定价策略，在推广期应采用低价促销策略；成长期应采用中等价格；成熟期应采用高价促销，定价时必须考虑竞争者的情况，以保持现有市场销售量；衰退期应降价促销或维持现价并辅之以折扣等，同时积极开发新产品。

六、纳税管理概述

（一）纳税管理

是指企业对其涉税业务和纳税事务所实施的管理。

（二）纳税筹划

是指在纳税行为发生前，在不违反税法及相关法律法规的前提下，对纳税主体的投资、筹资、营运、分配行为等涉税事项作出事先安排，以实现企业财务管理目标的一系列谋划活动。

（三）纳税筹划的原则

1. 合法性原则

是纳税筹划的首要原则。是税收筹划与偷税、漏税、骗税、抗税的本质区别。

2. 系统性原则

要将税收筹划置于财务管理的大系统下，着

眼于企业整体税负的下降。

3. 经济性原则

纳税筹划的根本目的是取得效益，力争使通过税务管理实现的收益增加超过税收筹划的成本。

4. 先行性原则

企业进行纳税筹划时要对企业的经营、投资、理财活动进行事先筹划和安排，尽可能减少应税行为的发生，降低企业的税收负担，从而实现税收筹划的目的。

（四）纳税筹划的方法

1. 减少应纳税额

（1）利用税收优惠政策。

包括：利用免税政策；利用减税政策；利用退税政策；利用税收扣除政策；利用税率差异；利用分劈技术；利用税收抵免。

（2）转让定价筹划法。

主要是指通过关联企业采用非常规的定价方式和交易条件进行的纳税筹划。

2. 递延纳税

利用会计处理方法进行递延纳税的筹划主要包括存货计价方法的选择和固定资产折旧的纳税筹划。

【例9-9】（单选题）下列各项，不属于企业税务管理必须遵循的原则是（ ）。

A. 合理性原则　　　B. 系统性原则

C. 经济性原则　　　D. 先行性原则

【答案】A

【解析】选项B、C、D均是企业税务管理必须遵循的原则，除此以外，还包括合法性原则。不包括合理性原则。

【例9-10】（多选题）投资企业取得的股息红利收益不需要缴纳企业所得税；投资企业直接以转让股权方式取得的投资收益需要缴纳企业所得税。纳税筹划可以利用的税收优惠政策有（ ）。

A. 免税政策　　　B. 减税政策

C. 退税政策　　　D. 税收扣除政策

【答案】ABCD

【解析】利用免税政策、减税政策、退税政策、税收扣除政策均为利用税收优惠进行纳税筹划的主要政策。

七、企业筹资纳税管理

（一）内部筹资纳税管理

内部筹资虽然不会减少企业的所得税负担，但若将这部分资金分配给股东，股东会承担双重税负。若将其留在企业内部获取投资收益，投资者可以自由选择资本收益的纳税时间，享受递延纳税带来的收益。

（二）外部筹资纳税管理

1. 权衡理论观点

$V_L = V_U + PV（利息抵税）- PV（财务困境成本）$

式中，V_L表示有负债企业的价值，V_U表示无负债企业的价值，PV（利息抵税）表示利息抵税的现值，PV（财务困境成本）表示财务困境成本的现值。

2. 有负债企业权益净利率的计算

权益净利率（税前）= 总资产报酬率（息税前）+ [总资产报酬率（息税前）- 债务利息率] × 产权比率

3. 负债筹资的利息可以税前扣除，从而降低企业的税后负担，但要注意将资本结构控制在安全范围内，同时确保总资产报酬率（息税前）大于债务利息率。

【例9-11】（单选题）以下企业筹资方式中，其用资费用不可以在税前扣除的是（ ）。

A. 银行借款　　　B. 发行股票

C. 发行债券　　　D. 同业拆借

【答案】B

【解析】企业因发行股票筹资而支付的股利，属于税后利润分配的范畴，不能税前扣除。

【例9-12】（单选题）下列权益筹资方式中，属于可以避免收益向外分配时存在的双重纳税问题，在特定税收条件下减少投资者税负的方式是（ ）。

A. 发行普通股

B. 发行优先股

C. 吸收直接投资

D. 利用留存收益

【答案】D

【解析】在公司制企业下，留存收益筹资可以避免收益向外分配时存在的双重纳税问题。因此，留存收益筹资在特定税收条件下是一种减少投资者税负的手段。

八、企业投资纳税管理

(一) 直接投资纳税管理

1. 直接对外投资纳税管理

(1) 投资组织形式的纳税筹划。

包括公司制企业与合伙制企业的选择，以及子公司与分公司的选择。

(2) 投资行业的纳税筹划。

不同行业的税收负担不同，为了优化产业结构，国家往往通过税收政策影响企业投资行业的选择。

(3) 投资地区的纳税筹划。

为了支持某些地区的发展，在一定时期内实行税收政策倾斜。投资者进行投资决策时，需要对投资地区的税收待遇进行考虑，充分利用优惠政策。

(4) 投资收益取得方式的纳税筹划。

企业投资收益由股息红利和资本利得两部分组成，这两种收益的所得税负担不同。根据企业所得税法规定，居民企业直接投资于其他居民企业取得的股息、红利等权益类投资收益为企业免税收入，而企业卖出股份所取得的投资收益要缴纳企业所得税。

2. 直接对内投资纳税管理

(1) 长期经营性投资。

在投资环节的纳税筹划较少。

(2) 无形资产投资。

我国企业所得税法规定，开发新技术、新产品、新工艺发生的研究开发费用，可以在计算应纳税所得额时加计扣除，具体办法是：

①企业为开发新技术、新产品、新工艺发生的研究开发费用，未形成无形资产的，计入当期损益，在按照规定据实扣除的基础上，再按照研究开发费用的50%加计扣除；

②形成无形资产的，按照无形资产成本的150%摊销。

(二) 间接投资纳税管理

间接投资又称证券投资，相比直接投资，间接投资考虑的税收因素较少，但也有税收筹划的空间。例如，我国税法规定，国债利息收益免交企业所得税，购买企业债券取得的收益需要缴纳企业所得税。

【例9－13】（多选题）根据我国企业所得税法的规定，以下说法正确的有（ ）。

A. 企业为开发新技术、新产品、新工艺发生的研究开发费用，可以在计算应纳税所得额时加计扣除

B. 企业为开发新技术、新产品、新工艺发生的研究开发费用，未形成无形资产的计入当期损益，在按照规定据实扣除的基础上，再按照研究开发费用的50%加计扣除

C. 企业为开发新技术、新产品、新工艺发生的研究开发费用，形成无形资产的，按照无形资产成本的150%摊销

D. 国债利息收益免交企业所得税，购买企业债券取得的收益需要缴纳企业所得税

【答案】ABCD

【解析】我国企业所得税法规定，开发新技术、新产品、新工艺发生的研究开发费用，可以在计算应纳税所得额时加计扣除，具体办法是：(1) 企业为开发新技术、新产品、新工艺发生的研究开发费用，未形成无形资产的，计入当期损益，在按照规定据实扣除的基础上，再按照研究开发费用的50%加计扣除；(2) 形成无形资产的，按照无形资产成本的150%摊销。我国税法规定，国债利息收益免交企业所得税，购买企业债券取得的收益需要缴纳企业所得税。

九、企业营运纳税管理

(一) 采购的纳税管理

1. 增值税纳税人的税收筹划

(1) 某些处于生产经营初期的纳税人，由于规模较小，可以选择成为一般纳税人或小规模纳税人。因此存在纳税人身份的税后筹划问题。

(2) 一般来说，增值税率高的企业，适宜作为小规模纳税人，反之，适宜作为一般纳税人。当增值税率达到某一数值时，两类纳税人的税负相同，这一数值称为无差别平衡点的增值率。

(3) 设X为增值率，S为不含税销售额，P为不含税购进额，一般纳税人适用的增值税税率为a，小规模纳税人的适用的征收率为b，则有：

增值率 $X = (S - P)/S$

一般纳税人应纳增值税 $= S \cdot a - P \cdot a = \dfrac{S - P}{S} \cdot S \cdot a = X \cdot S \cdot a$

小规模纳税人应纳增值税 = S · b

令：X · S · a = S · b

得到：X = b/a

可见，一般纳税人与小规模纳税人无差别平衡点的增值率 X = b/a。

由以上计算可知，一般纳税人与小规模纳税人的无差别平衡点的增值率为 b/a，当一般纳税人适用的增值税税率为 16%[①]，小规模纳税人的征收率为 3% 时，所计算出的无差别平衡点增值率为 18.75%。若企业的增值率等于 18.75%，选择成为一般纳税人或小规模纳税人在税负上没有差别，其应纳增值税额相同。若企业的增值率小于 18.75%，选择成为一般纳税人税负较轻；反之，选择小规模纳税人较为有利。

2. 购货对象的纳税筹划

企业从不同类型的纳税人采购货物，所承担的税收负担不一样。例如，一般纳税人从小规模纳税人采购的货物，由于小规模纳税人不能开具增值税专用发票，增值税不能抵扣（由税务机关代开的除外）。为弥补购货人损失，小规模纳税人有时会在价格上给予优惠。在选择购货对象时，要综合考虑价格优惠带来的成本降低和不能抵扣增值税所带来的成本费用的增加。

3. 结算方式的纳税筹划

结算方式包括赊购、现金、预付等。在价格无明显差异的情况下，赊购不仅可以获得推迟付款的好处，还可以在赊购当期抵扣进项税额；预付不仅要提前支付货款，在付款当期若未取得增值税专用发票，相应的增值税进项税也不能被抵扣。

因此，在购货价格无明显差异时，要尽可能选择赊购方式。

4. 增值税专用发票管理

根据进项税额抵扣时间的规定，对于取得防伪税控系统开具的增值税专用发票，需要认证抵扣的企业，在取得发票后应该尽快到税务机关进行认证。购进的多用途物资应先进行认证再抵扣，待转为非应税项目时再作进项税额转出处理，以防止非应税项目物资转为应税项目时由于

超过认证时间而不能抵扣其进项税额。

（二）生产的纳税管理

1. 存货计价的纳税筹划

（1）如果企业预计将长期盈利，应选择使本期存货成本最大化的存货计价方法。

（2）如果预计企业将亏损或者已经亏损，选择的计价方法必须使亏损尚未得到完全弥补的年度成本费用降低，尽量使成本费用延迟到以后可完全得到抵补的时期。

（3）如果企业处于减免税期间，应选择减免税期间内存货成本最小化的计价方法。

（4）如果企业处于非税收优惠期间，应选择期间内存货成本最大化的计价方法。

2. 固定资产的纳税筹划

（1）对于盈利企业。新增固定资产入账时，其账面价值要尽可能降低，尽可能在当期扣除相关费用，尽量缩短折旧年限并采用加速折旧法。

（2）对于亏损企业或享受税收优惠的企业，要尽量在优惠或亏损期间少提折旧，以达到抵税收益最大化。

3. 期间费用的纳税筹划

企业在生产经营过程中发生的费用和损失，只有部分能够计入所得税扣除项目，且有些扣除项目还有限额规定。例如，企业所得税法规定：纳税人发生的与其经营业务直接相关的业务招待费支出，应按照实际发生额的 60% 扣除，但最高不得超过当年营业收入的 5‰。

（三）销售的纳税管理

1. 结算方式的纳税筹划

（1）现销和赊销不同的销售结算方式纳税义务的发生时间是不同的，这就为企业进行税收筹划提供了可能。

（2）企业在不能及时收到货款的情况下，可以采用委托代销、分期收款等销售方式，等收到货款时再开具发票、承担纳税义务，就可以起到延缓纳税的作用。

2. 促销方式的纳税筹划

（1）销售折扣：采用销售折扣方式销售的，

[①] 财政部、税务总局、海关总署 2019 年 3 月 20 日发布《关于深化增值税改革有关政策的公告》（2019 年第 39 号），将增值税一般纳税人发生增值税应税销售行为或者进口货物，原适用 16% 税率的，税率调整为 13%；原适用 10% 税率的，税率调整为 9%。因教材出版时该公告尚未发布，故本教辅依据教材内容，税率及其他相关内容未作相应调整。

销售折扣不得从销售额中扣减，不能减少增值税纳税义务。

（2）折扣销售：如果销售额和折扣额在同一张发票中注明，按照打折后的收入计算销项税额，缴纳增值税。

（3）实物折扣的赠送行为视同销售，应计算销项税额，缴纳增值税。

（4）以旧换新一般应按新货物的同期销售价格确定销售额，不得扣减旧货物的收购价格。

【例9-14】（多选题）对于存货的计价与当期利润的关系，以下说法正确的有（　　）。

A. 期末存货计价过低，当期的利润可能因此而相应减少

B. 期末存货计价过高，当期的利润可能因此而相应增加

C. 期初存货计价过低，当期的利润可能因此而相应增加

D. 期初存货计价过高，当期的利润可能因此而相应减少

【答案】ABCD

【解析】期末存货的大小与销售成本成反比，从而会影响到企业当期应纳税所得额的确定，这主要表现在以下四个方面：（1）期末存货计价过低，当期的利润可能因此而相应减少；（2）期末存货计价过高，当期的利润可能因此而相应增加；（3）期初存货计价过低，当期的利润可能因此而相应增加；（4）期初存货如果计价过高，当期的利润可能因此而相应减少。

十、企业利润分配纳税管理

（一）所得税的纳税管理

利润分配环节的所得税纳税管理主要体现为亏损弥补的纳税筹划。根据企业所得税法规定，企业纳税年度发生亏损准予向以后年度结转，用以后年度所得弥补，但弥补亏损期限最长不得超过五年，五年内不论是盈利还是亏损，都作为实际弥补年限计算。纳税人可以充分利用亏损结转的规定，尽可能早地弥补亏损，获得税收利益。

（二）股利分配的纳税管理

1. 基于自然人股东的纳税筹划

我国鼓励投资者长期投资。个人持股一年以上的，股息红利暂免征个人所得税。因此，如果持股期限超过一年，由于股票转让投资收益的税负（印花税）重于股息红利收益的税负（0税负），所以上市公司发放股利有利于长期持股的个人股东获得纳税方面的好处。

2. 基于法人股东的纳税筹划

投资企业取得的股息红利收益不需要缴纳企业所得税；投资企业直接以转让股权方式取得的投资收益需要缴纳企业所得税。

【例9-15】（多选题）下列关于企业利润分配纳税管理的表述中，正确的有（　　）。

A. 投资企业直接以转让股权方式取得的投资收益暂免征企业所得税

B. 企业纳税年度发生亏损准予向以后年度结转，用以后年度所得弥补

C. 企业亏损用以后年度所得弥补期限最长不得超过五年，五年内不论是盈利还是亏损，都作为实际弥补年限计算

D. 我国鼓励投资者长期投资，个人持股一年以上的，股息红利暂免征个人所得税

【答案】BCD

【解析】投资企业取得的股息红利收益不需要缴纳企业所得税；投资企业直接以转让股权方式取得的投资收益需要缴纳企业所得税。

十一、企业重组纳税管理

企业重组纳税管理可以从以下两个方面入手，一是通过重组事项，长期降低企业各项纳税义务；二是减少重组环节的纳税义务。

（一）企业合并的纳税筹划

1. 并购目标企业的选择

并购有税收优惠的企业；并购亏损企业；并购上下游企业或关联企业。

2. 并购支付方式的纳税筹划

（1）股权支付。

我国企业所得税法规定，当企业符合特殊性税务处理的其他条件，且股权支付金额不低于其交易支付总额的85%时，可以使用资产重组的特殊性税务处理方法，这样可以相对减少合并环节的纳税义务，获得抵税收益。

①无须确认被合并企业大于原计税基础的所得，从而无须缴纳该部分所得税；

②可由合并企业弥补的被合并企业亏损的限额＝被合并企业净资产公允价值×截至合并业务发生当年末国家发行的最长期限的国债利率。

（2）非股权支付。

非股权支付采用一般性税务处理方法，对合并企业而言，需要对被合并企业公允价值大于原计税基础的所得进行确认，缴纳所得税，并且不能弥补被合并企业的亏损。

（二）企业分立的纳税筹划

1. 分立方式的选择

（1）新设分立。

通过新设分立，把一个企业分立成多个新企业，单个新企业应纳税所得额大大减少，使之适用小型微利企业，可以按照更低的税率征收所得税，或者通过分立，使某些新设企业符合高新技术企业的规定，从而享受税收优惠。

（2）存续分立。

通过存续分立，可以将企业某个特定部门分立出去，获得流转税的税收收益。

2. 支付方式的纳税筹划

企业分立的支付方式有股权支付和非股权支付。企业所得税法规定，当企业符合特殊性税务处理的其他条件，且被分立企业股东在该企业分立发生时取得的股权支付金额不低于其交易支付总额的85%时，可以使用资产重组的特殊性税务处理方法，这样可以相对减少分立环节的纳税义务，并且被分立企业未超过法定弥补期限的亏损额可以按分立资产占全部资产的比重进行分配，由分立企业继续弥补。

【例9－16】（多选题）下列关于企业重组纳税管理的表述中，正确的有（　　）。

A. 企业合并的支付方式有股权支付和非股权支付

B. 企业合并非股权支付采用一般性税务处理方法

C. 一般性税务处理方法不需要对被合并企业公允价值大于原计税基础的所得进行确认，因而无须缴纳所得税

D. 企业重组纳税管理主要包括长期降低企业各项纳税义务和减少重组环节的纳税义务两个方面

【答案】ABD

【解析】非股权支付采用一般性税务处理方法，对合并企业而言，需要对被合并企业公允价值大于原计税基础的所得进行确认，缴纳所得税，并且不能弥补被合并企业的亏损。

【例9－17】（多选题）下列有关企业分立税收筹划的表述中，正确的有（　　）。

A. 企业分立的支付方式有股权支付和非股权支付

B. 新设分立和存续分立如果采用恰当，都会降低税负水平

C. 如果采用特殊性税务处理方法，被分立企业未超过法定弥补期限的亏损额可以由分立企业继续弥补

D. 企业分立采用特殊性税务处理的前提条件是被分立企业股东在该企业分立发生时取得的股权支付金额不低于其交易支付总额的85%

【答案】ABC

【解析】企业分立的支付方式有股权支付和非股权支付。企业所得税法规定，当企业符合特殊性税务处理的其他条件，且被分立企业股东在该企业分立发生时取得的股权支付金额不低于其交易支付总额的85%时，可以使用资产重组的特殊性税务处理方法。

十二、股利分配理论

（一）股利无关论

该理论认为，在一定的假设条件限定下，股利政策不会对公司的价值或股票的价格产生任何影响。一个公司的股票价格完全由公司投资决策的获利能力和风险组合决定，而与公司的利润分配政策无关。"股利无关论"是建立在完全资本市场理论之上的。假设包括：

（1）市场具有强式效率，没有交易成本，没有任何一个股东的实力足以影响股票价格；

（2）不存在任何公司和个人所得税；

（3）不存在任何筹资费用；

（4）公司的投资决策与股利决策彼此独立，即投资决策不受股利分配的影响；

（5）股东对股利收入和资本增值之间并不偏好。

（二）股利相关论

1. "手中鸟"理论

该理论认为，公司的股利政策与公司的股票价格是密切相关的，即当公司支付较高的股利时，公司的股票价格会随之上升，公司的价值将得到提高。

2. 信号传递理论

该理论认为，公司可以通过股利政策向市场

传递有关公司未来获利能力的信息，从而会影响公司的股价。一般来讲，预期未来获利能力强的公司，往往愿意通过相对较高的股利支付水平，把自己同预期盈利能力差的公司区别开来，以吸引更多的投资者。

3. 所得税差异理论

该理论认为，由于普遍存在的税率以及纳税时间的差异，资本利得收入比股利收入更有助于实现收益最大化目标，公司应当采用低股利政策。

4. 代理理论

该理论认为，股利的支付能够有效降低代理成本。一方面，股利的支付减少了管理者对自由现金流量的支配权，这在一定程度上可以抑制公司管理者的过度投资或在职消费行为，从而保护外部投资者的利益；另一方面，较多的现金股利发放，减少了内部融资，导致公司进入资本市场寻求外部融资，从而公司将接受资本市场上更多的、更严格的监督，这样便通过资本市场的监督减少了代理成本。因此，高水平的股利政策降低了企业的代理成本，但同时增加了外部融资成本，理想的股利政策应当使两种成本之和最小。

【例 9 – 18】（单选题）厌恶风险的投资者偏好确定的股利收益，而不愿将收益存在公司内部去承担未来的投资风险，因此公司采用高现金股利政策有利于提升公司价值，这种观点的理论依据是（　　）。

A. 代理理论　　　　B. 信号传递理论
C. 所得税差异理论　D. "手中鸟"理论

【答案】 D

【解析】 "手中鸟"理论认为，用留存收益再投资给投资者带来的收入具有较大的不确定性，并且投资的风险随着时间的推移会进一步加大，因此，厌恶风险的投资者会偏好确定的股利收入，而不愿将收入留存在公司内部，去承担未来的投资风险。

【例 9 – 19】（单选题）某股利分配理论认为，由于对资本利得收益征收的税率低于对股利收益征收的税率，企业应采用低股利政策。该股利分配理论是（　　）。

A. 代理理论　　　　B. 信号传递理论
C. "手中鸟"理论　D. 所得税差异理论

【答案】 D

【解析】 所得税差异理论认为，由于普遍存在的税率以及纳税时间的差异，资本利得收益比股利收益更有助于实现收益最大化目标，公司应当采用低股利政策。一般来说，对资本利得收益征收的税率低于对股利收益征收的税率；再者，即使两者没有税率上的差异，由于投资者对资本利得收益的纳税时间选择更具有弹性，投资者仍可以享受延迟纳税带来的收入差异。

【例 9 – 20】（单选题）当公司宣布高股利政策后，投资者认为公司有充足的财务实力和良好的发展前景，从而使股价产生正向反映。持有这种观点的股利理论是（　　）。

A. 所得税差异理论　B. 信号传递理论
C. 代理理论　　　　D. "手中鸟"理论

【答案】 B

【解析】 信号传递理论认为，在信息不对称的情况下，公司可以通过股利政策向市场传递有关公司未来获利能力的信息，从而会影响公司的股价。此题公司通过宣布高股利政策，向投资者传递"公司有充足的财务实力和良好的发展前景"的信息，从而对股价产生正向影响，选项 B 正确。

【例 9 – 21】（单选题）下列股利理论中，支持"低现金股利有助于实现股东利益最大化目标"观点的是（　　）。

A. 信号传递理论　　B. 所得税差异理论
C. "手中鸟"理论　D. 代理理论

【答案】 B

【解析】 所得税差异理论认为，由于普遍存在的税率以及纳税时间的差异，资本利得收益比股利收益更有助于实现收益最大化目标，公司应当采用低股利政策，本题选项 B 正确。

十三、股利政策

（一）剩余股利政策

1. 含义

指公司生产经营所获得的净收益首先按照最优资本结构的要求满足追加投资的需要，如果还有剩余，拿剩余的部分作为股利发放给股东，如果没有剩余，则不派发股利。剩余股利政策的理论依据是 MM 股利无关理论。

2. 优点

保持最佳的资本结构，实现企业价值的长期

最大化。

3. 缺点

不利于投资者安排收入与支出；不利于公司树立良好的形象。

4. 适用

一般适用于公司初创阶段。

（二）固定或稳定增长的股利政策

1. 含义

指公司将每年派发的股利额固定在某一特定水平或是在此基础上维持某一固定比率逐年稳定增长。公司只有在确信未来盈余不会发生逆转时才会宣布实施固定或稳定增长的股利政策。

2. 优点

有利于树立公司的良好形象，增强投资者对公司的信心，稳定股票的价格；有助于投资者安排股利收入和支出。

3. 缺点

股利的支付与企业的盈利相脱节，可能会导致企业资金紧缺，财务状况恶化；在企业无利可分的情况下，若依然实施固定或稳定增长的股利政策，也是违反《公司法》的行为；不利于保持理想的资本结构。

4. 适用

通常适用于经营比较稳定或正处于成长期的企业，且很难被长期采用。

（三）固定股利支付率政策

1. 含义

指公司将每年净利润的某一固定百分比作为股利分派给股东，股利支付率一经确定，一般不得随意变更。

2. 优点

股利与公司盈余紧密配合，体现了"多盈多分、少盈少分、无盈不分"的股利分配原则；从企业的支付能力的角度看，这是一种稳定的股利政策。

3. 缺点

容易给投资者带来经营状况不稳定、投资风险较大的不良印象；容易使公司面临较大的财务压力；合适的固定股利支付率的确定难度比较大；不利于股东安排收入与支出；不利于保持理想的资本结构。

4. 适用

只是比较适用于那些处于稳定发展且财务状况也较稳定的公司。

（四）低正常股利加额外股利政策

1. 含义

是指公司事先设定一个较低的正常股利额，每年除了按正常股利额向股东发放股利外，还在公司盈余较多、资金较为充裕的年份向股东发放额外股利。但是，额外股利并不固定化，不意味着公司永久提高了股利支付率。

2. 优点

赋予公司较大的灵活性；使那些依靠股利度日的股东每年至少可以得到虽然较低但比较稳定的股利收入，从而吸引住这部分股东。

3. 缺点

由于年份之间盈利波动使得额外股利不断变化，造成分派的股利不同，容易给投资者收益不稳定的感觉。当公司在较长时间持续发放额外股利后，可能会被股东误认为一旦取消"正常股利"，传递出的信号会使股东认为这是公司财务状况恶化的表现，进而导致股价下跌。

4. 适用

对那些盈利随着经济周期而波动较大的公司或者盈利与现金流量很不稳定时，低正常股利加额外股利政策也许是一种不错的选择。

【例9-22】（单选题）下列各项中，属于固定股利支付率政策优点的是（　　）。

A. 股利分配有较大灵活性

B. 有利于稳定公司的股价

C. 股利与公司盈余紧密配合

D. 有利于树立公司的良好形象

【答案】C

【解析】固定股利支付率的优点之一是股利与公司盈余紧密配合，体现了"多盈多分、少盈少分、无盈不分"的股利分配原则。

【例9-23】（多选题）下列各项中，属于剩余股利政策的优点有（　　）。

A. 保持目标资本结构

B. 降低再投资资本成本

C. 使股利与企业盈余紧密结合

D. 实现企业价值的长期最大化

【答案】ABD

【解析】剩余股利政策的优点是：留存收益优先保证再投资的需要，有助于降低再投资的资金成本，保持最佳的资本结构，实现企业价值的长期最大化。剩余股利政策的缺点是：若完全遵照执行剩余股利政策，股利发放额就会每年随着投资机会和盈利水平的波动而波动。在盈利水平不变的前提下，股利发放额与投资机会的多寡呈反方向变动，而在投资机会维持不变的情况下，股利发放额将与公司盈利呈同方向波动。剩余股利政策不利于投资者安排收入与支出，也不利于公司树立良好的形象，一般适用于公司初创阶段。

十四、利润分配制约因素

（一）法律因素

包括：资本保全约束（目的在于维持企业资本的完整性，保护企业完整的产权基础，保障债权人的利益）、资本积累约束、超额累积利润约束（目的在于防止企业帮助股东避税）、偿债能力约束。

（二）公司因素

包括：现金流量、资产的流动性、盈余的稳定性、投资机会、筹资因素、其他因素（由于股利的信号传递作用，公司不宜经常改变其利润分配政策，应保持一定的连续性和稳定性。此外，在进行政策选择时要考虑发展阶段以及所处行业状况）。

（三）股东因素

包括：控制权、稳定的收入、避税。

（四）其他因素

包括：债务契约、通货膨胀（在通货膨胀时期，企业一般会采取偏紧的利润分配政策）。

【例 9-24】（多选题）企业在确定股利支付率水平时，应当考虑的因素有（　　）。

A. 投资机会　　　　B. 筹资成本

C. 资本结构　　　　D. 股东偏好

【答案】ABCD

【解析】确定股利支付率水平的高低，取决于企业对下列因素的权衡：（1）企业所处的成长周期；（2）企业的投资机会；（3）企业的筹资能力及筹资成本；（4）企业的资本结构；（5）股利的信号传递功能；（6）借款协议及法律限制；（7）股东偏好；（8）通货膨胀等。

【例 9-25】（多选题）公司在制定利润分配政策时应考虑的因素有（　　）。

A. 通货膨胀因素

B. 股东因素

C. 法律因素

D. 公司因素

【答案】ABCD

【解析】公司在制定利润分配政策时应考虑的因素包括：法律因素、股东因素、公司因素、其他因素（债务契约、通货膨胀）。

【例 9-26】（判断题）在通货膨胀条件下，企业一般采用较宽松的股利政策。（　　）

【答案】×

【解析】在通货膨胀条件下，企业资金紧张，一般采用偏紧的股利政策。

【例 9-27】（判断题）股东为防止控制权稀释，往往希望公司提高股利支付率。（　　）

【答案】×

【解析】公司支付较高的股利，会导致留存收益减少，意味着将来发行新股的可能性加大，而发行新股会引起公司控制权的稀释。因此股东为防止控制权稀释，往往希望公司降低股利支付率。

十五、股利支付形式与程序

（一）股利支付形式

1. 现金股利

现金股利是最常见的方式。公司选择发放现金股利除了要有足够的留存收益外，还要有足够的现金。

2. 财产股利

是以现金以外的其他资产支付的股利，主要是以公司所拥有的其他公司的有价证券作为股利支付给股东。

3. 负债股利

是以负债方式支付的股利，通常以公司的应付票据支付给股东，有时也以发放公司债券的方式支付股利。

4. 股票股利

指公司以增发股票的方式支付股利。股票股利不会引起公司资产的流出或负债的增加，而只涉及股东权益内部结构的调整，即在减少未分配利润项目金额的同时，增加公司股本额，同时还可能引起资本公积的增减变化，而股东权益总额不变。发放股票股利会因普通股股数增加而引起每股利润下降，每股市价有可能因此而下跌，但股东持股比例不变，股东所持股票的市场价值总额仍能保持不变。

发放股票股利虽不直接增加股东的财富，也不增加公司的价值，但对股东和公司都有特殊意义。

对股东来讲，股票股利的优点主要有：

（1）派发股票股利后，若每股市价不成比例下降，股东便可以获得股票价值相对上升的好处；

（2）会给股东带来资本利得纳税上的好处。

对公司来讲，股票股利的优点主要有：

（1）公司保留成本较低的资金，从而有利于公司的发展；

（2）可以降低公司股票的市场价格，有利于促进股票的交易和流通；

（3）有利于促进股权的分散，防止公司被恶意控制；

（4）可以传递公司未来发展前景良好的信息，增强投资者的信心，在一定程度上稳定股票价格。

（二）股利支付程序

1. 股利宣告日

股东大会决议通过并由董事会将股利支付情况予以公告的日期。

2. 股权登记日

有权领取本期股利的股东资格登记截止日期。

3. 除息日

领取股利的权利与股票分离的日期。

4. 股利发放日

实际发放股利的日期。

【例9－28】（多选题）对公司而言，发放股票股利的优点有（　　）。

A. 减轻公司现金支付压力

B. 使股权更为集中

C. 可以向市场传递公司未来发展前景良好的信息

D. 有利于股票交易和流通

【答案】ACD

【解析】对公司来讲，股票股利的优点主要有：（1）发放股票股利不需要向股东支付现金，在再投资机会较多的情况下，公司就可以为再投资提供成本较低的资金，从而有利于公司的发展，选项A正确；（2）发放股票股利可以降低

公司股票的市场价格，既有利于促进股票的交易和流通，又有利于吸引更多的投资者成为公司股东，进而使股权更为分散，有效地防止公司被恶意控制，选项B错误，选项D正确；（3）股票股利的发放可以传递公司未来发展前景良好的信息，从而增强投资者的信心，在一定程度上稳定股票价格，选项C正确。

十六、股票分割与股票回购

（一）股票分割

1. 含义

又称股票拆股，即将一股股票拆分成多股股票的行为。股票分割对公司的资本结构和股东权益不会产生任何影响，只会使发行在外的股票总数增加，每股面值降低，并由此引起每股收益和每股市价下跌，而资产负债表中股东权益各账户的余额都保持不变，股东权益总额也维持不变。

2. 股票分割与股票股利的区别

（1）股票股利属于收益分配范畴，股票分割不属于收益分配；

（2）股票股利不影响股票的面值，股票分割会降低股票的面值；

（3）股票股利会对股东权益内部结构产生影响，股票分割不会对股东权益内部结构产生影响。

3. 作用

（1）使每股市价降低，促进股票流通和交易；

（2）可以向投资者传递公司发展前景良好的信息，有助于提高投资者对公司的信心。

4. 反分割

与股票分割相反，如果公司认为其股票价格过低，不利于其在市场上的声誉和未来的再筹资时，为提高股票的价格，会采取反分割措施。

（二）股票回购

1. 含义

是指上市公司出资将其发行在外的普通股以一定价格购买回来予以注销或作为库存股的一种资本运作方式。

2. 方式

包括公开市场回购、要约回购和协议回购三种。

3. 动机

现金股利的替代；改变公司的资本结构；传

递公司信息；基于控制权的考虑。

4. 影响

（1）股票回购需要大量资金支付回购成本，容易造成资金紧张，降低资产流动性，影响公司的后续发展。

（2）股票回购无异于股东退股和公司资本的减少，也可能会使公司的发起人股东更注重创业利润的实现，从而不仅在一定程度上削弱了对债权人利益的保护，而且忽视了公司的长远发展，损害了公司的根本利益。

（3）股票回购容易导致公司操纵股价。公司回购自己的股票容易导致其利用内幕消息进行炒作，加剧公司行业的非规范化，损害投资者的利益。

【例 9 – 29】（判断题）由于信息不对称和预期差异，投资会把股票回购当作公司认为其股票价格被高估的信号。（　　）

【答案】×

【解析】由于信息不对称和预期差异，证券市场上的公司股票价格可能被低估，而过低的股价将会对公司产生负面影响。一般情况下，投资者会认为股票回购意味着公司认为其股票价值被低估而采取的应对措施。因此本题说法错误。

【例 9 – 30】（单选题）股票回购对上市公司的影响是（　　）。

A. 有利于保护债权人利益

B. 分散控股股东的控制权

C. 有利于降低公司财务风险

D. 降低资产流动性

【答案】D

【解析】股票回购对上市公司的影响主要表现在以下几个方面：（1）股票回购需要大量资金支付回购成本，容易造成资金紧张，降低资产流动性，影响公司的后续发展。（2）股票回购无异于股东退股和公司资本的减少，也可能会使公司的发起人股东更注重创业利润的实现，从而不仅在一定程度上削弱了对债权人利益的保护，而且忽视了公司的长远发展，损害了公司的根本利益；（3）股票回购容易导致公司操纵股价。公司回购自己的股票容易导致其利用内幕消息进行炒作，加剧公司行业的非规范化，损害投资者的利益，本题选项 D 正确。

十七、股权激励

（一）股票期权模式

1. 含义

是指股份公司赋予激励对象在未来某一特定日期内以预先确定的价格和条件购买公司一定数量股票的选择权。

2. 优点

能够降低委托代理成本；有利于降低激励成本；可以锁定期权人的风险。

3. 缺点

影响现有股东的权益；可能遭遇来自股票市场的风险；可能带来经营者的短期行为。

4. 适用

适合那些初始投资资本较少、资本增值较快、处于成长期或扩张期的企业，如网络、高科技等风险较高的企业。

（二）限制性股票模式

1. 含义

指公司为了实现某一特定目标，公司先将一定数量的股票赠与或以较低的价格授予激励对象，只有当预期目标实现后，激励对象才可将限制性股票抛售并从中获利。若预期目标没有实现，公司有权将免费赠与的限制性股票收回或将售出股票以激励对象购买时的原价回购。

2. 优点

在限制期间公司不需要支付现金对价，便能够留住人才。

3. 缺点

缺乏一个能推动股价上涨的激励机制，在企业股价下降的时候，激励对象仍能获得股份，这样可能达不到激励的效果，并使股东遭受损失。

4. 适用

对于成熟企业，由于其股价上涨空间有限，采用限制性股票模式较为合适。

（三）股票增值权模式

1. 含义

指公司授予经营者一种权利，如果经营者努力经营企业，在规定的期限内，公司股票价格上升或者业绩上升，经营者就可以按一定比例获得这种由于股价上升所带来的收益，收益为行权价与行权日二级市场股份之间的差价或净资产的增值额。

2. 优点

比较易于操作，股票增值权持有人行权时，直接兑现股票升值部分；审批程序简单，无须解决股票来源问题。

3. 缺点

激励效果相对较差；公司的现金支付压力较大。

4. 适用

股票增值权激励模式较适合现金流量比较充裕且比较稳定的上市公司和现金流量比较充裕的非上市公司。

（四）业绩股票激励模式

1. 含义

指公司在年初确定一个合理的年度业绩目标，若激励对象实现了公司预定的年度业绩目标，公司给予激励对象一定数量的股票，或奖给其一定数量的奖金来购买公司的股票。

2. 优点

激励对象获得激励股票后便成为公司股东，与原股东有了共同利益，会更加努力提升公司业绩和股价。

3. 缺点

公司业绩目标确定的科学性很难保证，容易导致公司高管人员为了获得业绩股票而弄虚作假；激励成本较高，可能造成公司支付现金的压力。

4. 适用

比较适合业绩稳定型的上市公司及其集团公司、子公司。

【例9－31】（单选题）若激励对象没有实现的约定目标，公司有权将免费赠与的股票收回，这种股权激励是（　　）。

A. 股票股权模式

B. 业绩股票模式

C. 股票增值权模式

D. 限制性股票模式

【答案】D

【解析】限制性股票指公司为了实现某一特定目标，公司先将一定数量的股票赠与或以较低价格售予激励对象。选项D正确。

通关演练

一、单项选择题

1. 下列净利润分配事项中，根据相关法律法规和制度，应当最后进行的是（　　）。

A. 向股东分配股利

B. 提取任意公积金

C. 提取法定公积金

D. 弥补以前年度亏损

2. 产品寿命周期法是利用产品在不同寿命周期销量的变化趋势，进行销售预测的一种分析方法。如果产品销售增长率不够稳定，则说明企业处在（　　）。

A. 萌芽期　　　　B. 成长期

C. 成熟期　　　　D. 衰退期

3. 在销售预测的定性分析法中，属于对其他预测方法补充的方法是（　　）。

A. 意见汇集法

B. 专家判断法

C. 德尔菲法

D. 产品寿命周期分析法

4. 甲公司采用移动平均法以3期数据为样本值进行2019年销售预测的定量分析。假设A产品2011～2018年各期销售量分别为200吨、210吨、215吨、255吨、223吨、252吨、279吨、268吨。则2019年的预计A产品销售量为（　　）。

A. 255.50　　　　B. 261.22

C. 266.33　　　　D. 272.53

5. 下列关于收入与分配管理意义的说法中，错误的是（　　）。

A. 收入与分配管理集中体现了企业所有者与经营者之间的利益关系

B. 收入与分配管理是企业再生产的条件以及优化资本结构的重要措施

C. 收入与分配管理是国家建设资金的重要来源之一

D. 收入与分配管理集中体现了企业所有者经营者与劳动者之间的利益关系

6. 某企业生产 A 产品，本期计划销售量为 2 万件，应负担的固定成本总额为 50 万元，单位变动成本为 70 元，适用的消费税税率为 5%。根据上述资料测算的单位 A 产品的保本点价格应为（　　）元。
   A. 70
   B. 95
   C. 25
   D. 100

7. 在采用定性预测法预测销售量时，下列方法中，用时短、成本低、比较实用的是（　　）。
   A. 德尔菲法
   B. 营销员判断法
   C. 专家小组法
   D. 产品寿命周期分析法

8. 在制定公司的股利分配政策时，采用低正常股利加额外股利政策的公司是（　　）。
   A. 处于初创阶段的公司
   B. 经营比较稳定或正处于成长期的公司
   C. 盈利水平波动较大的公司
   D. 处于稳定发展阶段且财务状况也较稳定的公司

9. 股票增值权模式的适用范围是（　　）。
   A. 处于成熟期的企业
   B. 业绩稳定型的上市公司及其集团公司、子公司
   C. 现金流量比较充裕且比较稳定的上市公司和现金流量比较充裕的非上市公司
   D. 初始投入资本较少，资本增值较快，处于成长初期或扩张期的企业

10. 下列关于剩余股利政策的缺点的表述中，不正确的是（　　）。
    A. 不利于公司保持最佳的资本结构
    B. 不利于投资者安排收入与支出
    C. 不利于公司稳定股票的市场价格
    D. 不利于公司树立良好的形象

11. 下列关于股票期权模式的缺点的表述中，不正确的是（　　）。
    A. 影响现有股东的权益
    B. 不利于企业降低激励成本
    C. 可能遭遇来自股票市场的风险
    D. 可能带来经营者的短期行为

12. 下列关于股票分割的说法中，正确的是

（　　）。
A. 股票分割的结果会使股数增加、股东权益增加
B. 股票分割的结果使股东权益各账户的余额发生变化
C. 股票分割会使每股收益和每股市价降低
D. 股票分割不影响股票面值

13. 由专业人员根据实际经验，对预测对象的未来情况及发展趋势作出预测，这种分析方法称为（　　）。
    A. 定性分析法
    B. 营销员判断法
    C. 专家判断法
    D. 产品寿命周期分析法

14. 我国上市公司不得用于支付股利的权益资金是（　　）。
    A. 资本公积
    B. 任意盈余公积
    C. 法定盈余公积
    D. 上年未分配利润

15. 某公司 2015 年的净利润为 2 000 万元，2016 年投资计划需要资金 2 200 万元。如果该公司采用剩余股利政策，2015 年发放的股利为 680 万元，则该公司目标资本结构中权益资本所占的比例为（　　）。
    A. 40%
    B. 50%
    C. 60%
    D. 68%

16. 已知某公司 2015 年初未分配利润和当年的净利润均为正，但该公司 2015 年却没有支付股利，则该公司采用的股利政策是（　　）。
    A. 剩余股利政策
    B. 固定或稳定增长的股利政策
    C. 固定股利支付率政策
    D. 低正常股利加额外股利政策

17. 对于公司而言，不会导致公司财产减少的股利支付方式是（　　）。
    A. 现金股利
    B. 财产股利
    C. 负债股利
    D. 股票股利

18. 某上市公司现有发行在外的普通股 3 000 元/股，每股面值 1 元，资本公积 5 000 万元，未分配利润 4 000 万元，股票市价 10 元/股，若该公司宣布按 10% 的比例发放股票股利，发放股票股利后，资本公积的报表列示将为（　　）万元。
    A. 9 000
    B. 7 700

C. 5 000　　　　　　D. 8 000

19. 法律对利润分配超额累积利润限制的主要原因是（　　）。
    A. 避免损害少数股东权益
    B. 避免资本结构失调
    C. 避免股东避税
    D. 避免经营者从中牟利

20. 相对于其他股利政策而言，股利的发放既具有一定的灵活性，又有助于稳定股价的股利政策的是（　　）。
    A. 剩余股利政策
    B. 固定或稳定增长的股利政策
    C. 固定股利支付率政策
    D. 低正常股利加额外股利政策

21. 下列股利政策中，有利于稳定股票价格，树立公司良好形象，但股利的支付与公司盈余相脱节的股利政策是（　　）。
    A. 剩余股利政策
    B. 固定或稳定增长的股利政策
    C. 固定股利支付率政策
    D. 低正常股利加额外股利政策

22. 认为在信息不对称的情况下，公司可以通过股利政策向市场传递有关公司未来获利能力的信息，从而会影响公司的股价。这种股利理论是（　　）。
    A. "手中鸟"理论　B. 信号传递理论
    C. 所得税差异理论　D. 代理理论

23. 下列有关纳税管理的说法中，不正确的是（　　）。
    A. 企业纳税管理是指企业对其涉税业务和纳税实务所实施的研究和分析、计划和筹划、处理和监控、协调和沟通、预测和报告的全过程管理行为
    B. 纳税管理的目标是规范企业纳税行为，合理降低税收支出、有效防范纳税风险
    C. 纳税管理贯穿财务管理的各个组成部分
    D. 纳税筹划的外在表现是降低税负

24. 下列关于内部筹资的说法，不正确的是（　　）。
    A. 与外部股权筹资相比，其资本成本更低
    B. 与债务筹资相比，降低了企业的财务风险
    C. 可以减少企业的所得税负担
    D. 投资者可以享受递延纳税带来的收益

25. 下列关于外部筹资纳税管理的说法中，不正确的是（　　）。
    A. 外部筹资涉及资本结构管理问题
    B. 在目标资本结构的范围内，企业会优先使用股权融资
    C. 在债务利息率不变的情况下，过高的财务杠杆可能带来企业价值的损失
    D. 从股东财富最大化视角考虑，使用债务筹资进行纳税筹划必须满足总资产报酬率（息税前）大于债务利息率的前提条件

26. 下列关于企业投资纳税管理的说法中，不正确的是（　　）。
    A. 与直接投资相比，间接投资考虑的税收因素较少，没有纳税筹划的空间
    B. 直接对内投资纳税管理中，主要对长期经营资产进行纳税筹划
    C. 投资组织形式的纳税筹划属于直接对外投资纳税管理
    D. 根据企业分支结构可能存在的盈亏不均、税率差别等因素来决定分支机构的设立形式，能合法、合理地降低税收成本

27. 下列关于采购和生产环节纳税管理的说法中，不正确的是（　　）。
    A. 若企业的增值率小于无差别平衡点增值率，选择成为一般纳税人税负较轻
    B. 在选择购货对象时，要综合考虑由于价格优惠所带来的成本的减少和不能抵扣的增值税带来的成本费用的增加
    C. 当企业处于非税收优惠期间时，应选择使存货成本最小化的计价方法
    D. 对于盈利企业，新增固定资产入账时，其账面价值应尽可能低，尽可能在当期扣除相关费用，尽量缩短折旧年限或采用加速折旧法

28. 下列关于销售的纳税管理的说法中，不正确的是（　　）。
    A. 销售结算方式的筹划是指在税法允许的范围内，尽量采取有利于本企业的结算方式，以推迟纳税时间，获得纳税期的递延
    B. 采取以旧换新方式销售时，一般应按新货物的同期销售价格确定销售额，不得扣减旧货物的收购价格
    C. 在采用销售折扣方式销售时，如果销售

额和折扣额在同一张发票上注明，可以以销售额扣除折扣额后的余额作为纳税金额，减少企业的销项税额

D. 对于购买方购货物时配送、赠送的货物，实物款额不仅不能从货物销售额中减除，而且还需要按"赠送他人"计征增值税

29. 财政部、国家税务总局联合发布的财税〔2009〕59号文件和现行的《企业所得税法》时资产重组规定了两类税务处理方法：一般性税务处理方法和特殊性税务处理方法，下列相关说法中不正确的是（　　）。

A. 一般性税务处理方法强调充足交易中的增加值一定要缴纳企业所得税

B. 特殊性税务处理方法规定股权支付部分可以免于确认所得

C. 特殊性税务处理不可以抵扣相关企业的亏损

D. 在进行重组时，应该尽量满足特殊性税务处理条件

30. 下列关于股权激励的说法中，不正确的是（　　）。

A. 股票期权模式不会带来经营者的短期行为

B. 限制性股票模式缺乏一个能推动企业股价上涨的激励机制

C. 股票增值权模式会使公司的现金支付压力较大

D. 业绩股票激励模式的激励成本较高，可能造成公司支付现金的压力

31. 在制定产品价格时，能够薄利多销的企业应当将（　　）作为企业定价目标。

A. 保持和提高市场占有率

B. 稳定价格

C. 应付和避免竞争

D. 实现利润最大化

32. 甲公司生产A产品，期望的单位产品价格为520元，A产品单位产品的制造成本为260元，计划销售5 000件，计划期期间费用总额为400 000元，该产品适用的消费税税率为6%。则A产品按全部成本费用加成定价法测算的成本利润率必须达到（　　）。

A. 41.76%
B. 43.76%
C. 45.76%
D. 48.76%

33. 乙公司生产B产品，单位产品价格预计为200元，该产品单位产品变动成本为150元，应负担的固定成本总额为600 000元，适用的消费税税率为6%。则B产品运用保本点定价法测算的应实现的销售量应为（　　）件。

A. 15 789
B. 15 816
C. 15 833
D. 15 865

34. 丙公司生产C产品，本期计划销售量为2 000件，目标利润总额为50 000元，完全成本总额为100 000元，适用的消费税税率为6%。则C产品使用目标利润法测算的单位产品价格为（　　）。

A. 75.55
B. 79.79
C. 82.25
D. 88.96

35. 某企业生产销售甲产品，产品销量与价格有密切关系。今年前两个季度甲产品销售单价分别为20元和19元，对应的前两个季度实际销量分别为60 000件和72 000件。则按上半年数据计算得出的甲产品需求价格弹性系数为（　　）。

A. −2
B. +2
C. −4
D. +4

二、多项选择题

1. 下列有关公积金计提的表述中，正确的有（　　）。

A. 任意公积金的计提由股东大会决定

B. 法定公积金可以用于补亏、转增资本或发放股利

C. 当法定公积金的累计额达到注册资本的50%时，可以不再提取

D. 用法定公积金转增资本后法定公积金的余额不得低于转增前公司注册资本的25%

2. 采用营销员判断法进行销售预测的特点有（　　）。

A. 成本较低
B. 用时较短
C. 比较实用
D. 比较客观

3. 采用指数平滑法进行n+1期销量预测的定量分析时，n+1期的预测销售量的大小会受到（　　）的影响。

A. 第n期的实际销售量

B. 第n期的预测销售量

C. 平滑指数

D. 期数

4. 适合于将利润最大化作为企业定价目标的有（　　）。

A. 中小型企业

B. 在市场中处于领先地位的企业

C. 垄断企业

D. 能长期保持竞争优势的企业

5. 对于市场接受程度较低或销路不太好的产品，在使用心理定价策略时，一般不采用（　　）策略。

A. 尾数定价　　　　B. 双位定价

C. 高位定价　　　　D. 声望定价

6. 下列方法中，属于趋势预测分析法的有（　　）。

A. 加权平均法

B. 产品寿命周期分析法

C. 回归分析法

D. 移动平均法

7. 下列关于股票股利的说法中，正确的有（　　）。

A. 可以为再投资提供成本较低的资金

B. 可以促进股票的交易和流通

C. 有利于吸引投资者

D. 可以有效地防止公司被恶意控制

8. 下列各项中，能够增加发行在外的普通股股数，但不改变公司资本结构的行为有（　　）。

A. 支付现金股利　　B. 发放股票股利

C. 股票分割　　　　D. 股票回购

9. 在确定企业的利润分配政策时，下列各项中，属于应考虑的法律因素有（　　）。

A. 资本保全约束　　B. 偿债能力约束

C. 资本积累约束　　D. 通货膨胀

10. 企业纳税筹划期需要遵循的原则包括（　　）。

A. 合法性原则　　　B. 整体性原则

C. 成本效益原则　　D. 先行性原则

11. 在确定利润分配政策时需考虑股东因素，其中股东要求支付较少股利是出于（　　）。

A. 稳定收入考虑　　B. 避税考虑

C. 控制权考虑　　　D. 筹资能力

12. 下列关于固定股利支付率政策的说法中，正确的有（　　）。

A. 容易给投资者带来经营状况不稳定的不良印象

B. 容易给投资者带来投资风险较大的不良印象

C. 合适的股利支付率的确定难度比较大

D. 容易使公司面临较大的财务压力

13. 下列各项因素中，影响产品价格的有（　　）。

A. 价值因素

B. 定价目标的制定因素

C. 市场供求因素

D. 政策法规因素

14. 下列关于趋势预测分析法的表述中，正确的有（　　）。

A. 算术平均法适用于销售量略有波动的产品预测

B. 移动平均法适用于每月销售量波动不大的产品的销售预测

C. 加权平均法较算术平均法更为合理，计算也较方便，因而在实践中应用较多

D. 指数平滑法运用比较灵活，适用范围较广，但在平滑指数的选择上具有一定的主观随意性

15. 下列各项中，表明公司具有较强股利支付能力的有（　　）。

A. 筹资能力较强

B. 企业的资产有较强的变现能力，现金的来源较充裕

C. 净利润金额较大

D. 投资机会较多

16. 下列各项中，属于财产股利的有（　　）。

A. 以公司拥有的其他公司债券作为股利

B. 以公司拥有的其他公司股票作为股利

C. 以公司的应付票据作为股利

D. 以公司发行的债券作为股利

17. 在决定公司利润分配政策时，通常考虑的股东因素有（　　）。

A. 筹资成本　　　　B. 稳定的收入

C. 控制权　　　　　D. 投资机会

18. 下列关于不同同购方式下股票回购价格与当前市场价格的说法中，正确的有（　　）。

A. 公开市场回购的价格等于当前的市场价格

B. 要约回购的价格低于股票当前的市场

价格

C. 要约回购的价格一般高于当前的股票市场价格

D. 协议回购的价格一般高于当前的股票市场价格

19. 下列关于股权激励的表述中，正确的有（　　）。

A. 股权激励是一种通过经营者获得公司股权形式给予企业经营者一定的经济权利

B. 股权激励使企业经营者能够以股东的身份参与企业决策

C. 股权激励使企业经营者能够以股东的身份分享利润、承担风险

D. 股权激励能使企业经营者勤勉尽责地为公司的长期发展服务

20. 下列各项产品定价方法中，不是以市场需求为基础的是（　　）。

A. 目标利润定价法

B. 保本点定价法

C. 边际分析定价法

D. 变动成本定价法

21. 下列属于企业税务管理必须遵循的原则有（　　）。

A. 合理性原则　　B. 系统性原则

C. 经济性原则　　D. 先行性原则

22. 有关固定资产的纳税筹划，下列表述中正确的有（　　）。

A. 对于盈利企业，新增固定资产入账时，其账面价值要尽可能提高

B. 对于盈利企业，要尽量缩短折旧年限

C. 对于亏损企业，要尽量亏损期间少提折旧

D. 对于享受税收优惠的企业，要尽量在优惠期间少提折旧

23. 利用税收优惠政策进行纳税筹划的方法包括（　　）。

A. 利用税率差异　　B. 利用分劈技术

C. 利用递延纳税　　D. 利用税后抵免

24. 下列关于发放股票股利的意义的表述中，正确的有（　　）。

A. 传递积极信息

B. 增强股票的流动性

C. 保留现金用于公司发展

D. 提高公司股票价格

25. 企业可以通过利用税收优惠政策来实现减少应纳税额的目标，下列措施中不可行的有（　　）。

A. 利用免税政策

B. 递延纳税

C. 利用分劈技术

D. 利用转让定价筹划法

26. 甲公司为扩大市场份额，计划 2016 年在吉林省长春市设立销售代表处。由于竞争对手众多，预计第一年将亏损 200 万元，同年总部将盈利 600 万元，不考虑应纳税所得额的调整因素，企业所得税税率为 25%。下列说法中正确的有（　　）。

A. 假设采取子公司形式设立，则 2016 年企业总部应缴所得税为 100 万元

B. 假设采取子公司形式设立，则 2016 年企业总部应缴所得税为 150 万元

C. 假设采取分公司形式设立，则 2016 年企业总部应缴所得税为 150 万元

D. 假设采取分公司形式设立，则 2016 年企业总部应缴所得税为 100 万元

27. 下列关于企业并购的股权支付和非股权支付的表述中，不正确的有（　　）。

A. 对并购公司而言，与现金支付相比，股权支付不会给企业带来融资压力，降低了企业的财务风险

B. 股权支付可以相对减少合并环节的纳税义务

C. 非股权支付采用一般性税务处理方法

D. 如果采用股权支付方式，会增加收购成本

28. A 公司拟吸收合并 B 公司，除了一项无形资产外，B 公司的所有资产和负债的计税基础都与公允价值一致，该无形资产的计税基础为 0，公允价值为 800 万元，并且没有规定使用年限。B 公司未弥补的亏损为 150 万元，净资产的公允价值为 3 000 万元。截至合并业务发生当年末，国家发行的最长期国债利率为 5.32%，A 公司适用的所得税税率为 25%。如果企业采用股权支付方式，可以使用资产重组的特殊性税务处理方法。下列说法中正确的有（　　）。

230

A. 如果企业采用非股权支付方式，合并事项产生的所得税纳税义务为 200 万元

B. 如果企业采用非股权支付方式，合并事项不产生所得税纳税义务

C. 如果企业采用股权支付方式，弥补亏损可节约的税收为 37.5 万元

D. 如果企业采用股权支付方式，弥补亏损可节约的税收为 39.9 万元

三、判断题

1. 企业年度亏损可以在五年内用税前利润连续弥补，连续五年未弥补的亏损用税后利润弥补，税后利润弥补亏损应当用当年实现的净利润。　　　　　　　　（　　）

2. 在制定产品价格时，将应付和避免竞争作为企业定价目标主要适用于中小型企业。　（　　）

3. 以变动成本作为增量产量的定价依据的前提条件是企业有剩余的生产能力。　（　　）

4. 以成本为基础的定价方法所确定的产品价格不一定满足企业销售收入或利润最大化的要求。　　　　　　　　　（　　）

5. 采用以成本为基础的定价方法制定产品价格时，变动成本不仅可以作为增量产量的定价依据，也可以作为一般产品的定价依据。　　　　　　　　　（　　）

6. 在股利支付程序中，除息日是指领取股利的权利与股票分离的日期，在除息日购买股票的股东有权参与当次股利的分配。（　　）

7. 分配管理指的是对利润分配的管理，本章所指利润分配是指对税前利润的分配。（　　）

8. 采用以成本为基础的定价方法制定的产品价格能满足企业销售收入或利润最大化的要求。　　　　　　　　（　　）

9. 某公司 2015 年度净利润为 500 万元，预计 2016 年投资所需的资金为 1 000 万元，假设目标资本结构是负债资金占 60%，企业按照净利润 10% 的比例计提法定盈余公积金，公司采用剩余股利政策发放股利，则 2015 年度企业可向投资者支付的股利为 50 万元。
　　　　　　　　　　　　　（　　）

10. 目前，在我国公司实务中常见的股利支付形式是现金股利、股票股利及财产股利，而负责股利很少使用。　　　　（　　）

11. 代理理论认为，高水平的股利政策有助于降低企业的代理成本，但同时也会增加企业的外部融资成本。　　　　（　　）

12. 反分割又称股票合并或逆向分割，是指将多股股票合并为一股股票的行为，它向市场传递的信息是不利的。　　（　　）

13. 固定股利支付率政策比较适用于盈利水平随着经济周期而波动较大的公司。（　　）

14. 采用加权平均法预测销售量时，权数的选取应当遵循"近小远大"的原则。（　　）

四、计算分析题

1. 某企业计划投资 600 万元生产甲产品，根据市场调查，甲产品预计每年销售量为 100 万件，此时完全成本总额预计为 1 000 万元，该企业要求该项投资的利润率为 25%，适用的消费税税率为 10%。

要求：

（1）预测利润总额、单位完全成本、成本利润率；

（2）用成本利润率定价法测算单位甲产品的价格；

（3）用目标利润法测算单位甲产品的价格。

2. 某公司成立于 2014 年 1 月 1 日。2014 年度实现的净利润为 1 000 万元，分配现金股利 550 万元，提取盈余公积 450 万元（所提盈余公积均已指定用途）。2015 年度实现的净利润为 900 万元（不考虑计提法定盈余公积的因素）。2016 年计划增加投资，所需资金为 700 万元。假定公司目标资本结构为自有资金占 60%，借入资金占 40%。

要求：

（1）在保持目标资本结构的前提下，计算 2016 年投资方案所需的自有资金额和需要从外部借入的资金额；

（2）在保持目标资本结构的前提下，如果公司执行剩余股利政策，计算 2015 年度应分配的现金股利；

（3）在不考虑目标资本结构的前提下，如果公司执行固定股利政策，计算 2015 年应分配的现金股利、可用 2016 年投资的留存收益和需要额外筹集的资金额；

（4）在不考虑目标资本结构的前提下，如果公司执行固定股利支付率政策，计算该公司的股利支付率和 2015 年度应分配的现金股利；

（5）假定公司 2016 年面临着从外部筹资的困难，只能从内部筹集资金，不考虑目标资本结构，计算在此情况下 2015 年度应分配的现金股利。

五、综合题

E 公司是一家智能设备制造商，公司正在进行明年的财务规划。有关资料如下：

资料一：该公司今年末的资产负债表简表及相关信息如下表所示：

单位：万元

资产	金额	占销售额的%	负债与权益	金额	占销售额的%
现金	2 000	2.5	短期借款	5 000	N
应收票据	8 000	10.0	应付票据	3 000	3.75
应收账款	5 000	6.25	应付账款	6 000	7.5
存货	6 000	7.50	应付债券	8 000	N
其他流动资产	5 000	N	实收资本	20 000	N
固定资产	24 000	N	留存收益	8 000	N
合计	50 000	26.25	合计	50 000	11.25

注：表中"N"表示该项目不随销售额的变动而变动。

资料二：该公司今年销售收入为 80 000 万元，销售净利率为 8%，利润留存率为 40%。预计明年销售增长率为 20%，销售净利率和利润留存率保持不变。

资料三：该公司计划于明年初从租赁公司融资租入一台设备。该设备价值 1 200 万元，租期为 5 年。租赁期满时预计净残值为 200 万元，归租赁公司所有。年利率为 8%，年租赁手续费为 2%，租金每年末支付 1 次。相关货币时间价值系数为（P/F，8%，5）= 0.6806；（P/F，10%，5）= 0.6209；（P/A，8%，5）= 3.9927；（P/A，10%，5）= 3.7908。

资料四：经测算，资料三中新增设备投产后每年能为该公司增加净利润 150 万元，设备年折旧额为 200 万元。

资料五：该公司采用以下两种筹资方式：①利用商业信用：该公司供应商提供的付款条件为"1.5/10，N/30"；②向银行借款：借款年利率为 10%。一年按 360 天计算。该公司适用的企业所得税税率为 25%。

不考虑增值税及其他因素的影响。

要求：

（1）根据资料一和资料二，计算该公司明年下列各项金额：①因销售增加而增加的资产额；②因销售增加而增加的负债额；③因销售增加而需要增加的资金量；④预计留存利润增加额；⑤预计外部融资需要量。

（2）根据资料三，计算下列数值：①计算租金时使用的折现率；②该设备的年租金。

（3）根据资料四，计算下列数值：①新设备投产后每年增加的营业现金净流量；②如果公司按 1 200 万元自行购买而非租赁该设备，计算该设备投资的静态回收期。

（4）根据资料五，计算并回答如下问题：①计算放弃现金折扣的信用成本率；②判断该公司是否应该放弃现金折扣，并说明理由；③计算银行借款的资本成本。

通关演练参考答案及解析

一、单项选择题

1.【答案】A

【解析】净利润的分配顺序为弥补以前年度亏损、提取法定公积金、提取任意公积金、向股东（投资者）分配股利（利润），选项A正确。

2.【答案】A

【解析】产品寿命周期法是利用产品在不同寿命周期销量的变化趋势，进行销售预测的一种分析方法。产品寿命周期一般要经过萌芽期、成长期、成熟期和衰退期四个阶段。萌芽期增长率不稳定，成长期增长率最大，成熟期增长率稳定，衰退期增长率为负数。

3.【答案】D

【解析】产品寿命周期分析法是利用产品销售量在不同寿命周期阶段上的变化趋势，进行销售预测的一种定性分析法，它是对其他预测方法的补充。

4.【答案】C

【解析】2019年的预计A产品销售量 = (252 + 279 + 268)/3 = 266.33（吨）

5.【答案】A

【解析】收入与分配管理的意义表现在以下三个方面：（1）收入与分配管理集中体现了企业所有者、经营者与劳动者之间的利益关系；（2）收入与分配管理是企业再生产的条件以及优化资本结构的重要措施；（3）收入与分配管理是国家建设资金的重要来源之一。所以选项A的说法错误。

6.【答案】D

【解析】单位A产品的保本点价格 = (50/2 + 70)/(1 - 5%) = 100（元）

7.【答案】B

【解析】营销员判断法是由企业熟悉市场情况及相关变化信息的营销人员对市场进行预测，再将各种判断意见加以综合分析、整理，并得出预测结论的方法。这种方法用时短、成本低，比较实用。

8.【答案】C

【解析】低正常股利加额外股利政策，是指公司事先设定一个较低的正常股利额，每年除了按正常股利额向股东发放股利外，还在公司盈余较多、资金较为充裕的年份向股东发放额外股利。因此盈利水平波动较大的公司适宜采用低正常股利加额外股利政策。一般来说，剩余股利政策适用于经营比较稳定或正处于成长期的公司；固定股利支付率政策比较适合正处于稳定发展阶段且财务状况比较稳定的公司。

9.【答案】C

【解析】股票增值权模式是指公司授予经营者一种权利，如果经营者努力经营企业，在规定的期限内，公司股票价格上升或公司业绩上升，经营者就可以按一定比例获得这种由股价上扬或业绩提升所带来的收益，收益为行权价与行权日二级市场股价之间的差价或净资产的增值额。激励对象不用为行权支付现金，行权后由公司支付现金、股票或股票和现金的组合。股票增值权的收益来源是公司提取的奖励基金，公司的现金支付压力较大。因此，股票增值权激励模式较适合现金流量比较充裕且比较稳定的上市公司和现金流量比较充裕的非上市公司。

10.【答案】A

【解析】剩余股利政策是指公司在有良好的投资机会时，根据目标资本结构，测算出投资所需的权益资本额，先从盈余中留用，然后将剩余的盈余作为股利来分配，即净利润首先满足公司的权益资金融资需求，如果还有剩余，就派发股利；如果没有，则不派发股利。由此可知，剩余股利政策有利于公司保持最佳的资本结构，即选项A的说法不正确。剩余股利政策下，由于股利不稳定，因此，不利于投资者安排收入与支出，也不利于公司树立良好的形象，在现实的资本市场中不利于公司稳定股票的市场价格。

11.【答案】B

【解析】股票期权模式是指股份公司赋予激励对象（如经理人员）在未来某一特定日期内以特定价格购买一定数量的公司股份的选择权。持有这种权利的经理人可以按照该特定价格购买公司一定数量的股票，也可以放弃购买股票的权利，但股票期权本身不可转让。企业使用股票期权模式没有任何的现金支出，因此，有利于企业降低激励成本。

12.【答案】C

【解析】股票分割对公司的资本结构和股东权益不会产生任何影响，一般只会使发行在外的股票总数增加，每股面值降低，并由此引起每股收益和每股市价下跌，而资产负债表中股东权益各账户的余额都保持不变，股东权益总额也保持不变。所以选项C的说法正确。

13.【答案】A

【解析】定性分析法，即非数量分析法，是指由专业人员根据实际经验，对预测对象的未来情况及发展趋势作出预测的一种分析方法。

14.【答案】A

【解析】企业的利润分配必须以资本保全为前提，相关法律规定，不得用资本（包括实收资本或股本和资本公积）发放股利。

15.【答案】C

【解析】设权益资本所占的比例为 x，则：$2\,000 - 2\,200x = 680$，解得：$x = 60\%$。

16.【答案】A

【解析】在年初未分配利润和本年净利润均为正的情况下，固定或稳定增长的股利政策、固定股利支付率政策和低正常股利加额外股利政策下公司均需支付股利，只有在剩余股利政策下，公司有大量的投资需求，并且投资所需的权益资本大于本年净利润的情况下，公司才不支付股利。

17.【答案】D

【解析】发放股票股利对于公司来说，并没有现金流出企业，也不会导致公司的财产减少，只是将公司的留存收益转化为股本。

18.【答案】C

【解析】在我国，股票股利价格是按照股票面值来计算，因此发放股票股利后，不改变资本公积。

19.【答案】C

【解析】对于股份公司而言，由于投资者接受现金股利缴纳的所得税要高于进行股票交易取得的资本利得所缴纳的税金，因此许多公司可以通过累积利润使股价上涨的方式来帮助股东避税。所以选项C为本题答案。

20.【答案】D

【解析】低正常股利加额外股利政策的优点包括：具有一定的灵活性；有助于稳定股价；可以吸引住那些依靠股利度日的股东。所以选项D为本题答案。

21.【答案】B

【解析】在固定或稳定增长的股利政策下，公司每年派发的股利额固定在某一特定水平或是在此基础上维持某一固定比率逐年稳定增长。该政策有利于公司树立良好的形象，有利于稳定公司股票价格，从而增强投资者对公司的信心。但是，股利的支付与公司盈利能力相脱节。所以选项B为本题答案。

22.【答案】B

【解析】信号传递理论认为，在信息不对称的情况下，公司可以通过股利政策向市场传递有关公司未来获利能力的信息，从而会影响公司的股价。"手中鸟"理论认为公司的股利政策与公司的股票价格是密切相关的，即当公司支付较高的股利时，公司的股票价格会随之上升，公司价值将得到提高。所得税差异理论认为，由于普遍存在的税率以及纳税时间的差异，资本利得收益比股利收益更有助于实现收益最大化目标，公司应当采用低股利政策。代理理论认为高水平的股利政策降低了企业的代理成本，但同时增加了外部融资成本，理想的股利政策应当使两种成本之和最小。

23.【答案】D

【解析】纳税筹划的外在表现是降低税负和延期纳税。

24.【答案】C

【解析】内部筹资不会增加债务利息，所以不能减少企业的所得税负担。

25. 【答案】B

【解析】在目标资本结构的范围内，企业会优先使用负债融资，这是因为企业价值由企业未来经营活动现金流量的现值决定，负债融资的利息可以在计算应纳税所得额时予以扣除，这就降低了企业的纳税负担，减少了企业经营活动现金流出量，增加了企业价值。

26. 【答案】A

【解析】间接投资又称证券投资，是指企业用资金购买股票、债券等金融资产而不直接参与其他企业生产经营管理的一种投资活动，资产负债表中的交易性金融资产、可供出售金融资产和持有至到期投资等就属于企业持有的间接投资。与直接投资相比，间接投资考虑的税收因素较少，但也有纳税筹划的空间。在投资金额一定时，证券投资决策的主要影响因素是证券的投资收益，不同种类证券收益应纳所得税不同，在投资决策时，应该考虑其税后收益，例如，我国税法规定，我国国债利息收入免交企业所得税，当可供选择债券的回报率较低时，应该将其税后投资收益与国债的收益相比，再作决策。

27. 【答案】C

【解析】当企业处于非税收优惠期间时，应选择使得存货成本最大化的计价方法，以达到减少当期应纳税所得额、延迟纳税的目的。

28. 【答案】C

【解析】销售折扣不得从销售额中减除，销售折扣是指销货方在销售货物或提供应税劳务和应税服务后，为了鼓励购货方及早偿还货款而许诺给予购货方的一种折扣优待，又称为现金折扣。折扣销售可以从销售额中减除，折扣销售是给予消费者购货价格上的优惠，如八折销售等。如果销售额和折扣额在同一张发票上注明，可以以销售额扣除折扣额后的余额作为计税金额，减少企业的销项税额。

29. 【答案】C

【解析】如果企业并购重组符合特殊性税务处理的规定，合并企业可以对被合并企业的亏损进行弥补，获得抵税收益，可由合并企业弥补的被合并企业亏损的限额等于被合并企业净资产公允价值乘以截至合并企业发生当年末国家发行的最长期限的国债利率。

30. 【答案】A

【解析】由于股票期权的收益取决于行权之日市场上的股票价格高于行权价格的差额，因而可能促使公司的经营者片面追求股价提升的短期行为，即选项A的说法不正确。

31. 【答案】A

【解析】以保持和提高市场占有率作为定价目标，要求企业具有潜在的生产经营能力，总成本增长速度低于总销量增长速度，商品的需求价格弹性较大。即适用于能够薄利多销的企业。

32. 【答案】B

【解析】A产品单位成本＝260＋（400 000/5 000）＝340（元），520＝340×（1＋成本利润率）/（1－6%），成本利润率＝43.76%。

33. 【答案】A

【解析】单位B产品负担的固定成本＝600 000/销售量，200＝[（600 000/销售量）＋150]/（1－6%），销售量＝15 789（件）。

34. 【答案】B

【解析】C产品单价＝（50 000＋100 000）/[2 000×（1－6%）]＝79.79（元）。

35. 【答案】C

【解析】二季度单价下降1元，销量增加12 000元，甲产品需求价格弹性系数＝（12 000/60 000）/（－1/20）＝－4。

二、多项选择题

1. 【答案】ACD

【解析】法定公积金可以用于弥补亏损和转增资本，不能用于发放股利。

2. 【答案】ABC

【解析】营销员判断法又称意见汇集法，是由企业熟悉市场情况和相关变化信息的管理人员对由推销人员调查得来的结果进行综合分析，从而作出较为正确预测的方法。这种方法的优点在于用时短、成本低、比较实用；缺点是单纯依靠营销人员的主观判断，具有较多的主观因素和较大的片面性。

3. 【答案】ABCD

【解析】从指数平滑法的计算公式：$Y_{n+1} = aX_n + (1-a)Y_n$ 中，可以得出上述结论。

4.【答案】BCD

【解析】中小型企业不处于领先和垄断地位，不具有竞争优势，不宜将利润最大化作为企业定价目标。

5.【答案】B

【解析】心理定价策略是针对购买者的心理特点而采取的一种定价策略，对于市场接受程度较低或销路不太好的产品可以采用双位定价策略。

6.【答案】AD

【解析】趋势预测分析法主要包括算术平均法、加权平均法、移动平均法、指数平滑法等；如果预测分析法最常用的是回归分析法；产品寿命周期分析法属于销售预测的定性分析法。所以选项A、D为本题答案。

7.【答案】ABCD

【解析】股票股利对公司的优点主要有：(1)在再投资机会较多的情况下，公司可以为再投资提供成本较低的资金，从而有利于企业的发展；(2)降低每股市价，促进股票的交易和流通，吸引更多的投资者成为公司的股本，使股权更为分散，可以有效地防止公司被恶意控制；(3)可以传递公司未来发展前景良好的信息，增强投资者的信心。所以选项A、B、C、D说法正确。

8.【答案】BC

【解析】支付现金股利不影响发行在外的普通股股数，但会改变公司资本结构；股票股利能增加发行在外的普通股股数，但是不会改变公司资本结构；股票分割会增加发行在外的普通股回购股数但是不会改变公司资本结构；股票回购会减少发行在外的普通股股数，也会改变公司资本结构。所以选项B、C为本题答案。

9.【答案】ABC

【解析】为了保护债权人和股东的利益，法律法规就公司的利润分配作出了如下规定：(1)资本保全约束；(2)资本积累约束；(3)超额累积利润约束；(4)偿债能力约束。所以选项A、B、C为本题答案，选项D属于其他应该考虑的因素，故不是答案。

10.【答案】ABCD

【解析】企业纳税筹划需要遵循的原则包括合法性原则、系统性原则、经济性原则和先行性原则，其中，纳税筹划的系统性原则，也称为整体性原则、综合性原则。纳税筹划的经济性原则，也称成本效益原则。

11.【答案】BC

【解析】出于稳定收入考虑，有些股东认为留存利润使公司股票价格上升而获得资本利得具有较大的不确定性，取得现实的股利比较可靠，这些股东会倾向多分配股利。所以选项A不是答案；出于避税考虑，很多股东往往偏好于低股利支付水平，以便从股价上涨中获利，所以选项B是答案；出于控制权考虑，公司的股东往往主张较低股利的支付，以防止控制权旁落他人，所以选项C是答案；对于影响公司股利政策的筹资能力，是公司因素而非股东因素，所以选项D不是答案。

12.【答案】ABCD

【解析】固定股利支付率政策的缺点：波动的股利容易给投资者带来经营状况不稳定、投资风险较大的不良印象，成为影响股价的不利因素；容易使公司面临较大的财务压力；合适的股利支付率的确定难度比较大。所以选项A、B、C、D的说法正确。

13.【答案】ACD

【解析】影响产品价格的因素很多，主要包括价值因素、成本因素、市场供求因素、竞争因素和政策法规因素。所以选项A、C、D为本题答案。

14.【答案】CD

【解析】移动平均法适用于销售量略有波动的产品预测；算术平均法适用于每期销售量波动不大的产品的销售预测。所以选项A、B的表述不正确，选项C、D为本题答案。

15.【答案】AB

【解析】如果公司具有较强的筹资能力，随时能筹集到所需的资金，那么公司具有较强的股利支付能力，所以选项A是答案；如果一个公司的资产有较强的变现能力，现金的来源比较充裕，则它的股利支付能力也比较强，所以选项B是答案；企业在进行利润分配时，必须充分考虑企业的现金流量，而不仅仅是企业的净收益，所以选项 C 不是答案；投资机会较多，说明对现金的需求较大，从而股利支付能力较弱，所以选项 D 不是答案。

16.【答案】AB

【解析】财产股利是指以现金以外的其他资产支付的股利，主要是以公司所拥有的其他公司的有价证券，如公司债券、公司股票等，作为股利发放给股东。而以公司的应付票据支付给股东或者以发行公司债券的方式支付股利都属于负债股利。所以选项 A、B 为本题答案。

17.【答案】BC

【解析】股东在决定公司的利润分配政策时，通常考虑稳定的收入、控制权、避税等问题。影响利润分配政策的公司因素包括：现金流量、资产的流动性、盈余的稳定性、投资机会、筹资因素、其他因素（如不同发展阶段、不同行业）。所以选项 B、C 为本题答案。

18.【答案】AC

【解析】股票回购包括公开市场回购、要约回购及协议回购三种方式，其中，公开市场回购，是指公司在公开交易市场上以当前市价叫购股票；要约回购是指公司在特定期间向股东发出的以高于当前市价的某一价格回购既定数量股票的要约；协议回购则是指公司以协议价格直接向一个或几个主要股东回购股票。所以选项 A、C 为本题答案。

19.【答案】ABCD

【解析】股权激励是一种通过经营者获得公司股权形式给予企业经营者一定的经济权利，使他们能够以股东的身份参与企业决策、分享利润、承担风险，从而勤勉尽责地为公司的长期发展服务的一种激励方法。所以选项 A、B、C、D 为本题答案。

20.【答案】ABD

【解析】以市场需求为基础的定价方法包括需求价格弹性系数定价法和边际分析定价法。

21.【答案】BCD

【解析】纳税筹划的原则包括：合法性原则、系统性原则、经济性原则和先行性原则。

22.【答案】BCD

【解析】对于盈利企业，新增固定资产入账时，其账面价值要尽可能降低，尽可能在当期扣除相关费用，尽量缩短折旧年限并采用加速折旧法。对于亏损企业或享受税收优惠的企业，要尽量在优惠或亏损期间少提折旧，已达到抵税收益最大化。

23.【答案】ABD

【解析】利用税收优惠政策进行纳税筹划的方法主要包括：利用免税政策、利用减税政策、利用退税政策、利用税收扣除政策、利用税率差异、利用分劈技术和利用税收抵免。

24.【答案】ABC

【解析】在其他因素不变的情况下，发放股票股利使股票的数量增加，每股价格下降。

25.【答案】BD

【解析】递延纳税仅仅改变纳税的时间，并不减少应纳税额，所以，选项 B 是答案；转让定价筹划法可以减少应纳税额，但是不属于通过利用税收优惠政策来实现减少应纳税额，因此，选项 D 是答案。

26.【答案】BD

【解析】从税法上看，子公司需要独立申报企业所得税，分公司的企业所得税由总公司汇总计算并缴纳。因此，假设采取子公司形式设立，2016 年企业总部应缴所得税：$600×25\%=150$（万元）；假设采取分公司形式设立，则 2016 年企业总部应缴所得税 $=(600-200)×25\%=100$（万元）。

27.【答案】BD

【解析】使用资产重组的特殊性税务处理方法可以相对减少合并环节的纳税义务，但是，股权支付不一定必然采用特殊性税务处理方法，根据相关规定，当企业符合特殊性税务处理的其他条件，且股权支付金额不低于其交易支付总额的 85% 时，可以使用资产重组的特殊性税务处理方法。所以，选项 B 的说法不正确。非股权支付采用一般性税务处理方法，对于被合并企业的股东而言，需要对资产转让所得缴纳所得税，因此，如果采用非股权支付方式，就要考虑到目标公司股东的税收负担，会增加收购成本。即选项

D 的说法不正确。

28.【答案】AC

【解析】根据相关规定，非股权支付采用一般性税务处理方法，对合并企业而言，需对被合并企业公允价值大于原计税基础的所得进行确认，缴纳所得税，并且不能弥补被合并企业的亏损。所以，选项 A 的说法正确，选项 B 的说法不正确。如果企业并购重组符合特殊性税务处理的规定，合并企业可以对被合并企业的亏损进行弥补，获得抵税收益，可合并弥补的被合并企业亏损的限额等于被合并企业净资产公允价值乘以截至合并业务发生当年末国家发行的最长期限的国债利率。本题中可以由 A 公司弥补的亏损限额 = 3 000 × 5.32% = 159.6（万元），由于 159.6 万元大于 150 万元，所以，可以由 A 公司弥补的亏损为 150 万元，弥补亏损可节约的税收 = 150 × 25% = 37.5（万元）。

三、判断题

1.【答案】×

【解析】企业年度亏损可以用下一年度的税前利润弥补，下一年度不足弥补的，可以在五年内用税前利润连续弥补，连续五年未弥补的亏损用税后利润弥补。其中，税后利润弥补亏损可以用当年实现的净利润，也可以用盈余公积转入。

2.【答案】√

【解析】在竞争中，中小型企业没有足够的实力对价格进行干预，为避免被淘汰，应采用与市场行情保持一致的价格。

3.【答案】√

【解析】当企业有剩余的生产能力时，增量产量不会引起固定成本的变化，与增量产量相关的成本只有变动成本，因此可以采用变动成本定价。

4.【答案】√

【解析】以成本为基础的定价方法，主要关注企业的成本状况而不考虑市场需求状况，因而所确定的产品价格不一定满足企业销售收入或利润最大化的要求。

5.【答案】×

【解析】变动成本可以作为增量产量的定价依据，但由于没有包括固定成本，因此不能作为一般产品的定价依据。所以本题的说法错误。

6.【答案】×

【解析】在除息日当天是以后购买股票的股东，不能参与当次股利的分配。所以本题的说法错误。

7.【答案】×

【解析】分配管理指的是对利润分配的管理；本章所指利润分配是指对净利润的分配。所以本题的说法错误。

8.【答案】×

【解析】以成本为基础的定价方法，主要关注企业的成本状况而不考虑市场需求状况，因而运用这种方法制定的产品价格不一定满足企业销售收入或利润最大化的要求。所以本题的说法错误。

9.【答案】×

【解析】按照目标资本结构的要求，公司投资方案所需的权益资本数额 = 1 000 × (1 - 60%) = 400（万元）。因此，2015 年度企业可向投资者支付的股利 = 500 - 400 = 100（万元）。注意提取的盈余公积金（50 万元）已经包含在 400 万元中，不必再单独考虑。所以本题的说法错误。

10.【答案】×

【解析】财产股利和负债股利实际上都是现金股利的替代方式，但目前这两种股利方式在我国公司实务中很少使用。所以本题的说法错误。

11.【答案】√

【解析】代理理论认为，较多地派发现金股利，减少了内部融资，导致公司进入资本市场寻求外部融资（增加企业的外部融资成本），从而公司可以接受资本市场上更多的、更严格的监督，这样便通过资本市场的监督减少了代理成本。因此，高水平的股利政策降低了企业的代理成本。但同时增加了外部融资成本，理想的股利政策应当使两种成本之和最小。所以本题的说法正确。

12.【答案】√

【解析】反分割又称股票合并或逆向分割，是指将多股股票合并为一股股票的行为，反分割显然会降低股票的流通性，提高公司股票投资的门槛，它向市场传递的信息通常是不利的。所以本题的说法正确。

13.【答案】×

【解析】固定股利支付政策比较适用于那些处于稳定发展且财务状况也较稳定的公司；低正常股利加额外股利政策适用于盈利水平随着经济周期而波动较大的公司或盈利与现金流量很不稳定的公司。所以本题的说法错误。

14.【答案】×

【解析】一般地，由于市场变化较大，离预测期越近的样本值对其影响越大，而离预测期越远的则影响越小，所以采用加权平均法预测销售时，权数的选取应当遵循"近大远小"的原则，所以本题的说法错误。

四、计算分析题

1.【答案】

（1）利润总额 = 600 × 25% = 150（万元）

单位完全成本 = 1 000/100 = 10（元/件）

成本利润率 = 150/1 000 × 100% = 15%

（2）用成本利润率定价法测算，单位甲产品的价格 = 10 × (1 + 15%)/(1 - 10%) = 12.78（元/件）

（3）用目标利润法测算，单位甲产品的价格 = (150 + 1 000)/[100 × (1 - 10%)] = 12.78（元/件）

2.【答案】

（1）2016 年投资方案所需的自有资金额 = 700 × 60% = 420（万元）

2016 年投资需要从外部借入的资金额 = 700 × 40% = 280（万元）

（2）在保持目标资本结构的前提下，执行剩余股利政策：

2015 年度应分配的现金股利 = 900 - 420 = 480（万元）

（3）在不考虑目标资本结构的前提下，执行固定股利政策：

2015 年度应分配的现金股利 = 2014 年的现金股利 = 550 万元

可用于 2016 年投资的留存收益 = 900 - 550 = 350（万元）

2016 年需要额外筹集的资金额 = 700 - 350 = 350（万元）

（4）在不考虑目标资本结构的前提下，执行固定股利支付率政策：

股利支付率 = 550/1 000 × 100% = 55%

2015 年度应分配的现金股利 = 900 × 55% = 495（万元）

（5）2015 年度应分配的现金股利 = 900 - 700 = 200（万元）

五、综合题

【答案】

（1）①因销售增加而增加的资产额 = (2 000 + 8 000 + 5 000 + 6 000) × 26.25% = 5 512.5（万元）

②因销售增加而增加的负债额 = (3 000 + 6 000) × 11.25% = 1 012.5（万元）

③因销售增加而需要增加的资金量 = 5 512.5 - 1 012.5 = 4 500（万元）

④预计留存利润增加额 = 80 000 × (1 + 20%) × 8% × 40% = 3 072（万元）

⑤外部融资需求量 = 4 500 - 3 072 = 1 428（万元）

（2）①计算租金时使用的折现率 = 2% + 8% = 10%

②该设备的年租金 = [1 200 - 200 × (P/F, 10%, 5)]/3.790 8 = 283.80（万元）

（3）①新设备投产后每年增加的营业现金净流量 = 150 + 200 = 350（万元）

②该设备投资的静态回收期 = 1 200/350 = 3.428 5（年）

（4）①放弃现金折扣的信用成本率 = $\frac{1.5\%}{1-1.5\%} \times \frac{360}{30-10} = 30.45\%$

②因为放弃现金折扣的信用成本率高于银行借款年利率，所以不应该放弃现金折扣。

③银行借款的资本成本 = 10% × (1 - 25%) = 7.5%。

第十章 财务分析与评价

考情分析

　　本章主要讲述财务分析与评价，财务分析与评价的主要内容与方法、基本的财务报表分析、上市公司财务分析、财务评价与考核等内容。从历年考试情况来看，既可以出客观题，也可以出主观题。历年考题分数在 10 分左右。

基本内容框架

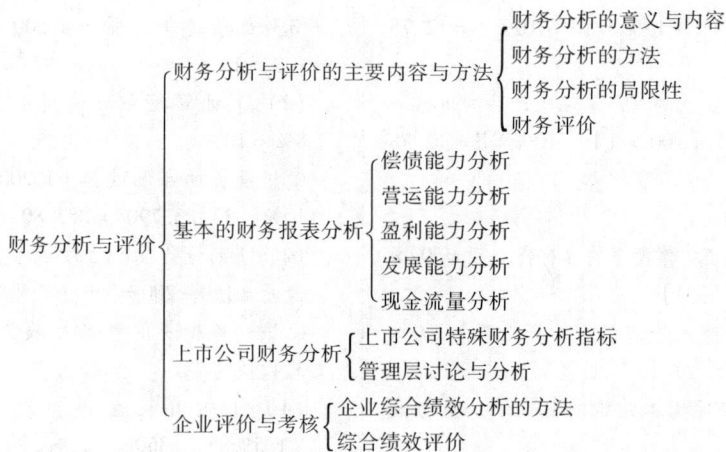

财务分析与评价
- 财务分析与评价的主要内容与方法
  - 财务分析的意义与内容
  - 财务分析的方法
  - 财务分析的局限性
  - 财务评价
- 基本的财务报表分析
  - 偿债能力分析
  - 营运能力分析
  - 盈利能力分析
  - 发展能力分析
  - 现金流量分析
- 上市公司财务分析
  - 上市公司特殊财务分析指标
  - 管理层讨论与分析
- 企业评价与考核
  - 企业综合绩效分析的方法
  - 综合绩效评价

通关重难点例题

一、财务分析的方法

(一) 比较分析法

1. 含义

财务报表中的比较分析法,是指对两个或两个以上的可比数据进行对比,找出企业财务状况、经营成果中的差异与问题。根据比较对象的不同,比较分析法分为趋势分析法、横向比较法和预算差异分析法。

2. 具体分析方法

(1) 重要财务指标的比较。

不同时期财务指标的比较主要有以下两种方法:

①定基动态比率 = (分析期数额/固定基期数额) × 100%

②环比动态比率 = (分析期数额/前期数额) × 100%

(2) 会计报表的比较。

(3) 会计报表项目构成的比较。

3. 需注意问题

(1) 用于对比的各期指标在计算口径必须保持一致;

(2) 剔除偶发性项目的影响,使分析所利用的数据能反映正常的生产经营状况;

(3) 运用例外原则对某项有显著变动的指标做重点分析。

(二) 比率分析法

1. 含义

是通过计算各种比率指标来确定财务活动变动程度的方法。

2. 具体方法

(1) 构成比率,又称结构比率,是某项财务指标的各组成部分数值占总体数值的百分比,反映部分与总体的关系。利用构成比率,可以考察总体中某个部分的形成和安排是否合理。

(2) 效率比率,是某项财务活动中所费与所得的比率,反映投入与产出的关系。利用效率比率指标,可以进行得失比较,考察经营成果,评价经济效益。

(3) 相关比率,是以某些项目和与其有关但又不同的项目加以对比所得的比率,反映有关经济活动的相互关系。利用相关比率指标,可以考察企业相互关联的业务安排得是否合理,以保障经营活动顺畅进行。

3. 需注意问题

(1) 对比项目的相关性;

(2) 对比口径的一致性;

(3) 衡量标准的科学性。

(三) 因素分析法

1. 含义

依据分析指标与其影响因素的关系,从数量上确定各因素对分析指标影响方向和影响程度的一种方法。

2. 具体方法

(1) 连环替代法,是将分析指标分解为各个可以计量的因素,并根据各个因素之间的依存关系,顺次用各因素的比较值 (通常即实际值) 替代基准值 (通常即标准值或计划值),据以测定各因素对分析指标的影响。

(2) 差额分析法,是连环替代法的一种简化形式,是利用各个因素的比较值与基准值之间的差额,来计算各因素对分析指标的影响。

3. 需注意问题

(1) 因素分解的关联性;

(2) 因素替代的顺序性;

(3) 顺序替代的连环性;

(4) 计算结果的假定性。

【例 10 - 1】(单选题) 下列比率指标的不同类型中,流动比率属于( )。

A. 构成比率　　　　B. 动态比率

C. 相关比率　　　　D. 效率比率

【答案】C

【解析】相关比率是以某个项目和与其相关但又不同的项目加以对比所得的比率,流动比率 = 流动资产/流动负债,流动资产与流动负债具有相关性,所以选项 C 正确。

【例 10 - 2】（单选题）下列指标中，属于效率比率的是（　　）。

A. 流动比率

B. 资本金利润率

C. 应收账款周转率

D. 不良资产比率

【答案】B

【解析】效率比率是所得与所费的比例，通常利润与营业收入、营业成本或资本金对比的比例属于效率比率。选项 A、C 属于相关比率，选项 D 不良资产比率：不良资产总额/资产总额，属于构成比率。

【例 10 - 3】（多选题）采用比较分析法时，应当注意（　　）。

A. 所对比指标的计算口径必须一致

B. 应剔除偶发性项目的影响

C. 应运用例外原则对某项有显著变动的指标做重点分析

D. 对比项目的相关性

【答案】ABC

【解析】采用比较分析法时，应当注意以下问题：（1）所对比指标的计算口径必须一致；（2）应剔除偶发性项目的影响；（3）应运用例外原则对某项有显著变动的指标做重点分析。对比项目的相关性属于比率分析法应当注意的问题。

二、偿债能力分析

（一）短期偿债能力分析

1. 营运资金

（1）公式。

营运资金 = 流动资产 - 流动负债

（2）说明。

①当流动资产大于流动负债时，营运资金为正数，表明企业财务状况稳定。营运资金的数额越大，财务状况越稳定。

②营运资本是绝对数，不便于不同企业之间比较。

2. 流动比率

（1）公式。

流动比率 = 流动资产/流动负债

（2）说明。

①流动比率高偿债能力不一定强，流动比率低偿债能力不一定差。

②计算出来的流动比率，只有和同行业、本企业历史平均数比较，才能知道这个比例是高是低。

③一般情况下，营业周期、流动资产中应收账款和存货的周转速度是影响流动比率的主要因素，营业周期短、应收账款和存货的周转速度快的企业流动比率低一些是可以接受的。

3. 速动比率

（1）公式。

速动比率 = 速动资产/流动负债

（2）说明。

①指可以在较短时期内变现的资产，包括货币资金、交易性金融资产和应收款项等。另外的流动资产，包括存货、预付账款、一年内到期的非流动资产和其他流动资产等，称为非速动资产。

②速动资产主要是剔除了存货，其原因是：存货变现速度较慢；部分存货可能已抵押；存货成本和市价可能存在差异。

③速动比率比流动比率更准确、可靠。

④速动比率高，偿债能力不一定强，速动比率低，偿债能力不一定差。有的企业速动比率较高，但速动资产中逾期应收账款较多，此时偿债能力并不强；有的企业速动比率虽然较低，但速动资产质量很好，且其流动比率较高，并且流动资产中的存货属于紧俏的存货，此时偿债能力仍然较强。

⑤影响速动比率可信性的重要因素是应收账款的变现能力。

原因：应收账款不一定都能变成现金；报表中的应收账款不能反映平均水平。

4. 现金比率

（1）公式。

现金比率 = （货币资金 + 交易性金融资产）/流动负债

（2）说明。

真正能够用来偿债的是现金资产，因此该指标最能够反映企业的短期偿债能力。

（二）长期偿债能力分析

1. 资产负债率

（1）公式。

资产负债率 = 负债总额/资产总额

（2）说明。

①一般情况下，资产负债率越小，表明企业长期偿债能力越强。

②债权人认为该指标越低越好，但从企业所有者的角度来看，当全部资金收益率超过负债资金利息率时，所有者希望该指标高一些好，反之，则希望该指标低一些好。

③分析资产负债率，要结合以下几个方面：

第一，结合营业周期分析：营业周期短的企业，资产周转速度快，可以适当提高资产负债率；

第二，结合资产构成分析：流动资产占比较大的企业，可以适当提高资产负债率；

第三，结合企业经营状况分析：兴旺期间的企业可以适当提高资产负债率；

第四，结合宏观经济环境分析：如利率和通胀水平，当利率提高时会加大负债的成本，企业应降低资产负债率；

第五，结合资产质量和会计政策分析；

第六，结合行业差异分析：不同行业的资产负债率有较大差异。

2. 产权比率

（1）公式。

产权比率 = 负债总额/所有者权益总额

（2）说明。

①一般情况下，产权比率越低，表明企业的长期偿债能力越强，债权人权益的保障程度越高，承担的风险越小，但也说明企业没有充分发挥负债的财务杠杆作用。所以，企业在评价产权比率适度与否时，应从提高获利能力和增强偿债能力两个方面综合考察，要在保障债务偿还安全的前提下，尽可能提高产权比率。

②产权比率与资产负债率对评价偿债能力的作用基本相同。两者的主要区别是：资产负债率侧重于债务偿还安全性的物质保障程度，产权比率侧重于揭示财务结构的稳健程度以及自有资金对偿债风险的承受能力。

3. 权益乘数

（1）公式。

权益乘数 = 资产总额/权益总额 = 1 + 产权比率 = 1/（1 - 资产负债率）

（2）说明。

资产负债率和产权比率越高，权益乘数越大，表明企业财务杠杆的运用程度越高。

4. 利息保障倍数

（1）公式。

利息保障倍数 = 息税前利润/应付利息 = （净利润 + 利润表中的利息费用 + 所得税）/应付利息

（2）说明。

①公式中分母的"应付利息"不仅包括财务费用中的利息费用，也包括资本化利息；

②在短期内，利息保障倍数小于1也仍然具有利息支付能力，因为计算净利润时减去的折旧、摊销无须支付现金。

（三）影响偿债能力的其他因素

（1）可以动用的银行贷款指标或授信额度；

（2）资产质量；

（3）或有事项和承诺事项；

（4）经营租赁。

【例10-4】（判断题）现金比率不同于速动比率之处主要在于剔除了应收账款对短期偿债能力的影响。（　　）

【答案】√

【解析】现金资产包括货币资金和交易性金融资产等。现金比率剔除了应收账款对偿债能力的影响，最能反映企业直接偿付流动负债的能力，表明每1元流动负债有多少现金资产作为偿债保障。

【例10-5】（单选题）下列指标中，可用于衡量企业短期偿债能力的是（　　）。

A. 已获利息倍数　　B. 产权比率

C. 权益乘数　　　　D. 流动比率

【答案】D

【解析】流动比率是流动资产除以流动负债的比率，是衡量短期偿债能力的指标，选项A、B、C都是衡量长期偿债能力的指标。

【例10-6】（单选题）下列各项中，不属于速动资产的是（　　）。

A. 现金　　　　　　B. 产成品

C. 应收账款　　　　D. 交易性金融资产

【答案】B

【解析】构成流动资产的各项目，流动性差别很大，其中货币资金、交易性金融资产和各项应收账款可以在较短时间内变现，称为速动资产。

【例10-7】（多选题）下列各项因素中，影响企业偿债能力的有（　　　）。

A. 经营租赁　　　　B. 或有事项

C. 资产质量　　　　D. 授信额度

【答案】ABCD

【解析】影响偿债能力的其他因素包括：（1）可动用的银行贷款指标或授信额度；（2）资产质量；（3）或有事项和承诺事项；（4）经营租赁。所以选项A、B、C、D均正确。

【例10-8】（多选题）下列关于流动比率的表述中，正确的有（　　　）。

A. 流动比率高偿债能力不一定强

B. 流动比率低偿债能力不一定差

C. 营业周期短，应收账款和存货的周转速度快的企业流动比率高一些是可以接受的

D. 计算出来的流动比率，只有和同行业、本企业历史平均数比较，才能知道是高是低

【答案】ABD

【解析】一般情况下，营业周期、流动资产中应收账款和存货的周转速度是影响流动比率的主要因素，营业周期短、应收账款和存货的周转速度快的企业流动比率低一些是可以接受的。

【例10-9】（判断题）在其他条件不变的情况下，权益乘数越大则财务杠杆系数越大。（　　　）

【答案】√

【解析】权益乘数是表示企业负债程度的，权益乘数越大，资产负债率越高，负债程度越高，财务杠杆系数越大。

【例10-10】（判断题）产权比率是负债对权益之比。该比率越低，偿债的保障程度越高，所以企业应尽量降低产权比率。（　　　）

【答案】×

【解析】产权比率过低，说明财务杠杆的利用程度不充分，不一定好。

三、营运能力分析

（一）流动资产营运能力分析

1. 应收账款周转率

（1）公式。

应收账款周转次数＝营业收入/应收账款平均余额＝营业收入/[（期初应收账款＋期末应收账款）/2]

应收账款周转天数＝计算期天数/应收账款周转次数＝（计算期天数×应收账款）/营业收入

（2）说明。

①营业收入使用利润表中的营业收入；

②应收账款包括会计报表中的应收账款和应收票据等全部赊销账款在内；

③应收账款使用未提取坏账准备的应收账款计算；

④应收账款应使用多个时点的平均数。

2. 存货周转率

（1）公式。

存货周转次数＝营业成本/存货平均余额＝营业成本/[（期初存货＋期末存货）/2]存货周转天数＝计算期天数/存货周转次数＝（计算期天数×存货平均余额）/营业成本

（2）说明。

①存货周转率的高低与企业经营特点有密切关系，要注意行业可比性；

②该比率反映的是存货整体的周转情况，不能说明企业经营各环节的存货周转情况和管理水平；

③应该结合应收账款周转情况和信用政策进行分析。

3. 流动资产周转率

流动资产周转次数＝营业收入/流动资产平均余额＝营业收入/[（期初流动资产＋期末流动资产）/2]

流动资产周转天数＝计算期天数/流动资产周转次数＝（计算期天数×流动资产平均余额）/营业收入

（二）固定资产营运能力分析

固定资产周转次数＝营业收入/平均固定资产＝营业收入/[（期初固定资产＋期末固定资产）/2]

（三）总资产营运能力分析

总资产周转率＝营业收入/平均资产总额＝营业收入/[（期初总资产＋期末总资产）/2]

【例10-11】（判断题）某企业去年的营业净利率为5.73%，资产周转率为2.17；今年的营业净利率为4.88%，资产周转率为2.88。若两年的资产负债率相同，今年的净资产收益率比照去年的变化趋势为上升。（　　　）

【答案】√

【解析】净资产收益率＝营业净利率×总资

产周转率×权益乘数，设权益乘数为 A，则：

去年的净资产收益率＝5.73%×2.17×A＝12.43%A

今年的净资产收益率＝4.88%×2.88×A＝14.05%A

因此，净资产收益率今年比去年上升 1.62 个百分点，呈上升趋势。

【例 10－12】（多选题）在其他条件不变的情况下，会引起总资产周转率指标上升的经济业务有（　　）。

A. 用现金偿还负债

B. 借入一笔短期借款

C. 用银行存款购入一台设备

D. 用银行存款支付应交税金

【答案】AD

【解析】选项 A、D 都使企业资产减少，从而会使总资产周转率上升；选项 B 会使资产增加，因而会使总资产周转率下降；选项 C 没有影响。

【例 10－13】（判断题）在其他条件不变的情况下，流动资产周转速度越快，需补充流动资产参加周转的数额就越多。（　　）

【答案】×

【解析】流动资产周转速度越快，取得同样多的营业收入所需的流动资产就越少。

四、盈利能力分析

（一）营业毛利率

营业毛利率＝（营业收入－营业成本）/营业收入＝营业毛利/营业收入

营业毛利率是企业盈利的基础，如果没有足够的毛利，企业就无法足额弥补各种费用并取得净利润。

（二）营业净利率

营业净利率＝净利润/营业收入

营业净利率的分子是利润表的最后一行，其分母是利润表的第一行。因此，营业净利率涵盖了利润表的全部信息，其驱动因素是利润表各项目。

（三）总资产净利率

总资产净利率＝净利润/平均资产总额

1. 该指标反映了企业运用全部资产创造利润的能力

2. 总资产净利率＝营业净利率×总资产周转率

3. 该指标的分子分母口径不一致

（四）净资产收益率

净资产收益率＝净利润/平均净资产

1. 该指标反映了企业运用股东权益创造利润的能力

2. 净资产收益率＝总资产净利率×权益乘数

3. 该指标具有很强的综合性

【例 10－14】（单选题）在其他条件不变的情况下，下列经济业务可能导致总资产净利率下降的是（　　）。

A. 用银行存款支付一笔销售费用

B. 用银行存款购入一台设备

C. 将优先股转换为普通股

D. 用银行存款归还银行借款

【答案】A

【解析】选项 B 是资产之间的此增彼减；选项 C 是所有者权益之间的此增彼减，都不会影响资产和利润；选项 D 会使资产减少，从而会使总资产净利率上升；只有选项 A，一方面使利润减少，另一方面又会使资产减少，则有可能导致总资产净利率下降，即当总资产净利率为 100% 时，选项 A 不会影响总资产净利率；当总资产净利率小于 100% 时，选项 A 会使总资产净利率下降；当总资产净利率大于 100% 时，选项 A 会使总资产净利率上升。

【例 10－15】（单选题）在对企业进行绩效评价时，下列属于评价企业盈利能力的基本指标的是（　　）。

A. 资产现金回收率

B. 资本保值增值率

C. 净资产收益率

D. 总资产报酬率

【答案】B

【解析】企业盈利能力指标包括：净资产收益率、总资产报酬率两个基本指标和营业利润率、利润现金保障倍数、成本费用利润率、资本收益四个修正指标。资产现金回收率属于资产质量状况的修正指标资本保值增值率属于经营增长情况的基本指标。

五、发展能力分析

（一）营业收入增长率

营业收入增长率＝本年营业收入增长额/上年营业收入

（二）总资产增长率

总资产增长率＝本年资产增长额/年初资产总额

（三）营业利润增长率

营业利润增长率＝本年营业利润增长额/上年营业利润总额

（四）资本保值增值率

资本保值增值率＝扣除客观因素后的期末所有者权益/期初所有者权益

（五）所有者权益增长率

所有者权益增长率＝本年所有者权益增长额/年初所有者权益

【例 10 – 16】（单选题）下列关于资本保值增值率计算正确的是（　　）。

A. 本年所有者权益增长额÷年初所有者权益×100%

B. 期末所有者权益÷期初所有者权益×100%

C. （本年实收资本增长额＋本年资本公积的增长额）÷（年初实收资本＋年初资本公积）×100%

D. （年末实收资本＋年末资本公积）÷（年初实收资本＋年初资本公积）×100%

【答案】B

【解析】选项 A 是所有者权益增长率的公式，选项 C、D 错误。

【例 10 – 17】（单选题）某企业 2016 年初与年末所有者权益分别为 400 万元和 500 万元，则该企业 2016 年的所有者权益增长率为（　　）。

A. 17%　　　　　　B. 83%

C. 120%　　　　　 D. 25%

【答案】D

【解析】所有者权益增长率＝本年所有者权益增长额/年初所有者权益×100% ＝25%。

六、现金流量分析

（一）获取现金能力的分析

1. 销售现金比率

销售现金比率＝经营活动现金流量净额/营业收入

2. 每股营业现金净流量

每股营业现金净流量＝经营活动现金流量净额/普通股股数

3. 全部资产现金回收率

全部资产现金回收率＝经营现金净流量/平均总资产

（二）收益质量分析

1. 净收益营运指数

（1）公式。

净收益营运指数＝经营净收益/净利润

其中：经营净收益＝净利润 – 非经营净收益

（2）说明。

净收益营运指数越大，收益质量越高。

2. 现金营运指数

（1）公式。

现金营运指数＝经营现金净流量/经营所得现金

经营所得现金＝经营活动净收益＋非付现费用

（2）说明。

现金营运指数小于 1，说明收益质量不够好。

【例 10 – 18】（判断题）若企业现金营运指数大于 1，说明本期经营收益尚未实现。（　　）

【答案】×

【解析】现金营运指数是经营活动现金流量净额与经营所得现金之比，其比值小于 1，说明企业收益质量较差收益已经实现，但未收到现金。

七、上市公司特殊财务分析指标

（一）每股收益

1. 基本每股收益

基本每股收益＝归属于公司普通股股东的净利润/发行在外的普通股加权平均数

2. 稀释每股收益

（1）企业存在稀释性潜在普通股的，应当计算稀释每股收益。潜在普通股主要包括可转换公司债券、认股权证、股份期权等。

（2）可转换公司债券。

对于可转换公司债券，计算稀释每股收益时，分子的调整项目为可转换公司债券当期已确认为费用的利息等的税后影响额；分母的调整项目为假定可转换公司债券当期期初或发生日转换为普通股的股数加权平均数。

（3）认股权证和股份期权。

对于认股权证和股份期权，计算稀释每股收益时，作为分子的净利润金额一般不变，分母的调整项目为增加的普通股股数，同时还应考虑时间权数。

（4）认股权证、股份期权等的行权价格低于当期普通股平均市场价格时，应当考虑其稀释性。

（5）说明：每股收益在不同行业、不同规模的上市公司之间具有很大的可比性，因而在各上市公司之间的业绩比较中被广泛加以引用。此指标越大，盈利能力越好，股利分配来源越充足，资产增值能力越强。

（二）每股股利

1. 公式

每股股利 = 股利总额/流通股数

2. 影响因素

受每股收益和股利政策的影响。

3. 说明

反映每股股利和每股收益之间关系的一个指标是股利发放率，即每股股利与每股收益之比。借助该指标，投资者可以了解一家上市公司的股利发放政策。

（三）市盈率

1. 公式

市盈率 = 每股市价/每股收益

2. 影响因素

（1）上市公司盈利能力的成长性；

（2）投资者所获报酬率的稳定性；

（3）市盈率也受到利率水平变动的影响。

3. 说明

一方面，市盈率越高，意味着企业未来成长的潜力越大，也即投资者对该股票的评价越高，反之，投资者对该股票评价越低。另一方面，市盈率越高，说明投资于该股票的风险越大，市盈率越低，说明投资于该股票的风险越小。

（四）每股净资产

1. 公式

每股净资产 = 期末净资产/期末在外的普通股股数

2. 说明

该指标反映了每一股在账面上到底值多少钱，它与股票面值、发行价值、市场价值乃至清算价值等往往有较大差距。

（五）市净率

1. 公式

市净率 = 每股市价/每股净资产

2. 说明

一般而言，市净率较低的股票投资价值较高，反之则相反。但有时较低市净率反映投资者对公司未来的不良预期，而较高的市净率则相反。

【例 10 - 19】（单选题）下列各项中，不会稀释公司每股收益的是（　　）。

A. 发行认股权证

B. 发行短期融资券

C. 发行可转换公司债券

D. 授予管理层股份期权

【答案】B

【解析】企业存在稀释性潜在普通股的，应当计算稀释每股收益。潜在普通股包括：可转换公司债券、认股权证和股份期权等。因此本题的正确答案是 B。

【例 10 - 20】（判断题）一般来说，市盈率高，说明投资者对公司的发展的前景看好，愿意出较高的价格购买该公司股票，但是市盈率也不能说越高越好。（　　）

【答案】√

【解析】如果市盈率过高意味着这种股票具有较高的投资风险。

【例 10 - 21】（判断题）对于认股权证和股份期权，在计算稀释每股收益时，作为分子的净利润金额一般不变。（　　）

【答案】√

【解析】对于认股权证和股份期权，在计算稀释每股收益时，分子的净利润并不发生变化，所以作为分子的净利润金额一般不变。

【例 10 - 22】（单选题）在计算稀释每股收益时，下列各项中，不属于潜在普通股的是（　　）。

A. 可转换公司债券　　B. 不可转换优先股

C. 股票期权　　　　　D. 认股权证

【答案】B

【解析】稀释性潜在普通股指假设当期转换为普通股会减少每股收益的潜在普通股。潜在普通股主要包括：可转换公司债券、认股权证和股份期权等，因此选项 B 错误。

【例 10－23】（计算题）丁公司是一家创业板上市公司，2016 年度营业收入为 20 000 万元，营业成本为 15 000 万元，财务费用为 600 万元（全部为利息支出），利润总额为 2 000 万元，净利润为 1 500 万元，非经营净收益为 300 万元。此外，资本化的利息支出为 400 万元。丁公司存货年初余额为 1 000 万元，年末余额为 2 000 万元，公司全年发行在外的普通股加权平均数为 10 000 万股，年末每股市价为 4.5 元。

要求：

（1）计算营业净利率。（2）计算利息保障倍数。（3）计算净收益营运指数。（4）计算存货周转率。（5）计算市盈率。

【答案】

（1）营业净利率＝净利润/营业收入＝1 500/20 000＝7.5%

（2）利息保障倍数＝息税前利润/应付利息＝（2 000＋600）/（600＋400）＝2.6

（3）净收益营运指数＝经营净收益/净利润＝（1 500－300）/1 500＝0.8

（4）存货周转率＝营业成本/存货平均余额＝15 000/［（1 000＋2 000）/2］＝10（次）

（5）市盈率＝每股市价/每股收益＝4.5/（1 500/10 000）＝30（倍）

八、管理层讨论与分析

（一）含义

是上市公司定期报告中管理层对于本企业过去经营状况的评价分析以及对企业未来发展趋势的前瞻性判断，是对企业财务报表中所描述的财务状况和经营成果的解释，是对经营中固有风险和不确定性的揭示，同时也是对企业未来发展前景的预期。

（二）目的

要求上市公司编制并披露管理层讨论与分析的目的在于，使公众投资者能够有机会了解管理层自身对企业财务状况与经营成果的分析评价，以及企业未来一定时期内的计划。这些信息在财务报表及附注中并没有得到充分揭示，对投资者

的投资决策却相当重要。

（三）披露原则

管理层讨论与分析信息大多涉及"内部性"较强的定性型软信息，无法对其进行详细的强制规定和有效监控，因此，西方国家的披露原则是强制与自愿相结合，企业可以自主决定如何披露这类信息。我国也基本实行这种原则，如中期报告中的"管理层讨论与分析"部分以及年度报告中的"董事会报告"部分，都是规定某些管理层讨论与分析信息必须披露，而另一些管理层讨论与分析信息鼓励企业自愿披露。

（四）披露内容

1. 报告期间经营业绩变动的解释

报告期间经营业绩变动的解释包括：

（1）分析企业主营业务及其经营状况。

（2）概述企业报告期内总体经营情况，列示企业主营业务收入、主营业务利润、净利润的同比变动情况，说明引起变动的主要影响因素。若企业实际经营业绩较曾公开披露过的本年度盈利预测或经营计划低于 10% 或高于 20%，应详细说明造成差异的原因。

（3）报告期企业资产构成、营业费用、管理费用、财务费用、所得税等财务数据同比发生的重大变动及产生变化的主要影响因素。

（4）结合企业现金流量表相关数据，说明企业经营活动、投资活动和筹资活动产生的现金流量的构成情况及变动原因分析。

（5）对企业设备利用情况、订单的获取情况、产品的销售或积压情况、主要技术人员变动情况等与企业经营相关的重要信息进行讨论与分析。

（6）企业主要控股企业及参股企业的经营情况及业绩分析。

2. 企业未来发展的前瞻性信息

（1）分析所处行业的发展趋势及企业面临的市场竞争格局。产生重大影响的，应给予管理层基本判断的说明。

（2）企业应当向投资者提示管理层所关注的未来企业发展机遇和挑战。企业可以编制并披露新年度的盈利预测，该盈利预测必须经过具有证券期货相关业务资格的会计师事务所审核并发表意见。

（3）企业应当披露为实现未来发展战略所

需的资金需求及使用计划，以及资金来源情况，说明维持企业当前业务并完成在建投资项目的资金需求和未来重大的资本支出计划。

（4）企业应当针对自身特点进行风险揭示，披露的内容应当充分、准确、具体，同时企业可以根据实际情况，介绍采取的对策和措施。

【例 10-24】（多选题）上市公司年度报告信息披露中，"管理层讨论与分析"披露的主要内容有（　）。

A. 对报告期间经济状况的评价分析

B. 对未来发展趋势的前瞻性判断

C. 注册会计师审计意见

D. 对经营中固有风险和不确定性的提示

【答案】ABD

【解析】管理层讨论与分析是上市公司定期报告中管理层对本企业过去经营状况的评价分析以及对企业和未来分析趋势的前瞻性判断，是对企业财务报表中所描述的财务状况和经营成果的解释，是对经营中固有风险和不确定性的揭示，同时也是对企业未来发展前景的预期。

九、杜邦分析法

（一）相关公式

1. 净资产收益率 = 总资产净利率 × 权益乘数

2. 总资产净利率 = 营业净利率 × 总资产周转率

3. 权益乘数 = 资产总额/股东权益总额 = 1 + 产权比率 = 1/（1 - 资产负债率）

（二）作用

主要是用来分析净资产收益率高低变化的原因。

【例 10-25】（判断题）既是企业获利能力指标的核心，也是杜邦财务分析体系的核心指标的是净资产收益率。（　）

【答案】√

【解析】净资产收益率是所有比率中综合性最强、最具有代表性的一个指标。

【例 10-26】（计算题）丁公司 2015 年 12 月 31 日的资产负债表显示：资产总额年初数和年末数分别为 4 800 万元和 5 000 万元，负债总额年初数和年末数分别为 2 400 万元和 2 500 万元，丁公司 2015 年度收入为 7 350 万元，净利润为 294 万元。

要求：

（1）根据年初、年末平均值，计算权益乘数。

（2）计算总资产周转率。

（3）计算营业净利率。

（4）根据（1）、（2）、（3）的计算结果，计算总资产净利率和净资产收益率。

【答案】

（1）年初股东权益 = 4 800 - 2 400 = 2 400（万元）

年末股东权益 = 5 000 - 2 500 = 2 500（万元）

平均总资产 = （4 800 + 5 000）/2 = 4 900（万元）

平均股东权益 = （2 400 + 2 500）/2 = 2 450（万元）

权益乘数 = 4 900/2 450 = 2

（2）总资产周转率 = 7 350/4 900 = 1.5

（3）营业净利率 = 294/7 350 = 4%

（4）总资产净利率 = 4% × 1.5 = 6%

净资产收益率 = 6% × 2 = 12%

通关演练

一、单项选择题

1. 下列财务指标中，属于效率指标的是（　）。

A. 权益乘数

B. 营运资金

C. 应收账款周转率

D. 所有者权益增长率

2. 使用比较分析法进行财务分析时，要注意的问题不包括（　）。

A. 用于对比的各期指标在计算口径必须保持一致

B. 剔除偶发性项目的影响

C. 只能用于纵向比较，不能用于横向比较

D. 运用例外原则对某项有显著变动的指标做重点分析

3. 某公司本年比上年营业收入增加 1 000 万元，上年度和本年度的流动资产年平均占用额分别为 200 万元和 250 万元，上年的流动资产周转率为 9 次，则本年的流动资产周转率为（　　）次。

A. 10.5 　　　　　　B. 11.2

C. 12.6 　　　　　　D. 12.8

4. 在其他因素不变的情况下，应收账款周转天数增加可能意味着（　　）。

A. 应收账款管理水平高

B. 信用管理政策宽松

C. 应收账款流动性强

D. 收账速度快

5. 甲公司平均每股净资产为 12 元，权益乘数为 2.5，资产净利率为 8%，甲公司没有优先股，则每股收益为（　　）元。

A. 2.2 　　　　　　B. 2.3

C. 2.4 　　　　　　D. 2.5

6. 某公司年初所有者权益为 5 000 万元，本年发放现金股利 600 万元，本年配股筹集资金 2 000 万元，年末所有者权益为 9 000 万元。则该年资本保值增值率为（　　）。

A. 180% 　　　　　　B. 165%

C. 152% 　　　　　　D. 150%

7. 下列关于市净率的说法中，不正确的是（　　）。

A. 市净率是每股市价与每股净资产的比率

B. 市净率是投资者用以衡量、分析股票是否具有投资价值的工具之一

C. 一般来说，市净率较高的股票，投资价值较高

D. 有时较低市净率反映的可能是投资者对公司前景的不良预期

8. 权益乘数越高，通常意味着（　　）。

A. 所有者权益的保障程度越高

B. 经营杠杆效应越强

C. 长期偿债能力越强

D. 财务风险越高

9. 某公司 2018 年经营活动净收益为 2 000 万元，折旧摊销等非付现费用为 500 万元，当年经营所得现金为 2 600 万元。则该公司该年的现金营运指数为（　　）。

A. 1.04 　　　　　　B. 1.22

C. 1.30 　　　　　　D. 1.55

10. 乙公司 2018 年实现净利润 5 000 万元，其中投资收益为 -1 000 万元，处置固定资产取得的净收益为 500 万元。则该公司该年的净收益营运指数为（　　）。

A. 8 　　　　　　B. 12

C. 1.1 　　　　　　D. 5.5

11. 某上市公司 2018 年度归属于普通股股东的净利润为 20 000 万元。该公司 2017 年末的总股本为 10 000 万股，2018 年 4 月 1 日实施了每 10 股送 5 股的股票股利分配方案，2018 年 5 月 1 日新发行股票 8 000 万股，2018 年 11 月 1 日，由于股价低迷，回购股票 1 200 万股，则该上市公司 2018 年基本每股收益为（　　）元。

A. 0.85 　　　　　　B. 0.89

C. 0.96 　　　　　　D. 0.98

12. 某公司 2018 年初发行在外的普通股股数为 15 000 万股，2018 年 3 月 1 日增发 4 000 万股，12 月 1 日回购 1 000 万股。2018 年末普通股权益为 75 000 万元，则每股净资产为（　　）元/股。

A. 3.96 　　　　　　B. 4.05

C. 4.11 　　　　　　D. 4.17

13. 丙公司 2018 年 5 月 1 日发行票面利率为 7% 的可转换债券，面值为 3 000 万元，规定每 100 元面值可转换为 1 元面值普通股 20 股。该公司 2018 年实现净利润 8 000 万元，2018 年发行在外普通股为 7 000 万股，公司适用的所得税率为 25%。则该公司 2018 年的稀释每股收益为（　　）。

A. 0.83 　　　　　　B. 0.91

C. 1.02 　　　　　　D. 1.07

14. 下列关于应收账款周转率的表述中，错误的是（　　）。

A. 公式中的营业收入是指扣除销售折扣后的净额

B. 公式中的应收账款应为未扣除坏账准备的金额

C. 公式中的应收账款最好使用多个时点的

平均数

　　D. 公式中的应收账款应包括全部赊销账款

15. 下列有关存货周转率的表述中，错误的是（　　）。

　　A. 存货周转率的高低要注意行业可比性

　　B. 存货周转率可以说明企业经营各环节的存货管理水平

　　C. 存货周转率加快会增强企业的短期偿债能力

　　D. 存货周转率要结合应收账款周转率和信用政策分析

16. 运用因素分析法进行分析时，应注意的问题不包括（　　）。

　　A. 因素分解的关联性

　　B. 因素替代的顺序性

　　C. 顺序替代的连环性

　　D. 计算结果的准确性

17. 企业债权人因不能参与企业剩余收益分享，首先关注的是其投资的安全性，因此更重视企业的（　　）。

　　A. 偿债能力　　　　B. 营运能力

　　C. 盈利能力　　　　D. 发展能力

18. 以下关于比率分析法的说法中，不正确的是（　　）。

　　A. 构成比率又称结构比率，利用构成比率可以考察总体中某个部分的形成和安排是否合理，以便协调各项财务活动

　　B. 利用效率比率指标，可以考察企业有联系的相关业务安排得是否合理，以保障经营活动顺畅进行

　　C. 营业利润率属于效率比率

　　D. 相关比率是以某个项目和与其有关但又不同的项目加以对比所得的比率，反映有关经济活动的相互关系

19. 速动资产中剔除存货的原因不包括（　　）。

　　A. 存货变现速度较慢

　　B. 存货不能够用于偿债

　　C. 部分存货可能已抵押

　　D. 存货成本和市价可能存在差异

20. 在流动比率大于1的情况下，期末以现金偿付一笔短期借款所导致的结果是（　　）。

　　A. 营运资本减少　　B. 营运资本增加

　　C. 流动比率降低　　D. 流动比率提高

21. 有时速动比率可能要大于1，比如（　　）。

　　A. 应收账款较多

　　B. 大量采用现金销售

　　C. 存货过多导致速动资产减少

　　D. 流动负债大于速动资产

22. 某企业2016年和2017年的营业净利率分别为6%和9%，总资产周转次数分别为2和1.5，两年的产权比率相同，与2016年相比，2017年的权益净利率变动趋势为（　　）。

　　A. 下降　　　　　　B. 上升

　　C. 不变　　　　　　D. 无法确定

23. ABC公司2015年的营业净利率为10%，总资产周转率为1.5次，资产负债率为40%，2016年的营业净利率为15%，总资产周转率为1.25资产负债率为50%，按题目所给顺序依次替换，则总资产周转率对总资产净利率的影响为（　　）。

　　A. -3.75%　　　　B. -2.5%

　　C. -1.5%　　　　　D. -1%

24. 在一定时期内，应收账款周转次数多，周转天数少表明（　　）。

　　A. 收账速度快

　　B. 信用管理政策宽松

　　C. 应收账款流动性强

　　D. 应收账款管理效率高

25. 下列事项中，有助于提高企业短期偿债能力的是（　　）。

　　A. 利用短期借款增加对流动资产的投资

　　B. 为扩大营业面积，与租赁公司签订一项新的长期房屋租赁合同

　　C. 补充长期资本，使长期资本的增加量超过长期资产的增加量

　　D. 提高流动负债中的无息负债比率

26. 某公司当年的经营利润很多，却不能偿还到期债务。为查清其原因，应检查的财务比率不包括（　　）。

　　A. 资产负债率　　　B. 流动比率

　　C. 存货周转率　　　D. 应收账款周转率

27. 下列关于利息保障倍数的表述中，错误的是（　　）。

　　A. 利息保障倍数=息税前利润/应付利息

　　B. 利息保障倍数=（净利润+利润表中的利

息费用 + 所得税)/财务费用

C. 在短期内，利息保障倍数小于 1 也仍然具有利息支付能力

D. 在短期内，利息保障倍数大于 1 也仍然具有利息支付能力

28. 已知本年经营杠杆系数为 1.5，上年经营杠杆系数为 2，固定成本为 40 万元，财务费用中的利息费用为 20 万元，上年的资本化利息为 10 万元，则上年利息保障倍数为（ ）。

    A. 2   B. 2.67

    C. 4   D. 1.33

29. 企业综合绩效评价包括财务绩效评价，在财务绩效评价的经营增长状况评价中，基本指标是（ ）。

    A. 资本保值增值率

    B. 技术投入比率

    C. 总资产增长率

    D. 销售利润增长率

30. 在下列各项中，计算结果等于股利发放率的是（ ）。

    A. 每股收益除以每股股利

    B. 每股股利除以每股收益

    C. 每股股利除以每股市价

    D. 每股收益除以每股市价

31. 某公司 2017 年流动资产周转次数为 2 次，2018 年拟提高到 3 次，假定其他因素不变，1 年按 360 天计算，则下列说法中正确的是（ ）。

    A. 与上年相比，流动资产投资政策趋于宽松

    B. 与上年相比，流动资产投资政策没有变化

    C. 总资产周转天数增加 60 天

    D. 总资产周转天数减少 60 天

32. 假定 ABC 公司无优先股并且当年股数没有发生增减变动，年末每股收益为 2.5 元/股，权益乘数为 2，总资产净利率为 25%（资产按年末数计算），则该公司的每股净资产为（ ）元/股。

    A. 3   B. 3.33

    C. 4   D. 5

33. 已知某公司 2015 年的每股收益为 1 元资产为 2 元。如果目前的市盈率为 20 倍，则该公司市净率为（ ）倍。

    A. 20   B. 10

    C. 15   D. 30

34. 下列财务比率的公式中，不正确的是（ ）。

    A. 资本保值增值率 = 年末所有者权益总额/年初所有者权益总额

    B. 所有者权益增长率 = 本年所有者权益增长额/年初所有者权益

    C. 销售现金比率 = 经营活动现金流量净额/营业收入

    D. 全部资产现金回收率 = 经营现金净流量/企业平均资产总额

35. 下列各项计算结果，不等于每股收益的是（ ）。

    A. 总资产净利率×平均每股净资产

    B. 净资产收益率×平均每股净资产

    C. 总资产净利率×权益乘数×平均每股净资产

    D. 营业净利率×总资产周转率×权益乘数×平均每股净资产

二、多项选择题

1. 下列属于相关比率的有（ ）。

    A. 成本费用利润率   B. 流动比率

    C. 资产负债率   D. 产权比率

2. 适用比较分析法进行财务分析时要注意的问题包括（ ）。

    A. 用于对比的各期指标在计算口径必须保持一致

    B. 剔除偶发性项目的影响

    C. 只能用于纵向比较，不能用于横向比较

    D. 运用例外原则对某项有显著变动的指标做重点分析

3. 下列业务中，不能降低企业短期偿债能力的有（ ）。

    A. 企业采用分期付款方式购置一台大型机械设备

    B. 企业从某国有银行取得 3 年期 500 万元的贷款

    C. 企业向战略投资者进行定向增发

    D. 企业向股东发放股票股利

4. 下列各项因素中，影响企业偿债能力的有（ ）。

A. 经营租赁　　　B. 或有事项
C. 资产质量　　　D. 授信额度

5. 在下列关于资产负债率、权益乘数和产权比率之间关系的表达式中，正确的有（　　）。
A. 权益乘数 − 产权比率 = 1
B. 权益乘数 = 1/（1 − 资产负债率）
C. 资产负债率 × 权益乘数 = 产权比率
D. （1 + 产权比率）×（1 − 资产负债率）= 1

6. 市净率指标的计算需要涉及的参数有（　　）。
A. 每股市价　　　B. 支付的优先股股利
C. 年末所有者权益　D. 优先股的清算价值

7. 下列各项中，在其他因素不变的情况下，可以减少总资产周转率的有（　　）。
A. 用银行存款购置固定资产
B. 平均应收账款余额增加
C. 现金多余时将其购买有价证券
D. 营业收入减少

8. 影响速动比率可信性的重要因素是应收账款的变现能力，其原因有（　　）。
A. 报表中应收账款反映的是应收账款余额，并未剔除坏账准备
B. 应收账款中含有预付账款
C. 报表中的应收账款不能反映平均水平
D. 应收账款不一定都能变成现金

9. 假设其他条件不变，下列计算方法的改变会导致应收账款周转天数减少的有（　　）。
A. 从使用赊销额改为使用营业收入进行计算
B. 从使用应收账款平均余额改为使用应收账款平均净额进行计算
C. 从使用应收账款全年日平均余额改为使用应收账款旺季的日平均余额进行计算
D. 从使用已核销应收账款坏账损失后的平均余额改为核销应收账款坏账损失前的平均余额进行计算

10. 下列关于资产负债率的表述中，正确的有（　　）。
A. 兴旺期间的企业可以适当提高资产负债率
B. 营业周期短的企业，可以适当提高资产负债率
C. 流动资产占比较大的企业，可以适当提高资产负债率
D. 当利率提高时，应降低资产负债率

11. 在下列关于资产负债率、权益乘数和产权比率之间关系的表达式中，不正确的有（　　）。
A. 资产负债率 + 权益乘数 = 产权比率
B. 资产负债率 − 权益乘数 = 产权比率
C. 资产负债率 × 权益乘数 = 产权比率
D. 资产负债率/权益乘数 = 产权比率

12. 下列关于应收账款周转率指标的说法中，正确的有（　　）。
A. 营业收入指扣除销售折扣和折让后的销售净额
B. 应收账款包括会计报表中的"应收账款"和"应收票据"等全部赊销账款
C. 应收账款为扣除坏账准备的金额
D. 该指标容易受季节性、偶然性等因素的影响

13. 下列各项中，属于速动资产的有（　　）。
A. 货币资金　　　B. 交易性金融资产
C. 应收账款　　　D. 预付账款

14. 下列有关短期偿债能力分析的说法中，正确的有（　　）。
A. 营运资金是绝对数，不便于不同企业之间的比较
B. 流动比率高不意味着短期偿债能力一定很强
C. 采用大量现金销售的企业，速动比率远远低于 1 很正常
D. 现金比率反映的短期偿债能力比流动比率和速动比率可靠，其中的现金资产指的是货币资金

15. 两家商业企业本期营业收入、存货平均余额相同，但毛利率不同，则毛利率高的企业存货周转率（以营业成本为基础计算）会比较（　　）。
A. 高　　　　　　B. 低
C. 不变　　　　　D. 难以判断

16. 在杜邦财务分析体系中，假设其他情况相同，下列说法中正确的有（　　）。
A. 权益乘数大则财务风险大
B. 权益乘数大则净资产收益率大
C. 权益乘数等于产权比率大
D. 权益乘数大则资产净利率大

17. 下列各项中，属于企业计算稀释每股收益时应当考虑的潜在普通股有（　　）。

A. 认股权证　　　　B. 股份期权

C. 公司债券　　　　D. 可转换公司债券

18. 某公司当年的税后经营净利润很多，却不能偿还到期债务。为查清其原因，应检查的财务比率有（　　）。

A. 资产负债率　　　B. 流动比率

C. 存货周转率　　　D. 应收账款周转率

19. 下列有关计算每股收益的表述中，正确的有（　　）。

A. 认股权证、股份期权等的行权价格高于当期普通股平均市场价格时，应当考虑其稀释性

B. 行权价格和拟行权时转换的普通股股数，只能按照认股权证合同不能按照股份期权合同确定

C. 在股票价格比较平稳的情况下，可以采用每周或每月股票的收盘价作为代表性的价格

D. 在股票价格波动较大的情况下，可以采用每周或每月股票最高价与最低价的平均值作为代表性价格

20. 某公司2015年初对外发行了100万份认股权证，每份认股权证可以认购一股普通股，行权价格为3.5元/股，2015年该公司净利润为200万元，发行在外的普通股加权平均股数为500万股，普通股市场价格为4元，则下列结果正确的有（　　）。

A. 基本每股收益＝200/500＝0.40（元/股）

B. 稀释每股收益＝200/（500＋100）＝0.33（元/股）

C. 认股权证持有者有可能行权

D. 认股权证持有者不可能行权

三、判断题

1. 在采用因素分析法进行财务分析时，既可以按照各因素的依存关系排成一定的顺序并依次替代，也可以任意颠倒顺序，其计算结果是相同的。（　　）

2. 在使用利息保障倍数进行长期偿债能力分析时，要使用连续多个会计年度的数据。（　　）

3. 产权比率越低，表明企业的长期偿债能力越强，债权人权益的保障程度越高，承担的风险越小。所以，在正常情况下，企业应该维持一个较低的产权比率。（　　）

4. 甲公司按低于账面价值的金额销售了部分积压的存货。无论当前是否收到货款，都可以使速动比率增大。（　　）

5. 在计算净收益营运指数时，经营净收益是经营所得现金与非付现费用之差。（　　）

6. 现金营运指数是经营现金活动现金流量净额与经营所得现金的比值，该指标可以进行企业获取现金能力的分析。（　　）

7. 在计算全部资产现金回收率时，公式中的分子应该使用营业收入和收现率综合估计。（　　）

8. 企业应收账款占用资金与销售规模成正比，与应收账款周转天数成反比成反比。（　　）

9. 市盈率越高，意味着投资者对该股票的收益预期越看好，投资价值越大。但很高的市盈率不能说明任何问题。（　　）

10. 对于可转换公司债券，计算稀释每股收益时，分母的调整项目为假定可转换公司债券能转换为普通股的股数。（　　）

11. 计算上市公司的每股股利时，分母应当使用发行在外的普通股加权平均数。（　　）

12. 营业现金比率是反映企业获取现金能力的分析指标，其计算式是经营活动现金流量净额与企业资产总额的比值。（　　）

13. 通常难以根据某一股票在某一时期的市盈率对其投资价值做出判断。（　　）

14. 如果企业的净收益营运指数小于1，说明企业的非经营收益是负值。（　　）

15. 企业主要控股企业的经营情况属于管理层讨论与分析内容。（　　）

四、计算分析题

1. A公司的简易现金流量表如下：

现金流量表

项目	金额
一、经营活动产生的现金流量	66 307
二、投资活动产生的现金流量	－108 115
三、筹资活动产生的现金流量	－101 690

续表

项目	金额
四、现金及现金等价物净增加额	−143 498
补充资料：	
1. 将净利润调节为经营活动现金流量净额：	
净利润	72 198
加：资产减值准备	910
固定资产折旧	15 503
无形资产摊销	4
长期待摊费用摊销	116
处置固定资产、无形资产和其他长期资产的损失	0
财务费用	2 047
投资损失（减：收益）	−4 700
递延所得税资产减少（减：增加）	0
存货减少（减：增加）	17 085
经营性应收项目减少（减：增加）	−2 437
经营性应付项目的增加（减：减少）	−34 419
其他	0
经营活动产生的现金流量净额	66 307
2. 现金及现金等价物净增加情况：	
现金及现金等价物的期末余额	27 558
减：现金及现金等价物的期初余额	171 056
现金及现金等价物净增加额	−143 498

2017 年实现营业收入 100 000 万元，2017 年该公司的平均资产总额是 500 000 万元，企业适用的所得税税率为 25%。

要求：

（1）计算该公司的销售现金比率、全部资产现金回收率。

（2）计算 A 公司 2017 年的净收益营运指数和现金营运指数，对公司的收益质量进行评价，并分析其原因。

2. 某商业企业年营业收入为 2 000 万元，营业成本为 1 600 万元；年初、年末应收账款余额分别为 200 万元和 400 万元；年初、年末存货余额分别为 200 万元和 600 万元；年末速动比率为 120%，年末现金对流动负债的比率为 0.7。假定该企业流动资产由速动资产和存货组成，速动资产由应收账款和现金资产组成，一年按 360 天计算。

要求：

（1）计算应收账款周转天数；

（2）计算存货周转天数；

（3）计算年末流动负债余额和速动资产余额；

（4）计算年末流动比率。

3. 已知某企业上年营业收入为 6 900 万元，全部资产平均余额为 2 760 万元，流动资产平均余额为 1 104 万元；本年营业收入为 7 938 万元，全部资产平均余额为 2 940 万元，流动资产平均余额为 1 323 万元。

要求：

（1）计算上年与本年的全部资产周转率（次）、流动资产周转率（次）和资产结构（流动资产占全部资产的百分比）；

（2）运用差额分析法计算流动资产周转率与资产结构变动对全部资产周转率的影响。

五、综合题

1. 某公司有关资料如下表所示：

项目	2016 年	2017 年	2018 年
净利润（万元）		3 600	4 000
营业收入（万元）		26 000	30 000
年末资产总额（万元）	20 000	30 000	36 000
年末股东权益总额（万元）	18 000	20 000	26 000
年末普通股总数（万元）	16 000	16 000	16 000
普通股平均股数（万元）		16 000	16 000

假定 2016 年、2017 年普通股每股市价均为 6.5 元。

要求：

（1）分别计算 2016 年、2017 年下列指标（要求所涉及的资产负债表数值取平均数）：①营业净利率；②总资产周转率；③权益乘数；④平均每股净资产；⑤每股收益；⑥市盈率。

财务管理通关题库

（2）用连环替代法分析营业净利率、总资产周转率、权益乘数、平均每股净资产对每股收益指标的影响程度。

2. ABC 公司近三年的主要财务数据和财务比率如下：

项目	2015 年	2016 年	2017 年
销售额（万元）	4 000	4 300	3 800
总资产（万元）	1 430	1 560	1 695
普通股（万元）	100	100	100
留存收益（万元）	500	550	550
所有者权益（万元）	600	650	650
权益乘数		2.39	2.50
流动比率	1.19	1.25	1.20
平均收现期（天）	18	22	27
存货周转率（次）	8.0	7.5	5.5
长期债务/所有者权益	0.5	0.46	0.46
营业毛利率	20.0%	16.3%	13.2%
营业净利率	7.5%	4.7%	2.6%

假设该公司没有营业外收支和投资收益，所得税税率不变。

要求：

（1）利用因素分析法说明该公司 2017 年和 2016 年相比净资产收益率的变化及其原因；

（2）分析说明该公司资产、负债、所有者权益的变化及其原因；

（3）假如你是该公司的财务经理，在 2017 年应从哪些方面改善公司的财务状况和经营业绩。

3. 某企业 2016 年 12 月 31 日的资产负债表（简表）如下：

资产负债表（简表）

2016 年 12 月 31 日　单位：万元

资产	期末数	负债及所有者权益	期末数
货币资金	300	应付账款	300

续表

资产	期末数	负债及所有者权益	期末数
应收账款净额	900	应付票据	600
存货	1 800	长期借款	2 700
固定资产净值	2 100	实收资本	1 200
无形资产	300	留存收益	600
资产总计	5 400	负债及所有者权益总计	5 400

该企业 2016 年的营业收入为 6 000 万元，营业净利率为 10%，净利润的 50% 分配给投资者。预计 2017 年营业收入比 2016 年增长 25%，为此需要增加固定资产 200 万元，增加无形资产 100 万元，根据有关情况分析，企业流动资产项目和流动负债项目将随营业收入同比例增减。

假定该企业 2017 年的营业净利率和利润分配政策与上年保持一致，该年度长期借款不发生变化；2017 年末固定资产净值和无形资产合计为 2 700 万元。2017 年企业需要增加对外筹集的资金由投资者增加投入解决。

要求： 计算下列数据：

（1）2017 年需要增加的营运资金。

（2）2017 年需要增加对外筹集的资金（不考虑计提法定盈余公积的因素，以前年度的留存收益均已有指定用途）。

（3）2017 年末的流动资产额、流动负债额、资产总额、负债总额和所有者权益总额。

（4）2017 年的速动比率和产权比率。

（5）2017 年的流动资产周转次数和总资产周转次数。

（6）2017 年的净资产收益率。

（7）2017 年的所有者权益增长率和总资产增长率。

通关演练参考答案及解析

一、单项选择题

1.【答案】C
【解析】效率比率是某项财务活动中所费与所得的比率，反映投入与产出的关系。利用效率比率指标，可以进行得失比较，考察经营成果，评价经济效益。应收账款周转率反映运用应收账款获取营业收入的能力，属于效率比率。

2.【答案】C
【解析】适用比较分析法进行财务分析时要注意的问题是：（1）用于对比的各期指标在计算口径必须保持一致；（2）剔除偶发性项目的影响，使分析所利用的数据能反映正常的生产经营状况；（3）运用例外原则对某项有显著变动的指标做重点分析。

3.【答案】B
【解析】上年营业收入 = 200 × 9 = 1 800（万元），本年营业收入 = 1 800 + 1 000 = 2 800（万元）；本年的流动资产周转率 = 2 800/250 = 11.2（次）。

4.【答案】B
【解析】应收账款周转天数增加意味着应收账款周转次数变少，可能是由于放宽信用政策、延长信用期限所导致的。

5.【答案】C
【解析】每股收益 = 平均每股净资产 × 净资产净利率 = 平均每股净资产 × 资产净利率 × 权益乘数 = 12 × 8% × 2.5 = 2.4（元）

6.【答案】C
【解析】该年资本保值增值率 = （9 000 - 2 000 + 600）/5 000 = 152%。

7.【答案】C
【解析】市净率 = 每股市价/每股净资产，A 不正确；市净率属于上市公司特殊财务分析指标，其高低可以在某种程度上反映公司股票的价值，B 不正确；一般而言，市净率较低的股票投资价值较高，反之则相反，C 正确；有时较低市净率反映投资者对公司未来的不良预期，而较高的市净率则相反，D 不正确。

8.【答案】D
【解析】权益乘数 = 资产总额/所有者权益总额，这一比率越高，表明企业长期偿债能力越弱，财务风险越高。

9.【答案】A
【解析】经营所得现金 = 2 000 + 500 = 2 500（万元），现金营运指数 = 2 600/2 500 = 1.04。

10.【答案】C
【解析】经营净收益 = 5 000 - 500 + 1 000 = 5 500（万元），净收益营运指数 = 5 500/5 000 = 1.1。

11.【答案】C
【解析】普通股加权平均股数 = 10 000 + 5 000 + 8 000 × （9/12） - 1 200 × （2/12） = 20 800（万股）
基本每股收益 = 20 000/20 800 = 0.96（元/股）。

12.【答案】D
【解析】年末普通股股数 = 15 000 + 4 000 - 1 000 = 18 000（万股），每股净资产 = 75 000/18 000 = 4.17（元/股）。

13.【答案】D
【解析】净利润的增加 = 3 000 × 7% × （8/12） × （1 - 25%） = 105（万元），普通股股数的增加 = （3 000/100） × 20 = 600（万股），稀释每股收益 = （8 000 + 105）/（7 000 + 600） = 1.07（元/股）。

14.【答案】A
【解析】计算应收账款周转率时，公式中的营业收入是指扣除销售折扣和折让后的销售净额。

15.【答案】B
【解析】存货周转率反映的是存货整体的周转情况，不能说明企业经营各环节的存货周转情况和管理水平。

16.【答案】D

【解析】因素分析法是依据分析指标与其影响因素的关系，从数量上确定各因素对分析指标影响方向和影响程度的一种方法。采用这种方法的出发点在于，当有若干因素对分析指标发生影响作用时，假定其他各个因素都无变化，顺序确定每一个因素单独变化所产生的影响。运用因素分析法应注意的问题有：因素分解的关联性、因素替代的顺序性、顺序替代性的连环性和计算结果的假定性。

17.【答案】C

【解析】企业债权人因不能参与企业剩余收益分享，首先关注的是其投资的安全性，因此更重视企业偿债能力指标，主要进行企业偿债能力分析。所以选项A正确。

18.【答案】B

【解析】利用效率比率指标，可以进行得失比较，考察经营成果，评价经济效益。相关比率是以某个项目和与其有关但又不同的项目加以对比所得的比率，反映有关经济活动的相互关系。利用相关比率指标，可以考察企业有联系的相关业务安排得是否合理，以保障经营活动顺畅进行，所以B不正确、D正确。效率比率是某项财务活动中所费与所得的比率，反映投入与产出的关系，所以C正确。构成比率又称结构比率，是某项财务指标的各组成部分数值占总体数值的百分比，反映部分与总体的关系。利用构成比率可以考察总体中某个部分的形成和安排是否合理，以便协调各项财务活动，所以A正确。

19.【答案】B

【解析】速动资产主要是剔除了存货，其原因是：存货变现速度较慢；部分存货可能已抵押；存货成本和市价可能存在差异。

20.【答案】D

【解析】营运资本＝流动资产－流动负债，用现金偿付一笔短期借款，会导致流动资产和流动负债同时减少相同的金额，所以营运资本不变；在流动比率大于1的情况下，流动资产和流动负债同时减少相同的金额会使流动比率提高。

21.【答案】A

【解析】不同行业的速动比率也有很大差别，如采用大量现金销售的企业，几乎没有应收账款，速动比率大大低于1是很正常的。相反，一些应收账款较多的企业，速动比率可能要大于1。

22.【答案】B

【解析】权益净利率＝总资产净利率×权益乘数，因为产权比率不变，所以权益乘数不变，因此权益净利率的大小取决于总资产净利率，而总资产净利率＝营业净利率×总资产周转次数，2016年的总资产净利率＝6%×2＝12%，2017年的总资产净利率＝9%×1.5＝13.5%。由此可知2017年的权益净利率是提高了。所以选项B正确。

23.【答案】A

【解析】总资产净利率＝营业净利率×总资产周转率，则总资产周转率对总资产净利率的影响＝15%×（1.25－1.5）＝－3.75%。所以选项A正确。

24.【答案】A

【解析】一方面，市盈率越高，意味着企业未来成长的潜力越大，也即投资者对该股票的评价越高，反之，投资者对该股票评价越低。另一方面，市盈率越高，说明投资于该股票的风险越大；市盈率越低，说明投资于该股票的风险越小。所以选项A为本题答案。

25.【答案】C

【解析】选项A会使流动负债和流动资产同时增加，营运资本不变；选项B会使企业实际的偿债能力降低；选项D不会提高短期偿债能力。只有选项C可以使营运资本增加，因而会提高短期偿债能力。

26.【答案】A

【解析】不能偿还到期债务，说明其短期偿债能力弱，应检查短期偿债能力指标以及影响短期偿债能力指标的因素，选项B属于短期偿债能力指标，选项C、D属于反映流动资产变现质量的指标，会影响短期偿债能力。资产负债率属于长期偿债能力指标，不属于检查范围。所以选项A为本题答案。

27.【答案】B

【解析】利息保障倍数 = 息税前利润/全部利息支出 = (净利润 + 利润表中的利息费用 + 所得税)/应付利息。

28.【答案】B

【解析】上年的利息保障倍数 = 上年的息税前利润/(上年的财务费用中的利息费用 + 上年的资本化利息) = 上年的息税前利润/(20 + 10) = 上年的息税前利润/30；由于本年经营杠杆系数 = 上年的边际贡献/上年的息税前利润 = (上年的息税前利润 + 固定成本)/上年的息税前利润 = 1 + 固定成本/上年的息税前利润 = 1 + 40/上年的息税前利润 = 1.5，所以，上年的息税前利润 = 80 万元，上年的利息保障倍数 = 80/30 = 2.67。

29.【答案】A

【解析】在财务绩效评价的经营增长状况评价中，修正指标是销售利润增长率、总资产增长率和技术投入比率。

30.【答案】B

【解析】股利发放率是当年发放的股利与当年净利润之比，或每股股利除以每股收益。

31.【答案】D

【解析】流动资产投资政策宽松与否可以用流动资产/收入比率来衡量，因为流动资产的周转次数由 2 提高到 3，说明流动资产/收入比率降低，所以流动资产投资政策趋于紧缩。流动资产周转天数变化 = 360/3 − 360/2 = −60（天），所以流动资产周转天数减少 60 天，因为其他因素不变，所以总资产周转天数也减少 60 天。

32.【答案】D

【解析】每股收益 = 归属于公司普通股东的净利润/发行在外的普通股加权平均数，由于无优先股并且当年股数没有发生增减变动，因此，每股收益 = 净利润/年末发行在外的普通股加权平均数，由于题中的总资产净利率 25% 是按照年末总资产计算的，权益乘数为 2，所以，按照年末资产计算的权益净利率 = 2 × 25% = 50%，即净利润/年末净资产 × 100% = 50%，由于本题中每股收益 = 净利润/年末发行在外的普通股加权平均数，而每股净资产 = 年末净资产/年末发行在外的普通股加权平均数，所以，每股收

益/每股净资产 = 净利润/年末净资产 × 100% = 50%，每股净资产 = 每股收益/50% = 2.5/50% = 5（元）。

33.【答案】B

【解析】每股市价 = 市盈率 × 每股收益 = 20 × 1 = 20（元），市净率 = 20/2 = 10。所以选项 B 为本题答案。

34.【答案】A

【解析】资本保值增值率 = 扣除客观因素后的年末所有者权益总额/年初所有者权益总额。

35.【答案】A

【解析】每股收益 = 营业净利率 × 总资产周转率 × 权益乘数 × 平均每股净资产 = 总资产净利率 × 权益乘数 × 平均每股净资产 = 净资产收益率 × 平均每股净资产，所以选项 A 正确。

二、多项选择题

1.【答案】BD

【解析】相关比率是以某些项目和与其有关但又不同的项目加以对比所得的比率，反映有关经济活动的相互关系。流动比率的分子是流动资产，分母是流动负债，流动负债要用流动资产偿还，所以流动比率是相关比率；产权比率的分子是负债，分母是股东权益，反映股东权益对负债的保障程度，所以产权比率也是相关比率；成本费用利润率是所费与所得的比率，反映投入与产出的关系，属于效率比率；资产负债率的分子是负债，分母是资产，反映资产的资金来源是否合理，属于构成比率。

2.【答案】ABD

【解析】适用比较分析法进行财务分析时要注意的问题是：（1）用于对比的各期指标在计算口径必须保持一致；（2）剔除偶发性项目的影响，使分析所利用的数据能反映正常的生产经营状况；（3）运用例外原则对某项有显著变动的指标做重点分析。

3.【答案】BCD

【解析】建造合同、长期资产购置合同中的分阶段付款也是一种承诺，应视同需要偿还的债务，属于降低短期偿债能力的表外因素。

选项 B、C 会增加企业短期偿债能力，选项 D 不影响企业短期偿债能力。

4. 【答案】ABCD

【解析】影响偿债能力的其他因素包括：（1）可动用的银行贷款指标或授信额度；（2）资产质量；（3）或有事项和承诺事项；（4）经营租赁。所以选项 A、B、C、D 均正确。

5. 【答案】ABCD

【解析】由于权益乘数 = 1 + 产权比率 = 1/（1 - 资产负债率），所以选项 A、B、D 正确。产权比率 = 资产负债率 × 权益乘数所以选项 C 正确。

6. 【答案】ACD

【解析】市净率 = 每股市价/每股净资产，其中：每股净资产 = 普通股股东权益/流通在外的普通股股数。如果存在优先股应从股东权益中减去优先股权益，包括优先股的清算价值及拖欠的优先股股利，得出普通股权益。

7. 【答案】BD

【解析】总资产周转率 = 营业收入/平均资产总额，资产总额包括流动资产和长期资产，其中固定资产属于长期资产，流动资产 = 现金有价证券 + 应收账款 + 存货 + 其他流动资产。选项 A 用银行存款购置固定资产，流动资产减少，但是长期资产等额增加，所以资产总额不变，总资产周转率不变，所以选项 A 不是答案；平均应收账款余额增加，则平均资产总额增加，会导致总资产周转率下降，所以选项 B 是答案；

现金和有价证券都属于资产，现金减少，同时有价证券等额增加，资产总额不变，则总资产周转率不变，所以选项 C 不是答案；当营业收入减少，其他因素不变时，会导致总资产周转率下降，所以选项 D 是答案。

8. 【答案】CD

【解析】影响速动比率可信性的重要因素是应收账款的变现能力，其原因是：应收账款不一定都能变成现金；报表中的应收账款不能反映平均水平。

9. 【答案】AB

【解析】应收账款周转天数 = 365 × 应收账款/周转额，选项 A 和选项 B 会导致应收账款周

转天数减少；选项 C 和选项 D 的影响正好与选项 A 和选项 B 相反。

10. 【答案】ABCD

【解析】分析资产负债率要结合以下几个方面。结合营业周期分析：营业周期短的企业，资产周转速度快，可以适当提高资产负债率；结合资产构成分析：流动资产占比较大的企业，可以适当提高资产负债率；结合企业经营状况分析：兴旺期间的企业可以适当提高资产负债率；结合宏观经济环境分析：如利率和通胀水平，当利率提高时会加大负债的成本，企业应降低资产负债率；结合资产质量和会计政策分析；结合行业差异分析：不同行业的资产负债率有较大差异。

11. 【答案】ABD

【解析】资产负债率 = 负债总额/资产总额，权益乘数 = 资产总额/权益总额，产权比率 = 负债总额/权益总额。所以，资产负债率 × 权益乘数 = （负债总额/资产总额）×（资产总额/权益总额）= 负债总额/权益总额 = 产权比率。

12. 【答案】ABD

【解析】应收账款在财务报表上按净额列示，营业收入不变时，计提的坏账准备越多，应收账款周转率越高，此时会得出错误的结论，所以计算应收账款周转率时，应收账款应为未扣除坏账准备的金额，即选项 C 的说法不正确。

13. 【答案】ABC

【解析】货币资金、交易性金融资产和各种应收款项，可以在较短时间内变现，称为速动资产；另外的流动资产，包括存货、预付款项、一年内到期的非流动资产和其他流动资产等，属于非速动资产。

14. 【答案】ABC

【解析】营运资金 = 流动资产 - 流动负债，不同企业之间，即使营运资金相同，流动比率也可能不相同，所以选项 A 的说法正确。流动比率 = 流动资产/流动负债，流动比率假设全部流动资产可变现清偿流动负债。实际上，各项流动资产的变现能力并不相同而且变现金额可能与账面金额存在较大差异。因此，流动比率高不意味着短期偿债能力一

定很强，所以选项B的说法正确。采用大量现金销售的企业，应收账款很少，而现金可以随时用来偿债，所以，速动比率大大低于1很正常。需要说明的是，企业持有现金是出于三种需求，即交易性需求、预防性需求和投机性需求。但是，现金的获利能力非常弱，所以，为了更多地获利，采用大量现金销售的企业并不会持有大量现金，只要能满足需求即可。因此，采用大量现金销售的企业，速动比率一般都大大低于1。所以选项C的说法正确。现金比率＝现金资产/流动负债，相对于流动资产和速动资产，现金资产中剔除了变现能力较弱的存货和应收账款等，因此，现金比率反映的短期偿债能力比流动比率和速动比率可靠，由于现金比率＝（货币资金＋交易性金融资产）÷流动负债，所以，其中的现金资产指的不仅仅是货币资金，所以选项D的说法不正确。

15.【答案】B
【解析】毛利率＝1－营业成本率，存货周转率＝营业成本/平均存货余额，营业收入相同的情况下，毛利率越高，营业成本越低，存货平均余额相同的情况下，存货周转率越低。

16.【答案】ABC
【解析】资产净利率＝营业净利率×总资产周转率，与权益乘数无关。

17.【答案】ABD
【解析】潜在普通股主要包括：可转换公司债券、认股权证和股份期权等。

18.【答案】BCD
【解析】主要分析指标是流动比率，但影响流动比率可信性的重要因素是存货周转率和应收账款周转率。

19.【答案】CD
【解析】认股权证、股份期权等的行权价格低于当期普通股平均市场价格时，应当考虑其稀释性，所以选项A不正确；行权价格和拟行权时转换的普通股股数，按照有关认股权证合同和股份期权合约确定，所以选项B不正确；普通股平均市场价格通常按照每周或每月具有代表性的股票交易价格进行简单算术平均计算。在股票价格比较平稳的情况

下，可以采用每周或每月股票的收盘价作为代表性的价格，在股票价格波动较大的情况下，可以采用每周或每月股票最高价与最低价的平均值作为代表性价格，所以选项C、D正确。

20.【答案】ABC
【解析】普通股市场价格高于执行价格时，认股权证持有者有可能行权，当然也可能等待观望以期股价涨得更高，以得到更高的差价。但认股权证持有者不可能行权肯定是不正确的，只有在股票市价低于执行价格时认股权证持有者才不可能行权。

三、判断题

1.【答案】×
【解析】采用因素分析法时应注意因素分解的关联性、因素替代的顺序性、顺序替代的连环性、计算结果的假定性。因素分析法所计算的各因素变动的影响数，会因替代计算顺序的不同而有差别。

2.【答案】√
【解析】有时候在短期内，利息保障倍数小于1也仍然具有利息支付能力，因为计算净利润时减去的折旧、摊销无需支付现金。但这种支付能力是暂时的，当企业需要重置资产时，势必发生支付困难。因此，在使用利息保障倍数进行长期偿债能力分析时，要使用连续多个会计年度的（如5年）的利息保障倍数，以说明企业付息能力的稳定性。

3.【答案】×
【解析】产权比率低，虽然表明企业的长期偿债能力强，债权人权益的保障程度高。但也说明企业没有充分发挥负债的财务杠杆作用。所以，在评价产权比率时，应从提高获利能力和增强偿债能力两个方面综合考察，要在保障债务偿还安全的前提下，尽可能提高产权比率。

4.【答案】√
【解析】应收账款属于速动资产，速动资产增加，流动负债不变，速动比率变大。

5.【答案】×
【解析】在计算净收益营运指数时，经营净收益是净利润与非经营收益之差。

6.【答案】×

【解析】可以进行企业获取现金能力分析的指标有：营业现金比率、每股营业现金净流量、全部资产现金回收率。现金营运指数是反映收益质量的指标。

7.【答案】×

【解析】全部资产现金回收率=经营活动现金流量净额/企业平均资产总额，从公式中可以看出，其分子应该是经营活动现金流量净额。

8.【答案】×

【解析】应收账款周转天数=（计算期天数×应收账款平均余额）/营业收入，从公式中可以看出，应收账款占用资金与销售规模和应收账款周转天数都是成正比的。

9.【答案】√

【解析】如果公司的每股收益很小或亏损，股价不会降为零，会导致市盈率极高。此时，很高的市盈率不能说明任何问题。

10.【答案】×

【解析】对于可转换公司债券，计算稀释每股收益时，分母的调整项为假定可转换公司债券当期期初或发生日转换为普通股的股数加权平均数。

11.【答案】×

【解析】因为同股同权、同股同利，所以在计算上市公司的每股股利时，分母应当使用期末发行在外的普通股股数，而不是加权平均数。

12.【答案】×

【解析】营业现金比率=经营活动现金流量净额/营业收入。

13.【答案】√

【解析】市盈率反映了投资者的投资预期，由于市场不完全和信息不对称，投资者可能会做出错误估计。

14.【答案】×

【解析】净收益营运指数=经营净收益/净利润，其中，经营净收益=净利润-非经营收益。从公式中可以看出，如果净收益营运指数小于1，经营净收益小于净利润，即净利润中的非经营收益是正值。

15.【答案】√

【解析】管理层讨论与分析包括两部分内容，

一是报告期间经营业绩变动的解释，二是企业未来发展的前瞻性信息。在报告期间经营业绩变动的解释中，应包括企业主要控股企业及参股企业的经营情况及业绩分析。

四、计算分析题

1.【答案】

（1）销售现金比率=66 307/100 000=66.31%

全部资产现金回收率=66 307/500 000=13.26%

（2）经营净收益=净利润-非经营净收益=净利润+财务费用-投资净收益=72 198+2 047-4 700=69 545（万元）

经营所得现金=经营净收益+非付现费用=经营净收益+（计提减值准备+计提折旧、摊销）=69 545+（910+15 503+4 116）=86 078（万元）

净收益营运指数=经营净收益÷净利润=69 545/72 198=0.96

现金营运指数=经营活动现金流量净额÷经营所得现金=66 307/86 078=0.77

该企业收益质量从净收益营运指数来看，该公司的收益能力还是比较强的，即主要是靠经营收益来增加企业净利润，但从现金营运指数来看，收益质量不够好，原因在于应收账款增加，应付账款减少，导致实现收益占用了较多营运资金，取得收入的代价增加了。

2.【答案】

（1）应收账款周转天数=360×[（200+400）/2]/2 000=54（天）

（2）存货周转天数=360×[（200+600）/2]/1 600=90（天）

（3）联立方程组如下：

$$\begin{cases}（年末现金+400）/年末流动负债=120\% \\ 年末现金/年末流动负债=0.7\end{cases}$$

解上面方程得：年末流动负债=800（万元）
年末现金=560（万元）
年末速动资产=560+400=960（万元）

（4）流动比率=（960+600）/800=1.95

3.【答案】

（1）上年全部资产周转率=6 900/2 760=2.5